POLÍTICAS PÚBLICAS E VALORIZAÇÃO DO PROFESSOR DA EDUCAÇÃO BÁSICA

UM ESTUDO JURÍDICO-INSTITUCIONAL

COLEÇÃO FÓRUM
DIREITO
E POLÍTICAS
PÚBLICAS

CARLOS JOSÉ TEIXEIRA DE TOLEDO

Prefácio
Maria Paula Dallari Bucci

POLÍTICAS PÚBLICAS E VALORIZAÇÃO DO PROFESSOR DA EDUCAÇÃO BÁSICA

UM ESTUDO JURÍDICO-INSTITUCIONAL

2

Belo Horizonte
FÓRUM
CONHECIMENTO JURÍDICO
2022

Luís Cláudio Rodrigues Ferreira
Presidente e Editor

Coordenação editorial: Leonardo Eustáquio Siqueira Araújo
Aline Sobreira de Oliveira

Rua Paulo Ribeiro Bastos, 211 – Jardim Atlântico – CEP 31710-430
Belo Horizonte – Minas Gerais – Tel.: (31) 2121.4900
www.editoraforum.com.br – editoraforum@editoraforum.com.br

Técnica. Empenho. Zelo. Esses foram alguns dos cuidados aplicados na edição desta obra. No entanto, podem ocorrer erros de impressão, digitação ou mesmo restar alguma dúvida conceitual. Caso se constate algo assim, solicitamos a gentileza de nos comunicar através do *e-mail* editorial@editoraforum.com.br para que possamos esclarecer, no que couber. A sua contribuição é muito importante para mantermos a excelência editorial. A Editora Fórum agradece a sua contribuição.

Dados Internacionais de Catalogação na Publicação (CIP) de acordo com ISBD

T649p Toledo, Carlos José Teixeira de

Políticas públicas e valorização do professor da educação básica: um estudo jurídico-institucional / Carlos José Teixeira de Toledo. - Belo Horizonte : Fórum, 2022.
322 p. ; 14,5cm x 21,5cm. – (Coleção Fórum Direito e Políticas Públicas ; v.2)

ISBN: 978-65-5518-440-2
ISBN da coleção: 978-65-5518-447-1

1. Políticas públicas. 2. Gestão Pública. 3. Direito Público. 4. Direito Constitucional. 5. Direito Administrativo. 6. História da Educação. 7. Políticas educacionais. I. Título. II. Série.

CDD 341
2022-2104 CDU 342

Elaborado por Odilio Hilario Moreira Junior - CRB-8/9949

Informação bibliográfica deste livro, conforme a NBR 6023:2018 da Associação Brasileira de Normas Técnicas (ABNT):

TOLEDO, Carlos José Teixeira de. *Políticas públicas e valorização do professor da educação básica*: um estudo jurídico-institucional. Belo Horizonte: Fórum, 2022. (Coleção Fórum Direito e Políticas Públicas, v. 2). 322 p. ISBN 978-65-5518-440-2.

A Norma, mãe e educadora (*in memoriam*).

A Maria Elena, companheira de toda uma vida.

E a Luísa, luz dos meus dias.

AGRADECIMENTOS

Esta obra é a versão revisada, aprimorada e atualizada de tese de doutorado apresentada ao Programa de Pós-Graduação da Faculdade de Direito da Universidade de São Paulo. Meu reconhecimento e gratidão a essa instituição, minha Alma Mater, extensível a todas as Universidades Públicas do país, bastiões da ciência e do conhecimento, sob injusto assalto nos dias que correm.

À professora Maria Paula Dallari Bucci, minha gratidão pela acolhida, orientação e constante estímulo. Ao ler sua obra *Direito Administrativo e Políticas Públicas*, antes mesmo de conhecê-la, percebi que havia um olhar novo na Academia, percepção que se reforçou ao estudar seu Fundamentos para uma Teoria Jurídica das Políticas Públicas. Sem sua orientação dedicada e os ensinamentos colhidos ao longo desses anos de convívio, este trabalho não teria sido ultimado. Agradeço-lhe, sobretudo, a paciência com um orientando que, pelas circunstâncias da vida, nem sempre foi capaz de atender aos compromissos acadêmicos.

Expresso minha gratidão aos mestres que avaliaram o trabalho nas bancas de qualificação e defesa: Fernando Luiz Abrucio, Fernando Dias Menezes de Almeida, Marcos Augusto Perez, Salomão Barros Ximenes e Fernando Haddad. Suas sempre acuradas observações nortearam a revisão deste trabalho para publicação.

Agradeço também aos demais mestres que contribuíram para a minha formação ao longo do doutorado. Aos professores Nina Stocco Ranieri, Vitor Rhein Schirato, Jens Peter Schneider, José Maurício Conti, Rodrigo Pagani de Souza, Conrado Hübner Mendes, Murilo Gaspardo, Ronaldo Porto Macedo Jr. e Wagner Pralon Mancuso, meu reconhecimento pelo saber compartilhado, no exercício da mais nobre das profissões.

Um agradecimento especial a Patrícia Ulson Pizarro Werner, exemplo de vida acadêmica e profissional e estimadíssima amiga. Sem seu generoso auxílio e constante estímulo, sequer teria ousado o reingresso nas fileiras escolares.

Outros amigos foram especialmente importantes, pela disposição de contribuir com sugestões, bibliografia, questionamentos ou simplesmente com a escuta paciente. Rendo minha admiração a Marcello Garcia, Antonio Roberto Sanches Júnior, Paulo Sena Martins e Paulo Cesar Vaz Guimarães, amigos cuja honestidade intelectual serviu de valiosa bússola nesse trajeto.

Na minha trajetória docente, encontrei gestores acadêmicos genuinamente vocacionados e que generosamente me estimularam a prosseguir nos estudos: meu reconhecimento a Carlos Eduardo de Abreu Boucault, Márcia Walquíria Batista dos Santos e Fernando Herren Aguillar.

Meu reconhecimento também a todos os colegas do Programa de Pós-Graduação da Faculdade de Direito, que dividiram comigo as inquietações típicas da vida estudantil. Deixo de nominá-los, por muito numerosos, mas registro aqui o prazer da camaradagem acadêmica, na Casa onde mora a amizade e a alegria.

Esse trabalho também não seria possível sem o estímulo institucional da Procuradoria Geral do Estado, por meio de seu Centro de Estudos e de seus programas de auxílio ao aperfeiçoamento dos Procuradores do Estado. À bibliotecária Hercília Maria de Oliveira Matos, agradeço a ajuda sempre competente na busca de material bibliográfico, para enriquecimento do trabalho.

Outro tipo de estímulo, mais aprazível, possibilitou períodos de ócio produtivo para a pesquisa: registro meu agradecimento à família Correali, pela hospitalidade recorrente e pela amizade constante.

Sem tranquilidade doméstica, nenhum trabalho intelectual é possível. Minha gratidão a Maria Helena Batista, zeloso anjo da guarda que acompanhou minha mãe até seu último dia e que agora olha por meu pai, com igual dedicação.

Minha gratidão eterna a Carlos Maria de Toledo, meu pai, que me ensinou o sentido da Justiça e me fez compreender o valor inestimável do conhecimento, único patrimônio realmente duradouro.

O amor ao conhecimento é o liame que compartilho com todas as instituições e pessoas acima nomeadas e que se torna uma chama mais brilhante, à medida que a escuridão cresce lá fora.

[...] é tempo de reconhecer que não há empreendimento maior e mais indeclinável para uma democracia – mesmo uma simples democracia política que não seja uma burla ou uma fraude grosseira – que educar toda uma nação, ou todo o povo para ser efetivamente a nação.

(Anísio Teixeira, 1953)

LISTA DE ABREVIATURAS E SIGLAS

ABE	Associação Brasileira de Educação
ABESC	Associação Brasileira de Escolas Superiores Católicas
ADC	Ação Declaratória de Constitucionalidade
ADCT	Ato das Disposições Constitucionais Transitórias
ADE	Arranjos de Desenvolvimento da Educação
ADI	Ação Direta de Inconstitucionalidade
AECB	Associação de Educação Católica do Brasil
ANDE	Associação Nacional de Educação
ANDES	Sindicato Nacional dos Docentes das Instituições de Ensino Superior
ANDIFES	Associação Nacional dos Dirigentes das Instituições Federais de Ensino Superior
ANPAE	Associação Nacional de Política e Administração da Educação
ANPED	Associação Nacional de Pós-Graduação e Pesquisa em Educação
BID	Banco Interamericano de Desenvolvimento
CAPES	Coordenação de Aperfeiçoamento de Pessoal de Nível Superior
CAQ	Custo-Aluno-Qualidade
CAQi	Custo-Aluno-Qualidade Inicial
CCJC	Comissão de Constituição e Justiça e de Cidadania
CE	Comissão de Educação
CEAB	Centro de Estudos Afro-Brasileiros
CEAC	Centro de Estudos e Acompanhamento da Constituinte
CEB	Câmara de Educação Básica
CEC	Comissão de Educação e Cultura
CEDES	Centro de Estudos, Educação e Sociedade
CEE/SP	Conselho Estadual de Educação de São Paulo
CEETEPS	Centro Estadual de Educação Tecnológica Paula Souza
CEFAM	Centros de Formação e Aperfeiçoamento do Magistério

CENPEC	Centro de Estudos e Pesquisas em Educação, Cultura e Ação Comunitária
CEPAL	Comissão Econômica para a América Latina
CFE	Conselho Federal de Educação
CFT	Comissão de Finanças e Tributação
CGT	Confederação Geral dos Trabalhadores
CNE	Conselho Nacional de Educação
CNEC	Campanha Nacional de Escolas da Comunidade
CNM	Confederação Nacional dos Municípios
CNTE	Confederação Nacional dos Trabalhadores em Educação
CONAE	Conferência Nacional de Educação
CONFAZ	Conselho Nacional de Política Fazendária
CONSED	Conselho Nacional de Secretários de Educação
CONTEE	Confederação Nacional dos Trabalhadores em Estabelecimentos de Ensino
CPB	Confederação dos Professores do Brasil
CRFB/88	Constituição Federal de 1988
CRUB	Conselho de Reitores das Universidades Brasileiras de Ensino Superior no Estado de São Paulo
CTI	Centro de Trabalho Indigenista
CUT	Central Única dos Trabalhadores
DRU	Desvinculação de Receitas da União
EC	Emenda à Constituição
EM	Exposição de motivos
ENAP	Escola Nacional de Administração Pública
ENEM	Exame Nacional do Ensino Médio
FASUBRA	Federação das Associações dos Servidores das Universidades Brasileiras
FBAPEF	Federação Brasileira de Associações de Professores de Educação Física
FINEDUCA	Associação Nacional de Pesquisa em Financiamento da Educação
FITEE	Federação Interestadual dos Trabalhadores em Estabelecimentos de Ensino
FNCEE	Fórum Nacional dos Conselhos Estaduais de Educação
FNE	Fórum Nacional de Educação
FUNDAP	Fundação do Desenvolvimento Administrativo

FUNDEB	Fundo de Manutenção e Desenvolvimento da Educação Básica
FUNDEF	Fundo de Manutenção e Desenvolvimento do Ensino Fundamental e de Valorização do Magistério
FUVEST	Fundação Universitária para o Vestibular
IBGE	Instituto Brasileiro de Estatística e Geografia
ICMS	Imposto sobre Circulação de Mercadoria e Serviços
IDEB	Índice de Desenvolvimento da Educação Básica
INEP	Instituto Nacional de Estudos e Pesquisas Educacionais Anísio Teixeira
IPEA	Instituto de Pesquisa Econômica Aplicada
IPI	Imposto sobre Produtos Industrializados
ISS	Imposto sobre Serviços
LDB	Lei de Diretrizes e Bases da Educação Nacional
MDE	Manutenção e Desenvolvimento do Ensino
MEC	Ministério da Educação
MIEIB	Movimento Interfóruns de Educação Infantil do Brasil
MP	Medida Provisória
MUNIC	Pesquisa de Informações Básicas Municipais
OCB	Organização das Cooperativas Brasileiras
OCDE	Organização para a Cooperação e o Desenvolvimento Econômico
ONU	Organização das Nações Unidas
PAR	Plano de Ações Articuladas
PARFOR	Plano Nacional de Formação de Professores da Educação Básica
PDE	Plano de Desenvolvimento de Educação
PEC	Projeto de Emenda à Constituição
PIB	Produto interno bruto
PISA	Programme for International Student Assessment (Programa Internacional de Avaliação de Alunos)
PL	Projeto de Lei
PLC	Projeto de Lei da Câmara dos Deputados (tal como identificado no sistema do Senado Federal)
PLP	Projeto de Lei Complementar
PNAD	Pesquisa Nacional por Amostra de Domicílios
PNE	Plano Nacional de Educação
PORD	Pesquisa Observatório da Remuneração Docente

PROIFES	Federação de Sindicatos de Professores de Instituições Federais de Ensino Superior
PROUNI	Programa Universidade para Todos
PSPN	Piso Salarial Profissional Nacional do Magistério
RAIS	Relação Anual de Informações Sociais
RE	Recurso Extraordinário
REsp	Recurso Especial
SAEB	Sistema Nacional de Avaliação da Educação Básica
SASE	Secretaria de Articulação com os Sistemas de Ensino
SBPC	Sociedade Brasileira para o Progresso da Ciência
SEAF	Sociedade de Estudos e Atividades Filosóficas
SETEC	Secretaria de Educação Profissional e Tecnológica
STF	Supremo Tribunal Federal
STJ	Superior Tribunal de Justiça
TCE	Territórios de Cooperação Educacional
TPE	Todos pela Educação
UBES	União Brasileira dos Estudantes Secundaristas
UDEMO	União dos Diretores de Escolas do Magistério Oficial de São Paulo
UFG	Universidade Federal de Goiás
UFMG	Universidade Federal de Minas Gerais
UFPR	Universidade Federal do Paraná
UNCME	União Nacional dos Conselhos Municipais de Educação
UNDIME	União Nacional dos Dirigentes Municipais de Educação
UNE	União Nacional dos Estudantes
UNESCO	Organização das Nações Unidas para a Educação, a Ciência e a Cultura
UNI	União das Nações Indígenas
UNICAMP	Universidade Estadual de Campinas
UNICEF	Fundo das Nações Unidas para a Infância
USP	Universidade de São Paulo
VAA	Valor Anual por Aluno

SUMÁRIO

APRESENTAÇÃO DA COLEÇÃO

A *Coleção Fórum Direito e Políticas Públicas* tem o objetivo de apresentar ao leitor trabalhos acadêmicos inovadores que aprofundem a compreensão das políticas públicas sob a perspectiva jurídica, com triplo propósito.

Em primeiro lugar, visa satisfazer o crescente interesse pelo tema, para entender os avanços produzidos sob a democracia no Brasil depois da Constituição de 1988. É inegável que as políticas públicas de educação, saúde, assistência social, habitação, mobilidade urbana, entre outras estudadas nos trabalhos que compõem a coleção, construídas ao longo de várias gestões governamentais, mudaram o patamar da cidadania no país. Certamente, elas carecem de muitos aperfeiçoamentos, como alcançar a população excluída, melhorar a qualidade dos serviços e a eficiência do gasto público, assegurar a estabilidade do financiamento e, no que diz respeito à área do Direito, produzir arranjos jurídico-institucionais mais consistentes e menos suscetíveis à judicialização desenfreada. O desmantelamento produzido pela escalada autoritária iniciada em meados dos anos 2010, no entanto, se explica não pelas deficiências dessas políticas e sim pelos seus méritos – não tolerados pelo movimento reacionário. Compreender a estrutura e a dinâmica jurídica das políticas públicas, bem como a legitimação social que vem da participação na sua construção e dos resultados, constitui trabalho importante para a credibilidade da reconstrução democrática.

O segundo objetivo da coleção é contribuir para o desenvolvimento teórico sobre as relações entre Direito e políticas públicas. Publicando trabalhos oriundos de teses e dissertações de pós-graduação, constitui-se um acervo de análises objetivas de programas de ação governamental, suas características recorrentes, e seus processos e institucionalidade jurídicos. Neles estão documentados os impasses inerentes aos problemas públicos de escala ampla, e estudadas algumas soluções ao mesmo tempo jurídicas e políticas, presentes em práticas de coordenação e articulação, seja na alternância de governo, nas relações federativas, ou na atuação intersetorial. Assim, sem perder a multidisciplinaridade característica dessa abordagem, valendo-se da bibliografia jurídica em cotejo com a literatura especializada, publica-se material de pesquisa empírica (não quantitativa) de onde se extraem os conceitos e relações que numa organização sistemática dão base para a teorização jurídica da abordagem Direito e Políticas Públicas. Com essa preocupação, a coleção também publicará trabalhos de alguns dos raros autores estrangeiros com obras específicas na área.

Finalmente, o terceiro objetivo da coleção é contribuir para a renovação teórica do direito público brasileiro, fomentando o desenvolvimento de uma tecnologia da ação governamental democrática, engenharia jurídico-institucional para o avanço da cidadania do Brasil. Isso permitirá ampliar a escala de experiências bem-sucedidas, inspirar melhores desenhos institucionais pela comparação com experiências similares, além de avançar na cultura da avaliação, agora positivada na Constituição Federal (art. 37, par. 16).

São Paulo, 22 de agosto de 2022.

Maria Paula Dallari Bucci
Professora da Faculdade de Direito da Universidade de São Paulo. Coordenadora da *Coleção* Fórum *Direito e Políticas Públicas*.

O livro de Carlos Toledo tem muitos méritos, que fazem dele referência não apenas em matéria educacional, mas para a abordagem Direito e Políticas Públicas. Originalmente tese de doutorado defendida na Faculdade de Direito da Universidade de São Paulo, que tive a felicidade de orientar, veio a público primeiro na forma resumida de artigo[1] e agora na íntegra, para os vários leitores desse tema multidisciplinar. O trabalho trata, com grande sofisticação analítica, de um tema-chave na política educacional. Bebendo na bibliografia de Políticas Públicas, mas sem abandonar sua localização no direito, evita um problema comum na área. Se perdermos os juristas para leituras sociológicas ou econômicas, com quem contaremos para a análise jurídica?

O elemento humano é fator decisivo para a educação e a carreira docente é componente central da política educacional. Muitas disputas no campo giram em torno da organização do trabalho de professores e professoras, sua remuneração e formação. Nada mais natural que a academia se ocupasse disso. Mas não é o que ocorre. O tema tem sido negligenciado na bibliografia jurídica. A questão das pessoas no serviço público tem pouquíssimo apelo no Direito Público, especialmente no Direito Administrativo.

Uma das funções da abordagem Direito e Políticas Públicas – e contribuição importante deste livro – é diminuir essa lacuna, jogando luz sobre o papel dos profissionais e burocracias na realização dos objetivos constitucionais, tema cuja importância avulta num momento de ataques autoritários e desmonte das Políticas Públicas. Essa discussão sobre burocracias e capacidades estatais vem sendo feita no chamado "campo de públicas". É oportuno que encontre eco no direito. Entender o papel das pessoas na efetivação das políticas é essencial para compreender como podem ser cumpridas as metas do Plano Nacional

---

1 TOLEDO, Carlos J. T. O neoinstitucionalismo histórico como método de análise jurídica de políticas públicas: o estudo da trajetória da política de carreira docente. *Revista Estudos Institucionais*, Rio de Janeiro, vol. 5, n. 3, 2019.

de Educação, por exemplo, superando preconceitos e simplificações grosseiras.

O autor costura com habilidade argumentos jurídicos e não jurídicos sem se perder na diversidade de olhares. Vale-se de análise de empírica da ciência política para compreender a construção do federalismo cooperativo educacional sob a Constituição de 1988, destacando o desafio da atuação coordenadora e supletiva da União, respeitando a autonomia dos entes federados. Utiliza também o instrumental do neoinstitucionalismo histórico para examinar as encruzilhadas críticas do "longo percurso que antecedeu a promulgação da Constituição de 1988, mapeando as continuidades e descontinuidades que permitiram a emergência de um projeto constitucional ousado, em seu intento de universalizar o acesso e de elevar a qualidade da educação nacional, mas ainda inacabado no tocante à efetivação de seus propósitos".

O plano de carreira e o piso salarial nacional profissional formam "um complexo arranjo jurídico", um dos eixos para o qual "confluem muitos dos conflitos políticos e jurídicos atinentes à educação em nosso país". Esses conflitos têm sido enfrentados com negociações parlamentares, formação de coalizões suprapartidárias, participação de associações representativas dos entes subnacionais, da sociedade civil e do movimento sindical, às vezes atuando em rede. E a resultante deles parece ter se definido no sentido da continuidade de linhas importantes para a política educacional no longo prazo, com um núcleo suprapartidário que atua ora no Congresso, ora na arena judicial e vem resistindo à tentativa deslegitimadora das pautas contra a educação pública no período autoritário.

A análise da Lei do Piso Nacional Salarial dos Professores e seus conflitos jurídicos – no contexto da política do FUNDEF (Emenda Constitucional nº 14/1996), sucedida pelo FUNDEB – Fundo Nacional de Desenvolvimento da Educação Básica (EC nº 53/ 2006), finalmente tornada permanente pela EC nº 108/2020, ao longo de cinco diferentes gestões presidenciais –, é particularmente relevante. Nessa sucessão normativa, entremeada pela Lei de Diretrizes e Bases e os Planos Nacionais de Educação de 2001 e 2014, observa o autor "como os conflitos políticos que permearam os trabalhos da Constituinte persistiram, seja nos embates legislativos, seja na forma de conflitos judiciais referentes à implementação dos mecanismos de valorização da carreira docente previstos no Texto Constitucional".

Realça-se a importância do processo legislativo para a análise de políticas públicas, além de se evidenciar as potencialidades da

Legística, em quadros comparativos de legislação com uma visualidade apropriada à explicitação de conflitos e alternativas ainda no *drafting* das proposições normativas. O cotejo desses embates é uma fonte indispensável para o entendimento da institucionalidade das Políticas Públicas, como propõe William Clune em seu "modelo político":

> a natureza "política" característica do modelo deve ser discutida desde o início. O modelo é político no sentido de que as duas fases da produção normativa – formação e implementação de políticas – são representadas como um processo de luta, conflito e compromisso entre grupos de interesses conflitantes. (...) Todavia, fases diferentes podem envolver distintos equilíbrios de poder e a política pode assumir formas diversas. Neste artigo, "direito" é simplesmente o equilíbrio atingido pelas forças em disputa, em um dado estágio do processo. (...) Pessoas interessadas ou grupos de interesse são a força que conduz a motriz por trás da formulação e a implementação de políticas. Portanto, o propósito final de uma legislação é encontrado nas aspirações sociais das pessoas e não nas leis ou na história legislativa. A estrutura de uma legislação e sua história legislativa não só podem revelar a natureza das aspirações sociais que lhe são subjacentes, como também podem ajudar a explicar o escopo técnico e os limites da positivação de um objetivo social, bem como a maneira pela qual um propósito foi comprometido com outro. Mas o "objetivo" de uma lei não existe em abstrato; existe nos argumentos de que a letra ou o espírito de uma lei estão sendo violados e nos problemas éticos relativos à violação de requisitos mínimos de legalidade. [2]

Com essa leitura multidimensional, "indo além do campo estrito da dogmática jurídica" (...) "os liames nem sempre evidentes entre direito e política tornam-se mais transparentes, permitindo que se atinjam camadas mais profundas no esforço analítico". Para além do exame habitual do conflito de normas, buscar compreender os efeitos que decorrem dele, bloqueando ou favorecendo os resultados buscados, é subir para um novo patamar de entendimento sobre a transformação amparada pelo Direito, cerne da relação entre Direito e Políticas Públicas.[3]

---

2 CLUNE, William H. Um modelo político de implementação para as políticas públicas: os papéis do direito e dos juristas. Tradução de Gabriela Azevedo Campos Sales, Bruno de Almeida Passadore, Elisa Martinez Gianella, e Kadra Regina Zeratin Rizzi. Revisão técnica da tradução Maria Paula Dallari Bucci. *Revista Brasileira de Políticas Públicas*, Brasília, vol. 11, n. 1, p. 20-82, 2021. O trecho refere-se à p. 25.

3 CLUNE, William. Direito e políticas públicas: mapa da área. Tradução de Julia Azevedo Moretti, Thiago Pires Oliveira. Revisão técnica da tradução: Maria Paula Dallari Bucci e Matheus Silveira de Souza. *Revista de Direito Administrativo e Constitucional*, Curitiba, ano 21, n. 86, p. 59-108, out/dez 2021.

A análise jurídica demonstra os expedientes de descumprimento da política, quando não a afronta direta à legislação, como é o caso das "práticas evasivas" de contabilização de despesas com inativos no percentual de gastos obrigatórios com remuneração dos professores, ou de congelamento do salário-base, concedendo-se reajustes na forma disfarçada de abonos e gratificações, de maneira a burlar a paridade constitucional que exige sua repercussão nos proventos dos aposentados. Isso sem falar na "dificuldade de obter parâmetros uniformes de remuneração nos entes federados, dada a ausência de planos de carreira padronizados e a proliferação de gratificações, adicionais e abonos que distorcem a comparação das evidências".

Na parte final do livro, ciente da real complexidade do tema, Carlos Toledo não propõe soluções voluntaristas, mas evidencia o aspecto incremental presente nas Políticas Públicas bem-sucedidas, buscando localizar os aspectos que podem resultar em aumento de sua efetividade.

A escrita de um autor maduro é um trunfo do livro. Além do texto agradável, Carlos Toledo soube trazer a rica vivência de seus anos na Procuradoria do Estado de São Paulo. A bagagem de professor universitário e coordenador de cursos de especialização de Procuradores do Estado também valoriza muito a obra. Incorporando a percepção dos aspectos da política partidária que afetam o desenho e a implementação de Políticas Públicas, aponta caminhos para quebrar a leitura formalista e ingênua tão própria de nossa formação jurídica.

No caudaloso rio em que se banha o direito *à* educação, as muitas águas que o formam como direito *da* educação ainda esperam quem se disponha a explorá-las e, mais que isso, a contribuir para a construção sistemática da área, sem perder a visão de conjunto. Essa raridade é o que nos traz o livro de Carlos Toledo.

São Paulo, 13 de junho de 2022.

Maria Paula Dallari Bucci
Professora da Faculdade de Direito da Universidade de São Paulo.

CAPÍTULO 1

INTRODUÇÃO

Cento e noventa e um anos completos nos separam da pioneira lei nacional de educação – Lei de 15 de outubro de 1827 –, diploma que propunha a universalização do ensino e estabelecia regras básicas de arregimentação e remuneração dos professores.

Passados quase 200 anos, é certo que o Estado Brasileiro ainda não conseguiu desempenhar a contento a tarefa a que se atribuiu desde sua gênese, não obstante a educação figure como direito fundamental, reconhecido nos arts. 6º e 205 da Constituição Federal (CRFB/1988) vigente.

Dentre as possíveis causas da insuficiência do serviço de educação oficial, não será injusto alinhar a dificuldade de estabelecer políticas consistentes de valorização dos profissionais do magistério da educação básica, o que leva à repetida afirmação, já integrada no senso comum, do desvalor dessa profissão em nossa sociedade.

Prova dessa afirmação é a divulgação de recentíssimo estudo internacional, o *Global Teacher Status Index 2018* (DOLTON *et al.*, 2018), que propõe um *ranking* relacionado ao prestígio da atividade docente em 35 países. Às vezes, a imagem é mais eloquente do que as palavras, por essa razão, melhor do que descrever, é ilustrar:

Gráfico 1 – *Ranking* relativo ao prestígio da atividade docente

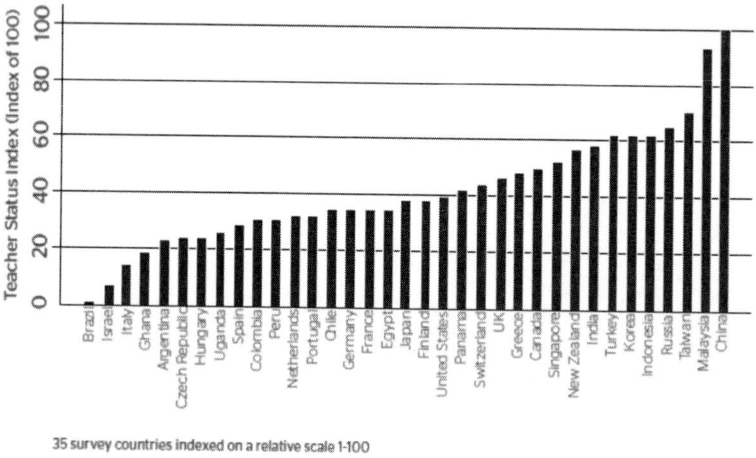

Fonte: DOLTON *et al.*, 2018.

Não é de hoje o quadro de desprestígio. A preocupação em revertê-lo levou à inclusão, no texto da Constituição vigente, de disposições dedicadas especialmente à valorização da carreira docente, determinando o estabelecimento de *planos de carreira para o magistério* em todas as unidades da federação (art. 206, inciso V) e a fixação de um *piso salarial nacional* para os professores e demais profissionais da educação (art. 206, inciso VIII). Em outras palavras, o Constituinte impôs como subsistema da política educacional do país uma *política de carreira docente* a ser implementada a partir da atuação coordenadora e supletiva da União e envolvendo todos os entes federados, visto que todos atuam na educação básica.

Esses dois elementos – o *plano de carreira* e o *piso salarial nacional profissional* – formam um complexo arranjo jurídico que compõe um dos eixos essenciais da política educacional e no qual confluem muitos dos conflitos políticos e jurídicos atinentes à educação em nosso país. Não por outra razão, eles foram congregados na Meta nº 18 do Plano Nacional de Educação (PNE) 2014-2024 – Lei nº 13.005, de 25 de junho de 2014:

> Meta 18: assegurar, no prazo de 2 (dois) anos, a existência de planos de Carreira para os (as) profissionais da educação básica e superior pública de todos os sistemas de ensino e, para o plano de Carreira dos (as) profissionais da educação básica pública, tomar como referência o piso salarial nacional profissional, definido em lei federal, nos termos do inciso VIII do art. 206 da Constituição Federal.

Atreladas a essa Meta, o PNE indica, de forma não exaustiva,[1] estratégias destinadas ao seu cumprimento. Investigá-las, analisando as dificuldades jurídico-institucionais de sua implementação e eventuais percursos alternativos será um dos desafios deste trabalho.

Nesta pesquisa, importa-nos mapear os elementos jurídico-institucionais que conformam e condicionam o comportamento dos atores envolvidos – atores governamentais, e não governamentais, *policy makers* e *policy takers* – e que tipos de conflitos, especialmente os de natureza jurídica, têm permeado a implementação dos elementos da política de carreira docente. O intuito é propiciar elementos de análise e de atuação estratégica que possibilitem a construção e efetivação de políticas juridicamente consistentes e capazes de cumprir o desiderato constitucional.

Para tanto, nosso estudo será dividido em cinco capítulos. No primeiro capítulo, dedicar-nos-emos a esclarecer os conceitos básicos adotados na pesquisa e os elementos metodológicos empregados, ressaltando seu caráter interdisciplinar e sua inserção na tradição teórica do neoinstitucionalismo histórico.

No segundo capítulo, procederemos à análise da trajetória da política de carreira docente, buscando conectá-la às diversas fases da política educacional do país, bem como ao respectivo quadro constitucional e ao contexto histórico correspondente. Buscaremos assim compreender o longo percurso que antecedeu a promulgação da Constituição de 1988, mapeando as continuidades e descontinuidades que permitiram a emergência de um projeto constitucional ousado,

---

[1] Art. 7º A União, os Estados, o Distrito Federal e os Municípios atuarão em regime de colaboração, visando ao alcance das metas e à implementação das estratégias objeto deste Plano.
§1º Caberá aos gestores federais, estaduais, municipais e do Distrito Federal a adoção das medidas governamentais necessárias ao alcance das metas previstas neste PNE.
§2º As estratégias definidas no Anexo desta Lei não elidem a adoção de medidas adicionais em âmbito local ou de instrumentos jurídicos que formalizem a cooperação entre os entes federados, podendo ser complementadas por mecanismos nacionais e locais de coordenação e colaboração recíproca.

em seu intento de universalizar o acesso e de elevar a qualidade da educação nacional, mas ainda inacabado no tocante à efetivação de seus propósitos.

No terceiro capítulo, faremos um balanço da trajetória da Constituição de 1988, especialmente das reformas que impactaram seu projeto educacional original e as transformações do regime jurídico que ela traçou inicialmente para o magistério público. Interessa-nos também compreender as inovações trazidas pelos fundos nacionais – Fundo de Manutenção e Desenvolvimento do Ensino Fundamental e de Valorização do Magistério (FUNDEF) e Fundo de Manutenção e Desenvolvimento da Educação Básica (FUNDEB) – e pelas leis regulamentadoras do texto constitucional. A saber, a Lei de Diretrizes e Bases da Educação (Lei nº 6.364/1996) e a Lei do Piso Nacional Profissional do Magistério (Lei nº 11.738/2008). Teremos, então, a possibilidade de observar como os conflitos políticos que permearam os trabalhos da Constituinte persistiram, seja nos embates legislativos, seja na forma de conflitos judiciais referentes à implementação dos mecanismos de valorização da carreira docente previstos no Texto Constitucional.

O quarto capítulo será dedicado a compreender como se dá a articulação das medidas voltadas à valorização docente por meio dos planos educacionais. A atividade planejadora tem, por sua própria feição, uma natureza marcadamente racional, instrumental e prospectiva e é o instrumento, por excelência, da realização dos propósitos do Estado Social, ainda que na forma por vezes segmentada das políticas públicas. A compreensão da atividade planejadora, seus desafios e riscos, especialmente em sua dimensão jurídica, favorece o aprendizado para um melhor desenho e uma mais eficiente implementação das políticas públicas. No âmbito educacional, a função planejadora alcança uma importância fulcral na fixação de diretrizes de longo prazo e na coordenação de todos os sujeitos envolvidos no processo educativo, bem como na combinação dos esforços de todos os entes da federação, em prol da melhoria da educação básica. Os planos educacionais – e aqui se destaca, evidentemente, o Plano Nacional de Educação – desempenham um papel axial, na articulação das políticas educacionais, por meio de diagnósticos, estratégias e metas capazes de mobilizar a atenção e a energia de todos os envolvidos na tarefa educacional, inclusive no que concerne à valorização da docência.

No capítulo final, a partir do aprendizado haurido nas seções precedentes, analisaremos propostas voltadas ao reconhecimento do magistério, especialmente no tocante à reestruturação da carreira docente em âmbito nacional, sendo que já há algumas formulações em debate na arena política. Interessa-nos aqui compreender por que as medidas já adotadas ao longo do trintênio constitucional, embora tenham produzido alguma equalização na remuneração e na condição de trabalho dos docentes em nossa federação – ainda fortemente marcada por desigualdades verticais e horizontais –, não foram capazes de reverter o quadro de precariedade que vem caracterizando a profissão em nosso país. Avulta aqui a importância de consolidação de um regime de colaboração que propicie a melhor distribuição dos recursos destinados à prestação educacional, sendo que arranjos colaborativos podem ser um caminho promissor para contornar as dificuldades em dotar o país de práticas mais coerentes e efetivas na valorização da atividade docente.

Muitos dos avanços aqui relatados decorrem do esforço de décadas de trabalho árduo e de luta incansável de muitos brasileiros que, independentemente de sua afeição ou filiação política, vêm debatendo e aperfeiçoando a prestação educacional. Infelizmente, nos últimos anos verificou-se uma verdadeira paralisia do setor educacional, com o abandono ou reversão de políticas que haviam granjeado consenso das comunidades epistêmicas envolvidas, substituídas por soluções idiossincráticas e claramente inefetivas. Se há uma lição que a história nos ensina é que, assim como a *natura non facit saltus*, o aprimoramento da cultura humana depende da compreensão, destituída de preconceitos, do acervo de sucessos e equívocos que nos precederam na árdua tarefa civilizatória.

Nossa esperança é que um pouco do nosso suor, despendido neste trabalho, com seus muitos erros e alguns acertos, seja uma partícula, ainda que pequena, na argamassa da construção ainda inacabada de uma nação capaz de educar seus filhos para uma vida iluminada sob o sol da liberdade.

CAPÍTULO 2

A POLÍTICA DE CARREIRA DOCENTE COMO OBJETO DE PESQUISA

The quality of an education system cannot exceed the quality of its teachers.

BARBER & MOURSHED, *How the world's best-performing systems come out on top*, 2007.

2.1 CONCEITOS RELEVANTES PARA A PESQUISA: POLÍTICAS PÚBLICAS, ARRANJOS INSTITUCIONAIS, POLÍTICAS EDUCACIONAIS E POLÍTICAS DE CARREIRA DOCENTE

Pretendemos, com este estudo, por meio de uma pesquisa teórica e interdisciplinar, investigar as *políticas públicas voltadas* à *valorização da carreira docente,* a partir dos elementos normativos estabelecidos na Constituição Federal de 1988 e na vigente Lei do Plano Nacional de Educação – Lei Federal nº 13.005/2014 –, analisando sua consistência como arranjo institucional e propiciando a formulação de sugestões quanto ao aprimoramento de seu desenho jurídico-institucional.

Buscamos, assim, contribuir para a efetividade de políticas destinadas à valorização do magistério, com especial recorte para os docentes que se dedicam às etapas da educação básica – ou seja, aos segmentos do ensino infantil, fundamental e médio, de oferta gratuita e obrigatória, nos termos da Constituição da República.[2]

[2] "Art. 208. O dever do Estado com a educação será efetivado mediante a garantia de: I – educação básica obrigatória e gratuita dos 4 (quatro) aos 17 (dezessete) anos de idade, assegurada inclusive sua oferta gratuita para todos os que a ela não tiveram acesso na idade própria; (...)" (BRASIL, 1988).

Para melhor compreensão do trabalho, é necessário fixar alguns conceitos básicos adotados ao longo da exposição, visto que possuem evidente liame com as opções metodológicas aqui adotadas.

Em primeiro lugar, verifica-se que a categoria analítica central do trabalho é a *Política* Pública (*policy*). Políticas Públicas, conforme lição de Bucci (2002, p. 241), "são programas de ação governamental visando a coordenar os meios à disposição do Estado e as atividades privadas, para a realização de objetivos socialmente relevantes e politicamente determinados".

A proposta de realizar uma análise jurídica das políticas públicas implica um compromisso em avançar além do campo estrito da dogmática jurídica, explorando a densa literatura da *policy analysis*, o que propicia uma visão multidimensional do fenômeno jurídico. Assim, os liames nem sempre evidentes entre direito e política tornam-se mais transparentes, permitindo que se atinja camadas mais profundas no esforço analítico. Por consequência, supomos que também serão mais acurados os prognósticos e as proposições voltadas a ampliar a eficácia das políticas estudadas.

Atendemos, assim, ao convite de Diogo Coutinho (2013, p. 206), para que os profissionais do direito, com o risco inerente à empreitada, voltem sua atenção para as políticas públicas como fenômeno que merece ser estudado juridicamente:

> Por isso, parece-me que não há como escapar da conclusão de que as políticas públicas são, efetivamente, um campo aberto para os juristas brasileiros, que para desbravá-lo terão de utilizar novos referenciais de análise, dando continuidade ao desafio de construir um referencial metodológico cuja lacuna se faz sentir. Um verdadeiro filão, uma miríade de temas e programas a serem potencialmente explorados se desvela a partir das hipóteses de que elas, as políticas públicas, podem ser juridicamente compreendidas, melhoradas e, sendo o caso, eventualmente replicadas em outros contextos.

Outro conceito importante neste estudo é o de *arranjo institucional*. Conforme observa Bucci (2013, p. 238):

> O arranjo institucional de uma política compreende seu marco geral de ação, incluindo uma norma instituidora (com o perdão da tautologia), da qual conste o quadro geral de organização da atuação do Poder Público, com a discriminação das autoridades competentes, as decisões previstas para a concretização da política, além do balizamento geral das condutas dos agentes privados envolvidos, tanto os protagonistas da

política quanto os seus destinatários ou pessoas e entes por ela afetados, como empresas e consumidores, por exemplo.

O arranjo institucional comporta uma análise específica, seus componentes podendo indicar maior ou menor aptidão para os resultados, considerado um conjunto de variáveis, a partir dos elementos que compõem o modelo.

A ideia de arranjo permite a compreensão da política pública como um complexo interativo que envolve diversos atores, atuando em um quadro de disposições jurídico-institucionais, em um dado contexto histórico e cultural. Essa visão contrasta com a visão unidirecional dos processos políticos, tal como uma linha de produção em que o Governo delibera – prevalentemente de forma racional –, a Administração executa e os cidadãos são meros consumidores do produto final.

Também relevante é o conceito de *políticas educacionais* ou *educativas*. Tais políticas consistem em um complexo conjunto de programas que visam solucionar problemas e atender demandas voltadas à estruturação do sistema educacional e ao alcance de seus objetivos sociais, cristalizados nas normas constitucionais: sistemas de financiamento, segmentação da trajetória escolar, organização curricular, programas complementares, estruturação burocrática da gestão escolar, atendimentos a necessidades educacionais específicas, propostas metodológicas e, *last but not least*, a gestão dos "recursos humanos" necessários à execução da política nacional.

A adoção de "recursos humanos" entre aspas é proposital, visto que, embora o termo seja comumente adotado na linguagem burocrática, ele não é neutro do ponto de vista da compreensão das relações político-econômico-sociais existentes no mundo do trabalho. Ele advém de uma visão fortemente influenciada pela Teoria do Capital Humano, que considera a educação um elemento que "agrega valor" ao processo produtivo, ao qualificar a mão de obra, favorecendo o desenvolvimento das nações em ambiente de crescente complexidade e competitividade, no contexto da chamada "Economia do Conhecimento".

A respeito de tal teoria, esclarece Minto (2006),

> Aplicada ao campo educacional, a ideia de capital humano gerou toda uma concepção tecnicista sobre o ensino e sobre a organização da educação, o que acabou por mistificar seus reais objetivos. Sob a predominância desta visão tecnicista, passou-se a disseminar a ideia de que a educação é o pressuposto do desenvolvimento econômico, bem como do desenvolvimento do indivíduo, que, ao educar-se, estaria

> "valorizando" a si próprio, na mesma lógica em que se valoriza o capital. O capital humano, portanto, deslocou para o âmbito individual os problemas da inserção social, do emprego e do desempenho profissional e fez da educação um "valor econômico", numa equação perversa que equipara capital e trabalho como se fossem ambos igualmente meros "fatores de produção".

Evidentemente, não se pode desconsiderar que, no senso comum compartilhado por líderes e gestores, o processo educacional é reputado como um fator grandemente responsável pelo aumento da capacidade econômica dos países e também dos indivíduos. Tal reputação, ainda que sujeita a questionamentos,[3] tem inegável utilidade como argumento em prol da alocação de recursos financeiros escassos.

Todavia, analisar a questão apenas sob o prisma econômico e produtivo pode gerar uma distorção no desenho de políticas públicas educacionais – ou de quaisquer outras políticas em que outros valores sociais devem ter voz. Nesse sentido, pertinente se mostra a denúncia de Michael Sandel de que, a despeito da magnitude da crise global iniciada em 2008, vivenciamos uma era de "triunfalismo do mercado", na qual o pensamento utilitarista dominante permite que os valores de mercado se assenhoreiem do espaço público, sob o pressuposto de que os mecanismos de mercado são neutros. "Mas não é verdade. Os mercados deixam sua marca. Às vezes, os valores de mercado são responsáveis pelo descarte de princípios que, não vinculados aos mercados, devem ser respeitados" (2012, p. 15).

Nesse sentido, a dicção constitucional é inequívoca: a promoção da educação deve visar "ao pleno desenvolvimento da pessoa, seu

---

[3] Questionando esse senso comum, com base em dados empíricos, *vide* estudo de largo período e abrangência realizado pelo economista Lant Pritchett, sob os auspícios do Banco Mundial: "Where has all the education gone?" (2001), em que se conclui que não há correlação positiva entre a melhora dos índices educacionais e o avanço econômico. Curiosamente, o estudo em questão contraria a visão do próprio Banco Mundial, ao estabelecer sua Estratégia 2020 para Educação – Resumo Executivo, em que a instituição afirma: "No nível social, pesquisas recentes mostram que o nível de competências de uma força de trabalho – medido pelos resultados de avaliações internacionais de estudantes, como o Programa Internacional para a Avaliação de Alunos (PISA) e as Tendências Internacionais no Estudo da Matemática e das Ciências (TIMSS) – preveem taxas de crescimento económico muito mais elevadas que as médias de escolaridade. Por exemplo, um aumento de um desvio-padrão nas notas de leitura e matemática dos estudantes (equivalente aproximadamente a uma subida do ranking de desempenho de um país, da mediana para os 15 por cento do topo), está associado a um aumento muito elevado de 2 pontos percentuais no crescimento anual per capita do GDP" (BANCO MUNDIAL (THE WORLD BANK GROUP), 2011, p. 3). *Vide* a propósito desse debate: CHANG, 2013, cap. 17.

preparo para o exercício da cidadania e sua qualificação para o trabalho" (art. 205, *caput*).

Em suma, a prescrição constitucional busca promover a *autonomia do sujeito*, princípio jurídico, político e moral que David Held (2006, p. 264),[4] a partir de contribuição das várias teorias democráticas contemporâneas, consegue sintetizar de forma excelente:

> As pessoas devem gozar de direitos iguais e, consequentemente, iguais obrigações na especificação da estrutura política que gera e limita as oportunidades que lhes são oferecidas; isto é, devem ser livres e iguais no processo de deliberação das condições de suas próprias vidas e na determinação dessas condições, desde que não se utilizem de tal estrutura para negar os direitos dos outros (tradução nossa).

Não há dúvidas de que o sistema de ensino, como instituição social, é marcado por uma curiosa ambivalência: ao mesmo tempo em que é instrumento de reprodução do *status quo* – como bem demonstrou Pierrre Bourdieu em seus estudos (1998) – é capaz de promover a reflexividade necessária ao alcance da autonomia do sujeito e, concomitantemente, dotá-lo de um instrumento jurídico – o diploma – que eleva sua condição no mundo do trabalho.

Adotando-se a feliz síntese de Mariano Fernández Enguita, "[s]e é que podemos dizer que a educação não seja especialmente eficaz para abrir portas, temos que acrescentar, como regra, que sua falta sim, pode fechá-las, especialmente para aqueles que não possuem outros recursos para abri-las" (1998, p. 20).

Chegamos, pois, a ideia de *política docente*, ou, como preferimos nomear neste estudo, *política de carreira docente*.[5] As políticas relacionadas à docência formam um todo complexo de medidas destinadas a atrair, selecionar, formar e conservar os profissionais que se dedicarão à atividade educativa. Dedicaremos o tópico seguinte a entender um

---

[4] No original: "Persons should enjoy equal rights and, accordingly, equal obligations in the specification of the political framework which generates and limits the opportunities available to them: that is, they should be free and equal in the process of deliberation of the conditions of their own lives and in the determination of these conditions, so long as they do not deploy this framework to negate the rights of others".

[5] O termo *política docente* é comumente adotado nos estudos educacionais, todavia possui certa ambiguidade, visto que pode referir-se ao ativismo político da classe docente, por meio de seus sindicatos, associações etc. Disso decorre nossa opção em adotar preferencialmente a expressão *política de carreira docente*, como termo que se refere à política pública voltada a disciplinar os diversos aspectos do exercício profissional do magistério.

pouco melhor a importância dessa política, como ela se insere no quadro da política educacional e como se articulam seus elementos componentes.

2.2 ENTENDENDO MELHOR AS POLÍTICAS DE CARREIRA DOCENTE

A compreensão da atividade docente é indispensável para se esboçar uma política educacional voltada a aproveitar plenamente a capacidade emancipadora da escola. Nesse sentido, reiteramos a arguta observação de Miguel González Arroyo (2007, p. 9-10):

> As escolas são mais destacadas nas políticas, na teoria e até nos cursos de formação do que os seus profissionais. (...) Depois que se decide a construção da escola, os currículos, seus parâmetros, as políticas de qualidade ou de democratização da educação... pensam nos recursos humanos que darão conta da tarefa. Recursos é pouco. (...) Recuperaremos o direito à Educação Básica universal para além de "toda criança na escola", se recuperarmos a centralidade das relações entre educadores e educandos, entre infância e pedagogia. Colocando seu ofício de mestre no centro da reflexão teórica e das políticas educativas. Colocando os conteúdos e os métodos, a gestão e a escola como mediadores desta relação pessoal e social. Como meios. Deixando de ver os professores (as) como recursos e recuperando sua condição de sujeitos da ação educativa junto com os educandos.

Se há um tom de queixa na constatação, não é sem razão, pois é inconteste que a profissão docente se encontra em crise, ao ponto de ser colocada em dúvida sua utilidade no contexto de uma sociedade da informação, permeada por meios digitais de conhecimento e pela constante alteração das exigências do mercado laboral. O professor teria lugar na escola dessa sociedade, marcada pela fluidez dos papéis e pela celeridade das transações? José Carlos Libâneo (1998, p. 28) responde:

> Não só o professor tem o seu lugar, como sua presença torna-se indispensável para a criação das condições cognitivas e afetivas que ajudarão o aluno a atribuir significados às mensagens e informações recebidas das mídias, das multimídias e formas variadas de intervenção educativa urbana. O valor da aprendizagem escolar está justamente na sua capacidade de introduzir os alunos nos significados da cultura e da ciência por meio de mediações cognitivas e interacionais promovidas pelo professor. Essa escola, concebida como espaço de síntese, estaria

buscando atingir aqueles objetivos mencionados anteriormente para uma educação básica de qualidade: formação geral e preparação para o uso da tecnologia, desenvolvimento de capacidades cognitivas e operativas, formação para o exercício da cidadania crítica, formação ética.

Não é por outra razão que a Organização para a Cooperação e Desenvolvimento Econômico (OCDE), ao promover um estudo sobre a política de carreira docente em 25 (vinte e cinco) países (OECD, 2009), destacou a prioridade de criar e manter práticas de *atração, desenvolvimento e retenção de professores eficientes*, apontando as seguintes inquietações:

Preocupações sobre a atratividade do ensino como uma carreira:

- Cerca de metade dos países indica que existem sérias preocupações sobre a manutenção de uma oferta adequada de professores de boa qualidade, particularmente em áreas com muita demanda;
- Existe uma preocupação generalizada sobre as tendências de longo prazo na composição da força de trabalho docente, particularmente pela escassez de "professores talentosos" e menor participação masculina;
- Existem preocupações sobre a imagem e *status* da docência, já que os professores expressam com frequência a percepção de que seu trabalho é subvalorizado;
- Os salários relativos dos professores estão em declínio na maioria dos países.

Preocupações sobre o desenvolvimento do conhecimento e competências dos professores:

- Quase todos os países mostram inquietudes com lacunas "qualitativas", isto é, se há professores suficientemente dotados de competências e habilidades para atender as necessidades escolares;
- Constatam-se desconexões entre a formação dos professores, seu desenvolvimento profissional e as necessidades da escola;
- Muitos países não têm programas de admissão sistêmicos para professores iniciantes.

Preocupações sobre a seleção e recrutamento de professores:

- Existem preocupações, na maioria dos países, sobre a distribuição desigual deprofessores entre escolas e a falta de professores de qualidade emáreas desfavorecidas;
- As unidades escolares têm pouco envolvimento direto nas nomeações dos professores;

- Alguns países têm um grande excesso de oferta de professores qualificados, o que aumenta outros desafios relacionados com a política.

Preocupações sobre a retenção de professores eficazes nas escolas:

- Alguns países têm altas taxas de desgaste de professores, especialmente entre aqueles recentemente admitidos;
- Os professores manifestam preocupações sobre os efeitos da carga de trabalho pesada, condições de estresse e insatisfação no trabalho, bem como expressam dúvidas sobre a eficácia do ensino;
- Na maioria dos países, os meios de reconhecimento e recompensa do trabalho dos professores são limitados;
- Os procedimentos para responder ao ensino ineficaz costumam ser por vezes complicados e lentos.

Para enfrentar tão complexos desafios, é necessário também compreender a complexidade da política envolvida. No mesmo estudo, propõe-se um quadro conceitual que demonstra que as políticas relacionadas à docência formam um emaranhado de medidas destinadas a atrair, selecionar, formar e conservar os profissionais que se dedicarão à atividade educativa, numa rede intrincada de inter-relações:

Figura 1 — Quadro conceitual da atividade docente

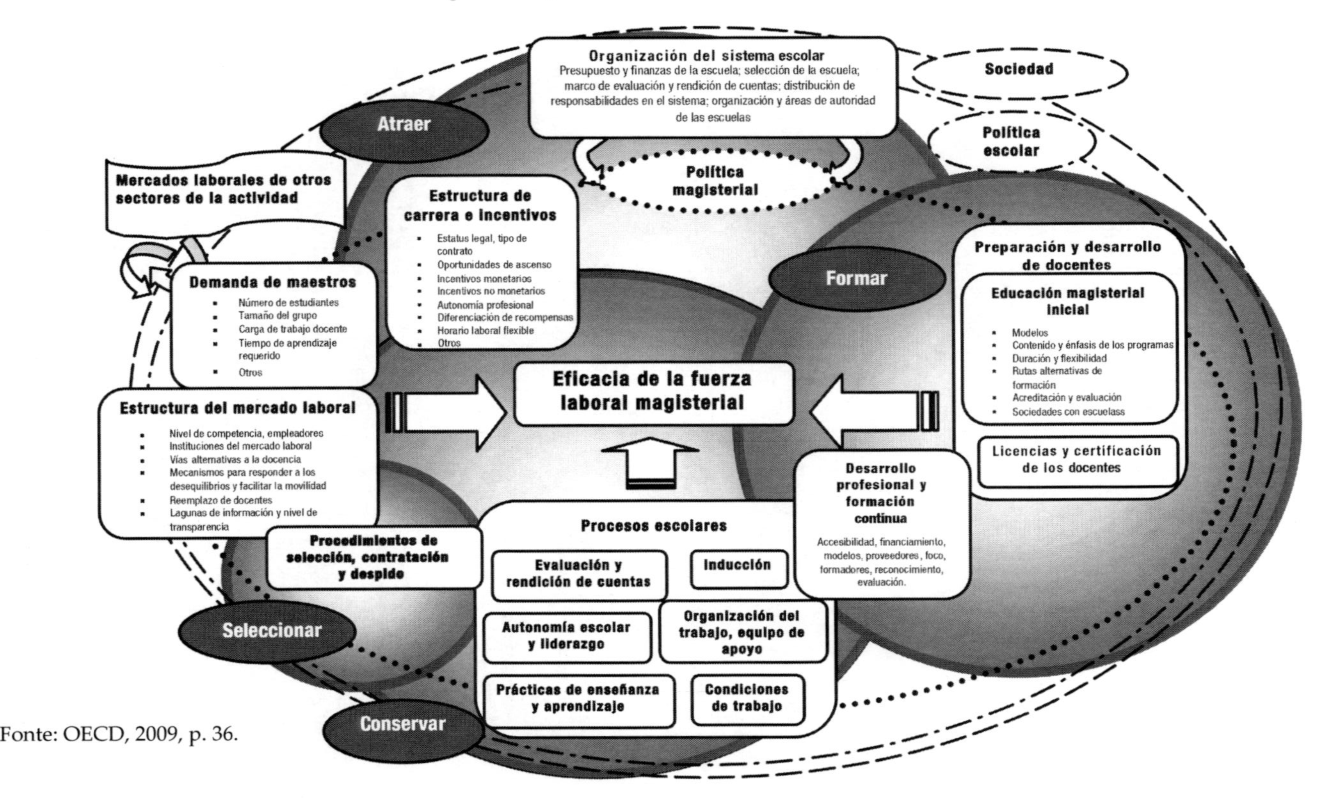

Fonte: OECD, 2009, p. 36.

Conforme se pode observar na figura acima, um dos elementos componentes do esquema é a "estrutura de carreira e incentivos", que implica em uma série de aspectos que podemos denominar de "regulatórios" da atividade docente, a saber: o *status* legal, o modelo de admissão, as oportunidades de promoção, incentivos monetários e não monetários, a autonomia profissional, a diferenciação de remunerações, a flexibilidade de jornada, entre outras.

Em outro estudo, realizado no âmbito dos países latino-americanos, a Organização das Nações Unidas para a Educação, a Ciência e a Cultura – UNESCO (2015) propõe que o desenvolvimento profissional da docência seja considerado em três *eixos* principais: a *formação docente*, a *avaliação de desempenho* e a *carreira docente*, sintetizados seus elementos no mapa conceitual abaixo reproduzido:

Figura 2 — Mapa conceitual sobre a noção do desenvolvimento profissional

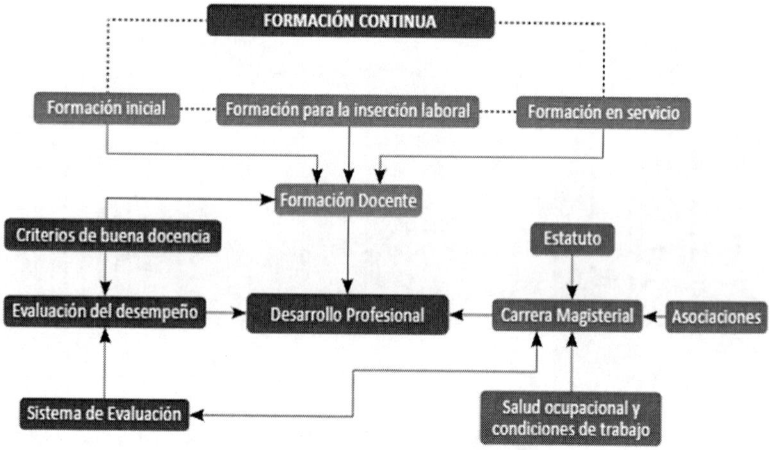

Fonte: UNESCO, 2015, p. 16.

Como se pode perceber, tais estudos, realizados no âmbito de entidades supranacionais, sinalizam para a centralidade do regime jurídico da carreira docente como elemento componente de uma política de desenvolvimento dos profissionais do magistério.

Ao estudar e comparar as práticas regulatórias da carreira docente em diversos países,[6] tais documentos apontam para dois modelos básicos, a saber:

A) Sistemas baseados em cargos organizados em carreira (*career-based systems)*: nesses sistemas, o ingresso dos docentes ocorre de forma precoce e espera-se que fiquem vinculados ao serviço educacional por toda a vida profissional. O ingresso se dá por credenciais acadêmicas e/ou por meio de concurso público. Uma vez recrutados, os profissionais são distribuídos e removidos entre as repartições de serviço conforme regras internas. A promoção baseia-se num sistema de graduação dos indivíduos, sem atrelamento a uma posição específica. Os salários iniciais são relativamente baixos, mas existe um caminho claro para ganhos mais elevados e há um sistema previdenciário relativamente generoso. Esse tipo de sistema desestimula o recrutamento de profissionais maduros e há uma forte ênfase no desenvolvimento ao longo da carreira.

Trata-se de um modelo que adveio da necessidade de expansão e democratização do ensino público ao longo do século XX e, por conta do qual, a atividade docente deixou de ter a natureza de *profissão liberal* para adequar-se ao *modelo burocrático,* fundamentado em um regime legal-formal, baseado na impessoalidade, especialização técnica, organização hierárquica e previsibilidade no funcionamento das tarefas, conforme tipologia descrita por Max Weber (1999, p. 142 *et seq.*).

Conforme sugere o estudo da UNESCO sobre carreiras docentes na América Latina (2015, p. 20), esse modelo está historicamente atrelado à afirmação do Estado-Providência:

> Esta primeira geração coincide com o desenvolvimento do Estado de bem-estar e se caracteriza pelo reconhecimento dos professores como trabalhadores com direitos laborais amparados pelo Estado (TERIGI, 2009). Para este tipo de carreiras, o emprego docente está concebido "desde a carreira"; ou seja, privilegia-se a longa permanência e a

[6] O estudo da OCDE (2005) abrange os seguintes países: Alemanha, Austrália, Áustria, Bélgica (Comunidade flamenga), Bélgica (comunidade francesa), Canadá (Quebec), Chile, Coréia, Dinamarca, Eslováquia, Espanha, Estados Unidos da América, Finlândia, França, Grécia, Hungria, Irlanda, Israel, Itália, Japão, México, Noruega, Holanda, Reino Unido, Suécia e Suíça. O estudo da UNESCO (2015), concentrado nos países da América Latina, abrange: Argentina, Bolívia, Brasil, Chile, Colômbia, Costa Rica, Equador, El Salvador, Guatemala, Honduras, México, Nicarágua, Panamá, Paraguai, Peru, República Dominicana, Uruguai e Venezuela.

promoção vertical (OECD, 2005), e a progressão funcional é possível devido a um enfoque credencialista, que premia a acumulação de certificações e a antiguidade (NAVARRO Y VERDISCO, 2000).[7]

Conforme observa Pérez Gómez (2001, p. 142), tal modelo, que ele identifica como típico do sistema "público" de ensino – no sentido de ser conduzido por uma lógica publicística – produz relevantes consequências no tocante à prática docente:

> os docentes são funcionários públicos e, dentro das condições e restrições que impõem o currículo comum, decidido em nível nacional, têm a liberdade para interpretar desde suas atribuições profissionais e decidir a estratégia de intervenção e prática pedagógica mais adequada a cada situação. A ausência de um ideário próprio da escola e o *status* de funcionário público, não dessa escola, mas do sistema em geral, permitem ao docente um alto grau de decisão que não existe em nível escolar. As escolas se parecem muito entre si; no entanto, a vida das aulas pode se diferenciar e se diversificar de maneira notável. Este grau de liberdade docente, da porta para dentro, se encontra favorecido pela inexistência de controles externos de saída. O docente ensina, tutoriza e avalia, concedendo qualificações, dando créditos e títulos sem mais controle do que a participação paritária de seus colegas nas mesmas funções (tradução nossa).

França, Japão, Coréia e Espanha são exemplos de países que adotam predominantemente tal modelo no âmbito da OCDE. Na América Latina: Argentina, Bolívia e Uruguai.

B) Sistemas baseados em postos de trabalho (*position-based systems*): os serviços públicos baseados em postos de trabalho privilegiam a escolha – interna ou externa – dos candidatos mais adequados para o exercício de determinada função. Os critérios para seleção enfatizam habilidades ou qualificações específicas mais do que medições genéricas de competência. São mais flexíveis em relação à idade de ingresso e favorecem que os professores transitem entre a atividade docente e outras atividades profissionais. Os salários iniciais são, muitas vezes,

---

[7] No original: "Esta primera generación coincide con el desarrollo del Estado de bienestar y se caracteriza por el reconocimiento de los profesores como trabajadores con derechos laborales amparados en el Estado (Terigi 2009). Para este tipo de carreras, el empleo docente está concebido "desde la carrera"; es decir, se privilegia la permanencia de largo plazo y el ascenso vertical (OECD 2005), y el recorrido por la carrera es posible debido a un enfoque credencialista que premia la acumulación de certificaciones y la antigüedad (Navarro y Verdisco 2000)".

relativamente elevados, pois buscam remunerar adequadamente as habilidades necessárias para os cargos. A progressão funcional é basicamente meritocrática, pois há necessidade de competir por cargos vagos de responsabilidade mais elevada, não decorrendo de mera reclassificação individual. Tal característica, por sua vez, pode gerar uma estagnação em termos remuneratórios, em vista da escassez de cargos de maior qualificação.

Na América Latina, o estudo da UNESCO identifica esse modelo com a reforma neoliberal do Estado, que veio a se refletir em leis estatutárias produzidas na região a partir dos anos 2000. Tal legislação é orientada pela busca de resultados (*results-based policies)* e adota mecanismos de promoção horizontal, práticas de avaliação de desempenho e esquemas de incentivos como meios de atingir a eficiência almejada.

De acordo com Lessard e Carpentier (2016, p. 17), tais inovações vieram no bojo da:

> institucionalização de uma nova regulação em educação e pela ascensão dos estabelecimentos, bem como do papel das organizações internacionais, defensoras de uma convergência mundial em torno de uma educação submissa às exigências da economia do saber.

Em conformidade com tal afirmação, trata-se de modelo especialmente defendido por programas adotados pelo Banco Mundial, como demonstra recente *paper* daquela instituição, denominado *Results-based financing in education: financing results to strengthen systems* (BANCO MUNDIAL, 2017, p. 6):

> Financiamento baseado em resultados (RBF) captura a essência sobre a implantação, pelo Banco Mundial, de sua estratégia educacional, Educação para Todos. A estratégia enfatiza aprendizado (mais do que somente escolarização) como meio de alcançar o crescimento econômico, o desenvolvimento e a redução da pobreza. (...) Especificamente, colocar resultados em primeiro lugar (*performance*), e priorizar o financiamento de abordagens baseadas em resultado (*finance*) são o coração da linha de atuação do Banco Mundial. (tradução nossa).[8]

---

[8] No original: "Result-based financing (RBF) captures the essence of how the World Bank Group (WBG) is implementing its education strategy, Learning for All. The strategy emphasizes learning (rather than just schooling), since that is what leads to economic growth, development, and poverty reduction. (...) Specifically, putting results first (performance), and embracing results-based approaches to finance (finance) is at the heart of the WBG approach".

Pérez Gómez (2001, p. 144) identifica os elementos doutrinários desse modelo com o sistema "privado" de educação – no sentido em que há o transporte, para o sistema educacional, de lógicas do mercado – e aponta as seguintes consequências, no tocante ao trabalho docente:

> os docentes são profissionais contratados em função de sua competência e de sua afinidade com o ideário e as peculiaridades organizativas e curriculares que definem o produto que tal escola oferece. Portanto, não são funcionários do sistema, nem do Estado, mas profissionais a serviço da escola. Gozam de escassa liberdade de manobra, pois a maioria das decisões didáticas está preestabelecida ou, ao menos, condicionada previamente pela definição do projeto curricular e do ideário ideológico da escola.
>
> Neste sistema, os controles fundamentais são controles de saída, do produto mediante provas nacionais de valoração do rendimento acadêmico dos alunos relativamente frequentes. A cultura da escola, sua estrutura organizativa é a espada de Dâmocles, que supõe a validação externa e posterior do rendimento dos alunos, deixam pouco espaço para a liberdade e a originalidade profissional dos docentes.

Dentre os países da OCDE, Canadá, Suécia, Suíça e Reino Unido são os exemplos mais típicos desse modelo. Na América Latina, Equador, México e Peru adotaram, nas últimas duas décadas, legislações tendentes a esse modelo (UNESCO, 2015, p. 21).

Dado que nossa pesquisa tem por substrato teórico a vertente *neoinstitucionalista* dos estudos de políticas públicas, perpassa a nossa investigação o questionamento acerca dos incentivos que esses modelos básicos criam para o comportamento dos agentes envolvidos na ação educativa e quais os possíveis resultados da adoção de determinadas escolhas no desenho das políticas de carreira.

Todavia, é necessário que se ressalte que tais tipologias servem apenas para simplificação heurística de uma realidade mais complexa, haja vista a trajetória peculiar e as tradições jurídicas e políticas de cada país. Não por outra razão, o estudo da UNESCO sobre as carreiras docentes nos países latino-americanos, ao analisar o caso brasileiro, por meio do estudo da estruturação do magistério paulista, qualificou-nos como um modelo de transição, visto que os mecanismos tradicionais de carreira coexistem com os mecanismos de avaliação e incentivo que seriam próprios do modelo baseado em postos de trabalho (UNESCO, 2015, p. 18).

2.3 A SITUAÇÃO DA CARREIRA DOCENTE NO BRASIL COMO PROBLEMA DE PESQUISA

As inquietudes que perpassam a profissão docente não são, como se vê, um problema exclusivamente brasileiro. Mas em nosso país, em vista dos resultados geralmente decepcionantes da política educacional, a questão passa a ser um elemento-chave para as futuras decisões sobre a educação pública.

Embora não possa ser considerado um instrumento completo de diagnóstico, os resultados do exame do Programa Internacional de Avaliação de Alunos (PISA) permitem alguma comparação entre o desempenho de jovens estudantes de 15 anos dos 72 países participantes, analisando suas habilidades e competências nas áreas de ciências, leitura e matemática. Conforme assinala o Instituto Nacional de Estudos e Pesquisas Educacionais Anísio Teixeira – INEP (2016a, p. 268), sobre a participação brasileira na edição 2015 do exame, há motivos evidentes para preocupação:

> O escore médio dos jovens brasileiros que participaram da avaliação de ciências foi de 401 pontos, valor significativamente inferior à média dos estudantes dos países membros da OCDE (493 pontos). Pouco mais de 40% deles atingiu pelo menos o nível 2 da escala, considerado pela OCDE como o nível básico de proficiência que possibilita a aprendizagem e a participação plena na vida social, econômica e cívica das sociedades modernas em um mundo globalizado (OCDE, 2016). Os 10% de estudantes brasileiros com maior nota em ciências obtiveram o escore médio de 522 pontos, valor entre os níveis 3 e 4 da escala. Uma pequena parcela (menos de 1%) atingiu os dois níveis mais elevados da escala; nos países da OCDE, o percentual de estudantes nesses níveis ultrapassou 7%.

Apenas para fins de comparação, levando-se em conta o gasto acumulado por aluno no período dos 6 aos 15 anos de idade, embora Brasil (U$38.190) e Chile (U$40.607) tenham investimento semelhante, a diferença de escore no PISA é significativa: 401 (Brasil) vs. 447 (Chile). Outros países, como Colômbia, México e Uruguai, com menor gasto por aluno, tiveram melhor performance no teste (OECD, 2015).

No exame aplicado em 2018, embora se perceba alguma evolução, o desempenho ainda se encontra bem abaixo da média da OCDE em Leitura, Matemática e Ciências. Apenas 2% dos estudantes alcançaram os níveis mais altos de proficiência (Nível 5 ou 6) em pelo menos um domínio (média da OCDE: 16%), e 43% dos estudantes obtiveram uma pontuação abaixo do nível mínimo de proficiência (Nível 2) em todos os três domínios (média da OCDE: 13%) (OECD, 2018c).

A busca por aprimoramentos no sistema educativo, portanto, deixou de ser apenas prioridade: é um imperativo para sobrevivência do país como nação que pretende atingir e manter um grau razoável de desenvolvimento social e econômico, em meio aos complexos desafios da contemporaneidade.

Embora a política educacional encerre um feixe de elementos sobremaneira complexos, certamente um dos aspectos mais relevantes – senão o mais relevante – para se promover a qualidade da educação é dar a devida atenção ao trabalho docente.

O impacto de um bom professor na vida dos educandos já foi devidamente demonstrado pela pesquisa empírica, a partir do trabalho pioneiro de Eric Hanushek, (*The value of teachers in teaching*, (1970), corroborado por levantamento de ampla envergadura realizado por Chetty, Friedman e Rockoff (*Measuring the impacts of teachers I e II*, 2014).

No caso brasileiro, conforme veremos, embora o discurso de valorização do magistério não seja novo, pouco dele se converteu em prática ao longo dos quase 200 anos de vida independente do país.

Embora vários sejam os caminhos para a valorização do magistério, nossa pesquisa se aterá especificamente a dois, visto que foram eleitos pela Constituinte de 1988 como elementos mínimos de uma política docente de base nacional: o plano de carreira e remuneração e o piso salarial profissional nacional do magistério – art. 206, incisos V e VIII.

Conforme teremos oportunidade de notar, a primeira lei educacional do país já esboçava esses elementos, ainda hoje carentes de plena efetivação. Vale inquirir, então, quais as condições da atividade docente em nosso país, nos dias de hoje, antes de prosseguirmos na análise histórica que a seguir se empreenderá.

Analisando e comparando diversas pesquisas sobre a profissão docente,[9] Fleuri (2015, p. 63) traça o seguinte perfil sintético do docente brasileiro:

---

[9] A saber: o Censo Escolar da Educação Básica, do INEP (2009), o *Perfil dos professores brasileiros: o que fazem o que pensam, o que almejam*, da UNESCO (2004), o *survey* do Grupo de Estudos sobre Política Educacional e Trabalho Docente (GESTRADO) da Universidade Federal de Minas Gerais, pesquisa realizada pelo Instituto Paulo Montenegro (2010) e a Pesquisa Internacional sobre Ensino e Aprendizagem (TALIS), realizada pela OCDE (2013).

Com base nessas pesquisas, podemos perceber que a categoria dos docentes brasileiros é constituída por um público eminentemente feminino, adulto, casado, com família nuclear, de classe média baixa. A distribuição geográfica dos docentes no território brasileiro é desigual, concentrando-se em maior número no Sudeste e no Nordeste. Também as condições de formação e de atuação profissional são bastante diferentes, com forte incidência de professores sem formação superior e com contratos precários, situação que é mais grave nas Regiões Nordeste, Norte e Centro-Oeste. A maioria foi formada e atua no sistema público de ensino. Embora mais da metade tenha contrato de 40 horas e trabalhe em uma só escola, há um número significativo que trabalha em mais de uma escola e que tem sobrecarga de trabalho. Contudo, a grande maioria se dedica quase exclusivamente à atividade em sala de aula. Apesar de a metade estar pouco ou nada satisfeita com as condições profissionais, a maioria opta por se manter nesse exercício profissional.

Na mais recente versão do relatório anual que divulga sobre educação, *Education at a glance* (OECD, 2021a), a OCDE observa que, do ponto de vista salarial, o piso salarial nacional (U$13.983 anuais) é baixo, comparado com a média de U$35.608 para os países membros da organização e mesmo em relação a outros países latino-americanos, como México (U$27.257) e Chile (U$25.147). O salário médio anual do professor, que transita entre U$25.030 (pré-escola) e U$26.724 (ensino médio), é significativamente inferior em relação à média da OCDE, que vai de U$40.707 a U$51.749.

Versão anterior do mesmo estudo (OECD, 2018a) constatou a enorme variação de remunerações na rede pública de educação, sendo que um professor em dado estado pode receber remuneração cinco vezes maior que seu equivalente em outra unidade da Federação. Além disso, se comparados a outros profissionais de nível superior atuantes no país, os professores recebem, em média, remuneração 21,9% menor (INEP, 2020, p. 21). A desigualdade que caracteriza o país – que costuma ser ranqueado entre os dez mais desiguais do mundo, pelo índice de GINI[10] – também parece transposta para a realidade da profissão docente.

---

[10] O Índice de Gini, criado pelo matemático italiano Conrado Gini e calculado pelo Banco Mundial, é um instrumento para medir o grau de concentração de renda em determinado grupo, apontando a diferença entre os rendimentos dos mais pobres e dos mais ricos, numa escala que varia de zero (igualdade plena) a cem (concentração de toda a riqueza na mão de uma só pessoa). O índice Gini do Brasil é 53,3 (2017), sendo o campeão da desigualdade no continente americano. *Vide* lista comparativa em: https://www.indexmundi.com/facts/indicators/SI.POV.GINI/rankings. Acesso em: 31 jan. 2022.

Cabe também observar que não é desprezível o impacto da profissão docente na economia e nas finanças públicas, visto que a força de trabalho docente na educação básica envolve mais de 2 milhões de profissionais, sendo que quase 80% atuam no sistema público de ensino.[11] A despesa de pessoal nas redes educacionais públicas consomem 70,3% do investimento direto em educação, que atualmente corresponde a cerca de 6,2% do Produto interno bruto (PIB).[12] A questão foi objeto da atenta observação de Gatti *et al.* (2011, p. 30-1), apontando a imbricação entre as políticas voltadas à docência e o financiamento da educação:

> Acompanhando a tendência de crescimento do setor terciário nas sociedades contemporâneas em razão dos processos de reestruturação produtiva, no Brasil, em 2006, os docentes representavam o terceiro maior agrupamento profissional do país, menor apenas que o dos escriturários e o dos empregados no setor de serviços. Diferentemente, porém, dessas duas categorias profissionais mais numerosas, os professores trabalham, em sua maioria, no setor público. A enorme massa de empregos por eles representada envolve movimentação de recursos de elevada monta por parte do Estado – o que tem considerável impacto na economia nacional – e impõe constrangimentos à sua expansão, em razão do peso relativo que possuem as políticas sociais no conjunto das políticas públicas.

Talvez a pior notícia diga respeito à falta de atratividade da profissão, o que gera uma sombra para o futuro e parecer exigir um esforço intergeracional de superação. Em pesquisa realizada pela organização Todos pela Educação, em 2018, 49% dos docentes ouvidos não recomendariam a profissão a seus alunos, sendo que as palavras "valorização", "salário" e "reconhecimento" foram as mais usadas para explicar os motivos da resposta (TODOS PELA EDUCAÇÃO, 2018).

Outro diagnóstico, realizado em 2009 pela Fundação Carlos Chagas, sob encomenda da Fundação Victor Civita, por meio de entrevista com alunos do ensino médio, apontava uma percepção de ambivalência: ao mesmo tempo em que reconheciam à docência um lugar de relevância social, os alunos retratavam "que se trata de

---

[11] Precisamente, 2.190.943 profissionais, sendo que 1.726.099 atuam nas redes públicas (INEP, 2021).

[12] *Vide* indicadores financeiros educacionais do INEP, disponíveis em: https://www.gov.br/inep/pt-br/acesso-a-informacao/dados-abertos/indicadores-educacionais/indicadores-financeiros-educacionais. Acesso em: 31 jan. 2022.

uma profissão desvalorizada (social e financeiramente) e o professor é desrespeitado pelos alunos, pela sociedade e pelo governo" (FUNDAÇÃO VICTOR CIVITA, 2010, p. 196). Não à toa, nesse estudo, 83% dos alunos demonstraram preferências por carreiras claramente desvinculadas da profissão docente e apenas 2% elegeram a pedagogia ou alguma licenciatura como escolha profissional imediata.

À mesma época, pesquisa realizada por Paula Louzano *et al.* (2010) apontava outro dado relevante: 11% de todos os alunos que prestaram o Exame Nacional do Ensino Médio (ENEM), em 2005, estavam interessados em se tornar professores do ensino fundamental ou médio. Entre esses, apenas 5% estavam entre os 20% dos estudantes com melhor desempenho, e 16% estavam entre os 20% com pior desempenho, ou seja, a carreira docente atrai os estudantes menos qualificados. Isso se confirma, se observado, por exemplo, a nota de corte da primeira fase da FUVEST 2021: na concorrência ampla, a licenciatura em física/matemática e o curso de pedagogia tem nota de corte 27, muito abaixo de outros cursos da área de humanidades como jornalismo (59), direito (62) ou relações internacionais (67); o mesmo se dá se compararmos com outras áreas, como engenharia (63) e medicina (93). Vale observar que a mesma desproporção se dá entre a procura de candidatos por vaga: como exemplo, no curso de pedagogia, há 5,9 candidatos por vaga, enquanto no curso de direito, a relação é de 24,6 e no de jornalismo 37,3.[13]

A preocupação com a atratividade da docência se reforça pela leitura de recente estudo da OCDE sobre efetividade na docência, baseado nos resultados do PISA 2017 (OECD, 2018b). Ali aponta-se que somente 2,4% dos jovens brasileiros que se submeteram ao teste têm interesse em seguir a carreira docente, quase metade da média dos países participantes da prova (4,2%). O mesmo relatório aponta uma correlação entre a performance do país nos testes e o desempenho de estudantes que buscam a profissão docente. Em nações com melhor colocação, os estudantes interessados na docência possuem escore mais próximo ou superior àqueles que buscam outras profissões.

Ademais, o relatório observa que, embora os professores sejam motivados predominantemente por estímulos intrínsecos – relacionados à própria satisfação da função docente e de seu papel social –, a melhor

[13] FUVEST – Fundação Universitária para o Vestibular. *Cálculo da nota de corte*: listagem por carreira. Disponível em: https://www.fuvest.br/wp-content/uploads/fuv2018_corte.pdf. Acesso em: 24 nov. 2018.

remuneração amplia o número de potenciais interessados pela docência e torna mais equilibrada a participação dos gêneros na procura da profissão. Também há evidências de que em países onde há evolução positiva da remuneração, comparada ao PIB, há também crescimento da procura pela profissão.

Esse quadro, que resulta de uma longa trajetória da profissão docente, é preciso ser revertido. Nesse sentido, cabe o alerta de uma das maiores estudiosas do tema no Brasil, a professora Bernadete Gatti (2012, p. 108-109):

> Com a atuação intensa de associações e sindicatos, com os movimentos do professorado em muitos estados e municípios, com as discussões na mídia e o impacto de alguns estudos sobre a matéria, a questão salarial e de carreira dos professores da educação básica entrou na pauta política, juntamente com as discussões sobre o financiamento público da educação escolar. Ambas as discussões estão intimamente associadas, não havendo possibilidade de melhoria substantiva – como necessária – na remuneração dos docentes da educação básica a menos que ocorra um aumento significativo nas verbas destinadas à educação escolar, com uma articulação mais adequada entre a União, os estados e os municípios. Caminhar nessa direção implica assumir, não apenas no discurso, novas perspectivas que reconheçam o valor social e humano da educação, para além de seu valor para o desenvolvimento da economia nacional. (...) A emergência, nas sociedades contemporâneas, das necessidades de reconhecimento social e do senso de injustiça estendem a problemática da valorização dos professores da educação básica para além das questões remuneratórias, embora estas sejam parte importante nesse processo.

2.4 EMBASAMENTO TEÓRICO E METODOLÓGICO DA OBRA

O problema de pesquisa enfrentado nesta obra coloca-se em uma encruzilhada entre passado e futuro: buscamos, numa ponta, compreender quais os elementos jurídico-institucionais que permearam a trajetória da política estudada, elementos esses que de alguma forma contribuíram para a situação atual da docência no país; na outra ponta, examinamos os possíveis arranjos que se apresentam como capazes de alterar o patamar de valorização da atividade docente, perquirindo sua consistência jurídica e a aptidão para produzir um "regime de efeitos" adequado, isto é, "a sucessão encadeada de atos e consequências que seja capaz de levar ao resultado buscado" (BUCCI, 2013, p. 42).

Para tanto, pretendemos desenvolver uma pesquisa jurídico-científica de caráter teórico. Partiremos de uma investigação eminentemente dedutiva, pelo estudo dos aspectos jurídicos envolvidos no estabelecimento das políticas públicas mencionadas, relacionando-os de forma sistemática com o quadro normativo em que estão inseridas, bem como analisando as relações institucionais, que juntos formam o arcabouço normativo-institucional em que tais políticas são desenvolvidas.

Todavia, tal perspectiva será complementada também por estudos que, baseados nos instrumentos de *policy analysis*, permitam mapear as relações de poder e de interesse que conformam a política e, ao mesmo tempo, observar como os aspectos institucionais, que em termos teóricos, tanto se referem às "regras do jogo" (IMMERGUT, 1996), como aos próprios arranjos institucionais – o "nexo de unidade dos vários elementos que compõem o programa de ação governamental devidamente estruturado" (BUCCI, 2013, p. 205) – conformam as políticas públicas e influenciam no sucesso ou insucesso em atingir os objetivos que lhes justificam.

O enfoque a ser utilizado será predominantemente: a) *qualitativo* – pelo exame e análise crítica de material normativo, estudos teóricos, doutrinários e decisões jurisprudenciais, além de anais legislativos e matérias jornalísticas; b) *interdisciplinar* – visto que a pesquisa não se limitará à literatura jurídica, mas buscará áreas de contato entre as diversas disciplinas envolvidas no processo de elaboração das políticas públicas; e c) *analítico* – visto que buscará decompor o objeto em seus elementos constituintes – especialmente as diretrizes constitucionais de implantação de um piso nacional do magistério e de planos de carreira docente nos entes federados – e estudando em que medida as propostas de políticas públicas se coadunam com o modelo educacional desenhado na Constituição de 1988 e detalhado nas leis de âmbito nacional, especialmente o Plano Nacional de Educação 2014/2024 (Lei nº 13.005/2014).

Ressalte-se que escapa ao nosso propósito avaliar se a escolha do Constituinte foi acertada, ou seja, se a adoção de um piso nacional e de planos de carreira são as medidas mais indicadas para a valorização docente e, por consequência, para a melhoria da qualidade educacional. Partimos do pressuposto de que o comando constitucional tem força normativa e é necessário buscar estratégias de implementação por meio das competentes políticas públicas em âmbito educacional.

Mas não resta dúvida de que embora sejam medidas necessárias – quando menos, por serem normativamente cogentes – certamente não são suficientes, por si só, para garantir a qualidade da prestação educacional, que envolve um complexo de medidas que, juntas, devem resultar em uma política educacional ampla e coerente.

O enfoque teórico que mais influencia a nossa abordagem é baseado no *neoinstitucionalismo*, família teórica que ressalta o papel das instituições na conformação das preferências manifestadas pelos atores. Celina Souza (2007, p. 83) esclarece a contribuição do neoinstitucionalismo para a análise de políticas públicas:

> A contribuição do neoinstitucionalismo é importante porque a luta pelo poder e por recursos entre grupos sociais é o cerne da formulação de políticas públicas. Essa luta é mediada por instituições políticas e econômicas que levam as políticas públicas para certa direção e privilegiam alguns grupos em detrimento de outros, embora as instituições sozinhas não desempenhem todos os papéis – há também interesses, como nos diz a teoria da escolha racional, ideias, como enfatizam o institucionalismo histórico e o estrutural, e a história, como afirma o institucionalismo histórico.

Sob a premissa do neoinstitucionalismo, em sua vertente histórica, estudar a trajetória das *instituições* é especialmente importante na explicação do *status quo*, especialmente porque, conforme observa Ellen Immergut (1996, p. 158),

> As instituições explicam muito do que acontece na vida política – os tipos de organizações de interesse que terão sucesso, as pressões para consolidar interesses, a utilidade da mobilização dos membros das organizações e até que ponto a cooperação ou a defecção será uma estratégia proveitosa.

Por esse motivo, nossa pesquisa dará especial atenção ao magistério como instituição historicamente construída e que carrega em seu bojo – para o bem e para o mal – a carga inercial dessa bagagem. Ademais, ela se insere em um complexo sistema de instituições e é permeada pelos valores e ideias que transitam nessas instituições, para não falar nos arranjos de poder que elas cristalizam.

Conforme enfatizam Lessard e Carpentier (2016, p. 19), "[u]m estudo da trajetória permite reconstruir a vida de uma política, os discursos, os argumentos, as dimensões legislativas e regulamentares, bem como as transformações, inflexões e evoluções da política".

Também não se pode deixar de observar que a instituição do magistério público é uma dentre outras instituições do Estado Brasileiro e que um elemento especialmente importante – que compõe a verdadeira carnadura das instituições estatais – é a conformação que lhes dá o Direito.

Sue E. Crawford e Elinor Ostrom, em conhecida abordagem teórica sobre as instituições no campo da ciência política (1995), propõem uma "gramática" das instituições, cujos elementos constitutivos seriam: a) as *regras* – prescrições compartilhadas e compreendidas pelos agentes e passíveis de imposição por um agente responsável pela fiscalização e exigência de sanções; b) as *normas* – também prescrições compartilhadas, mas cuja imposição se dá pelos próprios agentes participantes da relação, por meio da determinação de custos e desvantagens; e c) as *estratégias* – ou seja, planos de ação que os agentes desenvolvem, em correspondência à estrutura de incentivos colocada pelas regras e pelas normas, bem como pelo comportamento esperado dos demais agentes na situação.

Trata-se de enfoque proveitoso, ainda que externo e discrepante do produzido pela ciência jurídica, mas que demonstra que as *instituições* são, por assim dizer, "portais" entre o universo cognitivo dos juristas e o dos cientistas políticos, o que metodologicamente as torna interessante como elemento de conexão em uma abordagem interdisciplinar das políticas públicas (BUCCI, 2013, p. 205 *et. seq.*).

Para nosso propósito, interessa-nos estudar a questão sob uma perspectiva *jurídico-institucional*, ou seja, por meio de visão que busca "compreender o fenômeno governamental por dentro do direito, com base nas categorias próprias desse campo" (BUCCI, 2013, p. 36). Parte-se da constatação de que o Estado contemporâneo se caracteriza pela integração entre governo e Administração Pública, em que a "face política do governo vai se revestindo cada vez mais de uma tessitura jurídica" (p. 34).

A ideia de *desenho político-institucional* insere-se nessa concepção teórica, realçando a relevância dos elementos jurídicos capazes de dar sustentação a determinado arranjo que institucionaliza – ou seja, confere consistência e permanência – determinada política pública, favorecendo a produção dos efeitos almejados.

Esperamos, com esse esforço de estudo interdisciplinar, produzir um retrato vivo do magistério como elemento institucional de transcendental importância em nossa vida social, iluminando especialmente os aspectos jurídicos relevantes e oferecendo ao leitor informações e reflexões que propiciem o debate frutífero dos possíveis desenhos de políticas públicas capazes de garantir o cumprimento de sua função social.

CAPÍTULO 3

POLÍTICAS EDUCACIONAIS E POLÍTICAS DE CARREIRA DOCENTE: TRAJETÓRIA HISTÓRICA

Dai ao povo, dai aos pobres

Embora parca, a instrução;

Não lhe negueis d'alma o gozo,

Não lhe negueis d'alma o pão;

Real se torne a promessa

De nossa Constituição!

Juvenal Galeno, 1865

Conforme intenção já enunciada, interessa-nos construir nosso estudo a partir do exame da trajetória das políticas públicas dedicadas à estruturação e regulação da atividade docente, situando-as no bojo das políticas educacionais e, é claro, compreendo-as em seu contexto histórico. Partimos do pressuposto, constantemente reafirmado na literatura de análise de políticas públicas, de que a *história importa* (PIERSON; SOCKPOL, 1999; TILLY, 2006).

3.1 O SISTEMA DE ENSINO E O REGIME DA DOCÊNCIA NO PERÍODO IMPERIAL

Por ocasião da independência, havia em nosso país um esquema precário de ensino público, decorrente das reformas pombalinas, consubstanciadas no Alvará Régio de 28 de junho de 1759[14] que, a par de viabilizar a proscrição do ensino promovido pelos jesuítas, visou estabelecer o controle estatal sobre a atividade professoral, por meio do controle dos métodos, livros empregados e do exercício da profissão docente, determinando o monopólio estatal da *licencia docendi,* sob comando de um Diretor de Estudos.[15] Tratava-se do chamado sistema das *Aulas Régias.*

Para exercício da profissão, conforme regulamentação posterior,[16] os mestres deveriam redigir um requerimento, indicando os locais nos quais exercitavam a profissão, procedendo-se às diligências para investigar junto aos ex-alunos a sua competência e retidão de caráter. Posteriormente, submeter-se-iam a exame público, perante Professores Régios que atestariam sua competência. Aos professores assim qualificados, seria dada a distinção social de gozarem dos "privilégios dos Nobres, incorporados em direito comum", ou seja, a assim chamada "nobreza ordinária" ou "rasa".[17]

O estatuto docente é assim sintetizado por Cardoso (2009, p. 174):

---

[14] Texto integral disponível em: http://193.137.22.223/fotos/editor2/RDE/L/S18/1751_1760/1759_06_28_alvara.pdf. Acesso em: 12 fev. 2022.

[15] "Fora das sobreditas Classes não poderá ninguém ensinar, nem pública, nem particularmente, sem aprovação, e licença do Diretor de Estudos. O qual, para lhe conceder, fará primeiro examinar o Pretendente por dois Professores Régios de Gramática, e com a aprovação destes lhe concederá a dita licença: Sendo Pessoa, na qual concorram cumulativamente os requisitos de bons, e provados costumes, e de ciência, e prudência: E dando-se lhe a aprovação gratuita, sem por ela, ou pela sua assinatura se lhe levar o menos estipendio".

[16] *Vide* Alvará Régio de 28 de julho de 1759 e Alvará Régio de 11 de janeiro de 1760. Disponíveis em: http://193.137.22.223/pt/patrimonio-educativo/repositorio-digital-da-historia-da-educacao/legislacao/seculo-xviii/1751-1760/. Acesso em: 24 jun. 2017.

[17] Segundo Evaldo Cabral De Mello (1989, p. 253), a nobreza, em Portugal, se repartia em três estratos: o primeiro, mais elevado, era composto pela aristocracia da Corte, ou seja, aqueles que, pela elevada condição de suseranos, pela proximidade (sentimental ou parental) com a família real ou por méritos (verdadeiros ou supostos) vinham a se tornar os esteios do regime monárquico; em segundo lugar estavam os fidalgos (filhos d'algo), que podiam ser subdivididos em fidalgos hereditários ("fidalgos de geração"), por já pertencer a uma linhagem reconhecida, ou fidalgos feitos pelo rei em razão de algum serviço prestado; em terceiro lugar, havia a "nobreza rasa" ou também chamada nos domínios de além-mar de "nobreza da terra", ou seja, as famílias que possuíam domínios territoriais e liderança em localidades do reino (MELLO, 1989, p. 253). Também se reconhecia esse grau àqueles que possuíam títulos acadêmicos. Conforme aponta Raminelli (2016, p. 4): "a terceira ordem se compunha de 'pessoas de nobreza ordinária', como os simples letrados, pessoas de grau de letras, professores régios de gramática latina e grega, de retórica e os cavaleiros, escudeiros e homens bons".

> Isto significava ganhar um título de distinção social e política, que trazia vantagens na ascensão social, além de garantir certos privilégios, como a isenção de determinados impostos, a possibilidade de ocupar postos destinados à nobreza, a exclusão de penas infames, ou ainda o privilégio de não ir para a prisão. Na relação das honras concedidas aos súditos, cabia à categoria dos letrados, constituída por doutores, licenciados e bacharéis formados, o grau de nobreza ordinária, que era o mais baixo. O decreto de 14 de julho de 1775 reforçou essa distinção, ao estabelecer que os professores régios tinham direito ao Privilégio de Homenagem, em razão da nobreza do seu emprego.

Uma vez concluída a independência, observamos que a marcha das carreiras docentes no âmbito da instrução pública em nosso país deu-se de forma atribulada desde o nascedouro da nação.

Já na Constituinte de 1823, criou-se uma comissão de instrução pública, em que se propunha um concurso que premiaria com comenda imperial o cidadão que trouxesse o "melhor tratado de educação física, moral e intelectual, para a mocidade brasileira" – ou seja, um primeiro plano de educação a ser adotado oficialmente. Todavia, encontrava resistências, dentre elas as que viam nela o adiamento na solução de problemas mais práticos e urgentes, consoante esclarecia o Deputado Costa Barros (*apud* MARTINS, 1977, v. II, p. 140):

> Todavia esse meio tem consigo um grande inconveniente: o largo tempo que leva a apresentação desse plano completo. E enquanto não aparece, deve ficar a mocidade sem educação? A minha província, Sr. presidente, há quatro anos que não tem um só mestre de Latim; não é porque haja falta de mestres, mas porque não corresponde o pagamento; é ele tão mesquinho que ninguém se afoita a ser mestre de Gramática Latina, nem mesmo de primeiras letras. (...) Com efeito, quem quererá ser mestre por quarenta mil réis anuais, que não chegam nem para o necessário de um homem só, quanto mais para quem tiver mulher e filhos?

Embora tais discussões não fossem adiante, dada a dissolução da Assembleia Constituinte, o ideário iluminista que presidiu a independência nacional fez inscrever, no rol de direitos da primeira Carta Constitucional, a garantia de "instrução primária, e gratuita a todos os cidadãos" (art. 179, XXXII).

Após alguns anos passados da outorga de nossa primeira Constituição, é produzida a lei que se prestaria a efetivar tal direito, a Lei de 15 de outubro de 1827, que dispõe que "em todas as cidades, vilas e lugares mais populosos, haverão as escolas de primeiras letras que forem necessárias" (art. 1º) e estabelece medidas administrativas necessárias para tal intento, tais como o concurso público e os requisitos para o desempenho do magistério, piso e teto salarial dos docentes e até mesmo um esboço de currículo mínimo. Destacamos:

> Art. 2º Os Presidentes das províncias, em Conselho e com audiência das respectivas Câmaras, enquanto não tiverem exercício os Conselhos gerais, marcarão o número e localidades das escolas, podendo extinguir as que existem em lugares pouco populosos e remover os Professores delas para as que se criarem, onde mais aproveitem, dando conta a Assembleia Geral para final resolução.
>
> Art. 3º Os Presidentes, em Conselho, taxarão inteiramente os ordenados dos Professores, regulando-os de 200$000 a 500$000 anuais: com atenção às circunstancias da população e carestia dos lugares, e o farão presente à Assembleia Geral para a aprovação.
>
> (...)
>
> Art. 6º Os professores ensinarão a ler, escrever, as quatro operações de aritmética, prática de quebrados, decimais e proporções, as noções mais gerais de geometria prática, a gramática de língua nacional, e os princípios de moral cristã e da doutrina da religião católica e apostólica romana, proporcionados à compreensão dos meninos; preferindo para as leituras a Constituição do Império e a História do Brasil.
>
> Art. 7º Os que pretenderem ser providos nas cadeiras serão examinados publicamente perante os Presidentes, em Conselho; e estes proverão o que for julgado mais digno e darão parte ao Governo para sua legal nomeação.
>
> (...)
>
> Art. 13º As Mestras vencerão os mesmos ordenados e gratificações concedidas aos Mestres.

Conforme observa Veiga (2007, p. 155) o salário fixado – entre 200$000 e 500$000 – possibilitava aos professores participar da vida política do Império, na qualidade de cidadão eleitor ativo, dada a natureza censitária do direito de sufrágio então vigorante. O caráter inovador da legislação também se revela no tratamento igualitário dado aos gêneros, no tocante ao regime remuneratório, em uma época em que a docência era atividade predominantemente masculina.

Fato é que, não obstante a medida legislativa fosse avançada para os padrões da época, não encontrava suporte nas instituições do Império, para que suas prescrições fossem efetivadas.

Exatas duas décadas depois, evidenciado o fracasso da legislação primeva, propunha-se uma reforma do ensino, para se dotar as principais capitais de liceus gratuitos de educação secundária bem como para elevar a remuneração dos mestres e estabelecer um sistema de inspeção das escolas.

O proponente do projeto, Deputado Torres-Homem, observava que na capital do Império havia 25 escolas primárias públicas, 17 para meninos e 8 para meninas, atendendo a 1.352 alunos, o que não correspondia a um décimo da população dos 7 aos 14 anos (MARTINS, 1977 v. II, p. 337). Todavia, observava-se enorme resistência por parte do corpo parlamentar, tanto na ampliação e melhoria do ensino público, quanto no estabelecimento de medidas regulatórias.

Somente em 1854, por meio do Decreto nº 1.331-A, logrou-se uma reforma educacional – a chamada Reforma Couto Ferraz –, todavia limitada às escolas do Município da Corte.[18] O diploma determinou medidas regulatórias dos estabelecimentos escolares e criou um sistema hierárquico de fiscalização do ensino, cujas principais peças eram um Inspetor Geral e um órgão colegiado – o Conselho Diretor. Embora seus efeitos não alcançassem senão os estabelecimentos educacionais da capital do Império, o diploma é de algum interesse, na medida em que estabelece um primeiro estatuto do magistério, com regras detalhadas referentes à admissão, remuneração, progressão funcional e aposentadoria dos professores públicos. Castanha (2006) aponta, todavia, que houve algum impacto nas províncias, que passaram a adotar legislações assemelhadas.

Mais de duas décadas depois, o Ministro Carlos Leôncio De Carvalho baixava um decreto que tencionava promover uma reforma liberal do ensino, e no qual se vê delineada uma tentativa de instituir, pela primeira vez, a obrigatoriedade do ensino primário.[19] Dentre as disposições modernizadoras, havia a previsão de criação, na Corte e nas províncias, de escolas normais, dedicadas à formação de professores. Também previa outras medidas inovadoras e que buscavam democratizar o ensino, como a alfabetização de adultos e a contratação de

---

[18] BRASIL. Câmara dos Deputados. *Decreto nº 1.331-A, de 17 de fevereiro de 1854*. Approva o Regulamento para a reforma do ensino primario e secundario do Municipio da Côrte. Coleção das Leis do Império do Brasil. 1854. Disponível em: http://www2.camara.leg.br/legin/fed/decret/1824-1899/decreto-1331-a-17-fevereiro-1854-590146-publicacaooriginal-115292-pe.html. Acesso em: 11 fev. 2022.

[19] BRASIL. Câmara dos Deputados. *Decreto nº 7.247, de 19 de abril de 1879*. Reforma o ensino primario e secundario no municipio da Côrte e o superior em todo o Imperio. Palácio do Rio de Janeiro. 1879. Disponível em: https://www2.camara.leg.br/legin/fed/decret/1824-1899/decreto-7247-19-abril-1879-547933-publicacaooriginal-62862-pe.html. Acesso em: 12 jul. 2022.

professores ambulantes, para atender às localidades desprovidas de escola – à *moda sueca*, como se dizia. No âmbito do regime do magistério, o decreto estabelecia um esboço de carreira para os docentes das escolas normais e trazia disposições referentes à progressão vencimental por mérito para os docentes da Corte. Todavia, boa parte das disposições desse decreto dependia de aprovação do Poder Legislativo, sendo que o excessivo liberalismo de suas posições levou à exoneração do Ministro (ALMEIDA, 2000, p. 192).

O referido projeto gerou, por sua vez, peças doutrinárias importantes acerca da necessidade de reforma da educação: os dois Pareceres elaborados pelo então Deputado Rui Barbosa, em 1882. No Legislativo, tais pareceres "passaram ao mofo e à traçaria dos arquivos", conforme queixa do próprio autor (LOURENÇO FILHO, 2001, p. 12). Porém, 50 anos depois, suas concepções exerceriam forte influência no ideário reformador do *Manifesto dos Pioneiros da Educação Nova*, de 1932, considerado um divisor de águas na história educacional brasileira.

Dentre as várias razões do fracasso dos projetos reformistas – que não temos aqui a oportunidade de investigar mais aprofundadamente – certamente está o sistema do Padroado Régio, que promovia um entrelaçamento entre os interesses do Estado e da Religião, com forte influência religiosa nos debates político-legislativos. Além de ser a maior provedora dos serviços educacionais, a Igreja Católica era, por assim dizer, a diretora moral da sociedade, sendo que a estruturação de um sistema educacional liberal poria em risco essa função. Havia mesmo quem negasse ao Estado a competência em matéria educacional, cabendo-lhe apenas garantir a liberdade (exclusiva) de ensino das instituições religiosas (MARTINS, 1979, v. III, p. 56).

Outro aspecto que tem sido aventado pela literatura especializada, como elemento explicativo da precariedade da estrutura educacional, está no cometimento às províncias da tarefa de criar e manter os estabelecimentos escolares, a partir do Ato Adicional de 1834. Não obstante a forma unitária do Estado Imperial, a execução da política educacional era descentralizada e não haveria fiscalização e tampouco estímulo por parte do Governo Central.[20] As municipalidades, por sua vez, tinham pouca capacidade de estruturar sistemas de ensino próprio.

---

[20] Há certa hegemonia dessa crítica na literatura especializada, embora valha o registro de que há historiadores educacionais que questionam o peso atribuído ao Ato Adicional na debilidade de ensino no período imperial, como Castanha (2006). Para Martins (2011, p. 47-63) que relata detalhadamente o debate acadêmico acerca do impacto do Ato

Por fim, não se pode esquecer tratar-se de uma sociedade predominantemente agrária, governada por uma elite escravagista, para quem a educação pública não era, efetivamente, uma prioridade. Aumentar as escolhas profissionais da mão de obra livre e permitir-lhe o exercício da liberdade eleitoral – restrita aos alfabetizados, pela reforma de 1870 (Lei Saraiva) – eram possíveis consequências que constituíam desincentivos para a elite do Império.

É curioso observar que já havia, no período imperial, uma receita vinculada ao financiamento da instrução pública: o subsídio literário, imposto incidente sobre o comércio de aguardente e carne verde (isto é, fresca). Tal tributo foi criado pelo Marquês de Pombal, em 1772, para custeio das já mencionadas Aulas Régias, sistema pioneiro de educação pública primária, implantado concomitantemente no reino e nas colônias. A cobrança do subsídio literário, herança da legislação colonial, vigorou em nosso país até o fim do período monárquico.[21] Todavia, pelo que nos relatam os historiadores da educação, tal arrecadação não chegava inteiramente ao seu destino e o subsídio não impedia que os professores recebessem vencimentos parcos e por vezes, com atraso (MORAIS; OLIVEIRA, 2012; SILVA, 2005).

Conforme observa Lourenço Filho (2002, p. 20),

> ao findar-se a monarquia, para uma população de quase quatorze milhões, a matrícula geral das escolas primárias era de pouco mais de 250 mil alunos. Mantinha-se em nível elevado o ensino acadêmico (de medicina, direito e engenharia) e o de belas artes, que chegavam a atrair estudantes de outros países da América. Todavia, o ensino secundário, tanto quanto o primário, era insuficiente e mal orientado em relação às necessidades reais do povo.

Adicional na estruturação do ensino no período imperial, o Ato Adicional foi vilanizado injustamente, especialmente porque seu intento de descentralização se viu frustrado pela Lei de Interpretação de 1840, que reduziu seu escopo. Ademais, as províncias não estavam impedidas de criar tributos para financiamento da educação. Portanto, a omissão adviria da falta de vontade política dos governantes. Para Sucupira (2014), "a intenção do Ato de remover dificuldades oriundas de ações desvinculadas das realidades locais e de fortalecer o poder provincial não produziu os efeitos desejados no campo da instrução pública. Não fez nascer nas assembleias provinciais a consciência do imperativo democrático-liberal de universalizar a educação básica" (SUCUPIRA, 2014. p. 61-73).

21 Para comprovar o afirmado, verificamos junto ao repositório da Assembleia Legislativa a lei que aprova o orçamento das Câmaras Municipais, no último ano do Império (Lei nº 82, de 01 de abril de 1889) e constatamos que persistia tal espécie tributária entre as receitas municipais (SÃO PAULO (Estado). *Lei nº 82, de 01 de abril de 1889*. Orça a receita e fixa a despesa das Câmaras Municipais. Secretaria do Governo da Provincia de São Paulo. 01 abr. 1889. Disponível em: http://www.al.sp.gov.br/repositorio/legislacao/lei/1889/lei-82-01.04.1889.html. Acesso em: 12 fev. 2022).

3.2 A PRIMEIRA REPÚBLICA: DESCENTRALIZAÇÃO E REFORMAS (1889-1920)

A primeira Carta Republicana foi extremamente econômica ao dispor sobre a educação pública, sendo que, no rol de direitos, limitou-se a zelar pela laicidade do ensino público (*art. 72, §6º – Será leigo o ensino ministrado nos estabelecimentos públicos*). À União eram reservadas as competências exclusivas de legislar sobre o ensino superior (art. 33, inciso 30) e de ministrar o ensino secundário no Distrito Federal. Também lhe era atribuída a competência, porém não exclusiva, de criar instituições de ensino superior e secundário nos Estados (art. 35, inciso 3º).

A República nasce embalada pelas propostas reformistas que visavam ao esclarecimento da população, dado o ideal positivista que presidia o movimento revolucionário, cujo principal ideólogo era um professor, Benjamin Constant. Contudo, tal impulso logo esmorece, pois, embora afastada a interferência clerical e o regime escravista, ainda remanescem muitas das instituições retrógradas do período imperial e intacta a estrutura oligárquica da sociedade brasileira.

Sinal disso é que o primeiro projeto reformista – proposto justamente por Benjamin Constant[22] – teve limitado seu escopo às escolas do Distrito Federal, visto que o regime federativo instalado pela nova Constituição fortalecia ainda mais a autonomia das províncias, agora Estados-Membros, no tratamento de tal matéria.[23] Schueler e Magaldi (2009, p. 41) relatam as severas críticas que José Veríssimo, um dos mais notórios intelectuais da época, tecia ao novo regime, especialmente no que tange aos excessos federativos da nova República, que agravaram ainda mais a questão do ensino primário. E concluem, parafraseando o personagem Conselheiro Ayres, de Machado de Assis: é possível que o regime político tivesse "trocado a roupa", sem que tivesse "mudado de pele".

---

22 BRASIL. Câmara dos Deputados. *Decreto nº 981, de 08 de novembro de 1890*. Approva o Regulamento da Instrucção Primaria e Secundaria do Districto Federal. Coleção de Leis do Brasil. 1890. Vol. Fasc.XI, p. 3474. Disponível em: http://www2.camara.leg.br/legin/fed/decret/1824-1899/decreto-981-8-novembro-1890-515376-publicacaooriginal-1-pe.html. Acesso em: 11 fev. 2022.

23 Nesse tocante, o Decreto nº 07, de 20 de novembro de 1889, ao promover a organização provisória da República recém-instalada já cometia aos Estados a tarefa de "Pro*vide*nciar sobre a instrucção publica e estabelecimentos proprios a promovel-a em todos os seus gráos" (art. 2º, §2º).

Mesmo de limitado alcance, o projeto Benjamin Constant não se implantou, dada a sua manifesta inexequibilidade no tocante ao currículo enciclopédico proposto para o ensino médio – que teria a duração de sete anos! (PALMA FILHO, 2005, p. 3).[24] No tocante à carreira docente, o projeto previa dois graus de docência no ensino primário – o *professor adjunto* e o *professor primário* – com regras detalhadas de admissão por concurso, tabela de remuneração, mobilidade funcional, exclusividade de exercício, progressão por tempo de serviço e por mérito, regime disciplinar e punições, aposentadoria por invalidez ou tempo de exercício da função. Curioso observar que o decreto estipulava a construção de residências para os professores em prédios anexos às escolas, o que revelava a ideia de dar condições dignas para o exercício da docência em regime integral.

Nesse quadro em que se considerava limitada a atuação do Governo Federal, ganhavam importância as reformas produzidas em âmbito estadual, sendo que a reforma paulista iniciada por Caetano de Campos, a partir de 1890, revelou-se a mais influente das que então se produziram, conforme apontam Schueler e Magaldi (2009, p. 43):

> A escola primária experimental paulista afirmava-se, assim, como parâmetro para as escolas públicas republicanas, referido, num sentido amplo, à organização do universo escolar. O modelo formulado e disseminado era o do grupo escolar, em que assumiam grande relevo aspectos como a construção de prédios considerados apropriados para a finalidade educativa, o trabalho escolar apoiado no princípio da seriação e no destaque conferido aos métodos pedagógicos, entre os quais se situava, especialmente, o método intuitivo; a divisão e hierarquização da atuação dos profissionais envolvidos no cotidiano da escola; a racionalização dos tempos escolares; o controle mais efetivo das atividades escolares, entre outros.

O movimento reformista iniciado por Caetano de Campos teve como marco legislativo o Decreto nº 27, de 12 de março de 1890, que

---

[24] Registre-se, porém, que trouxe algumas contribuições à prática educativa nacional: a liberdade e a laicidade, como princípios diretores do ensino; o exame de "madureza", que permitia o acesso aos cursos superiores; a autorização para a fundação de cursos superiores estaduais ou particulares, desde que seguissem o currículo dos cursos oficiais; a valorização das ciências naturais, em oposição ao modelo de ensino de inspiração jesuítica, enfatizador da cultura literária; a criação de um Pedagogium, centro de pesquisa e formação profissional; e a previsão de um Fundo escolar, destinado à manutenção do ensino no Distrito Federal, com a previsão de receitas vinculadas.

reformou a Escola Normal e criou duas escolas anexas, para que os alunos do último ano da Escola Normal colocassem em prática os conhecimentos teóricos obtidos no curso.

Mesmo depois da prematura morte de Caetano de Campos, em setembro de 1891, o movimento reformista prosseguiu, com a promulgação da Lei nº 88, de 08 de setembro de 1892,[25] que estabelecia diversas inovações pedagógicas e estruturais.[26] Em relação ao trabalho docente, a legislação suprarreferida dispunha: a) previsão de quatro escolas normais "primárias", para formar os professores do ensino primário e um curso normal "superior" na capital, para formar os professores do ensino secundário; b) a aprovação nas escolas normais equivalia a concurso de ingresso nas cadeiras dos cursos preliminar e complementar; c) previa-se a inamovibilidade dos professores; d) também se estabelecia uma classificação dos docentes, conforme a natureza do curso (preliminar, complementar, normal primário e normal superior) e o nível de formação (adjunto ou professor); e) o exercício do cargo de professor era incompatível com qualquer outro, exceto a docência particular; f) adicional por tempo de serviço docente, na seguinte proporção: 10 anos, acréscimo de quarta parte dos vencimentos; 15 anos, mais a terça parte; 25 anos, mais a metade.

---

[25] BRASIL. Assembleia Legislativa do Estado de São Paulo. *Lei nº 88, de 08 de setembro de 1892*. Reforma a instrucção publica do Estado. Palacio do Governo do Estado de S. Paulo, 8 de Setembro de 1892. Disponível em: http://www.al.sp.gov.br/repositorio/legislacao/lei/1892/lei-88-08.09.1892.html. Acesso em: 12 fev. 2022.

[26] Vale resumir as mais relevantes: a) ensino primário em duas etapas: uma etapa preliminar, de caráter obrigatório (dos 7 aos 12 anos) e outra complementar, facultativa, mediante exame de admissão; b) obrigatoriedade da criação de escolas preliminares em todas as localidades em que houvesse um mínimo de 20 alunos; havendo número inferior, previa-se a criação de escola mista ou, a depender das circunstâncias, ambulante; c) instalação de espaços escolares com áreas para a recreação e exercícios físicos, além de ambientes e objetos adequados para as disciplinas ministradas; d) obrigatoriedade de biblioteca nas escolas preliminares; e) previsão de curso noturno, onde houvesse demanda mínima de 30 alunos; f) previsão de verba mínima anual para construção de prédios escolares, dando-se preferência aos municípios que colaborassem na instalação; g) construção, em cada município, de uma escola complementar para cada dez preliminares; h) criação de três ginásios para o ensino secundário, em duas modalidades: literário e científico, com duração de seis anos – o ensino secundário não era gratuito, havendo uma matrícula anual, mas com quota de 10% das vagas para alunos pobres "inteligentes e laboriosos"; i) o ensino era dirigido pelo Presidente do Estado, com auxílio de um Conselho Superior, cujo Diretor-geral representava-o nas tratativas com o chefe de governo; j) previa-se um recenseamento escolar detalhado; k) não matriculadas as crianças em idade obrigatória, haveria matrícula *ex officio* e aplicação de sanção pecuniária aos pais omissos; nas mesmas penas incorreria o patrão que impedisse o menor de estudar; l) gratuidade dos livros adotados e de material de uso das escolas.

Dando prosseguimento à reforma, no ano seguinte foram editadas 51 leis criando escolas e cadeiras de instrução em Municípios paulistas.[27]

Acerca da condição profissional do professorado nesse período, Palma Filho (2005, p. 9) observa que o Governo paulista,

> (...) além de assegurar uma boa remuneração para os professores que possuíssem o curso normal, realizava concursos periódicos e facultava aos professores normalistas que quisessem completar seus estudos a possibilidade de fazê-lo com o recebimento dos vencimentos sem as gratificações. Era também assegurada à aposentadoria com vencimentos integrais para os que contassem com trinta anos de tempo de serviço.
>
> Os professores foram particularmente valorizados durante a administração de Cesário Mota Júnior (1893-1897), uma vez que esse administrador com visão de estadista considerava "(...) que sem o auxílio do professorado a reforma do ensino não atingiria seus objetivos e, nesse campo, a República não realizaria seus fins" (REIS FILHO, *op.cit.*, p.123). Bons tempos aqueles!

A título de comparação, a tabela de vencimentos dos professores evoluía de 3$600:000 (professor de escola preliminar) a 8$000:00 (professor da escola normal superior), sendo que os secretários de Estado e o chefe de polícia, à mesma época, ganhavam 20$000:000; os ministros do Tribunal de Justiça e o procurador geral do Estado, 18$000:000.

A próxima reforma adotada em nível federal foi a proposta por Epitácio Pessoa, durante o Governo Campos Sales (1898-1902), por meio do Decreto[28] nº 3.890, de 1º de Janeiro de 1901.[29] Tal diploma, denominado "Código dos Institutos Oficiais de Ensino Superior e Secundário", trouxe alguns aspectos interessantes referentes ao regime do magistério nas instituições educacionais federais, a saber: a) direção dos institutos por um Diretor e uma Congregação, formada pelos *lentes* (professores

[27] Conforme pesquisa realizada na base de dados da Assembleia Legislativa do Estado de São Paulo, em: https://www.al.sp.gov.br/alesp/pesquisa-legislacao/. Acesso em: 12 fev. 2022.

[28] O leitor contemporâneo talvez estranhe que, na República Velha, as reformas educacionais eram realizadas por Decreto. Ocorre que, além de seu escopo limitado, dada a reduzida competência concedida à União, era comum que o Executivo recebesse delegação para proceder a tais reformas, por meio de dispositivos inseridos nas leis orçamentárias (NAGLE, 2009, p. 160, nota 52).

[29] BRASIL. Câmara dos Deputados. *Decreto nº 3.890, de 1º de Janeiro de 1901*. Disponível em: http://www2.camara.leg.br/legin/fed/decret/1900-1909/decreto-3890-1-janeiro-1901-521287-publicacaooriginal-1-pe.html. Acesso em: 12 fev. 2022.

titulares de cátedra); b) divisão da carreira em três categorias: *lentes, substitutos e professores*, considerados vitalícios desde a data da posse, somente perdendo o cargo por força de aplicação da lei penal ou das disposições e penalidade disciplinar ou criminal; c) estrita observância da antiguidade, para fins de preferência entre os docentes; d) gratificação por tempo de serviço, mas dependente de abono do desempenho profissional do Diretor do instituto, na seguinte proporção: 10 anos de serviço, 5%; 15 anos, 10%; 20 anos, 20%; 25 anos, 33%; 30 anos, 40%; e) publicação de trabalhos meritórios desenvolvidos no magistério por conta do Governo e, em casos de excepcional qualidade, prêmio em dinheiro; f) dedicação exclusiva do docente nas matérias que lecionar no instituto; g) provimento das vagas de professor por concurso; as de substituto podem, excepcionalmente, ser providas por deliberação da Congregação, reconhecendo excepcional mérito do candidato, por obras publicadas, *ad referendum* do Governo; h) procedimento detalhado do concurso para docente, com provas teóricas, orais e práticas; i) previsão de licença por motivo de saúde ou outro relevante, com disposições sobre os casos em que haverá manutenção dos vencimentos, com ressalva de gratificações não incorporadas; j) regime disciplinar com penas de suspensão de um mês a um ano sem vencimentos, aplicáveis pela Congregação, com possibilidade de revisão pelo Governo, não havendo demissão a não ser por abandono de cargo; l) aposentadoria proporcional em caso de invalidez, a qualquer tempo; com o ordenado (vencimento básico), se contar com mais de 25 anos de magistério ou 30 de serviço público; com todos os vencimentos, se contar com mais de 30 anos de magistério ou 40 de serviço público.

Dez anos após, sob o Governo Hermes da Fonseca (1910-1914), adveio a Reforma Rivadávia Correia,[30] fortemente inspirada pela doutrina positivista, da qual ambos, Presidente e Ministro do Interior e da Justiça, comungavam. A principal tônica da legislação foi a *desoficialização do ensino*, sob o pressuposto de que a "as *forças intelectuais* ou *poder espiritual* devem fazer circular o conhecimento científico a partir da sociedade civil, irrigando as *forças materiais* ou *poder material*", com isso propiciando a "hegemonia do positivismo no seu estágio superior: a convergência entre ciência e moral" (CURY, 2009, p. 719). Para tal desiderato, o diploma transformava os institutos federais de ensino

---

30 BRASIL. *Decreto nº 8.659, de 05 de abril de 1911*. Disponível em: http://www2.camara.leg.br/legin/fed/decret/1910-1919/decreto-8659-5-abril-1911-517247-publicacaooriginal-1-pe.html. Acesso em: 12 fev. 2022.

secundário e superior em entidades autárquicas e rompia com o sistema em que o currículo dessas instituições serviria como modelo obrigatório para as congêneres estaduais e particulares. Outra contribuição relevante foi criar um Conselho Superior de Ensino, constituído pelos diretores dos institutos federais – por sua vez eleitos pelas respectivas congregações – e que substituía a função tutelar do Estado, sendo a única exceção o Presidente do Conselho, de livre nomeação pelo Presidente da República.

Sobre o regime da profissão docente, havia as seguintes atualizações: a) as categorias de docentes eram: professor extraordinário efetivo, professor ordinário, mestre e livre-docente; havia também o professor extraordinário honorário, nomeado pelo Governo, sob proposta da congregação; b) a admissão se dava no cargo de professor extraordinário efetivo, por meio de concurso de títulos e obras, resultando em lista tríplice a ser proposta pela congregação ao Governo, salvo se houvesse unanimidade do colegiado; vagando o cargo de professor ordinário, a ele ascendia o extraordinário efetivo; c) os livre-docentes eram habilitados pela congregação, após exame por comissão especial, sendo remunerados por meio das taxas pagas pelos alunos matriculados em seus cursos e deveriam arcar com os custos de material e auxiliares nos cursos que ministravam; os chamados *mestres* eram os que lecionavam as disciplinas que não dependiam de formação acadêmica; d) os professores ordinários e extraordinários se jubilariam conforme os seguintes regimes: se contar com menos de 25 anos de exercício efetivo do magistério: ordenado proporcional; se contar com 25 anos de serviço efetivo no magistério ou 30 de serviço público, com no mínimo 20 prestados no magistério: ordenado integral; se contar com 30 anos de exercício efetivo no magistério, ou 40 de serviço público, com no mínimo 25 prestados no magistério: vencimentos integrais.

Dado o seu radicalismo programático, que propiciou uma situação caótica no sistema de ensino, a Reforma Rivadávia teve vida curta, sendo substituída pela Reforma Carlos Maximiliano, em 1915.[31] O Ministro da Justiça do Governo Venceslau Brás (1914-1918), Maximiliano restaurou a oficialidade do ensino secundário, que voltou a ser parametrizado pelas práticas das instituições federais e fiscalizados os diplomas secundários e superiores pelo Conselho Superior de Ensino.

---

[31] BRASIL. *Decreto nº 11.530, de 18 de março de 1915*. Disponível em: http://www2.camara.leg.br/legin/fed/decret/1910-1919/decreto-11530-18-marco-1915-522019-republicacao-97760-pe.html. Acesso em: 12 fev. 2022.

Além disso, instituiu a sistemática dos exames vestibulares para ingresso no ensino superior, restringindo tal acesso aos candidatos que tivessem um certificado de conclusão do ensino secundário ou de aprovação em exames preparatórios específicos (*exames parcelados*). Ademais, autorizou a criação da primeira instituição universitária do país, a Universidade do Rio de Janeiro, formada pela reunião das Escolas Politécnicas, da Escola de Medicina e da Faculdade de Direito que já funcionavam no Distrito Federal – união que, todavia, somente veio a se formalizar em 1920.[32]

Acerca do regime jurídico dos professores, são dignas de nota as seguintes alterações: a) previu-se a eleição bianual de um representante dos professores, por cada instituto federal, para assento no Conselho Superior de Ensino; b) alterou-se a nomenclatura das categorias docentes, que passaram a ser: professores catedráticos, professores substitutos, professores honorários, professores, simplesmente, e livres-docentes, sem substancial alteração de suas respectivas naturezas; esclareça-se que os chamados "professores, simplesmente" são os anteriormente denominados "mestres", professores selecionados por provas práticas e didáticas nas disciplinas de ginástica, música e trabalhos gráficos; c) as penas disciplinares continuaram brandas: na maioria das faltas, aplicava-se advertência ou suspensão, de 8 a 30 dias; expulsão apenas no caso de abandono da função por mais de seis meses ou afastamento superior a quatro anos consecutivos para cargos estranhos ao magistério, exceto os cargos públicos eletivos; também se aplicava a perda da terça parte do vencimento ao professor que não lecionasse 2/3 do programa no trimestre anterior; d) o regime das licenças tornou-se mais restritivo: a licença saúde, mediante inspeção, era concedida por período máximo de um ano, com remuneração de 2/3 dos vencimentos; licença para tratar de interesses particulares era concedida sem vencimentos; e) mudança mais relevante se dá no regime de aposentadoria: os professores passaram a ser regidos pelas mesmas normas dos demais funcionários públicos.

Cabe observar, entretanto, que o profissionalismo não é a marca distintiva do período, dominado pelas oligarquias estaduais. O depoimento contemporâneo do jornalista, educador e escritor José Getúlio

---

32 BRASIL. *Decreto nº 14.343, de 07 de setembro de 1920*. Disponível em: http://www2.camara.leg.br/legin/fed/ decret/1920-1929/decreto-14343-7-setembro-1920-570508-publicacaooriginal-93654-pe.html. Acesso em: 12 fev. 2022.

da Frota Pessoa,[33] dado em inquérito produzido por João do Rio (1908, p. 196), é eloquente:

> a instrução popular é, pouco mais ou menos, o que é na Rússia. Setenta e cinco ou oitenta por cento dos indivíduos são analfabetos. Os cargos do magistério são privativos dos filhotes políticos dos pequenos chefes locais. Distribuem-se os lugares de professores como os de escriturários de cartório. Um professor adverso aos governantes é um inimigo público. Querem-se cabos de eleição e não mestres de ensino. Nem se faz questão de que haja uma instrução pública, senão de que exista um quadro de empregados, para prêmio dos apaniguados.
>
> Esta é a situação geral, se, no entanto, excetuarmos três ou quatro Estados, que escapam, aqui e ali, a umas ou outras dessas arguições.

3.3 DÉCADA DE 20: ENTUSIASMO EDUCACIONAL E OTIMISMO PEDAGÓGICO

A década de 20 caracteriza-se por uma forte inquietação da elite intelectual do país, no tocante ao estado da educação pública, o que se revela pela realização de "inquéritos" que visavam diagnosticar e propor medidas para curar a ignorância, representada como verdadeira doença do corpo social, conforme pontuam Freitas e Bicca (2009, p. 41):

> Entendida como doença social, a falta de escolarização era a ideia-força de uma razão clínica em processo permanente de apropriação por parte dos que consideravam o analfabetismo o pai de todos os males da nação. A identidade nacional era deduzida de uma paideia médico-jurídica-pedagógica que oferecia as palavras-chave para que diferentes plataformas políticas tivessem, em comum, o mesmo senso de que o país estava amarrado à falta de dinamismo de sua população, deficiência essa decorrente da doença corpórea e do "raquitismo intelectual".

Os mais importantes inquéritos foram realizados por Vicente Licínio Cardoso (1924) – sob o nome de *As margens da República* – e Fernando de Azevedo (1926) – denominado *A educação na encruzilhada* e financiado pelo Jornal *O Estado de São Paulo*.

---

[33] Frota Pessoa (1875-1951) foi também um dos expoentes do movimento escolanovista, adiante explicado, tendo disseminado seus pontos de vista educacionais por meio da atividade jornalística. Suas ideias foram reunidas em publicação realizada sob os auspícios do Ministério da Educação e Cultura, como exemplar da coleção Educadores e disponibilizada digitalmente em: http://www.dominiopublico.gov.br/pesquisa/DetalheObraDownload.do?select_action=&co_obra=205203&co_midia=2. Acesso em: 12 fev. 2022.

A par dessa jornada investigativa, um marco do período foi a fundação da Associação Brasileira de Educação (ABE) – 1924, por iniciativa de intelectuais de variada extração – médicos, engenheiros, professores, juristas, jornalistas – e congregando distintos posicionamentos ideológicos – liberais, democratas, católicos, esquerdistas. Unia-os algumas concepções compartilhadas, conforme acentua Veiga (2007, p. 254-255):

> O que caracterizava o grupo, a princípio, era a visão da educação como fator de reforma social, o fato de autoproclamar sua competência para proceder à educação do povo e a proposição de uma ação pedagógica e homogeneizadora de alcance nacional. (...) O que destacou a atuação do grupo foi fundamentar a nova educação em parâmetros científicos. Ou seja, preconizavam a adoção de métodos pedagógicos fundados na psicologia (testes vocacionais e de aptidão) e na biologia (preceitos higienistas). Também muitos reformadores se apoiaram nas teorias raciais do período, expressando discriminações de natureza étnica ou cultural. Houve significativa politização de certos temas, como o da organização do ensino público – havia os que defendiam uma maior intervenção do governo central e os que lutavam pela autonomia dos estados.

A Associação Brasileira de Educação, sob a premissa de que havia no Brasil apenas "habitantes", propunha em seu programa inaugural "transformar estes habitantes em povo" (*apud* NAGLE, 2009, p. 140). Sua principal realização foram as Conferências Nacionais de Educação, ocorridas nos anos de 1927, 1928 e 1929, em que a intelectualidade nacional discutia aprofundadamente os temas educacionais e trocava experiências das iniciativas produzidas em âmbito local.

O intenso debate refletia, no campo educacional, as contradições que dilaceravam a República, uma senhora que, dada as transições existentes no campo econômico e social, já não cabia mais no ultrapassado espartilho da Constituição de 1891. Tanto que o tema educacional não deixou de frequentar as discussões acirradas da Revisão Constitucional ocorrida em 1926. Registre-se que, apesar do debate, o texto final não incorporou as sugestões que circulavam, muitas das quais já apontavam a tendência de centralização que depois viria a preponderar, como revela a proposta de emenda formulada por Afrânio Peixoto, para quem competia à União:

> prover à orientação nacional do ensino primário e regular e democratizar o ensino secundário, dirigidos e custeados pelos Estados, mediante o fundo de educação criado por leis especiais, ajudando o desenvolvimento deles em todo o território do país onde se mostre deficiente.[34] (CURY, 2014, p. 100)

Conforme observa Cury (2014, p. 111), "o que parece representar uma unanimidade era a função democratizante e progressiva atribuída à educação pública, responsabilidade do Estado". Caberia, portanto, à União, fortalecer a identidade nacional, coordenando os esforços locais na prestação do serviço educacional, ponte necessária entre o Estado e a Nação.[35]

A ideia de democratização do ensino era a tônica dominante de algumas vertentes reformistas, como a implementada em São Paulo, em 1920, por Sampaio Doria (1883-1964), um jurista e professor que buscava aplicar, no campo pedagógico, algumas das ideias da chamada Escola Nova – em contraposição às práticas da denominada escola antiga, de cunho elitista e livresco.

Jorge Nagle, em seu clássico estudo sobre o período (2009, p. 115), interpreta o período sob a égide de um binômio: *entusiasmo pela escolarização* e *otimismo pedagógico*:

> de um lado, existe a crença de que, pela multiplicação das instituições escolares, da disseminação da educação escolar, será possível incorporar grandes camadas da população na senda do progresso nacional, e colocar o Brasil no caminho das grandes nações do mundo; de outro, existe a crença de que determinadas formulações doutrinárias sobre a escolarização indicam o caminho para a verdadeira formação do novo homem brasileiro (escolanovismo).

O movimento *escolanovista*, baseando-se na contribuição de diversos estudiosos da pedagogia – como Cecil Reddie (1858-1932), Pierre Bovet (1878-1965), George Kershensteiner (1854-1932), John Dewey (1859-1952), Maria Montessori (1870-1952), Edouard Claparède (1873-1940) e Adolfo Ferrière (1879-1960) – tinha como linhas mestras: puericentrismo (procedimentos didáticos centrados na criança);

---

[34] Proposta de Emenda nº 5, para nova redação do inciso 3 do art. 35.

[35] Uma nota curiosa e contrastante com o que virá a seguir: nos trabalhos da revisão constitucional, um dos mais enfáticos defensores da autonomia federativa e crítico às ideias centralizadoras era... Getúlio Vargas. Cf. Cury (2014, p. 105).

ênfase na aprendizagem pela atividade; motivação; estudo baseado no ambiente circundante; socialização; rejeição ao autoritarismo e ao intelectualismo das práticas escolares tradicionais (VEIGA, 2007, p. 217).

Além disso, o movimento fincava o pé em uma agenda política em favor da escola pública, gratuita, obrigatória e laica – o que rendia muitas controvérsias, em face da mentalidade reinante.

Em nosso país, os principais expoentes do escolanovismo, embora ostentassem algumas diferenças ideológicas, tinham um perfil semelhante: bacharéis que se dedicaram ao estudo e à prática da pedagogia e aliaram a atividade acadêmica à direção de políticas reformistas a partir dos anos 20. Destacam-se especialmente: Lourenço Filho (1897-1970), Anísio Teixeira (1900-1971), Fernando de Azevedo (1894-1974), Antonio Carneiro Leão (1887-1971) e Francisco Campos (1891-1968).

As ideias escolanovistas iriam dominar a vaga modernizadora que viria a seguir, não obstante, ao longo das três décadas seguintes, venham a sofrer o contraste ideológico advindo especialmente dos defensores do ensino privado e confessional.

No âmbito da atividade docente, surge uma nova categoria profissional: a dos *especialistas em educação*, conforme explica Nagle (2009, p. 117). A escolarização deixa de ser domínio exclusivo dos homens públicos e intelectuais e, ao final do período, "a situação vai ser alterada, com o aparecimento do 'técnico' em escolarização, a nova categoria profissional; este é que vai daí por diante tratar, com quase exclusividade, dos assuntos educacionais".

A busca pelo embasamento científico da atividade educacional – especialmente nos campos da psicologia, biologia e sociologia – também implicará na ênfase nos aspectos técnicos da profissão, na preocupação em selecionar e bem formar o profissional em cuja missão repousa o próprio destino nacional, pois conforme a preleção de Lourenço Filho (2001, p. 10):

> Só com o advento dos modernos tipos de organização social, e com a compreensão da escola como função do Estado, viemos a ter o mestre em seu tipo atual, especificamente definido: o mestre da escola pública, civil e leigo. Realmente é esse um tipo que só a moderna concepção da sociedade democrática poderia criar: um tipo de reação contra as sociedades antigas de cunho teocrático ou aristocrático. É assim que o mestre não recebe mais, hoje, a delegação de ensinar da parte dos pais, diretamente, mas das próprias forças organizadas de seu grupo social, ou

seja, do governo. É um tipo que, armado com as leis, e falando em nome da pátria, chama a si o direito de interferir na formação do corpo, da mente e do coração das crianças. É um tipo a quem se entrega o futuro...

Ainda nesta década, assistiu-se a mais uma reforma: em 13 de janeiro de 1925, sob o governo Artur Bernardes, edita-se o Decreto nº 16.782-A,[36] implantando o ensino seriado e fortalecendo a burocracia fiscalizadora da União, por meio da criação do Departamento Nacional do Ensino.

De maior interesse, todavia, é a preocupação federal em difundir o ensino primário, o que fez por meio da disposição de pagar os vencimentos dos professores que atuassem no ensino rural, mediante acordo com os Estados, no qual esses deveriam firmar o compromisso de não reduzir o número de escolas existentes e aplicar 10%, no mínimo, de sua receita na instrução primária e normal – o que Paulo de Sena Martins aponta como prenúncio da ideia de um piso salarial do magistério em nível nacional (2011, p. 68).

3.4 A REVOLUÇÃO DE 30 E O IMPULSO REFORMISTA

As inovações propostas pelos escolanovistas, conquanto ensaiadas nas reformas estaduais, somente encontrariam terreno propício na vaga modernizante iniciada com a Revolução de 1930.

Criou-se, no mesmo ano, o Ministério da Educação e Saúde Pública,[37] ocupado por um dos escolanovistas, Francisco Campos. Pouco tempo depois, instituiu-se o Conselho Nacional de Educação (CNE), que teve, entre suas competências, a incumbência de "firmar as diretrizes gerais do ensino primário, secundário, técnico e superior, atendendo, acima de tudo, os interesses da civilização e da cultura do país".[38]

Os demais expoentes da Escola Nova vieram a assumir a gestão dos principais órgãos educacionais, como a Direção do ensino do Rio

---

[36] BRASIL. *Decreto nº 16.782-a, de 13 de janeiro de 1925*. Disponível em: http://www.planalto.gov.br/ccivil_03/decreto/1910-1929/D16782aimpressao.htm. Acesso em: 12 fev. 2022.

[37] BRASIL. Câmara dos Deputados. *Decreto nº 19.402, de 14 de novembro de 1930*. Disponível em: http://www2.camara.leg.br/legin/ fed/decret/1930-1939/decreto-19402-14-novembro-1930-515729-publicacaooriginal-1-pe.html. Acesso em: 12 fev. 2022.

[38] BRASIL. Câmara dos Deputados. *Decreto nº 19.850, de 11 de Abril de 1931*. Disponível em: http://www2.camara.leg.br/legin/fed/decret/1930-1939/decreto-19850-11-abril-1931-515692-publicacaooriginal-1-pe.html. Acesso em: 12 fev. 2022.

de Janeiro (Anísio Teixeira) e de São Paulo (Lourenço Filho e, depois, Fernando de Azevedo). Veiga (2007, p. 259) esclarece acerca da política educacional do período:

> A partir da década de 1930, generalizou-se no Brasil o modelo dos grupos escolares para o ensino primário e dos institutos de educação para a formação de professores. Nesse caso, embora houvesse variações regionais nos currículos, o ensino era centrado em psicologia, biologia e técnicas de ensino. Alguns estados passaram a exigir, para ingresso nos estudos de formação docente, a conclusão do ensino secundário.

A preocupação com a formação revela-se, por exemplo, na chamada *Lei Francisco Campos*,[39] que reorganizou o ensino secundário e criou um Registro Nacional de Professores, prevendo que, dois anos depois de diplomados os primeiros licenciados da Faculdade de Educação, Ciências e Letras – a ser oportunamente instalada – seria condição necessária, para a inscrição no Registo de Professores a exibição de diploma conferido pela mesma Faculdade.

Salientamos, também, que a vinculação financeira de recursos para a atividade de educação continuou sendo uma prática recorrente, visto que em 1932 é criado o Fundo de Educação e Saúde,[40] cobrado por meio de taxa incidente sobre todos e quaisquer documentos sujeitos a selo federal, estadual ou municipal.

Ainda em 1932, instalou-se a quarta Conferência Brasileira de Educação, convocada pelo Ministério recém-instalado, que convidou os participantes a traçarem um plano de ação para o Governo Provisório – não obstante esse já tivesse adotado diversas medidas reformistas. Em resposta, um grupo de 26 intelectuais,[41] liderados por Fernando

---

[39] BRASIL. Câmara dos Deputados. *Decreto nº 19.890, de 18 de abril de 1931*. Disponível em: http://www2.camara.leg.br/legin/fed/decret/1930-1939/decreto-19890-18-abril-1931-504631-publicacaooriginal-141245-pe.html. Acesso em: 12 fev. 2022.

[40] BRASIL. Câmara dos Deputados. *Decreto nº 21.335, de 29 de abril de 1932*. Disponível em: http://www2.camara.leg.br/legin/fed/decret/1930-1939/decreto-21335-29-abril-1932-504841-publicacaooriginal-1-pe.html. Acesso em: 12 fev. 2022.

[41] Os signatários são: Fernando de Azevedo, Afranio Peixoto, A. de Sampaio Doria, Anisio Spinola Teixeira, M. Bergstrom Lourenço Filho, Roquette Pinto, J. G. Frota Pessôa, Julio de Mesquita Filho, Raul Briquet, Mario Casassanta, C. Delgado de Carvalho, A. Ferreira de Almeida Jr., J. P. Fontenelle, Roldão Lopes de Barros, Noemy M. da Silveira Hermes Lima, Attilio Vivacqua, Francisco Venancio Filho, Paulo Maranhão, Cecilia Meirelles, Edgar Sussekind de Mendonça, Armanda Alvaro Alberto, Garcia de Rezende, Nobrega da Cunha, Paschoal Lemme, Raul Gomes. O texto do manifesto está disponível em: http://www.dominiopublico.gov.br/pesquisa/DetalheObraDownload.do?select_action=&co_obra=205210&co_midia=2. Acesso em: 11 fev. 2022.

de Azevedo, publicou um manifesto denominado "A reconstrução educacional no Brasil – ao povo e ao governo", mais conhecido como *Manifesto dos pioneiros da educação nova.*

Embora não se tratasse de um grupo homogêneo, havia o interesse comum de marcar posição em favor da educação pública, por meio de uma escola única, gratuita, obrigatória, laica e baseada na coeducação – ou seja, em classes mistas; tal escola seria voltada à preparação das futuras gerações, aproveitando-se suas aptidões naturais e interesse individuais, independente da origem de classe, instaurando-se uma "hierarquia das capacidades" e favorecendo, assim, o desenvolvimento democrático (VEIGA, 2007, p. 287-8). Tal manifesto influenciaria grandemente o debate constituinte que ocorreria nos anos seguintes.

A tendência racionalizadora e modernizadora das estruturas educacionais propagou-se também em âmbito estadual – todavia, cabendo lembrar, sob as rédeas de interventores. Um exemplo excelente de tal tendência pode ser observado no "Código de Educação"[42] elaborado em 1933 por Fernando de Azevedo para aplicação no Estado de São Paulo.

Extremamente detalhista – composto por 955 artigos! – o diploma merece ser estudado como um esforço de produzir uma exaustiva reorganização do ensino e propicia um exame do tratamento dado aos professores no período.

Ali observa-se, no tocante ao regime dos docentes: a) a classificação em quatro "estágios", conforme a localização da escola, das mais remotas às mais populosas; b) no magistério primário, a admissão dava-se por concurso público anual, destinado preferencialmente aos que possuíam diploma da escola normal, com aferição de matérias de cunho técnico-educacional (psicologia, pedagogia e didática); c) realizava-se concurso semestral de promoção, para as escolas de terceiro e quarto estágio; d) havia possibilidade de "reversão" – isto é, retorno ao quadro do magistério de professores que deles se desligaram – desde que o professor não tivesse idade superior a 45 anos, a exoneração não tivesse ocorrido há mais de cinco anos e que não motivada por falta disciplinar; e) previa-se concurso para cargos de diretor de escola, com a candidatura de docentes que tivessem frequentado curso de formação e para cargos de inspetor de escola, com a candidatura de diretores

[42] SÃO PAULO (Estado). *Decreto nº 5.884, de 21 de abril de 1933*. Disponível em: http://www.al.sp.gov.br/repositorio/legislacao/ decreto/1933/decreto-5884-21.04.1933.html. Acesso em: 12 fev. 2022.

de escola que tivessem no mínimo 400 dias de efetivo exercício; f) nos ginásios, os professores seriam efetivados após três anos de estágio, mediante aprovação da respectiva congregação; somente se admitia remoção desses docentes a pedido ou por permuta; g) estatuía-se regime disciplinar aos docentes, em bases semelhantes às atuais, podendo haver demissão nas transgressões mais graves; h) previa-se verba (cem contos de réis) para custeio de bolsas de viagem e estudos a professores e alunos destacados; i) vedava-se a admoestação pública dos professores, pelas autoridades educacionais; j) admitia-se que o professor fosse colocado em disponibilidade, com 2/3 da remuneração, em caso de suspensão de suas cadeiras ou aulas e recusa de assunção de outras; k) aos professores dos estabelecimentos secundários, concedia-se aposentadoria com 65 anos de idade ou 35 de exercício, respeitado o tempo mínimo constante da Constituição do Estado (30 anos para proventos integrais e vinte para proporcionais); l) havia previsão de serviço de intercâmbio interestadual e internacional, favorecendo-se as excursões de estudos de alunos e professores.

3.5 A CONSTITUINTE DE 1934

Em mensagem endereçada aos Constituintes de 1934, Getúlio Vargas, Chefe do Governo Provisório, tece seu diagnóstico e sua proposta de solução para a questão educacional:

> É dever do Governo Provisório interessar toda a nação, obrigando-a a cooperar, nas múltiplas esferas em que o seu poder se manifesta, para a solução desse problema. (...)
>
> A verdade é dura, mas deve ser dita. Nunca no Brasil, a educação nacional foi encarada de frente, sistematizada, erigida, como deve ser, em legítimo caso de salvação pública.
>
> É oportuno observar. Aos estados coube zelar pela instrução primária: quase todos contraíram vultosos empréstimos, acima de suas possibilidades financeiras. Da avalancha de ouro com que muitos se abarrotaram, abusando do crédito, qual o numerário distraído para ampliar ou aperfeiçoar o ensino? Esbanjavam-no em obras suntuárias, em organizações pomposas e, às vezes, na manutenção de exércitos policiais esquecidos de que o mais rendoso emprego de capital é a instrução. (...)
>
> Nesse terreno, mais do que em qualquer outro, convém desenvolver o espírito de cooperação, congregando os esforços da União, dos estados e dos Municípios. Quando todos, abstendo-se de gastos suntuários e improdutivos, destinarem, elevada ao máximo, uma percentagem fixa

> de seus orçamentos para prover as despesas da instrução, teremos dado grande passo para a solução do problema fundamental da nacionalidade. Comprovando o interesse do Governo Provisório, a respeito, é oportuno ressaltar que o decreto destinado a regular os poderes e atribuições dos interventores determina que os estados empreguem 10% no mínimo, das respectivas rendas na instrução primária e estabelece a faculdade de exigirem até 15% das receitas municipais para a aplicação nos serviços de segurança, saúde e instrução públicas, quando por eles exclusivamente atendidos.
>
> Concertada a cooperação dos poderes públicos federais, estaduais e municipais, restaria apenas atribuir à União, o direito de organizar e superintender, fiscalizando-os, todos os serviços de educação nacional. (...)
>
> O problema da educação do povo continua a ser, ainda e sempre, o nosso magno problema. No momento em que se vai reorganizar a vida política do país, torna-se de evidente oportunidade lembrá-lo e trazê-lo à consideração da Assembleia Nacional Constituinte que, certamente, procurará dar-lhe solução completa e definitiva. Não temos o direito de postergar indefinidamente essa solução. A dolorosa verdade aí está, desdobrada perante a nação, desafiando, com toda a trama da sua complexidade angustiante, a nossa maior soma de boa vontade e energia. (*apud* BONAVIDES; AMARAL, 2002, v. 4, p. 650-656)

A proposta de rearranjo federativo constante de tal mensagem não é diferente da que é sugerida pelos escolanovistas, em seu *Manifesto* de 1932:

> À União, na capital, e aos estados, nos seus respectivos territórios, é que deve competir a educação em todos os graus, dentro dos princípios gerais fixados na nova constituição, que deve conter, com a definição de atribuições e deveres, os fundamentos da educação nacional. Ao governo central, pelo Ministério da Educação, caberá vigiar sobre a obediência a esses princípios, fazendo executar as orientações e os rumos gerais a função educacional, estabelecidos na carta constitucional e em leis ordinárias, socorrendo onde haja deficiência de meios, facilitando o intercâmbio pedagógico e cultural dos Estados e intensificando por todas as formas as suas relações espirituais (AZEVEDO *et al.*, 2010, p. 47).

Conforme aponta Rocha (2014), pode-se sintetizar os aportes do grupo à discussão constitucional, por meio dos seguintes aspectos, reunidos na Emenda nº 1.845, apresentada pelo Deputado Prado Kelly: a) prestação do ensino pela União e pelos Estados e organização do ensino sob diretrizes federais; b) caracterização da educação como direito público subjetivo, de oferta e frequência obrigatórias; c) atuação supletiva da União e fiscalização da qualidade da prestação educacional por meio de Conselhos Educacionais que atuam com plena autonomia e com competências executivas; d) garantia do financiamento da educação por meio de quotas orçamentárias e fundos especiais, não havendo oposição, todavia, à subvenção do ensino privado.

Tais propostas foram acolhidas parcialmente no Texto Constitucional, mesmo porque havia contraposições de variado matiz – liberais, tradicionalistas, católicos, autoritários etc. Embora os avanços não fossem tão abrangentes, é certo que boa parte da agenda modernizadora se fez refletir na nova Carta, destacando-se, dentre as muitas inovações relativas ao ensino, as seguintes diretrizes: a) previsão de competência concorrente da União e dos Estados para "difundir a instrução pública em todos os seus graus", alterando a divisão de tarefas que remontava ao Ato Adicional de 1834; b) competência da União para "traçar as diretrizes da educação nacional" (art. 5º, XIV); c) reconhecimento da educação como direito social, devendo ser ministrada pela família – aqui se faz sentir o dedo de correntes tradicionalistas – e pelo Poder Público (art. 149); d) competência da União para fixar o plano nacional de educação, aplicável a todos os graus e ramos, bem como coordenar e fiscalizar a sua execução, em todo o território do país (art. 150, *a*), tal plano deve ser formulado pelo Conselho Nacional de Educação e aprovado pelo Legislativo (art. 152); e) ensino primário integral gratuito e de frequência obrigatória – percebamos que não se fala de oferta ou matrícula obrigatória – extensivo aos adultos (art. 150, par. único, *a*); f) "tendência à gratuidade" dos demais níveis de ensino, para torná-los mais acessíveis (art. 150, par. único, *b*); g) liberdade de ensino em todos os graus e ramos, observadas as prescrições da legislação federal e da estadual (art. 150, par. único, *c*); h) ação supletiva e fomentadora da União, por meio de estudos, inquéritos, demonstrações e subvenções (art. 150, *e*); i) previsão de provas de admissão baseadas na inteligência ou aproveitamento, dado o reconhecimento da limitação de capacidade dos estabelecimentos escolares (art. 150, par. único, *e*); j) criação de Conselhos de Educação nos Estados e no Distrito Federal, de atuação correlata à do Conselho Nacional e de departamentos autônomos de administração do ensino (art. 152, par. único); k) isenção aos estabelecimentos particulares que ministrem ensino primário e profissional de forma gratuita (art. 154); l) previsão de fundos educacionais no âmbito da União, Estados e Distrito Federal e a vinculação de receitas destinadas à educação – 10% nos Estados e 20% no Distrito Federal (art. 156 e 157).

Todavia, alguns elementos do novo Texto Constitucional não podiam ser inteiramente atribuídos à influência escolanovista, como a promoção da educação eugênica (art. 138, b),[43] e a reinserção do ensino religioso facultativo na grade das escolas públicas primárias, secundárias, profissionais e normais (art. 153).[44]

No que tange ao regime docente, cumpre destacar os seguintes pontos da nova Carta: a) reconhecimento dos estabelecimentos particulares, pelo Poder Público, condicionado à remuneração condigna e reconhecimento de estabilidade dos professores (art. 150, par. único, *f*); b) garantia da liberdade de cátedra (art. 155); c) obrigatoriedade de concurso público para provimento dos cargos do magistério oficial (art. 158, *caput*); admite-se, todavia, a contratação temporária de professores renomados, nacionais ou estrangeiros; d) garantias de vitaliciedade e inamovibilidade aos professores nomeados por concursos para os institutos oficiais, bem como o aproveitamento em outra cátedra, em caso de extinção da cadeira (art. 158, §2º).

O contraste entre a Constituição de 1934 e a precedente é notável em todos os aspectos, dado o relativamente curto intervalo entre tais Cartas. No âmbito educacional, não há dúvida de que ela é um documento de conciliação entre visões de mundo distintas e que busca dar não apenas uma, mas muitas e variadas respostas ao que era considerado um problema central da vida brasileira. Nesse sentido, o paralelo com a Constituição de 1988 é incontornável.

No tocante ao ensino, a valorização dos mestres era a tônica dominante, reconhecendo-se neles os curadores – o paralelismo com a atividade médica era um lugar-comum, à época – de uma chaga social e os formadores de uma nova nacionalidade.

---

[43] Nesse tocante, é preciso reconhecer que o movimento escolanovista adotava uma perspectiva de higiene social, o que lhe rendeu críticas posteriores. A classificação dos alunos por meio de testes – especialidade de Lourenço Filho – e a criação da Seção de Ortofrenia e Higiene Mental por Anísio Teixeira no sistema de educação do Distrito Federal – onde o Dr. Arthur Ramos desenvolveria o conceito de "criança problema" – são exemplos dessa abordagem que, todavia, não pode ser inteiramente assimilada ao pensamento eugênico, calcado especialmente nas teorias raciais em voga à época.

[44] A bem da verdade, tal ensino já era facultado desde 1931, por força de Decreto do Governo Provisório (BRASIL. Câmara dos Deputados. *Decreto nº 19.941, de 30 de abril de 1931*. Disponível em: http://www2.camara.leg.br/legin/fed/decret/1930-1939/decreto-19941-30-abril-1931-518529-publicacaooriginal-1-pe.html. Acesso em: 11 fev. 2022).

3.6 A REFORMA DAS CARREIRAS PÚBLICAS – 1936

Ao lado da modernização do sistema educacional, reformava-se o aparato burocrático do Estado, o que traria futuras consequências ao regime profissional dos professores.

Somente em 1936, já superados os entraves do modelo político oligárquico da República Velha, dá-se um passo no sentido de tornar o quadro da Administração Pública Federal ordenado em princípios organizativos modernos. Designada por Getúlio Vargas para a tarefa reorganizar o quadro burocrático federal, a comissão presidida pelo diplomata Maurício Nabuco inspirou-se nos modelos do *Civil Service* britânico e americano para conceber o projeto que veio a converter-se na Lei do Reajustamento, em 1936.[45]

O novo diploma organizava o pessoal civil da Administração Federal em carreiras, cujo acesso dever-se-ia dar por concursos públicos, sendo que a promoção dos funcionários decorreria de critérios de merecimento e antiguidade. O pessoal administrativo passava a ser distribuído em cargos pertencentes aos quadros dos diversos órgãos federais, sendo vedadas as equiparações injustificadas e regrado o regime remuneratório por disposições que visavam favorecer o controle financeiro, além de estabelecer regras sobre a jornada de trabalho, estágio probatório, dentre outras normas que foram repetidas ou aperfeiçoadas nas leis posteriores.

A Lei também estabelecia um Conselho Federal do Serviço Público Civil, composto por cidadãos dotados de "conhecimentos especializados em matéria de organização científica do trabalho e de administração em geral", órgão que deveria "estudar a organização dos serviços públicos e propor ao Governo qualquer medida necessária ao seu aperfeiçoamento" (BRASIL, 1936), além de tarefas relativas à organização de concursos públicos, condução de processos disciplinares, dentre outras. Tal órgão veio depois a se transformar no Departamento de Administração do Serviço Público (DASP), instituição que posteriormente assumiu papel extremamente relevante no regramento da atividade burocrática federal. A Lei do Reajustamento ainda previa em cada Ministério uma "Comissão de Eficiência", que deveria atuar de forma articulada com o Conselho Federal, para estudar e sugerir as medidas de interesse específico de cada Pasta.

---

[45] BRASIL. Câmara dos Deputados. *Lei nº 284, de 28 de outubro de 1936*. Disponível em: http://www2.camara.leg.br/legin/fed/lei/1930-1939/lei-284-28-outubro-1936-503510-publicacaooriginal-1-pl.html. Acesso em: 11 fev. 2022.

Conforme apontam Freitas e Biccas (2009, p. 109),

> [a] nação moderna, em meados da década de 1930, haveria de ser uma nação com identidade claramente definida e difundida (nacionalismo ruidoso) e reorganizada para que seus aparatos administrativos fossem mais qualificados (burocracia eficiente).

A modernização trazida pela Lei de 1936, contudo, não se efetivou plenamente, haja vista a resistência à mudança das práticas clientelistas. Ao final do processo legislativo, o texto do projeto original, que previa o provimento dos cargos de chefia por funcionários de carreira, foi substituído por norma que determinava a nomeação dos cargos em comissão por "pessoas livremente escolhidas e designadas, observadas as exigências legais ou regulamentares". Ademais, ainda mantinha a situação de "interinidade", em que um cargo efetivo poderia ser provido por designação enquanto não realizado concurso público para seu preenchimento. A prática do apadrinhamento não podia ser suplantada, sob pena de contrariar a frase atribuída a um célebre político mineiro, para quem "governar é nomear e demitir, prender e soltar...".[46]

Não se pode negar, todavia, que se tratou de um passo inicial para a estruturação das carreiras públicas em moldes burocráticos, servindo de modelo para reorganizações em âmbito estadual.

No estado de São Paulo, por exemplo, já no período do Estado Novo publicou-se o primeiro Estatuto dos Funcionários Públicos – Decreto-Lei nº 12.273, de 28 de outubro de 1941 – e logo a seguir aquele que pode ser considerado um precursor do Estatuto do Magistério – o Decreto-Lei nº 12.427, de 23 de dezembro de 1941, que "consubstancia novas disposições relativas à carreira do magistério público primário, e dá outras providências".

Tal diploma buscava disciplinar a formação dos quadros de docência, classificadas as unidades escolares em "estágios" – conforme sua acessibilidade. Previa um concurso anual de ingresso, sendo que os docentes iniciariam como "estagiários", somente sendo efetivados após cumprirem o mínimo de 180 dias letivos e "promoverem" no mínimo 15 alunos. Aliás, a "promoção" dos alunos era levada em conta para a obtenção de diversas vantagens, como bonificações de tempo de serviço, gratificações e promoções. Outra nota curiosa: dado que no período

---

[46] Frase do folclore político atribuída ao Interventor e depois Governador Benedito Valadares, figura arquetípica da política mineira.

a autonomia municipal havia sido severamente coarctada, previa-se a possibilidade, no Decreto-Lei, de transferência dos professores municipais para as escolas estaduais, conforme requisitos ali fixados.

3.7 O ESTADO NOVO E A MODERNIZAÇÃO AUTORITÁRIA

A ênfase modernizante-centralizadora acentua-se, evidentemente, com o autoritarismo implantado a partir da proclamação do Estado Novo. No Plano Constitucional, houve evidente retrocesso em relação a alguns dos avanços obtidos na Constituição de 1934 em relação à educação popular.

A Constituição de 1937, a mal-afamada *Polaca,* sintetiza sua filosofia educacional no art. 129:

> Art. 129 – À infância e à juventude, a que faltarem os recursos necessários à educação em instituições particulares, é dever da Nação, dos Estados e dos Municípios assegurar, pela fundação de instituições públicas de ensino em todos os seus graus, a possibilidade de receber uma educação adequada às suas faculdades, aptidões e tendências vocacionais.
>
> O ensino pré-vocacional profissional destinado às classes menos favorecidas é em matéria de educação o primeiro dever de Estado. Cumpre-lhe dar execução a esse dever, fundando institutos de ensino profissional e subsidiando os de iniciativa dos Estados, dos Municípios e dos indivíduos ou associações particulares e profissionais.
>
> É dever das indústrias e dos sindicatos econômicos criar, na esfera da sua especialidade, escolas de aprendizes, destinadas aos filhos de seus operários ou de seus associados. A lei regulará o cumprimento desse dever e os poderes que caberão ao Estado, sobre essas escolas, bem como os auxílios, facilidades e subsídios a lhes serem concedidos pelo Poder Público.

Daí percebe-se a inflexão em favor do ensino privado, estabelecendo a subsidiariedade da atuação estatal na prestação do ensino e, ao mesmo tempo, a fixação de um parâmetro elitista, segregando o ensino conforme a "aptidão" da classe social a ser educada. Conforme apontam Piletti e Piletti (2012, p. 184), enquanto os defensores do regime entendem tal diretriz como um "avanço democrático", em vista da assistência aos mais carentes, para outros trata-se de um retrocesso, pois pressupõe duas modalidades educacionais: uma voltada à elite do país, reservando-se o ensino secundário aos "homens que deverão assumir as responsabilidades maiores dentro da sociedade e da nação", nas palavras do Ministro Gustavo Capanema;[47] outra, limitada ao ensino primário e profissional, destinada às classes menos favorecidas, retornando aos padrões educacionais vigentes desde o império.

Cabe observar que a atribuição ao setor privado de uma maior responsabilidade no âmbito educacional não advém de uma visão "liberal", mas de uma concepção em que o Estado, sob as rédeas do Governo central, é o ente disciplinador, capaz de ditar de forma quase exaustiva as regras de atuação de todo o corpo social, sob forte influência de um corpo burocrático que havia se fortalecido.

Conforme aponta Faoro (2000, v. 2, p. 332):

> Na verdade, nos meados da década de 30, sem que se apercebessem as facções políticas, o aparelhamento estatal centralizador comandava a vida das instituições. Voltava-se ao impasse profundo de 1929-1930, com uma agravante: já existia, difusa, mas atuante, uma comunidade política diretora, burocrática e hierárquica, composta dos órgãos de intervenção econômica e subordinando os Estados.

Essa nova disciplina centralizadora encontra-se retratada, por exemplo, no Decreto-Lei nº 1.202, de 8 de abril de 1939, que praticamente suspende as regras do sistema federativo, estabelecendo a nomeação e exoneração *ad nutum* dos interventores dos Estados e dos prefeitos municipais, coadjuvados – e controlados – por um *Departamento de Administração* também nomeado pelo Governo central. Nem é preciso dizer que em todo o período, os partidos e os corpos legislativos deixaram de funcionar, à espera de um "plebiscito" de aprovação da *Polaca,* que jamais foi realizado (arts. 178 e 187).

Conforme diagnostica Abrucio (2010, p. 40),

> os governos subnacionais tiveram seu poder federativo subtraído e suas máquinas públicas não foram modernizadas para dar conta dos nascentes direitos sociais – ao contrário, enquanto o mérito começava a se instalar em algumas ilhas de excelência do plano federal, o patrimonialismo foi pouco modificado em estados e, principalmente, municípios.

---

47 CAPANEMA. *Exposição de motivos do Decreto-lei nº 4.244, de 09 de abril de 1942*. Disponível em: http://www2.camara.leg.br/legin/fed/declei/1940-1949/decreto-lei-4244-9-abril-1942-414155-133712-pe.html. Acesso em: 12 fev. 2022.

No âmbito educacional, a coordenação das entidades locais também era obtida mediante as regras de participação em um Fundo Nacional dedicado ao ensino primário, constituído por receitas da União, para ampliar e melhorar o ensino primário em todo o país.[48] Para habilitar-se a receber verbas do Fundo, os Estados, Territórios e o Distrito Federal deveriam firmar o Convênio Nacional do Ensino Primário, no qual se comprometeriam a progressivamente aumentar o percentual de aplicação de recursos tributários e firmar acordos semelhantes com os Municípios.[49]

Tal ímpeto disciplinador também se fez presente no campo da educação, por meio da edição de diversas Leis Orgânicas,[50] cuja ênfase se dá na padronização, seja na organização curricular, nos métodos de aprendizado, nas atividades esportivas e recreativas, na imposição do uniforme escolar e até mesmo em regras de asseio (FREITAS; BICCA, 2009, p. 118). Cabe esclarecer que algumas das referidas leis, embora gestadas durante o Estado Novo, somente foram promulgadas após sua derrocada.[51] Não obstante sua origem autoritária, somente foram superadas com o advento da Lei de Diretrizes e Bases de 1961, 16 anos após a redemocratização do país.

Todavia, tal intento não produziu os efeitos esperados, especialmente em relação ao ensino básico. Conforme aponta Abrucio (2010, p. 55), "o enfraquecimento político dos governos subnacionais gerou uma quase extinção da federação, o que, diante da dualidade existente, contribuiu para o fracasso de uma mudança educacional nos primeiros níveis de ensino".

---

[48] BRASIL. Câmara dos Deputados. *Decreto-Lei nº 4 958, de 14 de novembro de 1942*. Disponível em: http://www2.camara.leg.br/legin/fed/declei/1940-1949/decreto-lei-8529-2-janeiro-1946-458442-publicacaooriginal-1-pe.html. Acesso em: 11 fev. 2022.

[49] O texto do Convênio pode ser consultado no anexo do Decreto-Lei nº 13.440, de 30 de junho de 1943, pelo qual o Interventor paulista, Fernando Costa, ratifica o ajuste. SÃO PAULO (Estado). *Decreto-Lei nº 13.440, de 30 de junho de 1943*. Disponível em: http://www.al.sp.gov.br/repositorio/legislacao/decreto.lei/1943/decreto.lei-13440-30.06.1943.html. Acesso em: 22 fev. 2022.

[50] Lei Orgânica do Ensino Secundário (Decreto-Lei nº 4.244, de 9 de abril de 1942); Lei Orgânica do Ensino Industrial (Decreto-Lei nº 4.073, de 30 de janeiro de 1942); Lei Orgânica do Ensino Comercial (Decreto-Lei nº 6.141, de 28 de dezembro de 1943). Alguns dos projetos encaminhados por Capanema somente entrariam em vigor após o término do regime: Lei Orgânica do Ensino Agrícola (Decreto-Lei nº 9.613, de 20 de agosto de 1946); Lei Orgânica do Ensino Primário (Decreto-Lei nº 8.529, de 2 de janeiro de 1946); Lei Orgânica do Ensino Normal (Decreto-Lei nº 8.530, de 2 de janeiro de 1946).

[51] Alguns dos projetos encaminhados por Capanema somente entrariam em vigor após o término do regime: Lei Orgânica do Ensino Agrícola (Decreto-Lei nº 9.613, de 20 de agosto de 1946); Lei Orgânica do Ensino Primário (Decreto-Lei nº 8.529, de 02 de janeiro de 1946); Lei Orgânica do Ensino Normal (Decreto-Lei nº 8.530, de 2 de janeiro de 1946).

No tocante aos professores, as regras que regulam o ensino secundário e o ensino normal são bastante genéricas, enfatizando a necessidade de formação superior (preferencialmente), e prévia habilitação e inscrição junto ao Ministério, acesso por concurso e remuneração condigna.[52] No que se refere ao ensino primário, entretanto, o Decreto-Lei nº 8.259, de 02 de janeiro de 1946 estabeleceu preceitos de observância obrigatória para os Estados e Municípios, no âmbito do cuidado com o corpo docente. Destacamos:

> Art. 25. Providenciarão os Estados, os Territórios e o Distrito Federal no sentido da mais perfeita organização do respectivo sistema de ensino primário, atendidos os seguintes pontos:
>
> (...)
>
> c) preparo do professorado e do pessoal de administração segundo as necessidades do número das unidades escolares e de sua distribuição geográfica;
>
> d) organização da carreira do professorado, em que se estabeleçam níveis progressivos de condigna remuneração;
>
> e) organização de órgãos técnicos centrais, para direção, orientação e fiscalização das atividades do ensino;
>
> (...)
>
> Art. 34. O magistério primário só pode ser exercido por brasileiros, maiores de dezoito anos, em boas condições de saúde física e mental, e que hajam recebido preparação conveniente, em cursos apropriados, ou prestado exame de habilitação, na forma da lei.
>
> Art. 35. Os poderes públicos providenciarão no sentido de obterem contínuo aperfeiçoamento técnico do professorado das suas escolas primárias.
>
> Art. 36. Os diretores de escolas públicas primárias serão sempre escolhidos mediante concurso de provas entre professores diplomados, com exercício anterior de três anos, pelo menos, e, de preferência, entre os que hajam recebido curso de administração escolar.

A concepção do corpo docente nos moldes de um aparato burocrático organizado e eficiente sobrevivia ao Estado Novo como um programa que, não obstante pareça alinhado com o impulso desenvolvimentista que caracterizava o regime autocrático, encontraria um terreno pouco profundo para fixar suas raízes, visto que ainda não

---

[52] *Vide* art. 79 do Decreto-Lei nº 4.244, de 9 de abril de 1942 e art. 49 do Decreto-Lei nº 8.530, de 02 de janeiro de 1946.

inteiramente superados os traços arcaizantes remanescentes da ordem político-social anterior, de cunho patrimonialista.

3.8 O ENTREATO DEMOCRÁTICO E A PRIMEIRA LEI DE DIRETRIZES E BASES DA EDUCAÇÃO

Superada a ditadura varguista, a implantação de uma ordem liberal-democrática não se faria sem alguns sobressaltos e contramarchas, eis que assombrada pelo passado ditatorial e pela polarização que veio a ser posteriormente alcunhada de "guerra fria".

Todavia, a nova ordem instaurada conseguiu se equilibrar em um período de relativa estabilidade institucional – entremeada por malogradas tentativas golpistas – em que as disputas ideológicas tiveram seu lugar predominante na arena política, a começar pelas que se deram por ocasião da Constituinte de 1946.

No campo da educação, as maiores polarizações se deram em relação aos sempiternos temas do ensino religioso e do papel dos pais na condução do ensino das crianças e jovens (OLIVEIRA, 2014). Essas questões acabaram por influenciar na redefinição do papel do Estado no serviço educacional e no desenho da educação como um direito subjetivo. Percebe-se que, *grosso modo*, retoma-se parcialmente o arcabouço desenhado na Constituição de 1934, mas de maneira mais sintética e parcimoniosa, o que por certo revela maior dificuldade de formação de consensos.[53]

---

[53] As linhas gerais da nova Carta podem ser assim sintetizadas: a) reconhece-se a educação como direito de todos, a ser ministrada no lar e na escola, inspirada nos princípios de unidade nacional e nos ideais de liberdade e solidariedade humana (art. 166); b) franqueia-se a atividade educacional à iniciativa privada, respeitadas as leis que a regulem (art. 167); percebem-se, todavia, menores condicionamentos dos que os previstos na Constituição de 1934, de feição mais intervencionista; c) o ensino primário é obrigatório e gratuito, sendo ministrado em língua nacional; ao contrário da Constituição de 1934, que propunha a gradual extensão da gratuidade aos demais níveis de ensino, a nova Carta condiciona a gratuidade à prova da insuficiência de recursos (art. 168, I e II); d) no que tange à organização do serviço educacional, não há na Constituição de 1946 menção ao Conselho Nacional de Educação, que na Carta de 1934 era incumbido de elaborar o plano nacional de educação; tampouco há previsão de tal plano, limitando-se a estatuir a competência legislativa da União para fixar as diretrizes e bases da educação nacional, sendo a legislação federal suplementada pelas leis estaduais (art. 5º, XV, d e art. 6º); e) no tocante ao financiamento da educação, prevê-se de forma lacônica um Fundo Nacional (art. 171, par. único) e repete-se a previsão de vinculação de receitas de impostos, à razão de no mínimo 10% para a União e 20% para os Estados e Municípios, para manutenção e desenvolvimento dos sistemas de ensino (art. 169).

Em relação aos professores, a Carta de 1946 exigia concurso apenas para o provimento das cátedras no ensino secundário e superior. A tais docentes era garantida a vitaliciedade e liberdade de cátedra (art. 168, VI e VII); em contraste, a Constituição de 1934 estatuía condicionamentos e vantagens de forma mais ampla, havendo também regime protetivo aos docentes da rede privada de ensino.

Promulgada a nova Constituição, o então Ministro da Educação e Saúde, Clemente Mariani, constituiu comissão para elaborar um projeto de Lei de Diretrizes e Bases da Educação Nacional, sob a relatoria do educador paulista Almeida Júnior.[54] Em 1948, o Presidente Eurico Gaspar Dutra encaminharia ao Congresso Nacional o projeto, que nele tramitaria por espantosos 13 anos. Somente em 1961 o projeto se converteria na Lei nº 4.024/1961. A ela voltaremos.

Nesse ínterim, observa-se um esforço de debater a qualidade da educação e a expansão da escolarização, capitaneado especialmente por Anísio Teixeira, à frente do INEP. Em sua longeva gestão – 12 anos à frente do Instituto, que hoje leva seu nome – várias campanhas nacionais são deflagradas, como a Campanha Nacional de Educação Rural (1953), Campanha do Livro Didático e Manuais de Ensino (1953), Campanha de Inquéritos e Levantamentos para o Ensino Médio e Elementar (1953) e a Campanha Nacional de Educação de Adultos (1958). Ao mesmo tempo, é instalado o Centro Brasileiro de Pesquisa Educacional (1955) e são criados Centros Regionais de Pesquisa Educacional, instituições voltadas à investigação das particularidades do processo educacional brasileiro e à formulação de políticas adequadas à realidade nacional, o que resultou na proposição de 191 projetos de pesquisa, entre 1955 e 1961 (SANTOS FERREIRA, 2008).

Como fruto desse esforço institucional de pesquisa destaca-se, por exemplo, o trabalho de Luiz Pereira,[55] *O professor primário metropolitano* (1963), em que o sociólogo-educador analisa a profissão docente na rede oficial de ensino da capital paulistana, constatando algumas das tendências que já então se esboçavam: a feminização

[54] Antonio Ferreira de Almeida Júnior (1892-1971) formou-se na Escola Normal e posteriormente graduou-se em medicina. Dedicou-se desde tenra idade ao magistério e chegou a catedrático em medicina legal na Faculdade de Direito do Largo São Francisco. Foi um dos subscritores do Manifesto dos Pioneiros da Educação Nova e um dos fundadores da Universidade de São Paulo. Entre vários cargos públicos, foi secretário de Educação do Estado de São Paulo, nos anos 1945-1946.

[55] Luiz Pereira (1933-1985) era formado em pedagogia e, sob a orientação de Florestan Fernandes, tornou-se mestre e doutor em sociologia, vindo a tornar-se docente da cadeira, na Faculdade de Filosofia da USP. Acerca de sua trajetória acadêmica, *vide* Castro (2010).

da ocupação; o rebaixamento da qualidade da formação nas escolas normais; a transição de um modelo patrimonial para um modelo burocrático de organização, especialmente pela formalização das normas de recrutamento e mobilidade e progressão, o que gerou uma tensão com as demandas de flexibilidade e criatividade no exercício da atividade didática; a profissionalização do ofício – o que se extrai da prevalência de motivadores extrínsecos, relacionados à remuneração e estabilidade, em detrimento de motivadores intrínsecos, decorrentes da gratificação pelo desempenho do papel social; a desintegração da ideologia paternalista acerca do papel docente, sem a substituição por uma ética de responsabilidade correspondente; a predominância da classe média na composição social da classe docente, mas com tendência a progressiva redução da diferença entre os salários dos professores e dos operários paulistanos, o que permitiria adotar a caracterização, proposta por Wright Mills, dos professores como "proletários econômicos das *profissões nobres*" (PEREIRA, 1963, p. 192).

O estudo de Luiz Pereira demonstra que já se anunciava uma trajetória de depauperamento da profissão docente, o que gerava preocupações, inclusive em âmbito internacional. Em 1953, Paschoal Lemme, um dos pioneiros do Manifesto de 1932, participou da I Conferência Mundial de Educadores, organizada pela Federação Internacional Sindical de Ensino (FISE), filiada à Federação Sindical Mundial (FSM) e presidida por Henri Wallon.[56]

O principal resultado da Conferência foi a divulgação de uma *Carta do Professor*, em que se buscava alinhar os princípios básicos da função docente, a serem reconhecidos de forma universal, destacando-se: o direito de gozar de um sistema de trabalho que outorgue garantias contra a arbitrariedade no que respeita à estabilidade no emprego e, em geral, a toda a vida profissional: ingresso, período probatório, nomeação, promoção, medidas disciplinares e destituição (art. 3º); o direito à liberdade pedagógica e profissional, especialmente na seleção dos métodos e textos escolares e por meio da participação de seus representantes no estudo dos problemas pedagógicos e profissionais (art. 4º); o direito a uma formação cultural e profissional de nível

[56] Henri Wallon (1879-1962) foi médico, psiquiatra e educador, tendo realizado importantes estudos sob a psicologia do desenvolvimento infantil e proposto um ambicioso projeto de reforma educacional na França, que nunca foi levado a efeito, em virtude da eclosão da Segunda Guerra Mundial. Também foi militante da causa socialista e chegou a desempenhar por breve período o cargo de Ministro da Educação em seu país (GRATIOT-ALPHANDÉRY, 1994).

mais alto possível, havendo o correspondente dever de aperfeiçoar-se profissionalmente (arts. 6º e 7º); o direito a um salário de acordo com a importância social e cultural de sua função, que lhes permita consagrar-se totalmente, com dignidade e segurança, à profissão (art. 8º) (LEMME, 2004, p. 111-112).

Voltemos, pois, à Lei de Diretrizes e Bases de 1961. Tal diploma resultou de um embate entre uma aliança de forças conservadoras e uma frente de defensores da educação pública, mobilizados na forma de uma Campanha em Defesa de Escola Pública. A primeira facção, liderada pelo Deputado Carlos Lacerda buscava garantir recursos públicos para custeio da educação privada – àquela época ministrada, predominantemente, por organizações religiosas, mas também defendida por uma nascente indústria educacional. Dentre os membros da frente adversa, em prol da educação pública, estavam os subscritores do Manifesto de 1932, que lançaram novo documento: "Mais uma vez convocados".

O novo manifesto denuncia que o sistema educacional não pode ser tratado como "culpado", sendo antes a "vítima" do abandono a que foi relegado pelos governos (AZEVEDO *et al.*, 2010, p. 73).:

> A despeito de iniciativas e empreendimentos de primeira ordem, do governo federal e de Estados, que importam em reais progressos no campo educacional, surgem por toda a parte críticas severas a vários setores da educação no país, as quais, avolumando-se, tomam as proporções de um clamor geral. A organização do ensino é má, arcaica e, além de antiquada, deficiente a tantos respeitos, todos o afirmam; que a educação primária, em dois, três ou quatro turnos, se reduziu a pouco mais do que nada, que são em número extremamente reduzido as escolas técnicas e baixou o nível do ensino secundário, ninguém o contesta; que se agravaram desmedidamente os problemas de edificações e instalações escolares, é outra afirmação que caiu no domínio comum e já não precisa, por sua evidência, nem de pesquisas para pô-la à prova dos fatos nem do reforço de pareceres de autoridades na matéria. O professorado de ensino primário (e mesmo o do grau médio), além de, geralmente, mal preparado, quer sob o aspecto cultural quer do ponto de vista pedagógico, é constituído, na sua maioria, por leigos (2/3 ou 3/4 conforme os Estados); não tem salário condizente com a alta responsabilidade de seu papel social nem dispõe de quaisquer meios para a revisão periódica de seus conhecimentos. (...)
>
> Não foi, portanto, o sistema de ensino público que falhou, mas os que deviam prever-lhe a expansão, aumentar-lhe o número de escolas na medida das necessidades e segundo planos racionais, prover às suas instalações, preparar-lhe cada vez mais solidamente o professorado e

aparelhá-lo dos recursos indispensáveis ao desenvolvimento de suas múltiplas atividades.

Ao final do processamento legislativo, a reação em defesa do ensino público logrou "dissolver algumas das intenções mais destrutivas presentes nas sucessivas versões do Substitutivo Lacerda" (FREITAS e BICCA, 2009, p. 175), o que foi celebrado por Anísio Teixeira como "meia vitória, mas vitória" (1962).

O diploma mantém e consolida o sistema de modalidades de ensino estabelecido na legislação anterior, padronizando a duração dos cursos. Mantém a autonomia dos Estados e do Distrito Federal no tocante à autorização de funcionamentos e inspeção dos estabelecimentos de ensino primário e médio e, nesse ponto, exige como condições para o reconhecimento a "garantia de remuneração condigna aos professores" (art. 16). Como inovação, em termos organizacionais, é fortalecido o Conselho Federal de Educação – nova versão do Conselho Nacional de Educação criado em 1931 –, a quem foi conferida a competência de indicar até cinco das disciplinas para todos os sistemas de ensino médio, cabendo aos Conselhos Estaduais completar os respectivos currículos e elaborar o Plano de Educação, referente à utilização das verbas dos três Fundos Educacionais – correspondentes às três modalidades principais: ensino primário, ensino médio (que abrangia o ginásio e o colégio) e ensino superior.

Em relação ao trabalho docente, a lei é parcimoniosa e, ressalvada a diretriz referente à remuneração, já mencionada, nada se fala acerca dos critérios de admissão e dos regramentos da carreira docente. As únicas disposições sobre a profissão docente dizem respeito aos requisitos de formação, não trazendo inovações relativas às normas anteriores: para habilitar-se para o ensino primário, bastava o curso normal, dividido em dois segmentos: a escola normal em grau ginasial – que formava "regentes" – e em grau colegial – que formava professores (arts. 53 e 54). Para o ensino médio – ou seja, para lecionar nos ginásios e colégios – seria necessária a formação nas faculdades de filosofia, ciências e letras, sendo ressalvado que, em caso de ausência de licenciados, a habilitação ao exercício do magistério seria feita por meio de exame de suficiência (arts. 59 e 117). Não custa ressaltar que, à época, cerca de metade dos professores do ensino primário não tinha formação pedagógica.[57]

[57] Dados coligidos por Luiz Pereira (1963, p. 97), apontam que 47,7% dos professores primários não tinham curso normal, em 1957.

Vale também observar uma preocupação inovadora da Lei em relação ao exercício das funções desempenhadas pelos profissionais que ora chamamos de "especialistas em educação", ou seja, os diretores de escola (art. 42), os orientadores de educação (arts. 62 a 64) e os inspetores de ensino (art. 65), impondo formação qualificada e experiência na prática educacional. Outra disposição interessante diz respeito ao emprego das verbas dos Fundos Educacionais, sendo considerada despesa compatível a que se refira ao aperfeiçoamento de professores, incentivo à pesquisa, e realização de congressos e conferências (art. 93, §1º, c), o que revela o interesse com a formação continuada dos docentes.

3.9 OS ANOS DE CHUMBO (1964-1984)

Embora aprovada em tempos democráticos e produzida como um documento de conciliação, a nova legislação sobreviveria por dez anos e propiciaria os elementos uniformizadores necessários à expansão do ensino nos anos posteriores, combinados à descentralização que permitiria "a sábia competição de vinte e uma experiências educacionais, adaptadas localmente dentro do quadro nacional da lei básica", nas palavras de Anísio Teixeira (1962).

Todavia, conforme observa Abrucio, a partir do Golpe de 1964, instaurou-se um "unionismo-autoritário" que estabeleceu "forte centralização decisória, marcada por um estilo tecnocrático-autoritário, mas que deixava brechas para negociações mais de cunho clientelista com estados e municípios" (2010, p. 56).

Sobreveio a Carta Constitucional de 1967, feita a toque de caixa – melhor seria dizer, tambor militar – para "assegurar a continuidade da obra revolucionária".[58] No campo educacional, a principal novidade seria o fim da vinculação de receitas para a educação, com consequente extinção dos fundos criados pela Lei de Diretrizes e Bases da Educação Nacional (LDB) de 1961.[59,60] No que tange às carreiras docentes, o novo

[58] Conforme os *consideranda* do Ato Institucional nº 04, de 07 de dezembro de 1966. A convocação extraordinária de um Congresso Nacional desidratado por cassações para apreciar o Projeto encaminhado pelo Executivo tinha data de início – 12 de dezembro – e fim – 24 de janeiro. Entre a edição do ato e a aprovação do texto pelo Congresso Nacional passaram-se apenas 43 dias, incluindo finais de semana e as festas de Natal e Ano Novo.

[59] Houve algum debate no Congresso, com deputados do partido governista (ARENA) e oposicionista (MDB) posicionando-se em favor da manutenção da vinculação, mas a posição do Ministério do Planejamento – capitaneado por Roberto Campos – acerca do tema foi dominante e o texto da proposta do Executivo prevaleceu (HORTA, 2014, p. 240).

[60] Destacamos também as seguintes inovações: a) a manutenção da gratuidade e

Texto Constitucional exigia prova de habilitação para ingresso na atividade docente nos níveis médio e superior e mantinha o acesso por concurso público para os cargos do magistério oficial nesses níveis de ensino; entretanto, eliminava a garantia de vitaliciedade aos professores assim admitidos (art. 168, §3º, V).

Posteriormente, no arremedo constitucional de 1969, imposto pela Junta Militar, por meio da Emenda Constitucional nº 1, acrescentar-se-ia que a educação é dever do Estado (art. 176, *caput*), o que inaugura, paradoxalmente, a positivação do direito à educação como direito subjetivo público – todavia, ausentes instrumentos garantidores de sua efetivação.

Além disso, reestabeleceu-se a vinculação de receitas para o ensino primário, todavia apenas em âmbito municipal – o que não corrigiria o efeito nefasto da desvinculação promovida em 1967: a diminuição do investimento federal em educação e a sobrecarga dos Estados e Municípios, conforme demonstra estudo de Melchior (1980). O resultado foi a dependência, pelos entes subnacionais, de programas de auxílio e transferências voluntárias, "sem que houvesse critérios ou arenas públicas que definissem de forma transparente e meritocrática a destinação de tais verbas" (ABRUCIO, 2010, p. 60). A situação somente seria revista após a aprovação da Emenda "Calmon" – E.C. nº 24, de 1983 – e sua regulamentação pela Lei Complementar nº 7.348, de 24 de julho de 1985.[61]

Além da gestão centralizadora, o novo regime caracterizou-se pela repressão às dissidências, o que também atingiu a classe docente, especialmente a partir da edição do Decreto-Lei nº 477, de 26 de fevereiro de 1967, dedicado a coibir "infrações disciplinares praticadas por professores, alunos, funcionários ou empregados de estabelecimentos de ensino público ou particulares". Tal diploma apenava com a demissão qualquer ato de inconformismo, mediante processo sumário que

---

obrigatoriedade do ensino primário, na faixa etária dos 7 aos 14 anos, sendo que, nos demais níveis de ensino, a gratuidade era condicionada à comprovação de insuficiência de recursos e – isso é uma novidade – à demonstração do efetivo aproveitamento; b) o ensino superior seria preferencialmente subsidiado por bolsa de estudos, sujeitas a reembolso pelo beneficiário (art. 168, §3º, II e III); c) reforçou-se o incentivo à iniciativa privada, garantindo-se o amparo técnico e financeiro pelo Poder Público, inclusive por meio da concessão de bolsas de estudo (art. 168, §2º).

[61] A citada Emenda, proposta pelo Senador João Calmon, reestabeleceu a vinculação no Âmbito da União (13%) e Estados, que assim como os Municípios passaram a investir obrigatoriamente 25% da receita de impostos em Educação.

deveria ser concluído em apenas 20 dias, garantida a "ampla defesa" a ser exercida no exíguo prazo de 48 (quarenta e oito) horas.

É curioso observar que o referido diploma foi feito ainda durante a vigência da Carta de 1967, que em seu art. 168, §3º, VI, garantia a liberdade de cátedra. Porém, logo sobreviria alteração do texto pela Emenda Constitucional nº de 1969, que suprimiu tal liberdade, transformando-a em "a liberdade de comunicação de conhecimentos no exercício do magistério", ressalvado "o abuso de direito individual ou político, com o propósito de subversão do regime democrático ou de corrupção".[62]

Em 1971, o Governo Militar fez aprovar uma nova Lei de Diretrizes e Bases da Educação – Lei nº 5.692, de 11 de agosto de 1971 – que produziu substanciais alterações no sistema educacional brasileiro, não obstante preservasse os objetivos gerais constantes da LDB de 1961. Dermeval Saviani sintetiza a mudança operada, de uma feição liberal para outra, de caráter tecnicista (1996, p. 160):

> Essa diferença de orientação (...) caracteriza-se pelo fato de que, enquanto o liberalismo põe a ênfase na qualidade em lugar da quantidade; nos fins (ideais) em detrimento dos métodos (técnicas); na autonomia em oposição à adaptação; nas aspirações individuais antes que nas necessidades sociais; e na cultura geral em detrimento da formação profissional, com o tecnicismo ocorre o inverso. E isso pode ser observado no caso das leis citadas de modo bastante claro. Com efeito, enquanto os princípios da Lei nº 4.024 acentuavam o primeiro elemento dos pares de conceitos acima enunciados, os princípios da[sic] Lei 5.540 e 5.692 inegavelmente fazem a balança pender para o segundo.

A nova lei teve especial preocupação com o corpo docente, visto que buscava ampliar a oferta de professores e favorecer o ensino profissionalizante. Para isso, havia necessidade de estabelecer um sistema de formação de profissionais, que veio a substituir as escolas normais – o chamado curso de magistério – além da previsão de licenciaturas curtas e esquemas de formação emergencial. Sobre tal mudança, observam Gatti e Barreto (2009, p. 39):

> Com o fim das Escolas Normais e a introdução da Habilitação Magistério, entre outras habilitações do então 2º grau, a formação do professor de 1ª a 4ª séries terminou sendo feita por um currículo disperso, tendo ficado sua parte de formação específica, de fato, muito reduzida em razão da

[62] Art. 176, §3º, VII c.c. art. 154.

nova estrutura curricular desse nível de ensino. As pesquisas mostram que acabou ocorrendo uma descaracterização crescente dessa habilitação no que se refere à formação para a docência.

Algumas das normas da LDB/1971 merecem transcrição, por tentarem estabelecer, pela primeira vez, uma sistematização nacional das carreiras docentes:

> Art. 36. Em cada sistema de ensino, haverá um estatuto que estruture a carreira de magistério de 1º e 2º graus, com acessos graduais e sucessivos, regulamentando as disposições específicas da presente Lei e complementando-as no quadro da organização própria do sistema.
>
> (...)
>
> Art. 38. Os sistemas de ensino estimularão, mediante planejamento apropriado, o aperfeiçoamento e atualização constantes dos seus professores e especialistas de Educação.
>
> Art. 39. Os sistemas de ensino devem fixar a remuneração dos professores e especialistas de ensino de 1º e 2º graus, tendo em vista a maior qualificação em cursos e estágios de formação, aperfeiçoamento ou especialização, sem distinção de graus escolares em que atuem.

Tais disposições foram complementadas com o Decreto nº 71.244, de 11 de outubro de 1972,[63] que vinculou a prestação de auxílio da União aos Estados e Municípios à elaboração de estatuto do magistério que contivesse, no mínimo, as seguintes disposições:

> a) paridade da remuneração dos professores e especialistas com a fixada para outros cargos a cujos ocupantes se exija idêntico nível de formação;
>
> b) igual tratamento de professores e especialistas, funcionários ou contratados;
>
> c) não discriminação entre professores em razão de atividade, área de estudo ou disciplina que ministrem;
>
> d) processo de aperfeiçoamento dos professores ou especialistas, e, em particular, o que envolva afastamento do pessoal do magistério para realização de cursos de especialização e atualização;
>
> e) prazo máximo de um ano para o início do pagamento dos avanços verticais ou horizontais resultantes de maior titulação, a contar da data do requerimento que a comprove;

---

[63] BRASIL. Câmara dos Deputados. *Decreto nº 71.244, de 11 de outubro de 1972*. Disponível em: http://www2.camara.leg.br/legin/fed/decret/1970-1979/decreto-71244-11-outubro-1972-419670-publicacaooriginal-1-pe.html. Acesso em: 11 fev. 2022.

f) avanços horizontais por tempo de serviço e por atividade em locais inóspitos ou de difícil acesso, além dos previstos nos itens anteriores; e

g) normas sobre o regime jurídico e o campo de aplicação; conceitos que definam pessoal do magistério e suas atividades; direitos e vantagens especiais da carreira do magistério, incluindo promoção, acesso e regimes de trabalho; preceitos éticos especiais; critérios de admissão e movimentação do pessoal; deveres e proibições especiais; administração das unidades escolares.

Podemos dizer que tais disposições designaram uma tentativa embrionária de estabelecer uma política nacional de carreira docente. Ao que parece, houve alguma movimentação por parte dos Estados para cumprir a exigência, não sendo possível apurar se houve o mesmo impulso em âmbito municipal.[64] No caso do estado de São Paulo, produziu-se um Estatuto do Magistério – Lei Estadual nº 114, de 13 de novembro de 1974 – assim como no Município da capital – Lei nº 8.209, de 04 de março 1975.

Entretanto, conforme apontam Ferreira Jr e Bittar (2006, p. 1175), tais medidas não foram suficientes para impedir o processo de proletarização da classe docente, aprofundado durante o período:

> O arrocho salarial a que foram submetidos os professores durante o regime militar, aliado à expansão quantitativa das antigas escolas públicas de 1º e 2º graus, levou a categoria a transformar as suas associações profissionais, até então de marcante caráter recreativo, em verdadeiros sindicatos que passaram a formular e organizar a luta por melhores condições de vida e de trabalho. A maior expressão desse fenômeno foram as greves de milhares e milhares de professores, a partir do fim da década de 1970, em quase todos os estados da Federação. Esse tipo de movimento, pelo seu ineditismo à época, chamou a atenção da sociedade, que, a despeito de guardar da profissão uma imagem associada à abnegação e ao sacerdócio, apoiou as suas mobilizações.

---

[64] Pesquisa que realizamos junto ao acervo da Folha de São Paulo mostra que o tema era discutido em outros estados à mesma época, como Santa Catarina, Paraná e Sergipe, para citar como exemplos. Ao pesquisar a expressão "estatuto do magistério" no período de 01.01.1972 a 31.12.1975 – os três anos posteriores ao da aprovação da LDB – obtivemos 409 páginas em que houve notícias sobre o tema, o que indica que o assunto ingressou na agenda política daquele momento histórico. Todavia, Celio Da Cunha, em balanço sobre as tentativas frustradas de valorização do magistério, nos primeiros anos da Nova República, observa: "Em anos anteriores, o MEC havia tentado condicionar o repasse de recursos à existência de estatutos da carreira, o que também não deu certo. Os compromissos públicos no Brasil nem sempre são levados a sério" (CUNHA, 1998, p. 54).

3.10 DESAFIOS DA REDEMOCRATIZAÇÃO: A CONSTITUINTE DE 1987-1988

O processo de redemocratização do país, a partir de meados da década de 80, embora não isento de solavancos – a derrota da Campanha das Diretas-Já, o falecimento do presidente Tancredo Neves, recém-eleito pelo Colégio Eleitoral e as dúvidas quanto à assunção do poder pelo vice, José Sarney, egresso da base política de apoio do regime militar – foi permeado pela esperança coletiva de uma renovação geral das práticas políticas, com ênfase na afirmação das liberdades públicas e, ao mesmo tempo, na satisfação de anseios sociais não atendidos pelo regime moribundo. Todas essas aspirações aglutinaram-se no trabalhoso processo constituinte que se iniciou em 1º de fevereiro de 1987.[65]

No âmbito da educação, os desafios não eram pequenos. No ano da conclusão da Constituinte, a escolaridade média da população brasileira de 15 anos ou mais era de apenas 5,1 anos de estudos – sendo que no meio rural, a média era de apenas 2,5 anos – embora a Carta de 1969[66] e a LDB vigente preconizassem a escolarização obrigatória de oito anos.[67] Um quinto dos brasileiros não tinha sequer um ano de escolarização e isso se refletia nos altos índices de analfabetismo, que chegavam a 37% na região Nordeste. Apesar de a expansão do ensino no período militar, o Brasil era ainda um país subescolarizado.[68]

As condições profissionais do professorado também não podiam ser consideradas ideais. Segundo aponta Barreto (1991), com base em dados da Pesquisa Nacional por Amostra de Domicílios (PNAD) de 1982, quase um quinto do professorado brasileiro (18,37%, para ser exato) tinha até oito anos de escolarização, sendo que, em zonas rurais do Nordeste, esse nível de escolaridade era ostentado por oito em cada dez professores. A autora, utilizando-se de dados do Serviço de Estatística da Educação e Cultura (SEEC/MEC) relativos ao ano de 1987, revela também uma discrepância em relação às distintas redes de ensino: os sistemas estaduais, onde se concentravam 54% dos postos

---

[65] A Assembleia Nacional Constituinte foi convocada ainda sob a égide da Carta Anterior, por meio da Emenda Constitucional nº 26 de 1985, e foi composta pelos membros do Congresso Nacional, após a derrota de proposta de uma Assembleia Constituinte exclusiva. Essa origem incomum levou, à época, alguns juristas a defenderem o caráter derivado do Poder Constituinte em exercício. Acerca de tal discussão, *vide* artigo escrito por Bernardo Cabral, Relator Geral do Projeto (1988), rebatendo a posição de Saulo Ramos, então Consultor-Geral da República e defensor da tese da Constituinte derivada.

[66] Art. 176, §3º, II.

[67] Lei nº 5.692, de 11 de agosto de 1971, art. 18.

[68] Dados obtidos da pesquisa PNAD/IBGE, coligidos em CORBUCCI *et al.* (2009).

docentes, possuíam a quase totalidade dos seus profissionais (97%) com segundo grau completo, sendo que metade era portadora de diploma de licenciatura; já nas redes municipais, que abrigavam 29% das funções docentes e que tinham especial penetração na zona rural (73% da cobertura), 40% dos docentes tinham apenas o primeiro grau, 38% habilitação de magistério e apenas 20% com licenciatura.

No âmbito remuneratório, a proletarização antes apontada confirma-se: o salário médio mensal dos professores primários, em 1982, era de apenas de U$182,58, mas havia enormes discrepâncias: entre o salário médio dos professores urbanos (U$207,25) e rurais (U$76,00); entre regiões, como Sudeste (U$238,41) e Nordeste (U$94,61); entre professores mais escolarizados (U$268,88, para aqueles com mais que 11 anos de escolarização) e professores leigos (U$36,44). Para exemplificar as distâncias, um professor leigo na zona rural nordestina ganhava U$20,74, menos de um décimo de um professor altamente escolarizado na região sudeste U$288,38, conforme se vê no quadro adiante reproduzido.

QUADRO 12
BRASIL: EDUCACAO
ENSINO PUBLICO E PARTICULAR: REMUNERACAO MEDIA MENSAL DOS PROFESSORES DO ENSINO DE PRIMEIRO GRAU E NUMERO DE SALARIOS MEDIOS (INDICE), POR NIVEL DE INSTRUCAO, SEGUNDO REGIAO E LOCAL DE RESIDENCIA - 1982.

REGIAO E LOCAL DE RESIDENCIA		REMUNERACAO MENSAL — Nivel de instrucao									
		TOTAL		< QUE 5		5 - 8		9 - 11		> QUE 11	
		US$	INDICE(2)	US$	INDICE(2)	US$	INDICE(2)	US$	INDICE(2)	US$	INDICE(2)
TOTAL (1)	Brasil	182,58	1,00	36,44	0,20	67,99	0,37	156,56	0,86	268,88	1,47
	Norte	180,96	0,99	51,70	0,28	84,88	0,46	157,23	0,86	281,06	1,54
	Nordeste	94,61	0,52	21,73	0,12	33,74	0,18	100,64	0,55	197,44	1,08
	Sudeste	238,41	1,31	67,41	0,37	120,03	0,66	197,21	1,08	288,38	1,58
	Sul	195,00	1,07	77,16	0,42	106,22	0,58	159,19	0,87	256,09	1,40
	Centro-Oeste	187,71	1,03	75,38	0,41	80,65	0,44	139,29	0,76	332,71	1,82
URBANO	Brasil	207,25	1,14	64,09	0,35	80,74	0,44	160,31	0,88	272,77	1,49
	Norte	180,96	0,99	51,70	0,28	84,88	0,46	157,23	0,86	281,06	1,54
	Nordeste	123,96	0,68	28,81	0,16	39,57	0,22	104,32	0,57	201,07	1,10
	Sudeste	249,11	1,36	111,95	0,61	159,35	0,87	202,16	1,11	290,77	1,59
	Sul	214,24	1,17	97,80	0,54	95,75	0,52	158,67	0,87	260,57	1,43
	Centro-Oeste	208,71	1,14	118,20	0,65	89,90	0,49	142,04	0,78	338,39	1,85
RURÁL	Brasil	76,04	0,42	31,88	0,17	58,57	0,32	123,48	0,68	188,75	1,03
	Nordeste	35,01	0,19	20,74	0,11	30,06	0,16	64,80	0,35	150,34	0,82
	Sudeste	110,78	0,61	51,18	0,28	69,30	0,38	135,59	0,74	188,94	1,03
	Sul	139,63	0,76	73,99	0,40	109,62	0,60	160,90	0,88	214,27	1,17
	Centro-Oeste	77,46	0,42	56,67	0,31	69,36	0,38	107,68	0,59	131,76	0,72

FONTE: TABULACAO ESPECIAL DE AMOSTRA DA PNAD - 1982
(1) DADOS NAO DISPONIVEIS PARA ZONA RURAL DA REGIAO NORTE
(2)INDICE : resultado da divisao do salario de cada classe pelo salario medio (US$182.58)

Quadro 1 – Ensino público e particular: remuneração média mensal dos professores do ensino médio de primeiro grau e número de salários médios (índice) por nível de instrução, segundo região e local de residência – 1982
Fonte: BARRETO, 1991, p. 36.

Utilizando-se dos dados da Relação Anual de Informações Sociais (RAIS), atinentes aos anos de 1986 e 1987, Barreto (1991) também indica a desvalorização relativa da profissão, em face de outras ocupações que exigem escolaridade equivalente. Embora tivessem uma média maior de anos de escolaridade (11,4 anos), os professores ganhavam em média U$192,89, menos do que auferiam os secretários (U$264,27 / 10,91 anos de escolaridade) e auxiliares de contabilidade/caixas (U$232,40 / 9,83 anos de escolaridade). Em suma, se fosse considerado um investimento financeiro, a formação para a docência renderia cerca de 30% menos do que outras "aplicações".

Esse era o contexto no qual os trabalhos da Assembleia Nacional Constituinte se desenvolveram, no que toca à realidade educacional do país. A par das circunstâncias históricas, as características peculiares do processo constituinte, suas marchas e contramarchas, explicam o resultado que, sem embargo de suas possíveis deficiências, "constitui um texto razoavelmente avançado. É um texto moderno, com inovações de relevante importância para o constitucionalismo brasileiro e até mundial", conforme pontua José Afonso da Silva (2013, p. 91).

Do ponto de vista da história constitucional, deve-se apontar o ineditismo da participação popular, que se deu em várias frentes. Descartado o uso do texto-base, oferecido pela Comissão de Notáveis instalada pelo Poder Executivo,[69] o texto constitucional foi construído de maneira fracionada, em 8 Comissões Temáticas, por sua vez divididas em 24 Subcomissões. Ao longo dos trabalhos, as Subcomissões receberam mais de 70 mil Sugestões Populares[70] e cerca de 12 mil Sugestões Iniciais,[71] elaboradas pelos próprios deputados constituintes, por órgãos públicos e entidades representativas da sociedade.

---

69 Trata-se da Comissão Provisória de Estudos Constitucionais, conhecida também como Comissão Afonso Arinos, com a participação de 50 autoridades convocadas pelo pres. José Sarney para estabelecer um texto-base para a Constituinte. Todavia, o projeto resultante não foi enviado, pela expressa rejeição dos Constituintes, que não queriam ser pautados pelo Poder Executivo.

70 As Sugestões Populares foram uma iniciativa da Comissão de Constituição e Justiça do Senado Federal, por meio do projeto "Diga Gente e Projeto Constituição". Os cidadãos poderiam obter o formulário de sugestão nas agências dos Correios e enviá-las sem custo ao Congresso. Foram coletadas 72.719, inseridas em base de dados criada para dar apoio à Assembleia Nacional Constituinte – o SAIC – Sistema de Apoio Informático à Constituinte. Contudo, é pouco provável que tais sugestões tenham sido efetivamente influentes no processo constituinte. Tal sistema ainda pode ser consultado em: http://www2.camara.leg.br/atividade-legislativa/legislacao/Constituicoes_Brasileiras/constituicao-cidada/o-processo-constituinte/sugestao-dos-cidadaos. Acesso em: 20 out. 2017.

71 Tais sugestões eram previstas no art. 13, §11, do Regimento, e poderiam ser propostas por Assembleias Legislativas, Câmara de Vereadores, Tribunais e entidades representativas

No âmbito das Subcomissões, foram realizadas cerca de 200 audiências públicas com a participação de entidades representativas de segmentos da sociedade,[72] de maneira a subsidiar a realização de um relatório parcial, a ser submetido à respectiva Comissão Temática. Os textos saídos das Comissões Temáticas depois foram submetidos à Comissão de Sistematização, a quem caberia harmonizá-los, e, por fim, votados no Plenário da Constituinte. Nessa última fase, ainda seria possível o encaminhamento das chamadas Emendas Populares, subscritas por três entidades representativas e com apoio mínimo de 30 mil eleitores, sendo que cada eleitor poderia apoiar, no máximo, 3 Emendas Populares; ao todo, foram recebidas e apreciadas 122 Emendas Populares.[73]

O processo inédito de mobilização impactou os trabalhos da Constituinte e gerou uma marca cujo significado ainda é controverso entre juristas que acompanharam de perto as discussões. Joaquim Falcão, membro da Comissão Afonso Arinos, afirma que "[a] nossa Constituinte foi a mais mobilizada e participativa da época. Muito mais que a da Espanha, muito mais do que qualquer outra. E, quando você acorda o leão, todo mundo quer o seu pedaço" (CARVALHO, 2017, p. 296). Por sua vez, Carlos Ari Sundfeld tem uma visão mais desfavorável do processo, reconhecendo nele "um constitucionalismo chapa branca, destinado a assegurar posições de poder a corporações e organismos estatais ou paraestatais", sendo o seu resultado decorrente do "arranjo político que dividiu o poder e os recursos públicos entre organizações concretas, com interesses concretos" (SUNDFELD, 2014, p. 348).

João Gilberto Lucas Coelho[74] (2009, p. 30) narra como se construiu o esforço de mobilização dos grupos interessados em influir nos trabalhos da Constituinte:

> Fundamental foi o fato de que havia surgido, a partir de 1985, um tipo

---

de segmentos da sociedade e foram encaminhadas às respectivas Comissões Temáticas, tendo sido catalogadas em sistema ainda hoje disponível no site da Câmara dos Deputados: http://www6g.senado.gov.br/apem/search. Acesso em: 21 out. 2017.

72 As audiências públicas foram previstas no art. 14 do Regimento Interno da Assembleia Nacional Constituinte. O número de audiências é mencionado em Backes, Azevedo e Araújo (2009, p. 15).

73 As Emendas Populares eram previstas no art. 24 do Regimento da Anc. Coelho (2009, p. 27) observa que das 122 emendas recebidas e publicadas pela Comissão de Sistematização, somente 88 cumpriram realmente as exigências regimentais. As demais foram subscritas por constituintes para garantir sua tramitação.

74 Jurista e ex-deputado federal, Coelho atuou em 1987-1988 como diretor do Centro de Estudos e Acompanhamento da Constituinte (CEAC), constituído na Universidade de Brasília, pelo então reitor Cristóvão Buarque.

de militância e de organização voltado especificamente para o processo constituinte. Como antes registrado, "plenários", "comitês" e "fóruns" foram estruturados em diferentes pontos do país, sob o incentivo de diversas entidades, ativistas políticos e lideranças de diferentes áreas. Entre eles constituiu-se alguma articulação e isto deu certa organicidade à participação.

No âmbito educacional, conforme observa Maria Francisca Pinheiro (2014, p. 281), renovou-se o embate entre o campo favorável à educação pública – por meio do Fórum de Educação na Constituinte em Defesa do Ensino Público e Gratuito, composto por 15 entidades,[75] que apresentou uma "Proposta Educacional para a Constituição" – e grupos associados ao ensino privado empresarial – que atuou por meio da Federação Nacional dos Estabelecimentos de Ensino (FENEM) – e ao ensino privado confessional – destacando-se a Associação da Educação Católica do Brasil (AEC).[76]

Mais uma vez, produziu-se o confronto sobre a questão da laicidade do ensino e sobre a vinculação de receitas tributárias e destinação dos recursos públicos para a educação – sendo que esse último foi o que mais mobilizou os atores, em virtude da disputa pelo acesso ao investimento estatal na educação, travada entre a frente pró-escola pública – sob o mote "verba pública apenas para a escola pública" – e os defensores do ensino privado – que tentavam ampliar o conceito de escola pública para abarcar também o ensino não estatal, custeado por recursos públicos.

A dinâmica do processo constituinte se deu de forma peculiar na fase das Subcomissões e das Comissões Temáticas. Ali, por força das disposições regimentais e da atuação do Líder da Maioria, senador Mário Covas, houve a predominância de forças de esquerda e centro-esquerda

[75] Foram elas: a Associação Nacional de Educação (ANDE); a Associação Nacional dos Docentes do Ensino Superior (ANDES); a Associação Nacional de Profissionais de Administração da Educação (ANPAE); a Associação Nacional de Pós-Graduação e Pesquisa em Educação (ANPED); o Centro de Estudos, Educação e Sociedade (CEDES), a Federação Nacional de Orientadores Educacionais (FENOE); a União Brasileira de Estudantes Secundaristas (UBES), a Sociedade de Estudos e Atividades Filosóficas (SEAF); a Confederação Geral dos Trabalhadores (CGT); a Confederação dos Professores do Brasil (CPB); a Central Única dos Trabalhadores (CUT); a Ordem dos Advogados do Brasil (OAB); a União Nacional dos Estudantes (UNE) e a Federação das Associações dos Servidores das Universidades Brasileiras (FASUBRA).

[76] Também atuaram nesse campo a Associação Brasileira de Escolas Superiores Católicas (ABESC), a Conferência Nacional dos Bispos do Brasil (CNBB), a Campanha Nacional de Escolas da Comunidade (CNEC) e a Associação Educativa Evangélica.

nas relatorias;[77] agregada tal circunstância à forte participação dos grupos de interesse, especialmente por meio das audiências públicas,[78] os resultados dessa primeira fase foram textos parciais que, uma vez harmonizados na Comissão de Sistematização, não refletiam a maioria conservadora do Plenário.[79]

No âmbito da Subcomissão de Educação, Cultura e Esportes, o anteprojeto resultante encampou a maior parte das teses do Fórum pela Educação Pública e Gratuita, o que Pinheiro aponta como influência da enorme participação da sociedade civil nessa etapa, especialmente das entidades mais representativas e mobilizadas (2014, p. 291).

Nesse primeiro esboço da futura Carta,[80] já se revela a preocupação com as condições do exercício do magistério, com encampação

---

77 Nesse sentido, dentre vários outros, o depoimento do influente constituinte dep. Nelson Jobim: "O Covas nomeou toda a esquerda do PMDB para os cargos-chaves nas comissões e subcomissões. Isso é importante, porque os presidentes e relatores dessas comissões, 37, se somariam aos 49 para completar a Comissão de Sistematização. Acabou que a Comissão de Sistematização estava à esquerda do Plenário" (Carvalho, 2017, p. 205).

78 Nas audiências públicas na Subcomissão de Educação, Cultura e Esportes, foram ouvidas 33 entidades: Associação Nacional de Educação (Ande); a Associação Nacional dos Docentes do Ensino Superior (Andes); a Associação Nacional de Profissionais de Administração da Educação (Anpae); a Associação Nacional de Pós-Graduação e Pesquisa em Educação (Anped); o Centro de Estudos, Educação e Sociedade (Cedes), a União Brasileira de Estudantes Secundaristas (Ubes), a Sociedade de Estudos e Atividades Filosóficas (Seaf); a União Nacional dos Estudantes (UNE) e a Federação das Associações dos Servidores das Universidades Brasileiras (Fasubra) – cabe anotar que todas essas entidades eram componentes do Fórum de Educação Pública e Gratuita.

Além dessas, também foram ouvidas: Federação dos Trabalhadores em Estabelecimentos de Ensino da Região Sul (Fetee-Sul); Federação Interestadual dos Trabalhadores em Estabelecimentos de Ensino (Fitee); Federação Brasileira de Associações de Professores de Educação Física (FBAPEF); Sociedade Brasileira para o Progresso da Ciência (SBPC); Conselho de Reitores das Universidades Brasileiras (CRUB); Centro de Trabalho Indigenista (CTI); União das Nações Indígenas (UNI); Associação Brasileira de Escolas Superiores Católicas (Abesc); Campanha Nacional de Escolas da Comunidade (CNEC); Federação Nacional dos Estabelecimentos de Ensino (FENEN); Associação de Educação Católica do Brasil (AECB); Conselho Federal de Farmácia, Centro de Estudos Afro-Brasileiros (CEAB); Conselho da Comunidade Negra de São Paulo; União dos Diretores de Escolas do Magistério Oficial de São Paulo (UDEMO); Comissão Pró-Federação de Arte-Educadores; Associação Nacional dos Professores de Prática de Trabalho; Organização das Cooperativas Brasileiras (OCB), Associação Educativa Evangélica, Associação Brasileira de Antropologia; Grupo de Trabalho Educação e Constituinte do Ministério de Educação (GT/MEC), Conselho Federal de Educação (CFE), Conselho Nacional dos Secretários de Educação (CONSED) (BACKES, AZEVEDO e ARAÚJO, 2009, p. 547-551).

79 Acerca do perfil sociológico e político dos constituintes, apontando claramente para o perfil conservador do Plenário, *vide* compilação de estudos realizada por Daniel Sarmento (2009, p. 12-15). Destaca-se ali a minoria dos integrantes dos partidos ideologicamente identificados como de esquerda – 9% – e a predominância do arco que vai do centro à direita – 68%.

80 Disponível em: http://www.camara.gov.br/internet/constituicao20anos/DocumentosAvulsos/vol-209.pdf. Acesso em: 24 out. 2017.

das principais reivindicações da categoria docente (ASSEMBLEIA NACIONAL CONSTITUINTE, 1987a):

> Art. 1º – A educação, direito de todos, e dever do Estado, será promovida e incentivada por todos os meios, com a colaboração da família e da comunidade, visando ao pleno desenvolvimento da pessoa e ao compromisso do ensino com os princípios da liberdade, da democracia, do bem comum e do repúdio a todas as formas de preconceito e de discriminação.
>
> Art. 2º – Para a execução do previsto no artigo anterior, serão obedecidos os seguintes princípios:
>
> (...)
>
> VII – valorização do magistério em todos os níveis, garantindo-se aos docentes: estruturação de carreira nacional; provimento dos cargos iniciais e finais da carreira, no ensino oficial mediante concurso público de provas e títulos; condições condignas de trabalho; padrões adequados de remuneração; aposentadoria aos vinte e cinco anos de exercício em função do magistério, com proventos integrais, equivalentes aos vencimentos que, em qualquer época, venham a receber os profissionais de educação, da mesma categoria, padrões, postos ou graduação; direito de greve e de sindicalização.

É interessante observar que o texto cogita da existência de uma carreira estruturada em nível nacional, o que revela inequívoca influência da "Carta de Goiânia",[81] documento que havia sido aprovado na IV Conferência Brasileira de Educação, realizada em 1986, pelas principais entidades científicas da área: Associação Nacional de Educação (ANDE), Associação de Pós-Graduação em Educação (ANPED) e Centro de Estudos Educação e Sociedade (CEDES),[82] proposta também apoiada por outras entidades, como a Associação Nacional de Docentes do Ensino Superior (ANDES) e Sociedade Brasileira para Progresso da Ciência (SBPC).[83]

A proposta tinha um objetivo claro: suprir a insuficiência dos Municípios na gestão educacional. É o que revela a fala da prof[a]. Elba

---

[81] Sobre a Carta de Goiânia, recomendamos a leitura de MARTINS (2018), onde há uma transcrição integral do documento.

[82] Disponível em: http://www.gppege.org.br/ArquivosUpload/1/file/Carta%20de%20Goi%C3%A2nia% 202%20a%205%20de%20Setembro%20de%201986.pdf. Acesso em: 24 out. 2017.

[83] *Vide* no Diário da Assembleia Nacional Constituinte, Ano I, Suplemento ao nº 95, 16 jul. 1987, p. 199-201. Disponível em: http://imagem.camara.gov.br/Imagem/d/pdf/sup95anc16jul1987.pdf#page=222. Acesso em: 29 out. 2017.

Siqueira de Sá Barreto, presidente da ANDE (ASSEMBLEIA NACIONAL CONSTITUINTE, 1987b):[84]

> Quanto à carreira do magistério, nós defendemos os concursos públicos, uma possibilidade de promoção em função do desempenho profissional e do aperfeiçoamento durante a carreira, etc. E nós acreditamos, com relação ao ensino de 1º grau, que existe uma questão que é a formação do Estatuto do Magistério nos municípios. E uma proposta, inclusive, de punição dos municípios que não fizerem o Estatuto do Magistério. Historicamente, todas as medidas meramente punitivas também acabaram sendo absolutamente inócuas a esse respeito, porque os municípios não fazem a carreira do magistério, na grande maioria não é porque não querem, é porque não têm condições de fazer. Então é preciso que se assegure isso. E se o Município não tiver condição, outra instância tem que assumir isso, de tal forma que a questão da carreira do magistério seja garantida ao nível nacional. Quer dizer, um nível mínimo de desempenho digno da função e da profissão deve ser assegurado em todo o território nacional. Isso é o mínimo que se quer em termos de um compromisso com a educação. E que a instância que não puder deve ser coberta por outra, porque o compromisso é com esse nível mínimo.

Na fase seguinte, na Comissão Temática da Família, da Educação, Cultura e Esportes, da Ciência e Tecnologia e da Comunicação (nº 8), os trabalhos de convencimento transferiram-se para os corredores e gabinetes e a articulação de setores que haviam sido derrotados na fase das Subcomissões conseguiu obstruir os trabalhos, a ponto de não se conseguir votar um anteprojeto no âmbito dessa Comissão, não obstante os esforços do relator, deputado Artur da Távola.[85]

Na Comissão de Sistematização, sob a Relatoria do Deputado Bernardo Cabral, houve a tentativa de compatibilizar os projetos realizados na etapa anterior. No tocante ao tema da Educação, trabalhou-se com base no anteprojeto elaborado na Subcomissão respectiva e em sugestões trazidas pelo relator da Comissão nº 8 (PINHEIRO, 2014, p. 296). Nessa etapa, foram apreciadas as Emendas Populares encaminhadas por entidades representativas, na forma do art. 24 Regimento da

[84] Diário da Assembleia Nacional Constituinte, Ano I, Suplemento ao nº 95, 16 jul. 1987, p. 176-7. Disponível em: http://imagem.camara.gov.br/Imagem/d/pdf/sup95anc16jul1987.pdf#page=222. Acesso em: 29 out. 2017.

[85] *Vide*, a propósito, o ofício de esclarecimento encaminhado pela Presidência da Comissão, disponível em: http://www.camara.gov.br/internet/constituicao20anos/DocumentosAvulsos/vol-206.pdf. Acesso em: 24 out. 2017.

ANC, sendo de se consignar que um razoável quinhão delas dedicava-se *à* questão educacional: 15, dentre as 122 apresentadas.

O primeiro texto apresentado pelo relator não agradou, tendo sido apelidado de *Frankenstein,*[86] dada a extensão – 501 artigos – e a falta de organicidade e coerência; no tocante à valorização do magistério, tal Anteprojeto apenas reproduziu o texto resultante da Subcomissão.[87] A ele seguiram-se dois Substitutivos, na tentativa de produzir um texto que angariasse maior apoio na fase final, no Plenário da Constituinte; neles, no capítulo atinente à Educação, o Relator tentou estabelecer um meio termo entre as propostas das entidades pró-educação pública e o interesse dos defensores do ensino privado e confessional. Nessa linha, o texto referente à valorização do magistério reduz-se a disposições mais genéricas.[88,89] Do último Substitutivo resultou o chamado Projeto "A", encaminhado ao Plenário, com texto inalterado, no tocante às disposições concernentes à carreira docente.[90]

---

[86] Nesse sentido, *vide*: "Projeto nasceu 'Frankenstein' e virou 'Hércules'". *Folha de São Paulo,* p. A-514, ago. 1987. Disponível em: http://acervo.folha.uol.com.br. Acesso em: 14 jul. 2022.

[87] Art. 372, inciso V do anteprojeto. Disponível em: http://www.camara.gov.br/internet/constituicao20anos/ DocumentosAvulsos/vol-219.pdf. Acesso em: 24 out. 2017.

[88] Substitutivo nº 1: Art. 273 – A educação, direito de cada um, e dever do Estado, será promovida e incentivada com a colaboração da família e da comunidade, visando ao pleno desenvolvimento da pessoa.

Art. 274 – Para a execução do previsto no artigo anterior, serão obedecidos os seguintes princípios:

(...)

IV – valorização dos profissionais de ensino obedecidos padrões condignos de remuneração (ASSEMBLEIA NACIONAL CONSTITUINTE. *Projeto de Constituição*: primeiro Substitutivo do Relator. Brasília, Centro Gráfico do Senado Federal, ago. 1987. v. 235. disponível em: http://www.camara.gov.br/internet/constituicao20anos/DocumentosAvulsos/vol-235.pdf. Acesso em: 14 jul. 2022).

[89] Substitutivo nº 2: Art. 233 – A educação, direito de cada um, e dever do Estado, será promovida e incentivada com a colaboração da família e da comunidade, visando ao pleno desenvolvimento da pessoa e ao seu compromisso com o repúdio a todas as formas de preconceito e de discriminação.

Parágrafo único – Para a execução do previsto neste artigo, serão obedecidos os seguintes princípios:

(...)

V – valorização dos profissionais de ensino, obedecidos padrões condignos de remuneração e garantindo-se em lei critérios para a implantação de carreira para o magistério, com o ingresso exclusivamente por concurso público de provas e títulos (ASSEMBLEIA NACIONAL CONSTITUINTE. *Texto Substitutivo do Relator (Segundo).* Brasília: Centro Gráfico do Senado Federal, set. 1987c. Disponível em: https://www2.camara.leg.br/atividade-legislativa/legislacao/Constituicoes_Brasileiras/constituicao-cidada/o-processo-constituinte/comissao-de-sistematizacao/segundo-substitutivo-do-relator. Acesso em: 11 fev. 2022).

[90] Projeto "A", art. 240 (ASSEMBLEIA NACIONAL CONSTITUINTE. *Projeto de Constituição A*: da comissão de Sistematização – Nova impressão. Brasília: Centro Gráfico do Senado Federal, fev 1988. v. 253. Disponível em: Acesso em: 14 jul. 2022).

Nesse ínterim, articulou-se na Constituinte o chamado bloco do Centrão, suprapartidário, em que forças conservadoras, alinhadas ao Presidente Sarney, aglutinaram-se para mudar os rumos do processo, em reação aos avanços nos direitos sociais e ao caráter estatizante do Projeto que seria submetido ao Plenário. A estratégia adotada foi promover alteração no Regimento da Constituinte, que impedia modificações substanciais no Projeto levado ao Plenário, o que foi levado a efeito.

Apesar de o esforço do bloco do Centrão e da atuação dos *lobbies* dos setores empresariais – que tiveram maior fôlego para acompanhar as fases finais do processo – não houve energia suficiente para reverter inteiramente o resultado das fases anteriores, conforme pontuam Bonavides e Andrade (1991, p. 461-2):

> O fantasma do Centrão, a partir daí, entrou a rondar o plenário da Assembleia Nacional Constituinte, mas os fortes temores então suscitados acabaram não se verificando na medida em que os pessimistas temiam uma ascensão compressora e irreprimível do elemento conservador na condução dos destinos da Assembleia e na feitura da Carta, até ao ponto de desfazer, por inteiro, os avanços e as conquistas já introduzidas em pontos capitais do texto do projeto aprovado pela Comissão de Sistematização e doravante às vésperas das votações decisivas do primeiro turno, programadas para princípios de 1988 (...) Cedo se verificou que a coesão do sobredito movimento parlamentar não era tão sólida nem tão inabalável quando de princípio se supunha. Exercitou em algumas votações posteriores forte influência, mas salvo as exceções, nunca subjugou a vontade do Plenário.

O resultado, conforme aponta Miguel Reale Júnior, foi uma "Constituição compromissária, fruto de acordos para se chegar a uma solução que atendesse às diversas tendências em pauta." Quando havia um impasse sobre um determinado tema, denominado de "buraco negro", preferia-se postergar a solução, "transferindo-se seu enfrentamento à lei complementar, que exige em sua votação maioria absoluta" (2010, p. 548).

O texto final da Seção sobre a Educação, aprovado em dois turnos no Plenário em 30 de agosto de 1988, foi resultado de um "Emendão" (Emenda nº 2.044)[91] acordado entre os setores progressistas

[91] Ressalte-se que, ao analisar o texto da referida Emenda, percebem-se algumas discrepâncias em relação ao texto final, o que indica que houve ajustes no Plenário. O texto do "Emendão" que trata da valorização docente era assim redigido: "V – valorização dos profissionais de educação, obedecidos padrões condignos de remuneração e garantida, na forma da

e o Centrão, com concessões mútuas. Como resultado, observamos que as reivindicações dos defensores do ensino público foram em grande parte atendidas, com avanços em relação aos Textos Constitucionais anteriores, destacando-se:

a) a caracterização da educação obrigatória como direito público subjetivo, com responsabilização das autoridades públicas que não a oferecerem (art. 208, §1º e 2º);
b) a gratuidade do ensino nos estabelecimentos oficiais, em todos os níveis de educação (art. 206, IV) e a obrigatoriedade do ensino fundamental (art. 208, I);
c) o direito de igualdade no acesso e permanência na escola (art. 208, II), atendido por meio de diversas garantias: atendimento especializado aos deficientes (art. 208, III) e aos indígenas (art. 210, §2º); acesso aos jovens e adultos não escolarizados na idade própria (art. 208, I); oferta de ensino noturno regular (art. 208, VI); previsão de programas suplementares de material didático-escolar, transporte, alimentação e assistência à saúde (art. 208, VII); previsão de conteúdos mínimos para o ensino fundamental, de maneira a assegurar formação básica comum a todos os estudantes (art. 210, *caput*);
d) a democratização da gestão escolar (art. 206, VI) e o respeito à liberdade didática e ao pluralismo de ideias e concepções pedagógicas (art. 206, II, III), bem como aos valores culturais e artísticos, nacionais e regionais (art. 210, *caput*);
e) a garantia do padrão de qualidade do ensino, alçada à categoria de princípio constitucional (art. 206, VII);
f) a garantia do financiamento da educação pela manutenção da vinculação de recursos de impostos para a área de educação, com ampliação do percentual de gastos da União – de 13% para 18% (art. 212, *caput*); e por meio da contribuição social do salário-educação (art. 212, §5º);
g) a ampliação do atendimento escolar, com a previsão da educação infantil a partir do nascimento (art. 208, IV) e a progressiva universalização do ensino médio (art. 208, II);

---

lei, a implantação de carreira para o magistério público, com ingresso, exclusivamente, por concurso de provas e títulos, assegurando a unificação do regime jurídico para todas as instituições mantidas pela união, inclusive Fundações". Disponível em: http://www2.camara.leg.br/atividade-legislativa/legislacao/Constituicoes_Brasileiras/constituicao-cidada/o-processo-constituinte/plenario/vol255_centrao_aprovadas.pdf. Acesso em: 06 nov. 2017.

h) a previsão de elaboração de plano nacional de educação, de duração plurianual, visando à articulação e ao desenvolvimento do ensino em seus diversos níveis e à integração das ações do Poder Público, com vistas a atingir os objetivos de pleno desenvolvimento educacional do país arrolados no art. 214;
i) o comando para que se estabeleça um regime de cooperação entre os entes federativos, cabendo à União prestar assistência técnica e financeira aos demais, para desenvolvimento de seus sistemas de ensino (art. 211);
j) a liberdade de ensino de iniciativa privada, desde que cumpridas as normas gerais da educação nacional e submetido à fiscalização estatal; admite-se que as instituições privadas recebam recursos públicos, para atuação supletiva à rede oficial, desde que sejam confessionais, comunitárias ou filantrópicas, sem fins lucrativos e afastada a apropriação privada dos recursos públicos (art. 213);
k) e, no que pertine especialmente ao objeto de nossa pesquisa, a "valorização dos profissionais do ensino, garantido, na forma da lei, plano de carreira para o magistério público, com piso salarial profissional e ingresso exclusivamente por concurso público de provas e títulos, assegurado regime jurídico único para todas as instituições mantidas pela União" (art. 206, IV).

3.11 TRAJETÓRIA HISTÓRICA DAS POLÍTICAS EDUCACIONAIS E DAS POLÍTICAS DOCENTES: CONCLUSÕES PRELIMINARES

O projeto educacional proposto pela Constituição de 1988 é, como se pode ver, ambicioso e exige a conformação de várias políticas públicas e a articulação dos esforços dos três níveis federativos para atingir o programa desenhado pelo Constituinte.

Todavia, embora renovador em muitos aspectos, o Texto Constitucional de 1988 não seria capaz de apagar inteiramente as trilhas político-institucionais que conformaram a história brasileira e tampouco subverteria as estruturas socioeconômicas que são, ao mesmo tempo, sua matéria prima e seu produto.

À guisa de conclusão deste capítulo, convém sintetizar algumas das características que pudemos observar na trajetória estudada e que balizarão nossas futuras análises do presente:

A. Deficiência na coordenação dos atores estatais:

Curiosamente, desde o período Imperial, em que o Estado era unitário, a atividade educacional era descentralizada, o que certamente decorria da carência de estruturas suficientemente desenvolvidas no âmbito do Poder Central.[92] Por serem as vilas o núcleo político básico herdado da Administração Colonial, cabia a elas, por intermédio da Câmara, as atribuições executórias; entretanto, a partir do Ato Adicional de 1834, a criação e o provimento dos cargos e fixação da remuneração dos docentes – ou seja, as principais decisões da política educacional – ficavam sob responsabilidade do Governo Provincial.

Com o advento da República, parte dessa atribuição executória foi assumida pelos Estados, que desenvolveram sistemas educacionais próprios – alguns notavelmente estruturados – coexistindo com uma estrutura precária em âmbito municipal, precariedade que era agravada nas áreas rurais e nas regiões menos desenvolvidas. No âmbito da União, a atividade educacional era limitada às escolas e institutos federais, voltadas à formação da elite governante, sendo pequena a ingerência federal nas redes locais. Somente a partir do período varguista houve o estabelecimento de políticas educacionais de âmbito nacional, a partir dos marcos legais das Leis Orgânicas do Ensino, depois substituídas pelas Leis de Diretrizes e Bases da Educação.

Enormes discrepâncias persistiram, no que tange ao regime jurídico e à valorização da atividade docente, não obstante os esforços uniformizadores em âmbito federal, notadamente a partir da Lei de Diretrizes e Bases de 1971.

A Constituição de 1988 propõe, como resposta a tal situação, um regime de colaboração entre os entes federativos (art. 211), cabendo à União exercer "função supletiva e redistributiva", atividade esta conectada aos objetivos fundamentais da República Federativa do Brasil, especialmente os referentes à promoção da igualdade de todos os cidadãos e a superação das discrepâncias sociais e regionais.

---

[92] O Visconde do Uruguai, em seu precursor *Ensaio sobre o Direito Administrativo*, aponta essa característica: "É este o grande defeito das nossas administrações. Têm grande luxo de pessoal. Têm cabeças enormes, quase não têm braços e pernas. Compare-se o serviço interno de grande parte das nossas repartições com o externo. Quais são os meios e auxiliares que têm fora? Gasta-se muito papel, discute-se muito, teoricamente, e o resultado que se vê e se apalpa é a quase nenhum. Temos, infelizmente, grande tendência para o aparato. Uma grande parte dos nossos regulamentos de secretarias, e outros, são mais aparato que realidade, porque não correspondem a essas repartições meios externos de ação suficiente" (2002, p. 204-5).

Tal relação colaborativa, dados os objetivos comuns a serem atingidos, deveria alcançar também os instrumentos relacionados à política docente: a garantia de plano de carreira e piso salarial profissional. Porém, a dicção constitucional não estabelece com clareza os mecanismos de efetivação de tais comandos, de natureza evidentemente programática, e tampouco quais seriam as responsabilidades de cada um dos entes federados na execução dessa diretriz.

Portanto, nos primeiros anos de vigência da Nova Carta, não se percebe uma alteração na dinâmica – marcadamente clientelística (ABRUCIO, 2010) – que existia entre o Governo Federal e os governos estaduais e municipais, com vistas a promover a valorização dos professores, cuja situação profissional continuava a se deteriorar.[93]

Nesse tocante, podemos dizer que a área da educação não logrou avanço institucional semelhante à área da saúde, onde a constituição de um sistema único, nos termos do art. 198, propiciou uma melhor coordenação e uniformização na atuação estatal, sem embargo de suas conhecidas deficiências.[94]

Podemos afirmar que outro grave empecilho à elaboração de políticas que conduzissem à valorização docente foi a proliferação de novos Municípios, decorrente da flacidez dos requisitos para emancipação constantes do texto original da Constituição de 1988. De 1988 a 2000 foram criados 1483 novos Municípios, um acréscimo de cerca de 25% em relação ao montante anterior à Nova Carta.[95]

---

[93] A propósito, *vide* o testemunho de Célio da Cunha, que atuou em várias composições do Ministério da Educação, a partir de 1990, referindo-se especialmente ao período de José Goldemberg como Ministro: "Apesar de todo o empenho do ministro Goldenberg, o problema da desvalorização do magistério continuava sem perspectiva. Isso significava que o Ministério da Educação, por si só, não tinha poderes para vencer o desafio. De um lado, a autonomia dos estados e municípios garantida pela constituição requeria decisão compartilhada que passasse, necessariamente, pelo Congresso Nacional; de outro, a política de condicionar recursos se defrontava com obstáculos político-partidários. Goldenberg lutou contra essas distorções. Pode-se mesmo afirmar que ele levou ética para o MEC, uma contribuição inestimável, sem dúvida. No entanto, a prática clientelística sobre os recursos vinculados à educação estava arraigada. Só por intermédio de sucessivas gestões competentes e sérias poder-se-ia visualizar sua erradicação" (CUNHA, 1998, p. 54-55).

[94] Abrucio observa, acerca do SUS: "O paradigma predominante, nesses casos, é o do conceito de sistema, que supõe uma articulação federativa nacional, com importante papel coordenador, indutor e financiador da União, mas com relevante autonomia nas mãos dos governos subnacionais. Ademais, o modelo envolve a criação de arenas intergovernamentais de discussão e deliberação, na forma de conselhos horizontais – entre os mesmos níveis de governo – e verticais" (2010, p. 50).

[95] Dados do IBGE, *apud* Tomio (2002, p. 62).

A ausência de estudos de viabilidade municipal – requisito que veio a ser implantado apenas com a Emenda à Constituição (EC) 15, de 1996 – aliado aos incentivos institucionais então existentes ao movimento emancipacionista, como os critérios distributivos do Fundo de Participação dos Municípios (TOMIO, 2002), propiciou a criação de unidades políticas com baixa capacidade administrativa e com alta dependência financeira dos mecanismos de transferências de recursos.[96] Nesse tocante, estudo de Oliveira, Menezes Filho e Komatsu (2018) aponta significativa correlação entre a qualidade da gestão municipal e o desempenho escolar.

A tendência à descentralização das políticas sociais, observada a partir da Carta de 1988, gera novos desafios de coordenação interinstitucional. No campo da educação, observamos uma redução da participação das redes estaduais, já estruturadas em termos de legislação e política docente, substituídas pela maior atuação das redes municipais, especialmente nos anos iniciais do ensino fundamental.[97] Sobreleva-se, portanto, a necessidade de atuação, especialmente da União, em promover políticas de apoio à gestão da educação no plano local.[98]

96 Gomes e Mac Dowell (2000), em estudo realizado sobre o assunto, observam que de 1940 a 1997, a proporção de municípios considerados pequenos (até 20 mil habitantes) sobre o total de municípios existentes no Brasil saltou de 54,5% para 74,8%. Se considerados isoladamente os chamados *micromunicípios* (menos de 5 mil habitantes), o número passou de 2% para 25,6%. Embora, a partir de 1988, tenha havido um aumento da participação dos municípios na receita tributária total, os pequenos municípios são altamente dependentes de transferências. Na faixa dos *micromunicípios*, apenas 8,9% da receita corrente disponível era proveniente de arrecadação própria; na faixa dos municípios de 10 a 20 mil habitantes, desempenho apenas um pouco melhor: 12,3%. Dos 1.405 municípios criados entre 1984 e 1997, analisados no estudo, 94,5% tinham menos de 20 mil habitantes (Dados da Secretaria do Tesouro Nacional e IBGE).

97 Consultando-se os dados constantes da Segunda Sinopse Estatística da Educação Básica de 2016, observa-se que, nos anos iniciais, laboram 489.763 professores na rede municipal e 109.949 na rede estadual, correspondendo respectivamente a 84,4% e 18,9% das redes oficiais de ensino neste segmento educacional (INEP. Instituto Nacional de Estudos e Pesquisas Educacionais Anísio Teixeira. *Sinopses estatísticas da Educação Básica – 2016*. Brasília: INEP, 2016c. Disponível em: https://www.gov.br/inep/pt-br/acesso-a-informacao/dados-abertos/sinopses-estatisticas. Acesso em: 11 fev. 2022).

98 Acerca dos programas de apoio à gestão municipal, Eduardo José Grin observa que nos anos iniciais da Nova República, a União não se desincumbiu a contento: "Os governos Sarney (1985-89) e Collor (1990-92) pouco têm a dizer sobre o tema da modernização administrativa municipal. Nessas gestões houve um desmonte das burocracias federais nos Ministérios do Planejamento e da Fazenda que respondiam por essas iniciativas. Segundo Afonso (1998:20), 'a tradição de assistência técnica foi bruscamente interrompida pouco depois de instalado o novo sistema tributário. O marco institucional foi a reforma administrativa do governo Collor, que extinguiu a Secretaria de Economia e Finanças (SEF), do Ministério da Fazenda, dentre outros órgãos'. Esse tema ressurge na metade do

B. Necessidade de mecanismos permanentes de financiamento

Outra constante de nossa história – que remonta, como vimos, ao período colonial – é a previsão de mecanismos permanentes de financiamento, como a vinculação de receitas e a constituição de fundos especiais.

Percebemos que a criação desses instrumentos, ao revés de indicar um compromisso permanente em favor da atividade educacional, denota a necessidade de estabelecer salvaguardas especiais para o exercício dessa política, de baixo apelo para os atores partidários. Embora constantemente mencionada na retórica das tribunas, a política educacional, por sua complexidade técnica e pela delongada entrega de seus resultados, não favorece o investimento de tempo e capital político dos atores envolvidos no curto ciclo das refregas eleitorais.

Conforme já observamos, embora nem sempre tenham sido efetivos em favorecer as condições do exercício da profissão docente, a eliminação ou enfraquecimento de tais mecanismos – o que ocorreu de maneira evidente no período militar – conduziu à diminuição do investimento público em educação e na desvalorização do magistério estatal.

O desafio, uma vez instituída a ordem constitucional de 1988, seria propiciar um equilíbrio entre recursos vinculados à atividade educacional – art. 212 – e as necessidades efetivas da rede de ensino, impondo-se a redistribuição e suplementação de recursos pela União, de modo a propiciar um equilíbrio federativo também no suprimento desse serviço essencial.

A esse respeito, veremos, houve avanços posteriores, com a constituição do FUNDEF e seu aperfeiçoamento e substituição pelo FUNDEB. Entretanto, reclama-se ainda hoje a melhoria de tais mecanismos e de suas metodologias, de modo a garantir a utilização eficiente dos recursos e o incremento do apoio técnico e financeiro pelo Governo Federal.[99]

---

primeiro governo FHC, em 1997, com a criação do PMAT [Programa de Modernização da Administração Tributária e da Gestão dos Setores Sociais Básicos] (...)". (GRIN, 2014, p. 466).

[99] Discute-se no MEC, atualmente, a metodologia do Custo Aluno Qualidade (CAQ), determinada pelo Plano Nacional de Educação de 2014, como forma de atingir a Meta 20, relacionada à ampliação do investimento em educação para 10% do PIB em 2020 e equalizar as condições educacionais no país.

C. Burocratização incompleta da atividade docente

Pudemos observar no decorrer da pesquisa que o *status* profissional dos professores sofreu uma progressiva transformação ao longo dessa trajetória, iniciada pela condição de *nobre ordinário,* assimilado à condição de serviçal da corte, com as prebendas e dignidade dali decorrentes: dotação de residência, garantias de vitaliciedade e inamovibilidade, reformas e pensionamentos de caráter premial etc. É bem verdade que nem todos detinham esses privilégios, por vezes reservados aos institutos mais prestigiados da Corte.

Passa-se gradualmente dessa dignidade típica de nobreza togada, própria da sociedade estamental, para a burocratização da atividade docente, com a constituição de extensos estatutos funcionais, ingresso e evolução baseada no mérito, exigência de formação e aperfeiçoamento, submissão a avaliações de desempenho e responsabilização disciplinar.

Percebe-se, contudo, mesmo nos Estados economicamente mais desenvolvidos, que o projeto de constituição de uma burocracia educacional bem-estruturada não deitou raízes profundas, subvertida por práticas remanescentes do patrimonialismo tradicional e por soluções híbridas e convenientes aos interesses de curto prazo dos governos de ocasião.[100] Dentre os expedientes adotados, destaca-se especialmente o abuso das contratações em caráter precário, fora dos requisitos estatuídos no art. 37, IX: contratação por tempo determinado e somente admissível para atender a necessidade temporária de excepcional interesse público.[101]

Quanto ao hibridismo e/ou coexistência de regimes funcionais diversificados, o texto original da Constituição de 1988 não soluciona inteiramente o problema, pois embora haja nela a previsão de um

[100] Tome-se, por exemplo, o estado de São Paulo, em que a sobreposição de diversos regimes leva à existência de distintas categorias de professores, com complicada ordem de preferência nos processos competitivos típicos da carreira, como a atribuição anual de aulas. Docentes titulares de cargo efetivo, docentes estabilizados pela Constituição de 1988, docentes celetistas, docentes admitidos para exercício de função-atividade de caráter permanente, docentes contratados em caráter temporário são as categorias principais. Para ilustração dessa complexidade, leia-se a Resolução SE nº 72, de 22 de dezembro de 2016, referente a atribuição de aulas para o ano de 2017. Disponível em: http://siau.edunet.sp.gov.br/ItemLise/arquivos/72_16.HTM? Time=09/09/2017 %2007:51:40. Acesso em: 12 fev. 2022.

[101] Segundo dados constantes da Sinopse Estatística da Educação Básica de 2016, de um total de 1.148.874 docentes do ensino fundamental, 346.748 – cerca de 30% – são temporários (INEP. Instituto Nacional de Estudos e Pesquisas Educacionais Anísio Teixeira, *Sinopses estatísticas da Educação Básica* – 2016. Disponível em: https://www.gov.br/inep/pt-br/acesso-a-informacao/dados-abertos/sinopses-estatisticas. Acesso em: 11 fev. 2022).

regime jurídico único para os servidores da Administração Pública direta, das autarquias e das fundações públicas de todos os entes políticos,[102] parecer desdizer o comando, quando, ao tratar dos professores, reserva a solução de um regime jurídico único apenas para as instituições mantidas pela União.

Ainda que se considere aplicável aos professores de todos os entes federados a disposição genérica do *caput* do art. 39, fato é que tal dispositivo é dos mais obscuros do Texto Constitucional, favorecendo díspares interpretações doutrinárias.[103] Não bastasse isso, diversos entes federados interpretaram a norma como de eficácia limitada, dependente de implantação por meio de lei específica. Assim, diversos Estados não se abalaram a instaurar tal regime, mantendo a diversidade de regimes de trabalho e pode-se supor que o mesmo ocorreu em muitos Municípios.[104]

Em momento posterior, as disposições que previam regime jurídico único foram revogadas pela Reforma Administrativa implantada pela Emenda Constitucional nº 19, de 1998. Porém, por força de inconstitucionalidade formal, o *caput* do art. 39 foi revigorado por decisão do Supremo Tribunal Federal, com eficácia *ex nunc*.[105] Tal decisão, evidentemente, não solucionou a questão, se é que não a tornou mais confusa.

Em suma, o Texto Constitucional promulgado em 1988, sem embargo dos inegáveis avanços trazidos na esfera relativa ao reconhecimento dos direitos sociais – e, no campo educacional, da ampliação

---

102 Art. 39. A União, os estados, o Distrito Federal e os municípios instituirão, no âmbito de sua competência, regime jurídico único e planos de carreira para os servidores da Administração Pública direta, das autarquias e das fundações públicas.

103 Conforme Carvalho Filho observa, três posições formaram-se na doutrina: 1º) o regime jurídico único impunha adoção exclusiva do regime estatutário nos entes mencionados no art. 39, *caput*; 2º) seria possível ao ente político optar pela adoção do regime estatutário ou do regime celetista para seus servidores, desde que fosse aplicado o mesmo regime para a administração direta, autarquias e fundações públicas; 3º) é possível adotar regime único para administração direta e outro para as autarquias e fundações públicas (2014, p. 613). Bandeira de Mello, porém, advoga uma quarta posição: entende que é possível coexistir o regime de cargo (estatutário) e o regime de emprego (celetista), seja na administração direta, seja nas entidades de direito púbico da administração indireta, desde que haja um regramento que seja uniforme para todos os servidores (2010, p. 256-66).

104 Segundo levantamos, Santa Catarina, Paraná, São Paulo, Minas Gerais, Rio de Janeiro, Sergipe, Pernambuco, Ceará, Amazonas e Goiás mantêm regras estatutárias anteriores à Constituição de 1988, não implantando, portanto, o regime jurídico único.

105 BRASIL. Supremo Tribunal Federal. *ADI nº 2.135 MC*. Pleno, Rel. p/ o acórdão Min. Ellen Gracie, j. 2-8-2007, DJE de 7-3-2008. Disponível em: http://redir.stf.jus.br/paginadorpub/paginador.jsp?docTP=AC&docID=513625. Acesso em: 14 jul. 2022.

dos instrumentos dedicados a assegurar o direito à educação em uma dimensão substantiva e igualitária – constituiu um *arranjo assimétrico e conflitivo,* na feliz expressão de Salomão Barros Ximenes (2014, p. 50), que, a propósito, conclui:

> Ao reconhecer amplamente os direitos sociais como direitos fundamentais, ao estipular um amplo regime de controle de constitucionalidade e de proteção judicial, ao apontar objetivos e determinar a apresentação de planos de desenvolvimento com vistas à redução das desigualdades, ou seja, ao absorver demandas dos setores sociais organizados, a Constituição de 1988, do ponto de vista institucional, acaba por transferir para o sistema político e para o Judiciário a responsabilidade por definir e concretizar o conteúdo dos direitos que anuncia em forma de princípios e objetivos perpetuando e difundindo o debate constitucional e imbricando-o às disputas por hegemonia. (XIMENES, 2014, p. 52)

Essa constatação, contudo, não torna a Constituição de 1988 um estranho no ninho da tradição constitucional contemporânea, visto que ela comunga de traços comuns com outras Constituições produzidas a partir do pós-guerra, especialmente a incompletude e incerteza que a tornam um ordenamento *aberto,* conforme lição de Konrad Hesse (2009, p. 9). Da conjugação de um espaço democrático de disputa gerado pela incerteza e da estabilidade de elementos estruturantes e procedimentais, resulta o equilíbrio capaz de promover a realização da Constituição, cujo conteúdo deve ser "aberto ao tempo" (p. 89).

Tais características, a despeito das constantes críticas que o texto sofreu, permitem a *resiliência* da Constituição Brasileira, que favorece a implementação de seu projeto normativo de forma incremental, sem descaracterizá-lo por completo, conforme pontua Oscar Vilhena Vieira *et al.* (2013, p.18-24).

No capítulo seguinte, observaremos como esse projeto constitucional foi ressignificado ao longo das três décadas seguintes, em três arenas distintas, mas comunicantes: a elaboração de soluções legislativas, a formulação de políticas públicas para o magistério e a jurisdição constitucional.

CAPÍTULO 4

A CARREIRA DOCENTE NA ORDEM CONSTITUCIONAL DE 1988

"Num país de 30.401.000 analfabetos, afrontosos 25% da população, cabe advertir: a cidadania começa com o alfabeto". (ULYSSES GUIMARÃES, 1988)

4.1 O CONTEXTO DA NOVA ORDEM CONSTITUCIONAL

A nova ordem constitucional nasce, pois, embalada por esperanças de que a dívida social acumulada ao longo da história brasileira viesse a ser finalmente quitada. No âmbito educacional, tal débito vinha sendo denunciado desde os já mencionados Pareceres de Rui Barbosa que, no último quartel do século XIX, denunciavam que o ensino no país estava "à orla do limite possível a uma nação que se presume livre e civilizada," sendo direito e dever do Estado, para reparo dessa situação, "instituir escolas, sustentá-las, difundi-las" (MACHADO, 2010, p. 59 e 80).

Entretanto, soltadas as amarras do barco constitucional, iria ele encontrar uma maré contrária, decorrente dos sismos políticos que sacudiram o mundo na era iniciada após a queda do Muro de Berlim (1989). No âmbito da provisão de serviços públicos, conforme pontua Michiel S. de Vries, "[a]té os anos 70, havia uma forte crença, especialmente em países economicamente desenvolvidos, que a expansão do Estado de bem-estar social era essencialmente uma garantia governamental de uma vida boa, do berço ao túmulo" (2016, p. 36, tradução nossa).

Tais certezas, porém, refluíram ao longo das décadas de 80 e 90, com as crises econômico-financeiras que abalaram a capacidade dos Estados nacionais de manterem políticas desenvolvimentistas e de bem-estar social, sendo que as consequências foram evidentemente mais graves nos países em desenvolvimento.[106]

Concomitantemente, no plano político, esboroa-se o modelo de socialismo praticado pela União Soviética e seus satélites, ao passo que ganha força política o ideário neoliberal, que postula o Estado mínimo como resposta aos novos tempos.[107]

O impacto dessas mudanças na atividade estatal é marcante, sendo que, na década de 90, o marco mais importante dessa influência foi a adoção, pelos países em desenvolvimento, do receituário conhecido como "Consenso de Washington"[108] – que, conforme observa Dani Rodrik (2006), pode ser resumido ao mantra: *"stabilize, privatize, and liberalize"* (estabilizar, privatizar e liberalizar).

O ideário hegemônico também influenciou a gestão educacional, como pontuam Lessard e Carpentier (2016, p. 17), ao observarem que esse momento histórico, ainda em curso,

> é caracterizado pela institucionalização de uma nova regulação em educação e pela ascensão dos estabelecimentos, bem como do papel das organizações internacionais, defensoras de uma convergência mundial em torno de uma educação submissa às exigências da economia do saber. (...) Esse período caracteriza-se pela importação, no seio dos sistemas educativos, de uma lógica gestora – a nova gestão pública – típica do setor privado. Essa lógica instaura-se em educação, assim como no conjunto das áreas de intervenção do Estado: é o Estado avaliador, o Estado estratego ou o Estado Parceiro.

Conforme apontado acima, percebe-se uma crescente influência de organismos internacionais no desenho de políticas públicas, especialmente no âmbito educacional. No ano de 1990, foi lançada a *Declaração Mundial sobre Educação para Todos*, na Conferência de Jomtien (Tailândia), provavelmente o documento mais emblemático já produzido, no âmbito das Nações Unidas, sobre a questão educacional. Nesse documento, reafirma-se a preocupação com as condições do trabalho docente (UNESCO, 1990):

---

[106] Um bom relato sobre o desmantelamento do Estado Social se encontra em Creveld (2004), p. 507-540.

[107] Uma equilibrada síntese desse ideário pode ser encontrada em Castor (2004), p. 241-247.

[108] O termo foi cunhado por John Williamson em trabalho apresentado em conferência no Institute for International Economics, em 1989, e sintetizado em artigo publicado no ano seguinte, em que é estabelecido o receituário considerado consensual pela elite política norte-americana e pela tecnocracia dos órgãos financeiros internacionais ali sediados. (WILLIAMSON, 1990).

> É particularmente importante reconhecer o papel vital dos educadores e das famílias. Neste contexto, as condições de trabalho e a situação social do pessoal docente, elementos decisivos no sentido de se implementar a educação para todos, devem ser urgentemente melhoradas em todos os países signatários da Recomendação Relativa à Situação do Pessoal Docente OIT/UNESCO (1966). (trecho destacado do art. 7º).

Nos países em desenvolvimento, a implementação das diretrizes internacionais se dará especialmente por meio de financiamentos de organismos internacionais, como o Banco Mundial, que privilegiarão programas reformistas, focados na eficiência dos estabelecimentos educacionais. Exemplo de tal abordagem encontra-se em recente *paper* daquela instituição, denominado *Results-based financing in education: financing results to strengthen systems* (BANCO MUNDIAL, 2017):

> Financiamento baseado em resultados (RBF) captura a essência sobre a implantação, pelo Banco Mundial, de sua estratégia educacional, Educação para Todos. A estratégia enfatiza aprendizado (mais do que somente escolarização) como meio de alcançar o crescimento econômico, o desenvolvimento e a redução da pobreza. (...) Especificamente, colocar resultados em primeiro lugar (*performance*), e priorizar o financiamento de abordagens baseadas em resultado (*finance*) são o coração da linha de atuação do Banco Mundial (tradução nossa).[109]

Essas são as linhas mestras do debate que permeará a política educacional em geral e a política docente em especial, nas décadas seguintes.

Delinear esse contexto é relevante para nosso estudo, na medida em que assistiremos um duplo "ajustamento" da nova ordem constitucional, visto que muito dos seus pressupostos ideológicos e econômicos estavam em franca obsolescência. De um lado, assistiremos às tentativas de promover reformas constitucionais que visam "modernizar" a organização estatal, com base no receituário dominante; ao mesmo tempo, veremos expedientes que buscam – por via de interpretação ou de mera protelação legislativa – manter adormecidos dispositivos programáticos da Constituição de 1988, especialmente no tocante aos direitos sociais.

---

[109] No original: "Result-based financing (RBF) captures the essence of how the World Bank Group (WBG) is implementing its education strategy, Learning for All. The strategy emphasizes learning (rather than just schooling), since that is what leads to economic growth, development, and poverty reduction. (...) Specifically, putting results first (performance), and embracing results-based approaches to finance (finance) is at the heart of the WBG approach".

4.2 REFORMAS CONSTITUCIONAIS E SEUS IMPACTOS NO REGIME JURÍDICO DO MAGISTÉRIO E NA DOCÊNCIA DA EDUCAÇÃO BÁSICA

O impulso reformista do Estado Brasileiro iniciou-se no Governo Collor de Mello e foi assim sintetizado por Castor (2004, p. 172):

> Fernando Collor de Mello introduziu a filosofia da terra arrasada no campo da reforma administrativa. Em poucos meses, demitiu ou colocou em disponibilidade mais de cem mil servidores e extinguiu dezenas de organismos públicos, autarquias e empresas e agrupou ministérios. (...) Os dois resultados mais significativos da *razzia* modernizante foram a quase completa destruição de valiosos arquivos técnicos dos órgãos extintos e posterior volta ao serviço público da esmagadora maioria dos funcionários arbitrariamente afastados, por força de ordens judiciais e de decisões administrativas de seu sucessor, Itamar Franco.

O *thatcherismo* atabalhoado de Collor, todavia, não impediu que as reformas prosseguissem, conforme o espírito da época demandava. Itamar Franco deu início às privatizações, com o leilão do parque siderúrgico estatal brasileiro.

Porém, o esforço reformador ganhou organicidade ideológica e estatura constitucional no Governo Fernando Henrique Cardoso, a partir do Plano Diretor de Reforma do Aparelho do Estado – MARE (BRASIL, 1995).[110] Tal projeto foi claramente inspirado pelo movimento denominado *New Public Management*, importado para o nosso país sob a alcunha de *Gerencialismo* ou *Administração Gerencial*.

Seu propósito, conforme aponta Denhardt (2012, p. 198 e ss.), era produzir um governo que "funcionasse melhor e custasse menos", por meio de tecnologias administrativas como o serviço ao consumidor, contratação baseada em desempenho, competição, incentivos de mercado e desregulamentação. Seus pressupostos teóricos eram embasados na teoria da escolha pública (*public choice theory*), que pressupunha a transposição, para a esfera governamental, das ferramentas analíticas da economia, tendo por pivô teórico o individualismo metodológico

---

[110] BRASIL. *Plano Diretor da Reforma do Aparelho do Estado*. Presidência da República. Brasília, Câmara da Reforma do Estado. 1995. Disponível em: http://www.biblioteca.presidencia.gov.br/publicacoes-oficiais/catalogo/fhc/plano-diretor-da-reforma-do-aparelho-do-estado-1995.pdf. Acesso em: 10 fev. 2022.

e tomando-se por pressuposto a atuação autointeressada dos agentes no jogo econômico – e, por consequência dessa abordagem, também na vida pública (ANDREWS; KOUZMIN, 1998). As limitações dessa escolha teórica são bem justificadas por Denhardt (2012, p. 203),[111] ao ponderar que

> essas ideias vão além da melhoria da qualidade do serviço do governo e, na verdade, representam preferência por um governo que, em última análise, responde aos autointeresses de curto prazo de indivíduos isolados (consumidores), em vez de um governo que apoia a busca de interesses públicos definidos publicamente por meio de um processo deliberativo (por cidadãos).

No Brasil, o modelo seguiu adaptação proposta por Bresser Pereira, que justificava sua adoção a partir do diagnóstico de uma "crise do Estado" e particularmente, do modelo burocrático de administração (1996, p. 9):

> A crise da administração pública burocrática começou ainda no regime militar não apenas porque não foi capaz de extirpar o patrimonialismo que sempre a vitimou, mas também porque esse regime, ao invés de consolidar uma burocracia profissional no país, através da redefinição das carreiras e de um processo sistemático de abertura de concursos públicos para a alta administração, preferiu o caminho mais curto do recrutamento de administradores através das empresas estatais. Esta estratégia oportunista do regime militar, que resolveu adotar o caminho mais fácil da contratação de altos administradores através das empresas, inviabilizou a construção no país de uma burocracia civil forte, nos moldes que a reforma de 1936 propunha. A crise agravou-se, entretanto, a partir da Constituição de 1988, quando se salta para o extremo oposto e a administração pública brasileira passa a sofrer do mal oposto: o enrijecimento burocrático extremo. As consequências da sobrevivência do patrimonialismo e do enrijecimento burocrático, muitas vezes perversamente misturados, serão o alto custo e a baixa qualidade da administração pública brasileira.

---

[111] Uma interessante crítica epistemológica ao individualismo metodológico é formulada por Searle (1996), para quem tal concepção parte de uma pressuposição errônea sobre a intencionalidade coletiva, reduzindo-a a soma de intencionalidades individuais. Para o individualista metodológico, uma orquestra seria um conjunto de indivíduos tocando ao mesmo tempo, o que certamente não corresponde à experiência que um músico tem de sua atuação no coletivo orquestral. Se o individualismo metodológico correspondesse à ontologia social, é provável que a linguagem humana não existisse como um construto marcadamente supraindividual.

No recorte que nos interessa – ou seja, relativamente à gestão de pessoal – a implementação da reforma se deu especialmente por meio da Emenda Constitucional nº 19/1998, que promoveu as seguintes alterações e acréscimos nos dispositivos constitucionais regentes da Administração Pública:

- Reservou os cargos de confiança "às atribuições de direção, chefia e assessoramento" (art. 37, V);
- Estabeleceu a fixação dos vencimentos por lei específica e a previsão de revisão geral anual da remuneração de todos os servidores, na mesma data e sem distinção de índices (art. 37, X);
- Promoveu o aprimoramento do teto constitucional, frustrado, até então, por casuísmos jurídicos (art. 37, XI);
- Prescreveu a criação de conselhos de política de administração e remuneração de pessoal, integrado por servidores designados pelos respectivos Poderes (art. 39, *caput* – texto que posteriormente foi declarado inconstitucional por vícios no processamento da EC 19/1998 – *vide* ADI nº 2.135-4);
- Determinou a adoção de parâmetros de fixação da escala remuneratória no serviço público, com base na natureza, atribuições e requisitos de investidura do cargo e possibilitou o estabelecimento de relação entre a maior e a menor remuneração dos servidores (art. 39, §1º e §5º);
- Ordenou aos entes políticos a criação de escolas de governo para a formação e o aperfeiçoamento dos servidores públicos, condicionando a promoção na carreira à participação nos cursos (art. 39, §2º);
- Ordenou ao legislador de cada ente político disciplinar a aplicação de excedentes financeiros no desenvolvimento de programas de qualidade e produtividade, treinamento e desenvolvimento, modernização, reaparelhamento e racionalização do serviço público, inclusive sob a forma de adicional ou prêmio de produtividade (art. 39, §7º);
- Criou o regime remuneratório de subsídio, em parcela única, para as carreiras de Estado (art. 39, §4º e 8º);
- Esclareceu quais direitos trabalhistas são aplicáveis aos servidores públicos (art. 39, §3º);
- Promoveu a "flexibilização da estabilidade", permitindo a exoneração do servidor por reprovação em avaliação periódica de desempenho, na forma a ser regulamentada em Lei Complementar (art. 41, §1º, III).

Sem entrar no mérito de tais disposições, é certo que a reforma proposta na Emenda Constitucional nº 19/1998 consiste em uma última tentativa – e, parece-nos, em grande parte, frustrada[112] – de promover uma mudança sistemática do serviço público, buscando consolidar certos traços do modelo burocrático-racional, agregando alguns aspectos do modelo gerencial – como a ênfase na eficiência e produtividade.

Todavia, passados 20 anos desde a promulgação da Emenda Constitucional nº 19/1998, muitos desses dispositivos permanecem letra morta – em alguns casos, até justificadamente, pois, que credibilidade teria a avaliação contínua de servidores públicos, para quebra de sua estabilidade, em uma administração ainda pautada por nomeações de apadrinhados e relações funcionais baseadas na pessoalidade? Não há por que estranhar o ceticismo em relação ao ideal de meritocracia em um ambiente político-administrativo com a cultura ainda permeada pelo clientelismo ou, pior ainda, pelo tráfico de influência e pela corrupção.

Nesse sentido, parece-nos acertada a crítica de Azevedo e Loureiro (2003, p. 47;78):

> O primeiro equívoco cometido pelos que defendem a substituição do modelo burocrático é não levar em conta que a realização histórico-concreta deste tipo ideal, na acepção metodológica de Weber, não tem sido, às vezes, bem-sucedida e, muitas vezes, nem sequer concretizada, especialmente em países como o Brasil, em que o patrimonialismo, o clientelismo e outras formas de dominação tradicional não foram completamente superados. Ao contrário, tais formas tradicionais têm sido sempre reatualizadas, dadas as características do presidencialismo de coalizão, que requer, como condição de governabilidade, negociações continuadas entre Executivo e Legislativo, envolvendo trocas de cargos na administração por apoio do Congresso à agenda do governo (Nunes, 1997; Mainwaring e Shugart, 1997; Loureiro e Abrucio, 1999; Palermo, 2001). Sob esse ponto de vista, portanto, a questão não é abandonar, ou não, o modelo burocrático, mas, sim, refletir acerca da necessidade e possibilidade de sua reconstrução.

No âmbito educacional, a reforma produziu alguns efeitos, embora de alcance limitado. Um primeiro aspecto da reforma do regime funcional, a eliminação do regime jurídico único – que, conforme já adiantamos no capítulo anterior, gerava bastante perplexidades

---

[112] Para um levantamento da literatura sobre as reformas administrativas no Brasil e razões de seus fracassos, *vide* Costa (2008).

interpretativas – malogrou, pelo açodamento em aprová-la. A alteração promovida no *caput* do art. 39 do Texto Constitucional foi posteriormente anulada pelo Supremo Tribunal Federal, na ADI nº 2.135-4.

Na prática, todavia, apenas a União e alguns Estados haviam implantado tal regime.[113] No Estado de São Paulo, por exemplo, subsiste um estatuto funcional antigo – Lei nº 10.261/1968 – sendo que o recurso a contratações temporárias, que se repete ao longo dos anos, ainda é responsável por cerca de 37% dos postos de docência na rede centralizada de ensino. Professores titulares de cargo efetivo – ou seja, com plano de carreira – correspondem a 49% do quadro funcional.[114]

Na rede autárquica paulista, dedicada ao ensino técnico, predominam os professores celetistas, não obstante inseridos em um regime com grande incidência de disposições estatutárias,[115] o que gera um hibridismo propício à litigiosidade. Benefícios previstos no estatuto são constantemente pleiteados por professores temporários e celetistas,[116] não raras vezes com sucesso, ao passo que disposições relativas à responsividade na função pública nem sempre sejam consideradas

---

[113] *Vide* nota 84 do capítulo anterior.

[114] Dos 199.686 postos docentes, 74.137 são ocupados por temporários, contratados nos termos da Lei Complementar nº 1.093/2009 e 98.407 são ocupados por titulares de cargos efetivos. Os demais 27.142 postos docentes são ocupados por professores temporários que foram estabilizados pela CRFB/88 ou pela Lei Complementar nº 1.010/2007. Dados obtidos pelo autor diretamente junto à Secretaria de Estado da Educação de São Paulo e referentes a dezembro de 2021.

[115] Os docentes da autarquia Centro Estadual de Educação Tecnológica Paula Souza (CEETEPS), responsável pelo ensino técnico do Estado, embora celetistas, têm seu Plano de Carreiras e retribuição estabelecido na Lei Complementar nº 1.044/2008. Antes da citada Lei Complementar, tinham seu regime jurídico atrelado aos docentes de uma Universidade Estadual, o que ainda gera inúmeros questionamentos administrativos e litígios judiciais.

[116] Veja-se, por exemplo, a controversa Súmula 390 do TST, que estende aos celetistas que atuam em entes de direito público a estabilidade reservada aos titulares de cargo efetivo:
ESTABILIDADE. ART. 41 DA CF/1988. CELETISTA. ADMINISTRAÇÃO DIRETA, AUTÁRQUICA OU FUNDACIONAL. APLICABILIDADE. EMPREGADO DE EMPRESA PÚBLICA E SOCIEDADE DE ECONOMIA MISTA. INAPLICÁVEL
I – O servidor público celetista da administração direta, autárquica ou fundacional é beneficiário da estabilidade prevista no art. 41 da CF/1988.
II – Ao empregado de empresa pública ou de sociedade de economia mista, ainda que admitido mediante aprovação em concurso público, não é garantida a estabilidade prevista no art. 41 da CF/1988.
BRASIL. Tribunal Superior do Trabalho. *Súmula nº 390*. Estabilidade. Art. 41 da Cf/1988. Celetista. Administração Direta, Autárquica ou Fundacional. Aplicabilidade. Empregado de Empresa Pública e Sociedade de Economia Mista. Inaplicável (conversão das Orientações Jurisprudenciais nºs 229 e 265 da SBDI-1 e da Orientação Jurisprudencial nº 22 da SBDI-2) – Res. 129/2005, DJ 20, 22 e 25.04.2005. Disponível em: https://www3.tst.jus.br/jurisprudencia/Sumulas_com_indice/Sumulas_Ind_351_400.html#SUM-390. Acesso em: 14 jul. 2022.

aplicáveis.[117] Ali, também há cerca de 10% de professores contratados em caráter temporário.[118]

Se verificarmos a situação em âmbito nacional, o cenário é semelhante. Segundo dados constantes da Sinopse Estatística da Educação Básica de 2021, de um total de 1.726.099 docentes atuantes na educação básica, 614.678 – cerca de 35,6% – são temporários, celetistas ou terceirizados.[119]

Portanto, nesse tocante, a reforma em nada contribuiu para reordenar a confusão reinante de regimes jurídicos que o Constituinte, embora canhestramente, tentou disciplinar.

Não se pode negar, contudo, algum grau de mudança na gestão de pessoal na Administração Pública, embora notadamente incremental, muito aquém dos propósitos daquela reforma.

Três alterações se fazem sentir e têm especial relevância no contexto da prestação de serviços educacionais. A primeira diz respeito à *formação e ao aperfeiçoamento dos servidores;* a segunda diz respeito à *cultura de avaliação;* a terceira, às *políticas de bonificação baseadas em resultados*. Todas, não é preciso dizer, estão intimamente conectadas.

Quanto à *formação e aperfeiçoamento dos servidores*, evidentemente não é assunto novo. Basta dizer que instituições como a Escola Nacional de Administração Pública (ENAP),[120] em âmbito federal ou a Fundação

---

[117] Como exemplo dessas discrepâncias no regime jurídico, veja-se, a título de exemplo, a seguinte ementa de Parecer da Procuradoria Administrativa da PGE/SP:
PROCESSO DISCIPLINAR. SERVIDOR PÚBLICO SUBMETIDO AO REGIME DA CONSOLIDAÇÃO DAS LEIS DO TRABALHO – CLT (EMPREGADO PÚBLICO). Rescisão do contrato de trabalho após a instauração do processo disciplinar. Não se aplica a legislação estatutária às relações regidas pela legislação trabalhista, inclusive no âmbito disciplinar (precedente: Parecer PA n.39/2013). A rescisão do contrato de trabalho faz cessar o poder disciplinar, não resultando, do conjunto da legislação vigente, utilidade para a Administração, decorrente do prosseguimento do processo punitivo, que deverá ser encerrado. A não instauração ou o arquivamento de processo punitivo disciplinar não elide dever das apurações cabíveis, aptas a ensejar responsabilização no âmbito civil e/ou penal. (BRASIL. Procuradoria Geral do Estado de São Paulo. Procuradoria Administrativa. *Parecer PA nº 50/2017*. Aprovado em 20 out. 2017. Disponível em: https://www.pge.sp.gov.br/TEMP/c72c4c50-653a-45dc-9e89-da4f98709487.pdf. Acesso em: 12 fev. 2022).

[118] Dos 14.562 docentes da Rede Paula Souza, 1.490 são contratados por prazo determinado, nos termos do art. 445 da CLT. Dados obtidos pelo autor diretamente junto à administração da autarquia, relativos a 2018.

[119] INEP. Instituto Nacional de Estudos e Pesquisas Educacionais Anísio Teixeira. *Sinopses estatísticas da Educação Básica* – 2021. Brasília: INEP, 2021. Disponível em: https://www.gov.br/inep/pt-br/acesso-a-informacao/dados-abertos/sinopses-estatisticas. Acesso em: 11 fev. 2022.

[120] Criada pela Lei nº 6.871, de 03 de dezembro de 1980, sob a denominação de Fundação Centro de Formação do Servidor Público (FUNCEP).

do Desenvolvimento Administrativo – (FUNDAP),[121] no Estado de São Paulo, antecederam em muito a reforma da EC 19/1998. No âmbito educacional, cite-se a experiência dos Centros de Formação e Aperfeiçoamento do Magistério (CEFAM), impulsionada pelo Ministério da Educação (MEC) a partir de 1982.[122]

Mas não se pode negar que, de maneira geral, a reforma impulsionou a realização de atividades formativas e de aperfeiçoamento, na medida em que condicionou a promoção dos servidores à participação em atividades desse gênero (art. 39, §2º da CRFB/88). Embora a maioria dos entes não tenha criado escolas de governo, como determina o comando constitucional,[123] não há dúvidas sobre a ampliação da rede de órgãos e entidades dedicados ao aperfeiçoamento profissional e da intensificação de programas dessa natureza.

No contexto educacional, essa intensificação também é resultante das exigências da Lei de Diretrizes e Bases, que impõe aos entes políticos, em regime de colaboração, o dever de promover a formação inicial, a continuada e a capacitação dos profissionais de magistério (art. 62). Daí a criação de programas nacionais como o Plano Nacional de Formação de Professores da Educação Básica (PARFOR),[124] que visam propiciar, mediante um regime de articulação federativa, a formação e o aprimoramento de professores das redes estaduais e municipais.

Acerca da *cultura de avaliação*, trata-se de importante aporte no trato com as políticas públicas e de especial importância no manejo da política educacional, especialmente em vista da dinâmica temporal que a domina, em que os resultados jamais são colhidos no curto prazo.

---

[121] Cuja criação foi autorizada pela Lei nº 435, de 24 de setembro de 1974. Recentemente foi extinta, por meio da Lei nº 16.019, de 27 de novembro de 2015.

[122] Sobre a experiência, *vide* Tanuri (2000).

[123] Torres (2012, p. 45) aponta que até 2003, apenas 48% dos estados tinham implantado escolas de governo, apontando as possíveis causas dessa omissão: "a) o nível deficiente de institucionalização das burocracias estaduais; b) a ausência de vontade política de cumprir a determinação constitucional de instituir escolas de governo; e c) a pouca relevância do tema da administração pública para a classe política, partidos, burocratas e, como não poderia ser diferente, também para a sociedade civil organizada". Porém, em 2014, a Rede Nacional de Escolas de Governo, constituída pela ENAP, compunha-se de 204 com a seguinte distribuição por esfera: 61 instituições federais (30%), 95 estaduais ou distritais (47%) e 48 municipais (23%) (FERNANDES *et al.*, 2015). Portanto, a constatação de Torres, embora não se possa confirmar em relação aos Estados, permanece válida em relação aos municípios, justamente a esfera administrativa que conta com profissionais de menor grau de qualificação e responsável pelo atendimento primário dos serviços sociais em nosso país (saúde, educação, assistência social etc.).

[124] Criado pela Portaria Normativa nº 09 de 30 de junho de 2009, do Ministério da Educação, a partir das diretrizes estabelecidas no Decreto nº 6.755, de 29 de janeiro de 2009 (Política Nacional de Formação de Profissionais do Magistério da Educação Básica).

Na literatura de políticas públicas, a avaliação sempre figura como estágio essencial do ciclo de *policy making*, tendo sua importância destacada pela oportunidade de promover o aprendizado de políticas púbicas *(policy learning)*. Nesse sentido, destacam Howlett, Ramesh e Perl (2013, p. 201):

> O conceito de "aprendizagem" em geral está associado a consequências intencionais, progressivas e cognitivas da educação que resultam da avaliação de uma política. No entanto, a aprendizagem política também tem um sentido mais amplo que inclui entender tanto as consequências intencionadas, como as não intencionadas (ver Merton, 1936) das atividades de *policy-making*, bem como as implicações "positivas" e "negativas" das políticas vigentes e suas alternativas sobre o *status quo* e os esforços destinados a alterá-los. De um ponto de vista de aprendizagem, a avaliação da política pública é concebida com um processo interativo de aprendizagem ativa sobre a natureza dos problemas políticos e o potencial das várias opções elaboradas para resolvê-los.

No âmbito educacional, a ênfase nos processos avaliativos disseminou-se internacionalmente a partir de corrente de pensamento voltado à eficiência escolar (*School Effectiveness*), que preza a utilização de indicadores de desempenho, testes padronizados, mecanismos de prestação de contas e de avaliação, como "tecnologias de mudança", conforme terminologia proposta por Lessard e Carpentier (2016, p. 153-167).[125] Tal compreensão, alinhada às concepções gerais da *new public management*, também se disseminou aqui, conforme aponta estudo realizado pela Fundação Carlos Chagas, "[a] introdução maciça desse tipo de avaliação no país, em especial a partir dos anos 1990, acompanhou uma agenda e tendência internacionais já consolidadas que enxergam nesse tipo de ação uma forma de se aferir a qualidade e a efetividade das redes de ensino" (SILVA, 2013b, p. 5).

No âmbito educacional, embora desde os anos 30 já se utilizem instrumentos avaliativos e desde a década de 60 tenha se ampliado o uso dos testes educacionais, somente com a criação do *Sistema Nacional de Avaliação da Educação Básica* (SAEB), em 1991, estruturou-se uma prática avaliativa sistemática de âmbito nacional (BONAMINO e SOUSA, 2012).

---

[125] Esclareça-se, porém, que trabalhos avaliativos de largo escopo já existiam desde os anos 60, ressaltando-se o Relatório Coleman (EUA, 1966) e o Relatório Plowden (Grã-Bretanha, 1967). Todavia, a ênfase no uso de avaliações como eixo central das políticas educacionais se tornou moeda corrente a partir dos anos 80-90.

Ao exame do SAEB, de cunho amostral e destinado a avaliar de forma genérica a qualidade do serviço educacional, veio somar-se posteriormente a Prova Brasil (2005), de caráter censitário, destinado a responder às demandas da municipalização do ensino, permitindo não apenas o diagnóstico, mas a *accountability* nas cerca de 5 mil redes de ensino oficial (FERNANDES e GREMAUD, 2009). Em relação aos anos do ensino médio, a avaliação tem sido realizada pelo ENEM (1998), cujo escopo veio a se ampliar, deixando de ser mero instrumento de autoavaliação para se tornar mecanismo de acesso ao ensino superior.

Por fim, em 2007, foi criado o Índice de Desenvolvimento da Educação Básica (IDEB) – em que são combinadas informações de desempenho em exames padronizados e dados sobre fluxo escolar, de maneira a permitir uma apuração comparativa das redes e estabelecer metas evolutivas para os gestores educacionais.

Concomitantemente, várias redes estaduais estabeleceram sistemas próprios de avaliação, sendo que algumas adotaram mecanismos premiais, na forma de bônus concedidos às equipes escolares, em contrapartida pelo alcance de metas de melhoria de índices educacionais para tanto estabelecidos.

Não está no propósito deste trabalho aprofundar o debate – que já é intenso na literatura educacional – sobre os riscos e limitações das práticas avaliativas. Basta apenas dizer que, dada a complexidade da atividade educacional, por vezes fatores extraescolares têm um peso considerável e, a par disso, não se pode desconhecer as limitações epistemológicas dos métodos que buscam medir as atividades humanas.[126]

Por fim, ainda como legado da reforma encetada pela Emenda Constitucional nº 19/1998, disseminaram-se *políticas de bonificações por resultados*. Essas práticas encontram fundamento constitucional em norma que dispõe sobre a alocação de recursos para "aplicação no desenvolvimento de programas de qualidade e produtividade, treinamento e desenvolvimento, modernização, reaparelhamento e

[126] Vale o alerta de Minhoto (2016, p. 151): "Nesse sentido, a imagem da realidade instituída pelos indicadores educacionais deve ser entendida como fruto de uma construção social que tem por finalidade representar o mundo sob o ponto de vista de seu produtor. Quando se acredita na neutralidade e veracidade de tais índices, porque supostamente os técnicos que os produzem seriam tão somente operadores racionais de dados da realidade, a imagem resultante tem grande probabilidade de ser percebida como fato e, assim, sua intencionalidade é descartada. Entretanto, vale a pena reiterar o alerta: há que se ter presente todo o tempo que tal imagem não é um fato, mas uma construção cheia de intencionalidade. Do contrário, a confusão poderá promover a falsa compreensão da imagem, que provavelmente será tomada como o real".

racionalização do serviço público, inclusive sob a forma de adicional ou prêmio de produtividade" (art. 39, §7º da CRFB/88).

Bonamino e Sousa (2012) propõem tipologia aplicada ao caso brasileiro, associando tais políticas às práticas avaliativas de terceira geração, caracterizadas por uma versão forte de responsabilização:

> A primeira geração enfatiza a avaliação com caráter diagnóstico da qualidade da educação ofertada no Brasil, sem atribuição de consequências diretas para as escolas e para o currículo. No estágio atual das iniciativas de avaliação em larga escala, emergem outros dois novos modelos de avaliação com a finalidade de subsidiar, a partir dos resultados dos alunos, políticas de responsabilização com atribuição de consequências para os agentes escolares. Na literatura sobre o tema, quando as consequências dessas políticas são apenas simbólicas, elas são chamadas de *low stakes* ou de *responsabilização branda*. Já quando as consequências são sérias, elas são chamadas de *high stakes* ou de *responsabilização forte* (CARNOY; LOEB, 2002; BROOKE, 2006). Tais avaliações são respectivamente identificadas, neste texto, como avaliações de segunda e terceira geração.

As políticas de bonificação ou premiação baseiam-se em algumas premissas: 1º) de que haja um "efeito escola" passível de ser mensurado e distinguido de outros fatores que possam influir no desempenho escolar, por metodologias baseadas no "valor agregado" da atividade educacional (*value added models*); 2º) de que a adoção de incentivos remuneratórios é capaz de alterar comportamentos indesejados – como o absenteísmo, o descumprimento do currículo, o baixo envolvimento com a atividade docente – substituindo-o por posturas mais aptas a produzir resultados favoráveis no processo de ensino-aprendizagem.

Nem é preciso dizer que ambas as premissas estão sujeitas a inúmeras problematizações. A primeira envolve, na linha dos comentários precedentes sobre processos avaliativos, as evidentes dificuldades metodológicas de se avaliar o "efeito escola", com base no desempenho dos alunos – mensurado dentro de um recorte determinado pelo teste.[127]

---

[127] A propósito das dificuldades metodológicas de uso de testes baseados na Teoria de Resposta ao Item, *vide* estudo realizado por Dale Ballou (2009), no National Center on Performances Incentives, desenvolvido na Universidade Vanderbilt (BALLOU, Dale. Test scaling and value-added measurement. *Education finance and policy*, v. 4, n. 4, p. 351-383, 2009. Disponível em: https://my.vanderbilt.edu/performanceincentives/supplemental-studies/value-added-studies/test-scaling-and-value-added-measurement/. Acesso em: 11 fev. 2022).

A segunda premissa parte do pressuposto teórico – oriundo dos estudos da linha teórica da *public choice* – de que é possível explicar as motivações dos indivíduos com base na tendência autointeressada de maximizar seu bem-estar, sendo que os incentivos monetários, dada a sua fungibilidade – pois permitem adquirir outros bens – seriam especialmente eficientes em induzir comportamentos.

Tal concepção, marcadamente simplificadora, não tem sido confirmada, todavia, quando contrastada com estudos empíricos de psicologia da motivação. Esses têm demonstrado que a motivação intrínseca[128] é determinante para a qualidade do trabalho, sendo que o uso de incentivos contingentes baseados na performance – *pay-for-performance* (PFP) – focados na motivação extrínseca e em regulação externa tendem a reduzir a motivação intrínseca e a autonomia do trabalhador. Na prática, embora possam melhorar a produtividade no curto prazo e produzirem efeito sensível em relação aos trabalhadores menos eficientes, geram consequências negativas na performance média dos trabalhadores e na produtividade no longo prazo (DECI; OLAFSEN; RYAN, 2017). Além disso, esses incentivos são mais efetivos em tarefas simples e repetitivas, não produzindo resultados relevantes em tarefas cognitivamente complexas (CERASOLI; NICKLIN; FORD, 2014).

Nessa linha, a própria UNESCO, em relatório recente, questiona os efeitos do uso desproporcional dos testes de alunos na avaliação e remuneração do trabalho docente (2017, p. 83):

> Embora as avaliações formais de professores tenham o potencial de contribuir para o desenvolvimento profissional, as avaliações somativas de alto padrão, centradas em resultados de testes, muitas vezes reduzem a motivação do professor, tornando o *feedback* menos inclinado a promover resultados educacionais positivos. Além disso, a inclusão dos resultados dos testes dos alunos em modelos de remuneração baseada no desempenho levou a múltiplas consequências indesejáveis para o ensino,

---

[128] Motivação intrínseca diz respeito à satisfação pelo exercício da atividade em si; diferencia-se da motivação extrínseca, decorrente da obtenção de algum resultado externo à experiência. Conforme proposta de Deci *et al.* (2017), é possível classificar as várias formas de motivação extrínseca em um gradiente que vai da heteronomia à autonomia: a regulação externa – em que o comportamento é regulado por outrem, mediante recompensas e punições; a regulação introjetada – em que o agente busca atender às expectativas de seus superiores, sendo que mecanismos psíquicos como a autoestima e a culpa atuam como mobilizadores; a regulação identificada – em que o agente tem uma percepção consciente do valor e importância de sua atividade; e a regulação integrada – em que o agente consegue conscientemente integrar e harmonizar os vários papéis que desempenha.

a aprendizagem e a equidade, com impactos desproporcionalmente prejudiciais em alunos e estabelecimentos educacionais desfavorecidos e dotados de baixo desempenho. (tradução nossa) [129]

Realizado esse balanço das modificações no arcabouço constitucional e seu impacto nas políticas relacionadas à docência, passemos a avaliar as inovações legislativas produzidas no período.

4.3 AS LEIS NACIONAIS CONFORMADORAS DO REGIME JURÍDICO DA DOCÊNCIA

Ao longo do trintênio de vigência da Constituição de 1988 e de suas reformas e mutações, editou-se complexa legislação educacional voltada a cumprir o programa formulado pelo Constituinte. Pressa em cumprir tal programa não houve, lamentavelmente. Apesar de o alerta de Ulysses Guimarães, a cidadania teve de esperar.

4.3.1 A Lei de Diretrizes e Bases da Educação – 1996

Promulgada a Constituição, foram necessários oito anos, três governos e sete ministros da educação para que viesse à luz uma nova Lei de Diretrizes e Bases da Educação, superando a legislação do período autoritário.

O impulso legislativo inicial, não obstante, foi precoce: em 28 de novembro de 1988, o Deputado Octávio Elísio apresentou o Projeto de Lei nº 1.258/1988, baseado em proposta elaborada pelo educador Dermeval Saviani (1997).[130] A narrativa da longa e tortuosa tramitação desse projeto, em que se sucederam diversos substitutivos – conhecidos pelos nomes dos diversos relatores que atuaram durante a tramitação: Jorge Hage, Cid Saboia, Darcy Ribeiro – merece alguma consideração.

---

[129] Texto original: "Although formal teacher evaluations have the potential to feed into professional development, highstakes, summative evaluations focused on test scores often reduce teacher motivation, making feedback less likely to improve instruction. Additionally, the inclusion of student test scores in performance-based pay have led to multiple undesirable consequences for teaching, learning and equity, with disproportionately harmful impacts on low-performing and disadvantaged students and schools".

[130] Texto original do Projeto de Lei nº 1.258/1988 pode ser consultado no Diário do Congresso Nacional, Seção I (Câmara dos deputados), 17 de fevereiro de 1989, p. 89-98. Disponível em: http://imagem.camara.gov.br/diarios.asp?selCodColecaoCsv=J. Acesso em: 07 fev. 2022.

Conforme relato traçado por Ivany Pino (2008), em sua tramitação inicial, o Projeto teria ganhado impulso a partir da enorme mobilização desencadeada a partir da Constituinte, especialmente pela coalisão formada pelo Fórum Nacional em Defesa da Escola Pública e por parlamentares de partidos de esquerda e centro-esquerda. O intenso debate na Câmara dos Deputados revela-se pela apresentação de 1.261 emendas, [131] o que veio a resultar na aprovação de um extenso texto final, com 152 artigos, ocorrida em 14 de maio de 1993.[132]

A referida aprovação somente se tornou possível por meio de acordos costurados ao longo de sua tramitação entre os setores políticos, tecnocráticos e sociais – em processo definido por Florestan Fernandes como "conciliação aberta" (1991) – e pela adoção de uma postura mais colaborativa do Ministro da Educação Murílio Hingel (out. 1992 – jan. 1995), em contraste com gestões anteriores do MEC, que transitaram entre a indiferença e a franca obstrução. Tal projeto, todavia, foi objeto de constantes críticas na imprensa, pelo seu detalhismo e por veicular um suposto viés corporativista.[133,134]

No Senado, o novo relator, Senador Cid Saboya, buscou aperfeiçoar o projeto, tornando-o mais sintético e incorporando contribuições de outra propositura que tramitava na Casa, o Projeto de Lei nº 67/1992, de autoria de Senador Darcy Ribeiro. Ao final do governo Itamar Franco, o Substitutivo Saboya já havia sido aprovado na Comissão de Educação e estava em condições de deliberação no Plenário.[135]

Todavia, inaugurava-se uma nova Presidência – de Fernando Henrique Cardoso – e uma nova gestão no MEC, agora sob a batuta de Paulo Renato de Souza. No Senado, por meio de manobra regimental,

---

[131] "Projeto tem mais de mil emendas e enfrenta 'percurso' antes da votação". *Folha de São Paulo*, 22 de julho de 1991, Caderno Cotidiano, p. 4-2. Disponível em: https://acervo.folha.com.br/. Acesso em: 07 fev. 2022.

[132] Texto do projeto aprovado na Câmara dos Deputados pode ser consultado no Diário do Congresso Nacional, Seção II (Senado Federal), 28 de maio de 1993, p. 4830-4874. Disponível em: http://legis.senado.leg.br/diarios/PublicacoesOficiais. Acesso em: 07 fev. 2022.

[133] "Nova Lei de Diretrizes e Bases é criticada pelo seu corporativismo". *Folha de São Paulo*, Caderno Cotidiano, p. 4-2, 22 jul. 1991. Disponível em: https://acervo.folha.com.br/. Acesso em: 07 fev. 2022.

[134] "A educação e a responsabilidade do Senado." *Estado de São Paulo*, p. 3, 11 jul. 1993. Disponível em: http://acervo.estadao.com.br/pagina/#!/19930711-36425-nac-0003-999-3-not/. Acesso em: 07 fev. 2022.

[135] O texto do substitutivo Saboya, encaminhado a Plenário após aprovação na Comissão de Educação e Cultura do Senado pode ser consultado no Diário do Congresso Nacional, Seção II (Senado Federal), 06 de dezembro de 1994, p. 7906-7919. Disponível em: http://legis.senado.leg.br/diarios/PublicacoesOficiais. Acesso em: 07 fev. 2022.

o Substitutivo Saboya é considerado prejudicado e é suplantado por substitutivo do Senador Darcy Ribeiro, projeto que "mostrou-se mais maleável às demandas operacionais reclamadas pelo Ministério da Educação e Cultura" (FREITAS; BICCAS, 2009).

Embora tenha, nas idas e vindas de sua tramitação no Senado, incorporado elementos do Substitutivo Saboya, o Substitutivo Darcy Ribeiro carecia da aura de legitimidade que o projeto original carregava, após anos de ampla discussão. Não obstante, contava com o apoio do Executivo Federal, o que foi decisivo. Fez-se dele a Lei nº 9.394, de 20 de dezembro de 1996.[136]

No que concerne ao nosso estudo, parece-nos crucial destacar as normas que versam sobre a coordenação e articulação dos três níveis do sistema educacional e as que especificamente buscam estabelecer regras relativas à carreira, remuneração e demais condições de trabalho dos docentes. Para tanto, organizamos um quadro comparativo de destaques dos quatro textos – o projeto original, o Substitutivo Jorge Hage, o Substitutivo Saboya e o texto final da LDB – de maneira a percebermos as alterações sofridas ao longo da tramitação.

[136] O texto original da LDB pode ser consultado em: http://www2.camara.leg.br/legin/fed/lei/1996/lei-9394-20-dezembro-1996-362578-publicacaooriginal-1-pl.html. Acesso em: 07 fev. 2022.

Quadro 2 – Comparativo dos projetos da LDB

(continua)

	Projeto original	**Substitutivo Jorge Hage**
Sistema Educacional: articulação e coordenação	Título IV – Do Sistema Nacional de Educação Art. 5º. Haverá no país um sistema nacional de educação constituído pelos vários serviços educacionais desenvolvidos no território nacional, intencionalmente reunidos de modo a formar um conjunto coerente, conforme o disposto na presente lei. Art. 6º. O sistema nacional de educação articulará as redes federal e estadual, municipal e particular nos diferentes graus, modalidades e tipos de educação. Art. 7º a União, os Estados, o Distrito Federal e os Municípios organizarão, em regime de colaboração, a educação pública, com observância da presente lei. §1º. A União desenvolverá preferencialmente a educação de terceiro grau; §2º Os municípios desenvolverão preferencialmente a educação anterior ao 1º grau e a de 1º grau, não podendo atuar em graus ulteriores, enquanto não estiverem plenamente atendidas as necessidades relativas à educação anterior ao 1º grau e à de 1º grau, nos limites de seus territórios. Art. 8º. É da competência da União autorizar e supervisionar o funcionamento dos estabelecimentos particulares de3º grau. §1º. Aos Estados que mantenham rede de 3º grau própria com funcionamento regular, poderá ser delegada a competência referida neste artigo. Art. 9º É da competência dos Estados e do Distrito Federal autorizar e supervisionar o funcionamento dos estabelecimentos municipais e particulares de educação anterior ao 1º grau, de 1º e de 2º grau.	Capítulo V – Da organização da Educação Nacional Art. 8º. A educação nacional será organizada sob forma sistêmica, para assegurar o esforço organizado, autônomo do Estado e da sociedade brasileira pela educação, compreendendo os sistemas de ensino da União, dos Estados, do Distrito Federal e dos Municípios. (...) Art. 10. A articulação e coordenação entre os sistemas de ensino da União, dos Estados, do Distrito Federal e dos Municípios serão exercidas pelo Conselho Nacional de Educação, como órgão normativo, e pelo Ministério responsável pela área, como órgão executivo e de coordenação. §1º. Na articulação e coordenação referidas neste artigo, incluem-se também as instituições públicas ou privadas prestadoras de serviços de natureza educacional. §2º. Incluem-se entre as instituições públicas e privadas referidas no parágrafo anterior as de pesquisa científica e tecnológica, as culturais, as de ensino militar e as que desenvolvem ações de formação técnico-profissional. §3º. O Conselho Nacional de Educação e o Ministério responsável pela área contarão ainda, como instância de consulta e de articulação com a sociedade, com o Fórum Nacional de Educação. (...) Art. 16. O Sistema de Ensino dos Estados organizará, em seu território, as ações educacionais, mediante a articulação e colaboração das redes públicas federal, estadual e municipal e da rede privada, em todos os níveis e modalidades de ensino, para garantir o atendimento escolar em padrão de qualidade, nos termos desta Lei e de sua legislação. Art. 17. A repartição das responsabilidades na oferta de ensino na rede pública obedecerá às seguintes diretrizes: I – a União atuará prioritariamente na manutenção e expansão da sua rede de ensino superior e da sua rede especializada de educação tecnológica; em caráter supletivo, corretivo de desigualdades regionais, atuará nos níveis anteriores, mediante prestação de assistência financeira e técnica aos Estados e Municípios delas mais necessitados; II – os Estados atuarão prioritariamente na educação infantil e no ensino fundamental e médio e, atendida a universalização da educação básica em seu território, nos padrões de qualidade estabelecidos pelos sistemas de ensino, passarão os Estados a atuar, ou ampliar sua atuação, na educação superior pública; III – os Municípios atuarão prioritariamente na educação infantil e no ensino fundamental, sendo-lhes vedada a aplicação de recursos do percentual obrigatório da sua receita de impostos na ampliação da oferta em níveis ulteriores de ensino, enquanto não atendida plenamente a demanda nos níveis iniciais §1º A definição de níveis de atuação prioritários, nos termos deste artigo, não reduz a responsabilidade compartilhada ou corretiva, atribuída nesta Lei à União e aos Estados, em relação a níveis de ensino anteriores, nem o dever de colaboração entre os sistemas. §2º A colaboração deverá incluir, quando conveniente, a utilização conjunta de redes físicas, pessoal, recursos materiais e financeiros, vinculados a diferentes esferas administrativas. §3º. A repartição de responsabilidades dos incisos I, II e III inclui, obrigatoriamente, o atendimento educacional especializado aos portadores de deficiência, preferencialmente na rede regular de ensino.

(continua)

	Projeto original	Substitutivo Jorge Hage
Carreira do magistério	Título IX – Dos professores e especialistas (...) Art. 55. O provimento dos cargos iniciais e finais da carreira de magistério nas instituições oficiais será feito mediante concurso público de provas e títulos. Art. 56. Nos estabelecimentos particulares de Educação a admissão e a carreira de professores e especialistas obedecerão às disposições desta lei, às normas que obrigatoriamente devem constar dos respectivos regimentos e ao regime das leis do Trabalho. Art. 57. O Ministério da Educação, por proposta do Conselho Federal de Educação, encaminhará projeto de lei, estabelecendo a carreira nacional dos professores e especialistas em educação.	Capítulo XVII – Dos profissionais da educação (...) Seção II – Da carreira Art. 93. Os Sistemas de Ensino da União, dos Estados e dos Municípios promoverão a valorização dos profissionais da educação, garantindo-lhes condições dignas e remuneração adequada às suas responsabilidades profissionais e níveis de formação, e aos do magistério público, na forma dos arts. 39 e 206, V da Constituição Federal, plano de carreira que assegure: I – ingresso exclusivamente por concurso público de provas e titulas; II – piso salarial profissional; III – regime jurídico único; IV – progressão funcional baseada na titulação ou habilitação, e na avaliação do desempenho; V – progressão salarial por tempo de serviço; VI – aperfeiçoamento profissional continuado, inclusive com licenciamento periódico remunerado para esse fim; VII – qualificação dos professores leigos, em cursos regulares; VIII – adicional para aula noturna ou redução de carga horária regular noturna, sem prejuízo salarial; IX – adicional de remuneração para os que trabalhem em regiões de difícil acesso; X – férias anuais de quarenta e cinco dias; XI – regime de trabalho de, no mínimo, 20 (vinte) horas semanais, adotando preferencialmente o de 40 (quarenta) horas e incentivos para a dedicação exclusiva; XII – tempo destinado para atividades extraclasse definido pelo respectivo sistema de ensino. §1º. A experiência docente é pré-requisito para o exercício profissional de quaisquer outras funções de magistério, nos termos das normas de cada sistema de ensino. §2º. Nas instituições de ensino privado, a carreira do profissional da obedecerá a legislação vigente. §3º. Nos estabelecimentos de ensino privado, será assegurado piso salarial profissional, definido por dissídio, convenção ou contrato coletivo de trabalho.

(continua)

	Substitutivo Cid Saboya	**Lei de Diretrizes e Bases**
Sistema Educacional: articulação e coordenação	Capítulo V – Da organização da Educação Nacional Art. 7º. A educação nacional compreenderá os Sistemas de Ensino da União, do Distrito Federal e dos Municípios e orientar-se-á pelas seguintes diretrizes: (...) Art. 8. A articulação e coordenação entre os sistemas de ensino da União, dos Estados, do Distrito Federal e dos Municípios serão exercidas pelo conselho nacional de educação, como órgão normativo, e pelo Ministério responsável pela área, como órgão executivo e de coordenação. §1º. Na articulação e coordenação referidas neste artigo, incluem-se também as instituições públicas ou privadas prestadoras de serviços de natureza educacional. §2º. Incluem-se entre as instituições públicas e privadas referidas no parágrafo anterior as de pesquisa científica e tecnológica, as culturais, as de ensino militar e as que desenvolvem educação profissional. §3º. O conselho nacional de educação e o Ministério responsável pela área contarão ainda, como instância de consulta e de articulação com a sociedade, com o fórum nacional de educação. Art. 9º. Os Sistema de Ensino da União, dos Estados, do Distrito Federal e dos Municípios compreendem as redes de instituições escolares públicas e privadas, sob respectiva jurisdição e os órgãos públicos de caráter normativo, administrativo e de apoio técnico existentes em seu âmbito. §1º. A avaliação a qualidade das instituições de ensino e de seus cursos nas redes pública e privada cabe ao órgão normativo competente, com o apoio do órgão executivo do respectivo sistema de ensino, salvo quando disposto diferentemente nesta Lei. §2º. Aplica-se ao Distrito Federal as disposições que, nesta Lei, se referem aos Estados, especialmente aos sistemas estaduais de ensino. (...)	TÍTULO IV DA ORGANIZAÇÃO DA EDUCAÇÃO NACIONAL Art. 8º. A União, os Estados, o Distrito Federal e os Municípios organizarão, em regime de colaboração, os respectivos sistemas de ensino. §1º Caberá à União a coordenação da política nacional de educação, articulando os diferentes níveis e sistemas e exercendo função normativa, redistributiva e supletiva em relação as demais instâncias educacionais. §2º Os sistemas de ensino terão liberdade de organização nos termos desta Lei. Art. 9º. A União incumbir-se-á de: I – elaborar o Plano Nacional de Educação, em colaboração com os Estados, o Distrito Federal e os Municípios; II – organizar, manter e desenvolver os órgãos e instituições oficiais do sistema federal de ensino e o dos Territórios; III – prestar assistência técnica e financeira aos Estados, ao Distrito Federal e aos Municípios para o desenvolvimento de seus sistemas de ensino e o atendimento prioritário à escolaridade obrigatória, exercendo sua função redistributiva e supletiva; IV – estabelecer, em colaboração com os Estados, o Distrito Federal e os Municípios, competências e diretrizes para a educação infantil, o ensino fundamental e o ensino médio, que nortearão os currículos e seus conteúdos mínimos, de modo a assegurar formação básica comum; V – coletar, analisar e disseminar informações sobre a educação; VI – assegurar processo nacional de avaliação do rendimento escolar no ensino fundamental, médio e superior, em colaboração com os sistemas de ensino, objetivando a definição de prioridades e a melhoria da qualidade do ensino; VII – baixar normas gerais sobre cursos de graduação e pós-graduação; VIII – assegurar processo nacional de avaliação das instituições de educação superior, com a cooperação dos sistemas que tiverem responsabilidade sobre este nível de ensino; IX – autorizar, reconhecer, credenciar, supervisionar e avaliar, respectivamente, os cursos das instituições de educação superior e os estabelecimentos do seu sistema de ensino. §1º Na estrutura educacional, haverá um Conselho Nacional de Educação, com funções normativas e de supervisão e atividade permanente, criado por lei. §2º Para o cumprimento do disposto nos incisos V a IX, a União terá acesso a todos os dados e informações necessários de todos os estabelecimentos e órgãos educacionais. §3º As atribuições constantes do inciso IX poderão ser delegadas aos Estados e ao Distrito Federal, desde que mantenham instituições de educação superior.

(continua)

	Substitutivo Cid Saboya	Lei de Diretrizes e Bases
Sistema Educacional: articulação e coordenação	Art. 14. A repartição das responsabilidades na oferta de ensino na rede pública obedecerá às seguintes diretrizes: I – a União atuará prioritariamente na manutenção e expansão da sua rede de ensino superior e da sua rede especializada de educação profissional; em caráter supletivo, corretivo de desigualdades regionais, atuará nos níveis anteriores, mediante prestação de assistência financeira e técnica aos Estados e Municípios delas mais necessitados; II – os Estados atuarão prioritariamente na educação infantil e no ensino fundamental e médio e, atendida a universalização da educação básica em seu território, nos padrões de qualidade estabelecidos pelos sistemas de ensino, passarão os Estados a atuar, ou ampliar sua atuação, na educação superior pública; III – os Municípios atuarão prioritariamente na educação infantil e no ensino fundamental, sendo-lhes vedada a aplicação de recursos do percentual obrigatório da sua receita de impostos na ampliação da oferta em níveis ulteriores de ensino, enquanto não atendida plenamente a demanda nos níveis iniciais §1º A definição de níveis de atuação prioritários, nos termos deste artigo, não reduz a responsabilidade compartilhada ou corretiva, atribuída nesta Lei à União e aos Estados, em relação a níveis de ensino anteriores, nem o dever de colaboração entre os sistemas. §2º A colaboração deverá incluir, quando conveniente, a utilização conjunta de redes físicas, pessoal, recursos materiais e financeiros, vinculados a diferentes esferas administrativas. §3º. A repartição de responsabilidades dos incisos I, II e III inclui, obrigatoriamente, o atendimento educacional especializado aos portadores de deficiência, preferencialmente na rede regular de ensino.	Art. 10. Os Estados incumbir-se-ão de: I – organizar, manter e desenvolver os órgãos e instituições oficiais dos seus sistemas de ensino; II – definir, com os Municípios, formas de colaboração na oferta do ensino fundamental, as quais devem assegurar a distribuição proporcional das responsabilidades, de acordo com a população a ser atendida e os recursos financeiros disponíveis em cada uma dessas esferas do Poder Público; III – elaborar e executar políticas e planos educacionais, em consonância com as diretrizes e planos nacionais de educação, integrando e coordenando as suas ações e as dos seus Municípios; IV – autorizar, reconhecer, credenciar, supervisionar e avaliar, respectivamente, os cursos das instituições de educação superior e os estabelecimentos do seu sistema de ensino; V – baixar normas complementares para o seu sistema de ensino; VI – assegurar o ensino fundamental e oferecer, com prioridade, o ensino médio. Parágrafo único. Ao Distrito Federal aplicar-se-ão as competências referentes aos Estados e aos Municípios. Art. 11. Os Municípios incumbir-se-ão de: I - organizar, manter e desenvolver os órgãos e instituições oficiais dos seus sistemas de ensino, integrando-os às políticas e planos educacionais da União e dos Estados; II – exercer ação redistributiva em relação às suas escolas; III – baixar normas complementares para o seu sistema de ensino; IV – autorizar, credenciar e supervisionar os estabelecimentos do seu sistema de ensino; V – oferecer a educação infantil em creches e pré-escolas, e, com prioridade, o ensino fundamental, permitida a atuação em outros níveis de ensino somente quando estiverem atendidas plenamente as necessidades de sua área de competência e com recursos acima dos percentuais mínimos vinculados pela Constituição Federal à manutenção e desenvolvimento do ensino. Parágrafo único. Os Municípios poderão optar, ainda, por se integrar ao sistema estadual de ensino ou compor com ele um sistema único de educação básica.

(conclusão)

	Substitutivo Cid Saboya	Lei de Diretrizes e Bases
Carreira do magistério	Capítulo XVI – Dos profissionais da educação (...) Seção II – Da carreira Art. 80. Os Sistemas de Ensino da União, dos Estados e dos Municípios promoverão a valorização dos profissionais da educação, garantindo-lhes condições dignas e remuneração adequada às suas responsabilidades profissionais e níveis de formação, e aos do magistério público, na forma dos arts. 39 e 206, V da Constituição Federal, plano de carreira que assegure: I – ingresso exclusivamente por concurso público de provas e titulas; II – piso salarial profissional; III – regime jurídico único; IV – progressão funcional baseada na titulação ou habilitação, e na avaliação do desempenho; V – progressão salarial por tempo de serviço; VI – aperfeiçoamento profissional continuado; VII – qualificação dos professores leigos, em cursos regulares; VIII – adicional para aula noturna ou redução de carga horária regular noturna, sem prejuízo salarial; IX – adicional de remuneração para os que trabalhem em regiões de difícil acesso; X – férias anuais de quarenta e cinco dias; XI – regime de trabalho de, no mínimo, 20 (vinte) horas semanais, adotando preferencialmente o de 40 (quarenta) horas e incentivos para a dedicação exclusiva; XII tempo destinado para atividades extraclasse definido pelo respectivo sistema de ensino. §1º. A experiência docente é pré-requisito para o exercício profissional de quaisquer outras funções de magistério, nos termos das normas de cada sistema de ensino. §2º. Nas instituições de ensino privado, a carreira do profissional da obedecerá às disposições da legislação vigente. §3º. Nos estabelecimentos de ensino privado, será assegurado piso salarial profissional, definido por dissídio, convenção ou contrato coletivo de trabalho	TÍTULO VI - Dos Profissionais da Educação Art. 67. Os sistemas de ensino promoverão a valorização dos profissionais da educação, assegurando-lhes, inclusive nos termos dos estatutos e dos planos de carreira do magistério público: I – ingresso exclusivamente por concurso público de provas e títulos; II – aperfeiçoamento profissional continuado, inclusive com licenciamento periódico remunerado para esse fim; III – piso salarial profissional; IV – progressão funcional baseada na titulação ou habilitação, e na avaliação do desempenho; V – período reservado a estudos, planejamento e avaliação, incluído na carga de trabalho; VI – condições adequadas de trabalho. Parágrafo único. A experiência docente é pré-requisito para o exercício profissional de quaisquer outras funções de magistérios nos termos das normas de cada sistema de ensino.

Fonte: Elaboração do autor.

Da análise da longa trajetória legislativa da LDB, podemos confirmar algumas condicionalidades típicas da institucionalidade brasileira, plasmada em nosso modelo constitucional e na prática de seus operadores. A dominância do Executivo no comando da agenda legislativa já era assunto debatido à época (FIGUEIREDO; LIMONGI, 1998), cabendo lembrar que, à ocasião da tramitação do projeto, essa hegemonia era reforçada pela possibilidade de reedição ilimitada de medidas provisórias, o que reduziu significativamente a importância do legislativo nos 13 anos iniciais da nova ordem constitucional.[137]

[137] Apenas com a Emenda Constitucional nº 32, de 11 de setembro de 2001, operou-se a alteração na tramitação das medidas provisórias, vedando a edição, na mesma sessão legislativa, de medidas provisórias rejeitadas ou que haja perdido a eficácia por decurso de prazo.

No campo interno do Poder Legislativo, percebe-se que a importância da atuação dos líderes partidários da coalizão governista, capaz de reverter um projeto nascido na Câmara e que já estava em condições de apreciação no plenário, substituindo-o por outro que melhor atendia à visão de Estado do governo vigente.

Também se percebe a característica de menor permeabilidade do Senado à influência dos grupos de interesse e à pressão da opinião pública, fato que é percebido pelos próprios praticantes da atividade de *lobby* no Congresso, conforme atesta pesquisa recente realizada por Manoel Leonardo Santos *et al.* (2017). Aliás, essa marca do Senado, como uma casa de "resfriamento" dos impulsos legislativos da Câmara baixa e onde há maior ponderação acerca dos interesses estatais, seria parte do receituário republicano preconizado por James Madison, um dos signatários do compromisso que gerou tal modelo (HAMILTON; MADISON; JAY, 2001, p. 140-145).

No que tange ao conteúdo, a leitura dos textos permite observar que, ao longo de sua tramitação, houve uma sensível mudança em relação ao espírito que presidia a proposta original, sendo que esse pode ser dito em comparação com os textos dos Substitutivos Jorge Hage e Cid Saboya.

O Projeto Octavio Elísio, embora sintético em sua formulação, propunha um Sistema Nacional de Educação, no qual um Conselho Federal de Educação tripartite – formado por indicação do Executivo, Câmara Federal e sociedade civil e dotado de plena autonomia – teria papel central na gestão educacional. No que se refere ao regime da docência, propunha a criação de uma carreira nacional do magistério, mediante elaboração de projeto legislativo específico a ser proposto pelo mencionado Conselho e encaminhado pelo Ministério da Educação.

Os Substitutivos Jorge Hage e Cid Saboya mantêm a concepção de um sistema educacional integrado nacionalmente, encimado pelo Conselho Nacional de Educação, como órgão normativo e pelo Ministério da Educação, como órgão responsável pela execução e coordenação dos sistemas educacionais. Aliás, a preeminência do Conselho e sua composição paritária entre representantes governamentais e da sociedade civil foram alvo de constantes críticas veiculadas na imprensa, sempre frisando o viés corporativo da propositura.[138] No tocante

[138] O Conselho Nacional de Educação, no Substitutivo aprovado na Câmara seria formado por 24 membros: 12 indicados pelo Presidente da República, seguindo os seguintes critérios: a) pelo menos um representante dos Sistemas de Ensino dos Estados; b) pelo menos um

ao regime funcional do magistério, o texto descarta a ideia de uma carreira nacional, podendo-se supor que as dificuldades jurídicas de se compatibilizar essa proposta com o sistema federativo tenham desempenhado um papel relevante em tal alteração. Porém, talvez como medida compensatória, os substitutivos buscam disciplinar amplamente – até de forma excessiva, é preciso reconhecer – o regime funcional do magistério, de maneira a garantir a valorização preconizada no Texto Constitucional.

O texto aprovado da Lei de Diretrizes e Bases, por sua vez, retira do Conselho Nacional de Educação o protagonismo previsto nas proposições anteriores, remetendo sua disciplina a diploma específico. Embora tenha o mérito de estabelecer de forma mais detalhada o papel destinado a cada uma das esferas federativas, não apresenta a formação de um sistema nacional e pouco esclarece sobre os mecanismos que permitirão à União e aos Estados desempenharem o papel de coordenação que lhes é atribuído nos respectivos âmbitos.

Ao tratar do regime jurídico do magistério, a LDB, em sua formulação aprovada, preocupa-se de forma mais intensa com o regime de formação dos docentes – algo que era objeto de especial preocupação do Senador Darcy Ribeiro[139] – sendo bem mais modesto no que tange à disciplina da carreira docente e de seu regime laboral.[140]

---

representante dos Sistemas de Ensino dos municípios: c) garantia de representação das diferentes regiões do país; d) garantia de representação dos diversos níveis e modalidades de ensino; haveria também 12 conselheiros indicados por segmentos sociais organizados, vinculados à área educacional, obedecendo os seguintes critérios: a) dois conselheiros indicados por entidade nacional que congregue os dirigentes das instituições de ensino superior, sendo um das instituições públicas e outro das instituições privadas; b) dois conselheiros indicados por entidade nacional que congregasse os professores do ensino superior, sendo um da rede pública e outro da rede privada; c) dois conselheiros indicados por entidade nacional que congregasse os professores da educação básica, sendo um da rede pública e outro da rede privada; d) um conselheiro indicado por entidade nacional que congregasse trabalhadores não docentes da educação; e) um conselheiro indicado por entidade nacional que congregasse os estudantes de ensino superior; f) um conselheiro indicado por entidade nacional que congregasse os estudantes de ensino médio; g) um conselheiro indicado por entidade nacional que congregasse cientistas e pesquisadores das diferentes áreas de conhecimento h) um conselheiro indicado por entidade nacional que congregasse as instituições de educação especial; i) um conselheiro indicado por entidade nacional que congregasse as instituições de formação profissional não universitária.

[139] *Vide*, por exemplo, a entrevista concedida ao Estado de São Paulo: "Darcy critica magistério", edição de 26 jun. 1995, p. A-14. Disponível em: http://acervo.estadao.com.br/pagina/#!/19950626-37140-nac-0014-ger-a14-not. Acesso em: 11 fev. 2022.

[140] Para uma visão crítica do modelo de formação docente proposto na LDB, *vide* Jorge (2018, p. 65 *et seq.*).

Nesse tocante, a ausência de uma visão sistêmica da política docente não passou despercebida pelos estudiosos da educação. Vale citar a análise de Iria Brzezinski (2008, p. 172), ao traçar um balanço dos dez anos da LDB:

> É por demais sabido que ações pontuais de formação de professores pouco resolverão a falta de docentes qualificados na educação básica. Estou convicta de que não haverá equacionamento da questão enquanto o Estado brasileiro, independentemente da ideologia partidária do governo que ocupa o poder de decisão legitimado pelo voto nas urnas, eximir-se de estabelecer uma política global de formação e de valorização dos profissionais da educação, com a perspectiva de construir um sistema nacional organicamente articulado entre as diferentes esferas – municipal, estadual e federal – e que incida de modo qualitativo sobre a formação inicial, continuada, planos de cargos, salários e condições dignas de trabalho. O êxito deste sistema nacional dependerá, sem dúvida, de o Estado prevê-lo e provê-lo permanentemente.

4.3.2 Os Fundos de financiamento da educação e seu impacto no custeio da atividade docente[141]

4.3.2.1 A legislação do FUNDEF (1996-2006)

Dentre os muitos efeitos suscitados pelo advento da Lei de Diretrizes e Bases, o mais impactante, do ponto de vista da organização do serviço público educacional, terá sido o processo de descentralização desencadeado para adimplir o esquema de repartição prefigurado na Constituição e complementado pelas normas organizativas trazidas pela LDB.

Tal descentralização não seria possível, todavia, se não houvesse um reajustamento do esquema de financiamento da educação, de forma a propiciar uma repartição mais equânime dos recursos destinados ao ensino, especialmente em face da incapacidade e/ou desinteresse dos entes municipais de assumir e/ou ampliar sua atuação no ensino fundamental.

Conforme anota Martins (2011, p. 14), "somente com o FUNDEF – sem imposição, mas com forte indução – houve aumento do grau de

[141] Cabe registrar que a elaboração deste segmento do trabalho foi enormemente facilitada pela exaustiva pesquisa realizada por Paulo de Sena Martins, em sua obra *FUNDEF, federalismo e regime de colaboração* (2011).

oferta do ensino fundamental pelos municípios", acomodando-se o conflito federativo que travavam com os respectivos Estados.[142]

A propositura do FUNDEF se deu mediante o envio, pelo Governo Fernando Henrique Cardoso, de uma Proposta de Emenda à Constituição – PEC nº 233/1995 – ao Congresso Nacional. Na Exposição de Motivos, aponta-se que há uma distribuição perversa de recursos, o que "induz à conclusão de que há uma generalidade escassez de recursos, quando, na realidade, temos evidente desequilíbrio na repartição de responsabilidades e recursos", ou seja, o problema educacional não teria por causa a falta de recursos financeiros, mas, sim, a disparidade na distribuição e a má gestão desses recursos, fatores esses que seriam atacados pela iniciativa.

A propositura tramitou de forma tranquila em ambas as casas, tendo sido aprovada em menos de um ano do seu envio, contra o voto de parte da oposição.[143] A participação de entidades da sociedade civil foi limitada a algumas organizações convidadas a contribuir com o debate parlamentar; além de representantes das universidades públicas e especialistas convidados, foram ouvidas: a União Nacional dos Dirigentes Municipais de Educação (UNDIME), o Conselho Nacional de Secretários de Educação (CONSED), a Confederação Nacional dos Trabalhadores da Educação (CNTE), a União Nacional de Estudantes (UNE) e a União Brasileira de Estudantes Secundaristas (MARTINS, 2011, p. 116-119).[144]

Promulgada a Emenda Constitucional nº 14, em 12 de setembro de 1996, o Governo enviou imediatamente projeto de lei regulamentador,

---

[142] Para observar o caso paulista, em 1995, apenas 72 municípios ofereciam essa etapa de ensino, atendendo a 10,92% da demanda no Estado. Em 2002, já eram 538 municípios atendendo a 37,06% dos alunos do ensino fundamental (NEUBAUER, 2014). Em âmbito nacional, no mesmo período o atendimento municipal subiu de 36,34% para 54,69% (INEP, 2002; INEP; 2007). Para entender melhor a complexidade e conflituosidade do processo de municipalização, *vide* Angela Maria Martins (2003). Cabe, todavia, esclarecer que já havia estados, especialmente no Nordeste, em que a rede municipal já superava a estadual. Segundo Pinto, "[e]sse diferente padrão traz um outro elemento central, quando se analisa o tamanho das redes municipais: sua distribuição no país reflete não a força dos municípios dos estados mais ricos da federação, mas, antes, a omissão dos governos estaduais das regiões mais pobres" (2014, p. 632).

[143] No segundo turno, na Câmara, 358 votos pela aprovação e 82 votos pela rejeição, além de duas abstenções. No segundo turno, no Senado, dos 54 senadores presentes, 52 votaram a favor da proposta.

[144] Para relato completo das reuniões e audiências públicas realizadas, *vide* o Relatório da Comissão de Educação e Desportos, publicado no Diário da Câmara dos Deputados, 23 de abril de 1996, p. 10.791 e ss. Disponível em: http://imagem.camara.gov.br/Imagem/d/pdf/DCD23ABR1996.pdf#page=254. Acesso em: 07 fev. 2022.

que veio a ser aprovado em meteórica tramitação, por votação simbólica em ambas as casas, convertendo-se na Lei nº 9.424, de 24 de dezembro de 1996. Ao texto final, o Poder Executivo impôs três vetos que, não obstante a controvérsia que suscitaram, foram mantidos.[145]

O cerne do projeto baseia-se na constituição de fundos contábeis educacionais em cada um dos 27 Estados e no Distrito Federal, destinados a prover de forma equânime a prestação do ensino fundamental – excluída a modalidade de educação de jovens e adultos – garantindo a percepção de um valor mínimo por aluno matriculado nas respectivas redes de ensino. Tratava-se, pois, de medida de caráter redistributiva, com finalidade de equalizar os recursos disponíveis e a demanda dos serviços educacionais relacionados ao ensino fundamental, em cada unidade da federação.

A tais fundos eram destinados 15% da arrecadação de uma cesta de impostos: do Fundo de Participação dos Estados (FPE); do Fundo de Participação dos Municípios (FPM); do Imposto sobre Circulação de Mercadorias e Serviços (ICMS); e do Imposto sobre Produtos Industrializados, proporcional às exportações (IPIexp.) Trata-se de uma "subvinculação", visto que incide sobre valores que já estavam vinculados à educação, nos termos do art. 212 da Constituição Federal.

O rateio dos recursos arrecadados no FUNDEF estadual era baseado na divisão desse montante pelo total de alunos/ano atendidos nos estabelecimentos estaduais e municipais de ensino fundamental, com base no censo escolar realizado no ano anterior, obtendo-se, então, um valor mínimo por aluno-ano (custo-aluno). Esse valor *per capita* era então repassado à entidade prestadora do serviço educacional, em valor proporcional ao número de alunos atendidos. À União caberia o papel de complementar os valores.

Sobre a concepção do FUNDEF, cabe salientar, não era uma ideia nova. Anísio Teixeira, no longínquo 1953,[146] já prefigurava a necessidade de um esquema de financiamento colaborativo da educação por meio de fundos públicos, tomando-se por base o levantamento do custo por

---

[145] Os vetos diziam respeito: à inclusão do ensino de jovens e adultos no total de matrículas, para cômputo da quota-aluno (art. 2º, §2º, II); subvinculação de 70% da quota estadual do salário-educação, para redistribuição entre o Estado e seus municípios, em proporção ao número de matrículas das respectivas redes (art. 15, §2º); vedação do emprego da quota federal do salário-educação para complementação do FUNDEF pela União (art. 6º, §5º).

[146] Paulo De Sena Martins (2011, p. 59-61) remonta a ideia da constituição de fundos educacionais a 1874, em proposta do conselheiro João Alfredo, retomada e amplificada por Rui Barbosa, em seus pareceres sobre a educação, apresentados em 1882.

aluno em cada Município (TEIXEIRA, 1953).[147] No entanto, conforme aponta Amaral (2001, p. 278), a sua proposta era mais ambiciosa:

> As ideias apresentadas por Anísio Teixeira, entretanto, possuem diferenças nítidas em relação ao FUNDEF. Este possui, como principal objetivo, redistribuir entre municípios de um estado da federação os recursos já existentes para a educação fundamental, a partir da prefixação de um custo médio anual, nacional, do aluno. O FUNDEF prevê o aporte de recursos federais para aqueles Estados que não conseguirem, com seus próprios recursos, atingir esse custo médio nacional. As ideias de Anísio vão além: há uma efetiva preocupação com a qualidade do trabalho docente, expresso pela definição de um salário para o professor, e apresentam uma engenhosa articulação permanente entre as três esferas do poder público.

Não obstante a concepção menos ambiciosa do FUNDEF, é inegável a engenhosidade de seu arranjo, especialmente no tocante à equalização das situações municipais no âmbito intraestadual e à automaticidade da destinação dos recursos, evitando barganhas entre as instâncias subnacionais (GOMES *et al.* 2007; SEGATTO; ABRUCIO, 2017). Ademais, a "forma adotada na engenharia fiscal que deu origem ao FUNDEF traz em si uma possibilidade de melhorar as informações necessárias ao acompanhamento, por parte da sociedade, do gasto em educação", conforme apontam Rodriguez (2001) e Gouveia (2016).

Todavia, não foram poucas as críticas ao modelo, podendo-se destacar: a natureza precária do arranjo – válido por dez anos –, o que inibiria o planejamento de longo prazo e a adoção de medidas estruturais nos sistemas educacionais; o subfinanciamento dos demais segmentos da educação básica e da modalidade de educação de jovens e adultos;[148] o incentivo à municipalização acelerada, sem que os Municípios estivessem estruturados para a ampliação de sua rede;[149] o prejuízo, pela sistemática de redistribuição, aos Municípios de menor população.[150]

Ademais, boa parte das objeções não diz respeito ao arranjo em si, mas ao descumprimento, pela União, das normas do próprio

---

[147] Para um estudo detalhado das semelhanças e diferenças entre a proposta de Anísio Teixeira e o FUNDEF, *vide* Amaral (2001).

[148] *Vide* Rodriguez (2001). No mesmo sentido, Pinto (2002).

[149] *Vide* Pinto (2014).

[150] *Vide* Bremaeker (2011).

sistema por ela criado. A principal delas refere-se à defasagem na complementação federal, a partir do congelamento do valor mínimo, ocorrido em 1999 e a adoção de critério de ajuste anual do valor mínimo em desacordo com o que dispunha a lei regulamentadora.[151] Por meio de artifício interpretativo, amesquinhou-se a função supletiva da União e ficou comprometido o objetivo de redução das desigualdades em âmbito interestadual.[152] Esclareça-se que a interpretação *contra legem* adotada durante o governo FHC continuou a ser adotada durante a gestão Lula, até a extinção do FUNDEF, e foi rechaçada em decisões do Supremo Tribunal Federal, que condenaram a União a ressarcir os Estados prejudicados.[153]

---

[151] A Lei nº 9.424/1996 dispõe: "Art. 6º A União complementará os recursos do Fundo a que se refere o art. 1° sempre que, no âmbito de cada Estado e do Distrito Federal, seu valor por aluno não alcançar o mínimo definido nacionalmente. §1º O valor mínimo anual por aluno, ressalvado o disposto no §4º, será fixado por ato do Presidente da República e nunca será inferior à razão entre a previsão da receita total para o Fundo e a matrícula total do ensino fundamental no ano anterior, acrescida do total estimado de novas matrículas, observado o disposto no art. 2º, §1º, incisos I e I". Todavia, em interpretação *contra legem*, passou-se a tomar por base o valor do Estado em pior situação, o que descaracteriza o caráter nacional da política e torna incompreensível a regra de complementação. A propósito, *vide* Martins (2011, p. 154-158).

[152] Conforme esclarece Vazquez (2005), "[a] justificativa do Ministério da Educação (MEC) para a não observância do critério de fixação do valor mínimo nacional, foi elaborada por meio da Nota Técnica nº 5/1999 da Secretaria Executiva do Ministério. De acordo com o MEC, o FUNDEF é uma composição de muitos "fundos", criados no âmbito de cada estado e do Distrito Federal, conforme indicado no art. 1º da Lei nº 9.424/1996. Por isso, pode o Presidente da República fixar o valor mínimo, como normalmente vem fazendo, e que 'a rigor, só existe a vedação legal à fixação de um valor mínimo nacional inferior ao menor entre os vinte e sete quocientes entre receita vinculada ao fundo e matrícula total, preceito que jamais foi descumprido'".

[153] Estão em trâmite no STF ações em que os Estados reivindicam o repasse dos valores que lhe teriam sido sonegados pela interpretação adotada pelo Ministério da Educação. São elas: ACO 683-CE; ACO 658-PE; ACO 718-PA; ACO 661-MA; ACO 700-RN; ACO 660-AM; ACO 648-BA; ACO 669-SE. As quatro últimas foram julgadas parcialmente procedentes pelo Pleno, em sessão de 06 de setembro de 2017 e transitaram em julgado em março de 2021. Transcrição da ementa: AÇÕES CÍVEIS ORIGINÁRIAS. ESTADO DA BAHIA. DIREITO FINANCEIRO. FUNDO DE MANUTENÇÃO E DESENVOLVIMENTO DO ENSINO FUNDAMENTAL E DE VALORIZAÇÃO DO MAGISTÉRIO – FUNDEF. EMENDA CONSTITUCIONAL 14/1996. COMPLEMENTAÇÃO DA UNIÃO. FUNÇÃO SUPLETIVA. VALOR MÍNIMO NACIONAL POR ALUNO. FIXAÇÃO. LEI 9.424/1996. DECRETO 2.264/1997. FORMA DE PAGAMENTO. OBRIGAÇÃO DE PAGAR. SISTEMÁTICA DOS PRECATÓRIOS. VINCULAÇÃO À FINALIDADE CONSTITUCIONAL DE ENSINO. DANO MORAL COLETIVO. 1. O valor da complementação da União ao FUNDEF deve ser calculado com base no valor mínimo nacional por aluno extraído da média nacional. RE-RG 636.978, de relatoria do Ministro Cezar Peluso, Tribunal Pleno do STF. REsp 1.101.015, de relatoria do Ministro Teori Zavascki, 1ª Seção do STJ. Acórdão do Pleno TCU 871/2002. 2. A complementação ao FUNDEF realizada a partir do valor mínimo anual por aluno fixada em desacordo com a média nacional impõe à União o dever de suplementação de recursos, mantida a vinculação constitucional a ações de desenvolvimento e manutenção

Anos depois, o expediente dilatório veio a desaguar na chamada "crise dos precatórios do FUNDEF", em que a equipe econômica do Governo BOLSONARO alegou ter sido pega de "surpresa" – embora a situação tenha sido relatada pela AGU no anexo de riscos fiscais da LDO/2021[154] e aplicação desses recursos fosse objeto de acompanhamento do TCU desde 2017.[155] Tal crise contratada veio a servir de pretexto para a promulgação da Emenda Constitucional nº 114/2021, que parcelou o pagamento dessas dívidas pela União,[156] qualificado pela Procuradora do Ministério Público de Contas, Élida Graziane Pinto, como verdadeiro "calote educacional" (2021).

---

do ensino. 3. É ilegal o Decreto nº 2.264/1997 na medida em que extravasou da delegação legal oriunda do §1º do art. 6º da Lei nº 9.424/1996 e das margens de discricionariedade conferidas à Presidência da República para fixar, em termos nacionais, o Valor Mínimo Nacional por Aluno. 4. Há um único método de cálculo do Valor Mínimo Nacional por Aluno nunca inferior à razão entre a previsão da receita total para o fundo e a matrícula total do ensino fundamental no ano anterior, acrescida do total estimado de novas matrículas, tudo em âmbito nacional. 5. A adoção de parâmetros nacionais não descaracteriza o caráter regional dos fundos de natureza contábil, gerenciados pelos Estados federados, com vinculação constitucional a ações de desenvolvimento e manutenção do ensino fundamental. Art. 60 do ADCT. 6. Eventual frustração de repasse de verbas é unicamente interesse público secundário da Fazenda Pública, inconfundível, pois, com suposta ofensa aos direitos de personalidade da população de determinado ente federativo para efeitos de responsabilização de danos morais coletivos. 7. Deu-se a perda superveniente do objeto da demanda com o advento da EC 53/2006, instituidora do FUNDEB, porquanto se torna inviável a imposição de obrigações de fato positivo e negativo no que diz respeito ao FUNDEF. 8. O adimplemento das condenações pecuniárias por parte da União e respectiva disponibilidade financeira aos Autores vinculam-se à finalidade constitucional de promoção do direito à educação, única possibilidade de dispêndio dessas verbas públicas. 9. Ação cível originária parcialmente conhecida e, na parte conhecida, a que se dá parcial procedência". (ACO 648, Relator(a): Min. Marco Aurélio, Relator(a) p/ Acórdão: Min. Edson Fachin, Tribunal Pleno, julgado em 06.09.2017, Acórdão Eletrônico DJe-045 DIVULG 08-03-2018 PUBLIC 09-03-2018). Disponível em: http://redir.stf.jus.br/paginadorpub/paginador.jsp?docTP=TP&docID=14474659. Acesso em: 7 fev. 2022).

[154] TOMAZELLI, Idiana; FERNANDES, Adriana. AGU alertou Economia sobre gastos com precatórios, mostram documentos. *O Estado de São Paulo*, 07 de agosto de 2021. Disponível em: https://economia.estadao.com.br/noticias/geral,agu-alertou-economia-sobre-gastos-com-precatorios-mostram-documentos,70003803052. Acesso em: 07 fev. 2022.

[155] *Vide* site do TCU dedicado ao tema: https://contas.tcu.gov.br/ords/f?p=FUNDEF:inicio. Acesso em 07 jan. 2022.

[156] *Vide* artigo 4º da EC nº 114/2021:
Art. 4º Os precatórios decorrentes de demandas relativas à complementação da União aos Estados e aos Municípios por conta do Fundo de Manutenção e Desenvolvimento do Ensino Fundamental e de Valorização do Magistério (Fundef) serão pagos em 3 (três) parcelas anuais e sucessivas, da seguinte forma:
I – 40% (quarenta por cento) no primeiro ano;
II – 30% (trinta por cento) no segundo ano;
III – 30% (trinta por cento) no terceiro ano.
Parágrafo único. Não se incluem nos limites estabelecidos nos arts. 107 e 107-A do Ato das Disposições Constitucionais Transitórias, a partir de 2022, as despesas para os fins de que trata este artigo.

Martins (2011) chama atenção para outra linha de críticas ao FUNDEF, de natureza jurídico-constitucional: respeitáveis autores, como José Afonso Da Silva (2014, p. 954) e Gilberto Bercovici (2000) viam na EC nº14/1996 uma ofensa à autonomia federativa, o que implicaria em inconstitucionalidade da norma, por violadora do limite material de reforma constante do art. 60, §4º, I.

Sem poder aprofundar a discussão, aderimos à tese de Martins, no sentido de que o mecanismo de redistribuição do FUNDEF não compromete o princípio federativo, na medida em que o federalismo cooperativo, característico de nossa Constituição, pressupõe a ideia de colaboração – tanto no plano vertical quanto na dimensão horizontal – para o cumprimento dos objetivos fundantes da República, dentre eles "reduzir as desigualdades sociais e regionais" e "promover o bem de todos", sem distinção (art. 3º, incisos III e IV). No mesmo sentido, Nina Ranieiri, para quem as disposições constitucionais introduzidas pela EC nº 14/1996 davam "concretude ao regime de colaboração previsto no *caput* do art. 211, e §4º, assegurando a distribuição de responsabilidades e recursos entre os Estados e os seus Municípios" (2000, p. 81).

Ademais, não custa lembrar o brocardo que embasa a doutrina dos poderes implícitos: *cui jurisdictio data est ea quoque concessa esse videntur sine quibus jurisdictio explicari nequit.*[157] Atribuir aos Municípios o pesado encargo da prestação do ensino fundamental, sem garantir os recursos mínimos para desempenhar tão ingente tarefa, seria um contrassenso – além da perpetuação de uma omissão que remonta ao período imperial.

Nessa senda, cabe observar que a autonomia dos entes federados não é um fim em si mesma: é um meio para que seja realizado o princípio da dignidade humana (art. 1º, III da CRFB/88) – e garantir a autonomia plena dos cidadãos. Um brasileiro que nasça em Município desprovido de recursos para educá-lo e promover o seu pleno desenvolvimento, seu preparo para o exercício da cidadania e sua qualificação para o trabalho (art. 205 da CRFB/1988), não é capaz de alcançar a autonomia, em seu sentido mais próprio. Seria correto sacrificar a autonomia desse sujeito para manter a abstrata autonomia dos entes federados, em um esquema fiscalmente desequilibrado desde a origem?

A matéria foi guindada ao Supremo Tribunal Federal (STF) em Ação Direta de Inconstitucionalidade (ADI) movida por partidos

[157] Tradução nossa: a quem se deu uma jurisdição – no caso, uma competência – supõe-se que lhe tenham sido dados também os meios sem os quais tal jurisdição não pode ser exercida.

políticos,[158] alegando a inconstitucionalidade do FUNDEF, com base na tese da violação ao pacto federativo. Todavia, não foi julgado o mérito da tese, em vista do acolhimento de questão preliminar suscitada pelo Min. Nelson Jobim.[159]

Vamos, porém, ao que mais nos interessa: a implantação do FUNDEF propiciou algum ganho, em termos de valorização do trabalho docente? Para atacarmos a questão, cabe observar que um elemento importante do sistema é uma outra subvinculação: uma proporção não inferior a 60% dos recursos do fundo deve ser destinada ao pagamento dos professores do ensino fundamental em efetivo exercício no magistério.[160]

Ademais, a lei regulamentadora – Lei nº 9.424/1996 – embora tenha esquivado a questão do piso nacional do magistério, impôs aos entes subnacionais a adoção de planos de carreira, nos seguintes termos:

> Art. 9º. Os Estados, o Distrito Federal e os Municípios deverão, no prazo de seis meses da vigência desta Lei, dispor de novo Plano de Carreira e Remuneração do Magistério, de modo a assegurar:
>
> I – a remuneração condigna dos professores do ensino fundamental público, em efetivo exercício no magistério;
>
> II – o estímulo ao trabalho em sala de aula;
>
> III – a melhoria da qualidade do ensino.
>
> §1º Os novos planos de carreira e remuneração do magistério deverão contemplar investimentos na capacitação dos professores leigos, os quais passarão a integrar quadro em extinção, de duração de cinco anos.
>
> §2º Aos professores leigos é assegurado prazo de cinco anos para obtenção da habilitação necessária ao exercício das atividades docentes.
>
> §3º A habilitação a que se refere o parágrafo anterior é condição para ingresso no quadro permanente da carreira conforme os novos planos de carreira e remuneração.
>
> Art. 10. Os Estados, o Distrito Federal e os Municípios deverão comprovar:

---

[158] Foram proponentes da ADI 1.749: Partido dos Trabalhadores – Pt, Partido Democrático Trabalhista – Pdt, Partido Comunista do Brasil - Pc do B, Partido do Movimento Democrático Brasileiro – Pmdb e Partido Verde – Pv.

[159] ADI 1749, Relator(a): Min. OCTAVIO GALLOTTI, Relator(a) p/ Acórdão: Min. NELSON JOBIM, Tribunal Pleno, julgado em 25/11/1999, DJ 15-04-2005 PP-00005 EMENT VOL-02187-01 PP-00094. Registre-se, porém, a posição do Relator originário, Min. OCTAVIO GALLOTI, que examinou o mérito do pedido e para quem a solução adotada pela EC nº 14/96 se coadunava com a feição atual da Federação brasileira, que evoluiu para o tipo cooperativo ou solidário.

[160] Art. 60, §5º do ADCT, com a redação dada pela EC nº 14/96.

> (...)
>
> II – apresentação de Plano de Carreira e Remuneração do Magistério, de acordo com diretrizes emanadas do Conselho Nacional de Educação, no prazo referido no artigo anterior,
>
> (...)
>
> Parágrafo único. O não cumprimento das condições estabelecidas neste artigo, ou o fornecimento de informações falsas acarretará sanções administrativas sem prejuízo das civis ou penais ao agente executivo que lhe der causa.

Referidos artigos, porém, foram objeto da Ação Direta de Inconstitucionalidade nº 1.627, proposta pelos partidos da oposição,[161] sob alegação de que tais dispositivos estariam afrontando a autonomia dos entes federados.[162] Foi concedida medida cautelar para suspensão dos referidos dispositivos,[163] em outubro de 1997. O julgamento definitivo somente ocorreu em agosto de 2016, ocasião em que o STF declarou a inconstitucionalidade parcial dos dispositivos, tão-somente, no tocante à fixação de prazo para que os Estados e Municípios implantassem seus respectivos planos de carreira. Vale transcrever a ementa:

> EMENTA: AÇÃO DIRETA DE INCONSTITUCIONALIDADE. LEI NACIONAL N. 9.424/1996. PLANO DE CARREIRA E REMUNERAÇÃO DO MAGISTÉRIO. MATÉRIA RESERVADA À COMPETÊNCIA DOS ESTADOS, DISTRITO FEDERAL E MUNICÍPIOS. IMPOSSIBILIDADE DE FIXAÇÃO DE PRAZO. CONFIRMAÇÃO DA MEDIDA CAUTELAR DEFERIDA PARCIALMENTE À UNANIMIDADE. AÇÃO DIRETA JULGADA PARCIALMENTE PROCEDENTE. 1. Nos termos do art. 24, inc. IX, da Constituição da República, não compete à União definir prazo para Estados, Distrito Federal e Municípios organizarem os respectivos planos de carreira e remuneração do magistério. Precedentes. 2. Ação julgada parcialmente procedente.

---

[161] No caso, Partido dos Trabalhadores – PT, Partido Comunista do Brasil – PC do B, Partido Democrático Trabalhista – PDT e Partido Socialista Brasileiro – PSB.

[162] Também foi objeto do pedido inicial a declaração de inconstitucionalidade do art. 11, que dispõe: "art. 11. Os órgãos responsáveis pelos sistemas de ensino, assim como os Tribunais de Contas da União dos Estados e Municípios, criarão mecanismos adequados à fiscalização do cumprimento pleno do disposto no art. 212 da Constituição Federal e desta Lei, sujeitando-se os Estados e o Distrito Federal à intervenção da União e os Municípios à intervenção dos respectivos Estados, nos termos do art. 34 inciso VII, alínea *e*, e do art. 35, inciso III, da Constituição Federal".

[163] ADI 1627 MC, Relator(a): Min. OCTAVIO GALLOTTI, Tribunal Pleno, julgado em 30.06.1997, DJ 24-10-1997 PP-54156 EMENT VOL-01888-01 PP-00132.

(ADI 1627, Relator(a): Min. Cármen Lúcia, Tribunal Pleno, julgado em 18.08.2016, Acórdão Eletrônico DJe-241 DIVULG 11-11-2016 PUBLIC 14-11-2016)

Vejamos, pois, no âmbito fático, se é constatável algum "efeito-FUNDEF", no que tange à indução de comportamentos dos entes políticos em favor da valorização do magistério.

Para Mendes (2001), o FUNDEF teria favorecido a valorização dos docentes, na medida em que os agentes políticos tradicionalmente preferem despesas de investimento – construção de escolas, quadras de esporte, etc. – do que as despesas correntes. Além disso, o atrelamento das quotas ao custeio do efetivo exercício da atividade docente desestimula que os professores sejam desviados de sua função para atividades burocráticas. Não obstante, sua avaliação, além de ter se limitado aos anos iniciais de funcionamento do novo sistema, não aponta dados empíricos que embasem tal conclusão.

Uma análise mais criteriosa, embora ainda limitada ao período de 1997 a 1999, é realizada por Anuatti Neto *et al.* (2004), que analisando dados da PNAD, chega à conclusão de que o FUNDEF teve impacto positivo sobre a remuneração dos docentes, todavia, apontando algumas variações relevantes:

> De modo geral, o FUNDEF tende a beneficiar mais os professores da rede municipal do que os da rede estadual; os professores das regiões mais pobres do que os das mais ricas; e os professores das menores cidades do que os dos grandes centros urbanos. (2002, p. 19)

Davies (2012) e Arelaro (2007), em uníssono, apontam que o FUNDEF se limitou a promover a redistribuição de recursos já existentes no sistema educacional público, os quais já se encontravam, na maior parte dos casos, comprometidos com o pagamento dos profissionais da educação. Assim, ressalvados os casos de Municípios que pagassem valores irrisórios – até inferiores ao salário-mínimo – não houve ganhos de forma generalizada.

Monlevade entende que as melhorias constatadas nos anos iniciais de implementação do FUNDEB não se devem a injeção de recursos novos no sistema, mas ao "movimento massivo de habilitação de professores em nível superior, o que redunda em aumentos de remuneração ao redor de 50%, nas redes estaduais, e em índices menores, nas municipais" (2000, p. 258).

Oliveira, Franco e Menezes Filho (2014), em análise limitada ao Estado de São Paulo e aos anos de 1999 a 2005, observam que teria havido um "efeito-FUNDEF" no tocante à maior qualificação dos professores ao longo dos anos – o que, todavia, pode ser explicado por outras causalidades, inclusive, pela ameaça de não contratação ou de perda de classes, em vista das exigências de qualificação estabelecidas pela LDB.

Martins (2011) e Verhine *et al.* (2003) apontam que, apesar de a legislação regulamentadora estimular a implantação de planos de carreira, a provisoriedade do arranjo desestimulou os Municípios a comprometer suas finanças com a estruturação das carreiras docentes, favorecendo o pagamento de abonos e gratificações genéricas. Aliás, tal expediente também fora incentivado pela restrição de uso de recursos do FUNDEF para pagamento de professores inativos, sendo que eventuais incrementos salariais impactariam nos proventos de professores que gozassem da paridade constitucional com os ativos.[164]

Andréa Barbosa Gouveia (2016, P.84), usando o Paraná como exemplo, aponta que as "sobras" do FUNDEF geraram rateios ao longo ou ao final do ano letivo, resultando no pagamento de até 3 salários adicionais. Tais anomalias, decorrentes da falta de implantação ou revisão de um plano de carreira consistente, engendraram efeitos desestabilizadores, como a disputa pelas turmas do ensino fundamental ou a insatisfação dos docentes, quando a ampliação da rede causou a diminuição dos rateios.

Pelo que se pode ver, a pesquisa encontra dificuldades em chegar a um consenso sobre os efeitos do FUNDEF na regulação profissional dos professores, o que decorre especialmente da dificuldade de obter parâmetros uniformes de remuneração nos entes federados, dada a ausência de planos de carreira padronizados e a proliferação de gratificações, adicionais e abonos que distorcem a comparação das evidências.

No que tange aos planos de carreira, percebeu-se um impulso na discussão da questão, o que gerou textos normativos como o Parecer

---

[164] No Estado de São Paulo, nos períodos de vigência do FUNDEF, foi comum esta prática, com a criação de gratificações genéricas como a Gratificação de Trabalho Educacional – GTE (Lei Complementar nº 874/2000) e Gratificação de Atividade de Magistério – GAM (Lei Complementar nº 977/2005). As artificiosas gratificações redundaram em enorme estímulo à litigiosidade e foram estendidas judicialmente aos inativos, em milhares de ações individuais e dezenas de ações coletivas propostas para esse fim.

nº 10[165] e a Resolução nº 03/1997[166] da Câmara de Educação Básica do Conselho Nacional de Educação, que fixam diretrizes para os novos planos de carreira e remuneração do magistério público. Todavia, a ausência de compulsoriedade, em razão da medida cautelar obtida na ADI nº 1.627, certamente comprometeu a efetividade das referidas diretrizes, sem desprezar outros fatores relacionados a dificuldades de articulação entre os entes federativos.[167]

Ao que tudo indica, o principal efeito do FUNDEF foi a equalização de recursos, favorecendo os Municípios de menor capacidade arrecadatória, em que as práticas remuneratórias estavam, muitas vezes, fora da legalidade. Porém, apesar de o discurso oficial, não se mostram convincentes as alegações de uma generalizada valorização remuneratória e de um efetivo estímulo à criação de planos de carreira, como efeitos diretos da sua implantação.

Aproximando-se o final do decênio de sua vigência, já se propunha uma revisão das normas do FUNDEF, no sentido de substituí-lo por um sistema mais abrangente e efetivamente cooperativo, para melhoria da educação nacional.

---

[165] BRASIL. Ministério da Educação. Parecer *CNE/CEB nº 10, de 03 de setembro de 1997*. Texto disponível em: http://portal.mec.gov.br/cne/arquivos/pdf/1997/pceb010_97.pdf. Acesso em: 10 fev. 2022.

[166] BRASIL. Ministério da Educação. *Resolução CNE/CEB nº 3, de 08 de outubro de 1997*. Texto disponível em: http://portal.mec.gov.br/cne/arquivos/pdf/CEB0397.pdf. Acesso em: 07 fev. 2022.

[167] Em 2006, já ao final do ciclo do FUNDEF, apenas 33,3% dos municípios apontavam ter implementado medidas de regulamentação e valorização da carreira do magistério. Dados constantes de: IBGE. Instituto Brasileiro de Geografia e Estatística. *Perfil dos Municípios Brasileiros*: 2006. Brasília, IBGE, 2006. Destacamos no referido estudo: "Mantendo o foco nas ações voltadas especificamente para os profissionais do ensino, vê-se que em muito menor escala foi citada a regulamentação e valorização da carreira do magistério, item que reflete mudanças e melhorias na remuneração, nos benefícios trabalhistas, no quadro de carreira, entre outros, e que foi citado por 33,3% dos municípios brasileiros. Da mesma forma, foi baixa a referência a medidas de contratação de professores, feita por 27,5% das prefeituras. Ambos os dados corroboram as análises que indicam a lenta renovação do quadro de professores do ensino público e um cenário de falta de professores, relacionados a fatores como a alta média de idade dos docentes e o descompasso entre a perda de professores e o ingresso de novos educadores. Pode-se dizer que, se a valorização dos profissionais está na agenda municipal no que se refere à formação e à habilitação dos educadores, os investimentos na carreira do magistério de caráter institucional e financeiro não mereceram a mesma atenção por parte das prefeituras, em que pese sua importância como incentivos ao bom desempenho profissional e para a melhoria da qualidade do ensino e o êxito escolar dos alunos" (*idem*, p. 47/48). Disponível em: https://biblioteca.ibge.gov.br/visualizacao/livros/liv41211.pdf. Acesso em: 07 fev. 2022.

4.3.2.2 A legislação do FUNDEB (2007-2020)

A cogitação sobre a necessidade de aprimoramentos do fundo educacional precedeu de muitos anos a sua substituição pelo FUNDEB. Em 1999, a bancada do PT na Câmara dos Deputados apresentava uma Proposta de Emenda à Constituição propondo a revisão do FUNDEF (PEC nº 112).[168] O próprio Governo FHC, no Plano Nacional de Educação promulgado em 2001, reconhecia as limitações do fundo instituído pela EC nº 14/1997 e cogitava "a eventual criação, no futuro, de um fundo único para toda a educação básica", o que somente seria possível por meio de uma nova Emenda Constitucional.[169]

Em 2004, já no período do Governo Lula – Tarso Genro, então Ministro da Educação –, o MEC promoveu negociações com os dirigentes estaduais e municipais e com os principais atores da sociedade civil que atuavam no campo educacional, de maneira a construir a revisão do modelo de financiamento da educação básica. A partir de tais tratativas, o Governo enviou, em junho de 2005, a Proposta de Emenda à Constituição nº 415,[170] com sua visão sobre o novo fundo a ser implantado.

O processo de discussão, no Congresso, foi objeto de intensa negociação,[171] em que se formaram coalizões suprapartidárias para alterar a proposta governamental, havendo relevante participação também de entidades de representação dos entes subnacionais[172] e da

---

[168] BRASIL. Câmara dos Deputados. *Proposta de Emenda Constitucional nº 112/1999*. Texto disponível em: http://www.camara.gov.br/proposicoesWeb/prop_mostrarintegra;jsessionid= 02A3E6DA4B1201B9B1F81C4364BF6C0D.proposicoesWeb1?codteor=1014814&filename=Dossie+-PEC+112/1999. Acesso em: 09 fev. 2022.

[169] BRASIL. *Lei nº 10.172, de 09 de janeiro de 2001*. Cap. V – Financiamento e gestão, item 11.1, Diagnóstico. Disponível em: http://www.planalto.gov.br/ccivil_03/ Leis/leis_2001/l10172.htm. Acesso em: 07 fev. 2022.

[170] Esclareça-se que a referida PEC foi apensada à PEC nº 536/1997 e tramitou conjuntamente a outras PECs de temática semelhante: PECs nºs 216/2003 e 247/2004. BRASIL. Câmara dos Deputados. *Proposta de Emenda à Constituição nº 415/2005*. Texto disponível em: http://www.camara.gov.br/proposicoesWeb/prop_mostrarintegra?codteor=315929&filename=Tramitacao-PEC+415/2005. Acesso em 09 fev. 2022.

[171] *Vide* relatório da Dep. Iara Bernardi, em Substitutivo apreciado na Comissão Especial constituída para discutir as PECs que tramitavam conjuntamente sobre o tema. Disponível em: https://www.camara.leg.br/proposicoesWeb/fichadetramitacao?idProposicao=308389. Acesso em: 07 fev. 2022.

[172] Destaquem-se: União Nacional dos Dirigentes Municipais de Educação (UNDIME); Conselho Nacional de Secretários de Educação (CONSED); Confederação Nacional de Municípios (CNM); Frente Nacional de Prefeitos (FNP); Associação Brasileira de Municípios (ABM).

sociedade civil,[173] por vezes atuando em redes articuladas em torno de pautas de interesse comum.[174] Desse amplo processo de negociação resultou a EC nº 53/2007, dotada de um texto que avançava bastante em relação à proposta inicial do governo, o que é ressaltado por Paulo de Sena Martins (2011, p. 213):

> No processo de construção do FUNDEB, a participação das entidades representativas do movimento social foi mais significativa. Em vez da predominância política do "triângulo de ferro" (governo, burocratas e grupos de interesse, em processo fechado de decisão) como ocorreu na discussão do FUNDEF, tomou lugar o protagonismo das redes sociais, em grande medida articuladas pela Campanha Nacional pelo Direito à Educação, que liderou o movimento FUNDEB para valer e deu espaço ao "submovimento" dos "fraldas pintadas", que reclamava a inclusão das creches.

Essa mobilização repetiu-se por ocasião da discussão da Medida Provisória nº 339/2006, voltada à regulamentação da EC nº 53/2007, que veio a resultar na Lei nº 11.494, de 20 de junho de 2007.

O FUNDEB promoveu vários aprimoramentos em relação ao FUNDEF,[175] sendo que, no que nos interessa especialmente, marcou um ponto de inflexão em relação ao papel da União. Pinto observa que "[d]iferentemente do FUNDEF, (...) o FUNDEB teve um impacto significativo na redução das disparidades inter-regionais, devido, particularmente, à ampliação do complemento financeiro da União" (2014, p. 633).

No mesmo sentido, apontam Bucci e Vilarino (2013, p. 127):

---

[173] Especialmente: Confederação Nacional dos Trabalhadores da Educação (CNTE), União Nacional dos Estudantes Secundaristas (UBES); Marcha Mundial de Mulheres; Movimento Interfóruns da Educação Infantil do Brasil (MIEIB); Confederação Brasileira da Organização Mundial para a Educação Pré-Escolar (OMEP); Conselho Nacional dos Direitos da Criança e do Adolescente (CONANDA).

[174] Destaca-se, nesse tocante, a atuação da Campanha Nacional Pelo Direito à Educação, organização que congrega várias entidades representativas de segmentos de defesa da educação e da infância e o movimento "FUNDEB para Valer", capitaneado pela referida organização e que ampliou ainda mais o leque de entidades com uma pauta comum de reivindicação. Sobre a ruidosa mobilização que essas frentes promoveram no Congresso, *vide* notícia Mobilizadores do FUNDEB pra Valer são recebidos em Brasília. *Folha de São Paulo*, 1º set. 1995. Disponível em: https://www1.folha.uol.com.br/folha/dimenstein/noticias/gd010905.htm. Acesso em: 11 fev. 2022.

[175] Veja quadro comparativo entre o FUNDEF e o FUNDEB em: http://portal.mec.gov.br/seb/arquivos/pdf/Fundebef/quad_comp.pdf. Acesso em: 07 fev. 2022.

> A outra inovação importante do FUNDEB foi o aumento do aporte financeiro da União, que se multiplicou por dez em relação do que ocorria no FUNDEF, nos termos do art. 6º da Lei nº 11.494, de 20 de junho de 2007. Isso alterou não apenas o investimento público direto em Educação, que subiu de 4,1% do PIB em 2002 para 5,1% do PIB em 2010, mas também, em substância, o padrão do relacionamento federativo, visto que a União deixou de enunciar, apenas nominalmente, a sua participação na Educação Básica e passou a exercer responsabilidade ativa, comprometendo-se com seu financiamento.

A constatação é correta, embora se deva registrar que tal correção era "um ponto sem o qual nenhum dos participantes se sentaria à mesa", nas palavras do então Ministro da Educação, Fernando Haddad.[176] Ademais, o aumento dos investimentos na manutenção e desenvolvimento da educação operou-se de forma gradual, seja pelas regras de transição constantes na EC nº 53/2006, seja pelos efeitos concomitantes da Desvinculação de Recursos da União (DRU), que se fizeram sentir nos recursos destinados à Manutenção e Desenvolvimento do Ensino (MDE) até o ano de 2010.[177] Ainda assim, observa Martins (2011, p. 31) que "o modelo do FUNDEB supre deficiências de seu predecessor e representa instrumento mais adequado ao federalismo cooperativo no plano educacional".

Tal aprimoramento no tocante às práticas federativas revela-se também pela modificação do parágrafo único do art. 23 da Constituição Federal, permitindo a edição de leis complementares setoriais para regulamentação do regime de colaboração entre os entes políticos,[178] bem como pelo estabelecimento, na lei regulamentadora, de uma Comissão Intergovernamental de Financiamento para a Educação Básica

---

[176] *Apud* Araújo (2011, p. 9)

[177] Conforme esclarecem Vieira e Vidal (2015, p. 28/29), nas suas várias encarnações – Fundo Social de Emergência (1994-1995), Fundo de Estabilização Fiscal (1996-1999), Desvinculação de Receitas da União (2000-2023), trata-se de mecanismo que "autoriza a desvinculação de 20% de todos os impostos e contribuições federais para formar uma fonte de recursos livre de carimbos (...) O período de vigência do FUNDEF se deu sob os auspícios da DRU, que foi amplamente utilizada pelo governo federal, fato que provocava grande insatisfação nos governos estaduais e municipais, como também nos educadores. A Emenda Constitucional nº 68/2011 prorrogou a vigência da DRU até o exercício de 2015, no entanto, a Emenda Constitucional nº 59/2009 acrescentou o §3º ao art. 76 do ADCT para reduzir, anualmente, a partir do exercício de 2009, o percentual da DRU incidente sobre os recursos destinados à manutenção e desenvolvimento do ensino de que trata o art. 212 da Constituição Federal de 1988".

[178] "Art. 23. (...) Parágrafo único. Leis complementares fixarão normas para a cooperação entre a União e os Estados, o Distrito Federal e os Municípios, tendo em vista o equilíbrio do desenvolvimento e do bem-estar em âmbito nacional"(NR).

de Qualidade,[179] como órgão de articulação federativa, responsável por deliberar sobre os critérios de ponderação adotados para distribuição de recursos nos fundos estaduais.

Embora sejam avanços a se comemorar, especialistas em finanças educacionais, como Nicholas Davies (2012) e José Marcelino Rezende Pinto (2014) recusam-se a celebrar o FUNDEB como o instrumento definitivo de redenção da educação básica, apontando enormes desafios para garantir que os recursos necessários à educação cheguem ao seu destino. A utilização de ganhos da redistribuição do FUNDEB para outras finalidades ou a contabilização de despesas com inativos no percentual de gastos obrigatórios com remuneração dos professores são exemplos comuns de práticas evasivas, nem sempre constatadas pelos órgãos de controle.[180]

A par dessas práticas desviantes, surge de forma praticamente unânime, na literatura sobre financiamento educacional, a constatação de que o regime de distribuição conforme valores mínimos adotados pela solução FUNDEF/FUNDEB não é suficiente para garantir a "igualdade de condições para o acesso e permanência na escola" e o "padrão de qualidade" exigidos nos incisos I e VII do art. 206 da Constituição Federal.

Por essa razão, os movimentos em prol da educação vêm pleiteando a implantação do Custo Aluno Qualidade (CAQ) como mecanismo básico para medir a demanda financeira dos serviços educacionais (PINTO, 2006; CARA, 2014; XIMENES, 2016),[181] o que se daria de forma progressiva, adotando-se um mecanismo de transição, o Custo Qualidade Aluno Inicial (CAQi). Tal reivindicação veio a ser incorporada no Plano Nacional de Educação 2014/2024, como estratégia eleita para alcançar a Meta 20 (relativa à ampliação do investimento público em educação em relação ao PIB),[182] mas sua implantação sofreu resistências

---

[179] Art. 12 da Lei nº 11.494/2007.

[180] Nesse sentido, ver Davies (2015). Registre-se que o TCE-SP recomenda, em Manual especializado, a apropriação correta dessas despesas e sua utilização obrigatória no âmbito da manutenção e desenvolvimento da educação (TCE, 2012, p. 19-20). Com o advendo da Emenda Constitucional nº 108/2020, baniu-se de forma explícita tal expediente, vedado pela introdução do §7º no art. 212 do Texto Constitucional.

[181] Cabe ressaltar que o art. 60, §4º do ADCT, com redação dada pela EC nº 14/1996, já previa que "[a] União, os Estados, o Distrito Federal e os Municípios ajustarão progressivamente, em um prazo de cinco anos, suas contribuições ao Fundo, de forma a garantir um valor por aluno correspondente a um padrão mínimo de qualidade de ensino, definido nacionalmente", mandamento que nunca foi efetivado, especialmente pela priorização do ajuste fiscal no período de vigência do FUNDEF.

[182] Meta nº 20, estratégias 20.6 a 20.10.

por parte do Governo Federal, na gestão Temer[183] – o que inclusive levou à judicialização da questão por associações de Municípios.[184]

Aliás, nesse mesmo contexto sobreveio a imposição de limitadores às despesas primárias, instituída pela Emenda Constitucional nº 95/2016 (Novo Regime Fiscal). Tal regime acabou por congelar, a partir do exercício de 2018, as aplicações mínimas em manutenção e desenvolvimento do ensino da União, limitando-as aos valores praticados no exercício anterior, corrigidos pela variação do IPCA-IBGE.[185]

A constrição ocasionada pelo Novo Regime Fiscal e a expiração do FUNDEB em 2020 colocavam em risco todo o arcabouço de financiamento da educação, que poderia retroceder a patamares de investimento anteriores à implementação do FUNDEF, com evidente impacto na política de valorização docente, elemento nuclear da política de fundos educacionais, não fosse o advento da Emenda Constitucional nº 108/2020, implementando o chamado "Novo FUNDEB", de caráter permanente.

4.3.2.3 O Novo FUNDEB – Emenda Constitucional nº 108/2020

O exaurimento temporal do FUNDEB, pelo decurso de tempo fixado na Emenda Constitucional nº 53/2006, era motivo de intensa preocupação de todos os atores envolvidos na política educacional,

---

183 Inclusive por meio de veto ao artigo 21 da Lei de Diretrizes Orçamentárias para o exercício de 2018 (Lei nº 13.473, de 08 de agosto de 2017). Confira-se as razões do veto:
"Art. 21. A alocação de recursos na área de Educação terá por objetivo, no Projeto e na Lei Orçamentária de 2018, o cumprimento das metas previstas no Plano Nacional de Educação, Lei no 13.005, de 25 de junho de 2014. Parágrafo único. A alocação de recursos de que trata o caput deverá buscar a implantação do Custo Aluno Qualidade inicial - CAQi, nos termos da estratégia 20.6 do Plano Nacional de Educação".
Razão do veto: "A medida restringiria a discricionariedade alocativa do Poder Executivo na implementação das políticas públicas e reduziria a flexibilidade na priorização das despesas discricionárias em caso de necessidade de ajustes previstos na Lei Complementar no 101/2000 (LRF), colocando em risco o alcance da meta fiscal".

184 *Vide* notícia em: MORENO, Ana Carolina. Justiça derruba decisão que obrigava MEC a implementar valor de gasto por aluno. *Portal G1 Educação*, 12 out. 2017. Disponível em: https://g1.globo.com/educacao/noticia/justica-derruba-decisao-que-obrigava-mec-a-implementar-valor-de-gasto-por-aluno.ghtml. Acesso em: 24 jul. 2018. *Vide* também: LEITE, Guilherme. AMM aciona governo federal na Justiça por mais verba do Fundeb para educação. *Portal RD News*, 14 nov. 2017. Disponível em: https://www.rdnews.com.br/judiciario/amm-aciona-governo-federal-na-justica-por-mais-verba-do-fundeb-para-educacao/92437. Acesso em: 14 jul. 2022.

185 Art. 110 do ADCT, introduzido pela Emenda Constitucional nº 95/2016.

com exceção de um ator, tradicionalmente o de maior protagonismo: o Governo Federal.

A partir da Gestão Bolsonaro, os sucessivos titulares da Pasta da Educação[186] se omitiram em relação aos aspectos estruturantes da política educacional, dedicando-se quase exclusivamente a temas caros à agenda ultraconservadora de sua base de apoio, como o *homeschooling*, a implantação de escola "cívico-militares" e a censura ideológica e/ou pseudomoralista do conteúdo das aulas e do material didático. Não é preciso gastar tinta para demonstrar que essas "políticas" nada contribuíram para o enfrentamento dos reais desafios educacionais do país.[187]

Fato é que o centro gravitacional do poder se deslocou para o Congresso Nacional no período, dada a notória incapacidade que o referido Governo demonstrou de formar uma agenda governamental consistente e construir uma coalisão capaz de aprová-la.[188]

Assim, a aprovação da Emenda Constitucional nº 108/2020 foi resultante da intensa mobilização, nas Casas Legislativas, de atores dedicados à pauta educacional – políticos, profissionais da educação, especialistas em política educacional, diferentes grupos de *advocacy* do setor e representantes dos gestores públicos de Estados e Municípios. O processo, permeado de conflitos e acordos entre diferentes coalisões

---

[186] Foram três Ministros da Educação, em três anos de Governo, além de um período de um mês de interinidade, em razão de polêmica acerca de falsas titulações lançadas no currículo de um dos nomeados.

[187] Com relação à atuação do MEC, Relatório da Campanha Educação Já, da entidade Todos pela Educação, ressalta em relação ao período 2019/2020:
Com relação ao MEC, além da ausência de coordenação nacional, cuja responsabilidade legal é do Governo Federal, o ano de 2020 reforçou a imagem de um ministério sem capacidade de liderança e com sérios problemas de gestão. Salvo exceções pontuais – que serão elucidadas neste relatório – a síntese da pasta, em 2020, é de inação, baixa execução orçamentária e fragilidades na governança e na pactuação com Estados e Municípios, trazendo prejuízos incalculáveis a curto, médio e longo prazo para a melhoria da qualidade da Educação Básica. (Todos pela Educação, 2021, p. 12).
Em 2021, o cenário não se modificou, haja vista a conclusão de Relatório da Comissão Externa de Acompanhamento do MEC, instituída pela Câmara dos Deputados:
Diante disso, a CEXMEC avalia que as omissões em iniciativas de coordenação com os demais entes federados, a despriorização das modalidades de ensino, a falta de políticas educacionais estruturantes, as baixas dotações e pagamentos, a inércia e a letargia no processo decisório e no estabelecimento de políticas durante a pandemia e os gargalos apresentados na gestão do MEC na educação básica terão consequências negativas graves para o futuro de milhões de alunos, professores e atores que compõem o que se chama de comunidade escolar. É necessário, portanto, que em 2022, a gestão do Ministério da Educação busque solucionar as graves falhas aqui apontadas, visando dirimir os impactos negativos do que foi apresentado. (BRASIL. Câmara dos Deputados, 2021, p. 53).

[188] Um bom resumo da crise do presidencialismo de coalisão no período encontra-se em Abranches (2021).

atuantes na deliberação,[189] resultou na consagração do trinômio **universalização, qualidade** e **equidade** (art. 211, §4º da CRFB/1988) e na consagração do FUNDEB no **texto permanente** da Constituição (art. 212-A).

Ademais, algumas inovações em relação às disposições constitucionais anteriores merecem ser mencionadas. Em especial:

- A valorização da função de planejamento das políticas sociais e a participação da sociedade no monitoramento, controle e avaliação dessas políticas (art. 193, parágrafo único);
- A introdução, nos princípios do art. 206, da garantia do direito à educação e à aprendizagem ao longo da vida (inciso IX), antes prevista apenas na lei ordinária (LDB, art. 3º, XIII);
- A adoção, em âmbito nacional, do chamado ICMS-educação, com um mínimo de 10% do montante da cota municipal do imposto, a ser distribuído com base em indicadores de melhoria nos resultados de aprendizagem e de aumento da equidade, considerado o nível socioeconômico dos educandos (art. 165, parágrafo único, incisos I e II);[190]
- Obrigação de atuação redistributiva dos entes federados no âmbito de suas redes escolares (art. 211, §6º);
- Vedação do uso dos recursos vinculados à educação no pagamento de benefícios previdenciários (art. 212, §7º);
- Normatização federal relativa à fiscalização, avaliação e controle social das despesas educacionais (art. 212, §9º e art. 212-A, X, "d" e "e") e transparência dos dados contábeis, orçamentários e fiscais, padronizados nacionalmente (art. 163-A);
- Padrão mínimo de qualidade da educação pública, com base nas condições adequadas de oferta e tendo por referência o Custo Aluno Qualidade (CAQ), pactuados em regime de colaboração na forma disposta em lei complementar (art. 211. §7º);

---

[189] A propósito, vale a leitura da análise realizada por Cara e Nascimento, que reporta a existência de duas coalisões rivais, capitaneadas pelas organizações Campanha Nacional pelo Direito à Educação (CNDE) e Todos pela Educação (TPE), nenhuma das quais capaz de impor totalmente sua agenda na disputa: "No caso do Fundeb permanente, a ausência do Poder Executivo no tema abriu espaço para a incidência do TPE e da CNDE, que disputaram a predominância na matéria. Embora a CNDE tenha sido mais vitoriosa, ela não obteve hegemonia" (2021, p. 22).

[190] Essa inovação decorre de experiências pioneiras advindas de outros Estados, devendo a novidade ser implementada no prazo de dois anos a partir da promulgação da EC 108/2020 (art. 3º). Sobre a experiência do Ceará e de Minas, *vide* Mascarenhas e Ribas (2019).

- Incremento da complementação da União no FUNDEB, sendo gradualmente aumentada até alcançar o patamar de 23% do total dos recursos subvinculados (art. 212-A, V da CRFB/88 c.c. art. 60 do ADCT), vedado o cômputo dos recursos advindos do salário educação (art. 212-A, inciso XIII);
- Desdobramento da complementação da União em três modalidades, que podem ser assim sintetizadas:[191] VAAF-MIN (valor anual mínimo por aluno), considerando o montante de recursos do fundo estadual e o número de alunos matriculados; VAAT-MIN (valor anual total mínimo por aluno), considerando todos os recursos vinculados à educação e o número de alunos matriculados, sendo que no mínimo 50% do montante global deve ser destinado à educação infantil; e VAAR (valor aluno/ano por resultado), a ser distribuído conforme o cumprimento de condicionalidades de melhoria da gestão educacional, com resultados em melhoria da aprendizagem e redução das desigualdades;[192] a esses parâmetros são aplicadas regras de cálculo e ponderações definidas em lei (art. 212-A, incisos IV, V, VI, X, §§1º, 2º e 3º);
- Revisão periódica dos critérios de distribuição dos recursos do FUNDEB e da complementação da União (art. 60-A do ADCT).

No tocante à subvinculação referente à remuneração de pessoal, a EC nº 108/2020 ampliou o percentual do FUNDEB de 60% a 70%, excluídos os recursos advindos da complementação-VAAR (art. 212-A, XI). Cumpre observar que, na regra anterior, referida subvinculação dizia respeito apenas aos profissionais do magistério, sendo que seu uso agora se ampliou para todos os profissionais da educação básica.[193]

---

[191] Na discussão de como propiciar a equânime distribuição do complemento federal, prevaleceu o chamado "modelo híbrido", que busca compensar efeitos desigualadores do sistema anterior, mas sem propiciar perdas imediatas aos entes federados que dele se beneficiavam. Para melhor detalhamento das discussões sobre os efeitos redistributivos do Novo FUNDEB, *vide* Capuzzo *et al.* (2020).

[192] Terminologia adotada pelo diploma regulamentador, Lei nº 14.133, de 25 de dezembro de 2020.

[193] Nos termos da lei regulamentadora, são considerados profissionais da educação básica: "docentes, profissionais no exercício de funções de suporte pedagógico direto à docência, de direção ou administração escolar, planejamento, inspeção, supervisão, orientação educacional, coordenação e assessoramento pedagógico, e profissionais de funções de apoio técnico, administrativo ou operacional, em efetivo exercício nas redes de ensino de educação básica" (art. 26, II da Lei nº 14.133/2020, com a redação dada pela Lei nº 14.276/2021).

Além disso, reservou a disciplina sobre o piso salarial profissional nacional para os profissionais do magistério da educação básica pública à legislação específica (art. 212-A, XII).

Ainda é cedo, dada a proximidade da implantação do Novo FUNDEB, avaliar seu impacto em relação à melhoria das condições do trabalho docente, em especial, no que tange à consolidação das carreiras e atratividade da remuneração. Espera-se que o incremento da participação da União e a melhor equalização dos recursos à disposição das redes, somados a incentivos à melhoria da gestão educacional, produzam efeitos positivos em relação à política docente.

4.3.3 A Lei do Piso Salarial Nacional dos Professores – Lei nº 11.738/2008

A revisão da estrutura de financiamento da educação básica pelo FUNDEB, a partir da Emenda Constitucional nº 53/2006, dentre outros efeitos favoráveis, propiciou a regulamentação da disposição constitucional que assegurava um piso aos professores, objeto de reivindicação antiga e sempre postergada.

O texto original da Constituição de 1988 estabelecia, dentre os princípios do ensino, a "valorização dos profissionais do ensino, garantido, na forma da lei, plano de carreira para o magistério público, com piso salarial profissional e ingresso exclusivamente por concurso público de provas e títulos, assegurado regime jurídico único para todas as instituições mantidas pela União" (texto original do inciso V do art. 206).

Tal disposição, posteriormente modificada pela EC nº 19/1998 – que suprimiu a referência ao regime jurídico único – possibilitava a controversa interpretação de que não haveria um único piso, nacionalmente unificado, mas que cada sistema educacional teria seu próprio piso, estabelecido no estatuto respectivo. Essa leitura, aliás, ocorreu nas discussões da Lei de Diretrizes e Bases e se fez refletir no art. 67 do diploma, tendo sido descartado o enunciado constante do Substitutivo Jorge Hage (art. 100, II), que preconizava um "piso salarial profissional, nacionalmente unificado, fixado em Lei Federal, com reajuste periódico que preserve o seu valor aquisitivo" (MONLEVADE, 2000, p. 145-150).

Conforme observa Celio Da Cunha (1998, p. 50-51), logo após a promulgação do Texto Constitucional, estabeleceu-se outro marco, esse de natureza internacional: a *Declaração Mundial de Educação para Todos* (UNESCO, 1990), que havia incorporado a *Recomendação Relativa à Situação do Pessoal Docente*, aprovada em 1966 pela Conferência Intergovernamental Especial sobre a Situação do Pessoal Docente.[194] Não obstante, na gestão Collor a questão foi abordada tão-somente no plano da retórica, como previsão constante no Plano Nacional de Alfabetização e Cidadania,[195] sendo que "a garantia de planos de carreira e piso salarial, compromisso constitucional de 1988, vem em último lugar, como que indicando sua posição na hierarquia das prioridades".

Durante o governo Itamar Franco, o assunto do piso salarial veio novamente à baila, durante a Semana Nacional Educação para Todos (1993), ocasião em que se estabeleceu o *Compromisso Todos pela Educação* e foram estabelecidas as bases metodológicas de discussão do Plano Decenal de Educação, a ser elaborado ainda na gestão daquele presidente. Entretanto, havia resistência das entidades subnacionais em relação à implantação do piso.

Em 1994, na Conferência Nacional programada para referendar o Plano, negociado com outras entidades governamentais – como a UNDIME e o CONSED – e com participação da sociedade civil, firmou-se novo documento, o *Acordo Nacional de Educação para Todos*, no qual fora estabelecido o compromisso de viabilizar um piso nacional de R$300,00

---

[194] UNESCO. OIT. *A Recomendação da OIT/UNESCO de 1966 relativa ao Estatuto dos Professores e a Recomendação de 1997 da UNESCO relativa ao Estatuto do Pessoal do Ensino Superior, com um guia de utilização*. Unesco/OIT. Viana do Castelo, 2008. Disponível em: http://unesdoc.unesco.org/images/0016/001604/160495por.pdf. Acesso em: 08 fev. 2022. Destacamos do referido documento, as disposições sobre remuneração docente:
"115. A remuneração do professor deveria,
a) Refletir a importância que a educação tem para a sociedade e consequentemente a importância do professor, e as responsabilidades de toda a espécie que sobre ele recaem a partir do momento em que começa a exercer as suas funções;
b) Poder ser favoravelmente comparado com os vencimentos pagos em profissões que exijam qualificações equivalentes ou análogas;
c) Assegurar aos professores a manutenção dum razoável nível de vida para si e seus familiares e permitir o prosseguimento da sua formação e aperfeiçoamento profissional assim como o desenvolvimento dos
seus conhecimentos e enriquecimento cultural.
d) Ter em conta que determinadas funções requerem uma grande experiência e qualificações mais elevadas, e implicam maiores responsabilidades.
116. A remuneração do pessoal docente deveria fazer-se com base em escalas de salários estabelecidas com o acordo das suas organizações profissionais. Em caso algum a remuneração dos professores qualificados, recrutados para períodos probatórios ou por contratos temporários, deveria ser inferior à estabelecida para professores titulares do posto".

[195] BRASIL. Ministério da Educação. MEC. *Plano Nacional de Alfabetização e Cidadania*: marcos de referência. Brasília, MEC, 1991. Disponível em: http://www.dominiopublico.gov.br/download/texto/me000684.pdf. Acesso em: 09 fev. 2022.

(trezentos reais), equivalente, naquele momento histórico, a U$300,00 (trezentos dólares), a vigorar a partir de outubro de 1995 (CUNHA, 1998; GADOTTI, 2000; MONLEVADE, 2000). Na sequência, foi firmado, em outubro daquele ano, o Pacto pela Valorização do Magistério, estabelecido no âmbito do Fórum Permanente de Valorização do Magistério e da Qualidade da Educação Básica e assinado pelo ministro da Educação e pelos presidentes do CONSED, da UNDIME, do Conselho de Reitores das Universidades Brasileiras de Ensino Superior no Estado de São Paulo (CRUB), do Fórum dos Conselhos Estaduais e da Confederação Nacional de Trabalhadores em Educação (CNTE), aprofundando os compromissos acordados na Conferência (MACHADO, 2000).

Todavia, o compromisso pela implantação do piso nacional, de natureza meramente política, sem formalização em norma legal, foi descumprido pela gestão seguinte (FHC) e houve a desmobilização do Fórum Permanente de Valorização do Magistério.[196] Apesar disso, conforme aponta Juçara Dutra Vieira (2014, p. 422),

> [m]esmo com a decisão do governo subsequente de ruptura do acordo, em 1995, o saldo do debate institucional foi positivo. Com base na proposta então construída, a CNTE retomaria, anos depois, o valor acordado para o piso salarial, como ponto de partida para a exitosa negociação do PSPN entre 2007 e 2008.

Apesar de a pressão das entidades de classe e organizações pró-educação, o tema somente veio a viabilizar-se politicamente após a implantação do FUNDEB. A Emenda Constitucional nº 53/2006 deu nova redação ao dispositivo constitucional que trata do piso,[197] deslocando-o para um inciso específico e aprimorando sua redação:

> Art. 206. O ensino será ministrado com base nos seguintes princípios:
> (...)
> V – valorização dos profissionais da educação escolar, garantidos, na forma da lei, planos de carreira, com ingresso exclusivamente por concurso público de provas e títulos, aos das redes públicas;

---

[196] Sobre o impasse durante a gestão FHC, *vide* o relato de Monlevade (2000, cap. 6).

[197] Esclareça-se que a proposta do Executivo não contemplava tal modificação, que veio a ser objeto de proposta de emenda de vários parlamentares – Severiano Alves, Carlos Abicalil, Fátima Bezerra, Raquel Teixeira, Ivan Valente, entre outros – acolhida no parecer da Relatora Iara Bernardi. *Vide* parecer em: https://www.camara.leg.br/proposicoesWeb/fichadetramitacao?idProposicao=308389. Acesso em: 07 fev. 2022.

> (...)
> VIII – piso salarial profissional nacional para os profissionais da educação escolar pública, nos termos de lei federal.

A Emenda Constitucional nº 53/2006, portanto, ao mesmo tempo que ampliou o escopo e os recursos da política de fundos, estabeleceu definitivamente o conceito de piso salarial profissional nacional (PSPN) a ser implementado por legislação de caráter nacional, para os profissionais da educação escolar pública.

Cabe observar, aliás, que o enunciado contempla não apenas os profissionais do magistério, mas todos os que atuam no âmbito escolar. Mas a prioridade dada aos docentes seria retomada na redação dada ao art. 60 do ADCT:

> Art. 60. Até o 14º (décimo quarto) ano a partir da promulgação desta Emenda Constitucional, os Estados, o Distrito Federal e os Municípios destinarão parte dos recursos a que se refere o caput do art. 212 da Constituição Federal à manutenção e desenvolvimento da educação básica e à remuneração condigna dos trabalhadores da educação, respeitadas as seguintes disposições:
> (...)
> III - observadas as garantias estabelecidas nos incisos I, II, III e IV do caput do art. 208 da Constituição Federal e as metas de universalização da educação básica estabelecidas no Plano Nacional de Educação, a lei disporá sobre:
> (...)
> e) prazo para fixar, em lei específica, piso salarial profissional nacional para os profissionais do magistério público da educação básica.

Antes mesmo da promulgação da EC nº 53/2006 já havia projeto visando ao estabelecimento do piso salarial nacional dos docentes, de autoria do Senador Cristóvão Buarque – PLS nº 59/2004.[198] Ressalte-se que, nesse ínterim, as entidades do magistério continuaram a se mobilizar em torno da agenda de valorização dos profissionais da educação.[199]

---

[198] Projeto original: BRASIL. Senado Federal. *Projeto de Lei do Senado nº 59/2004*. Disponível em: https://legis.senado.leg.br/diarios/ver/757?sequencia=54. Acesso em: 08 fev. 2022.

[199] Conforme anotam Fernandes e Rodrigues (2011, p. 93): "Nessa conjuntura, o movimento docente intensificou suas lutas com relação à defesa de melhores condições de trabalho e salários. Prova disso foi o número crescente de greves registradas nos diversos estados da federação durante os últimos anos da primeira década do século – por exemplo, os professores do estado de São Paulo fizeram greves em junho de 2000, 2007, 2008, 2009 e

O Poder Executivo, logo após a criação do FUNDEB, encaminhou outro Projeto de Lei – o PL nº 619/2007 – que, em vista da precedência do projeto oriundo do Senado, acabou a ele apensado e foi posteriormente arquivado.[200]

Conforme se pode observar do quadro comparativo abaixo, o texto promulgado é um compósito dos referidos projetos, com a introdução de acréscimos relevantes durante sua tramitação no Congresso.[201]

2010. Em julho de 2008 deflagraram greve os professores do estado de Minas Gerais e da Bahia. De igual modo em 2009 se somaram os docentes do estado de Sergipe, Maranhão, Rio de Janeiro, Distrito Federal, Rio Grande do Norte, entre outros. Essa mobilização teve seu ponto mais agudo quando se declarou 24 de abril de 2007 como um dia de luta dos professores de todo o país, em defesa da implantação integral da Lei do PSPN, movimento que teve repercussão nacional".

[200] BRASIL. Câmara dos Deputados. *Projeto de Lei nº 619/2007*. Disponível em: http://www.camara.gov.br/proposicoesWeb/prop_mostrarintegra?codteor=447893& filename=PL+619/2007. Acesso em: 08 fev. 2022.

[201] Na discussão do projeto na Câmara dos Deputados, onde os debates foram mais intensos, foram realizadas três audiências públicas e apresentadas 114 emendas, sendo que 42 foram parcial ou totalmente incorporadas no substitutivo elaborado pelo Relator, Deputado Severiano Alves (PDT-BA). Posteriormente, mais 34 emendas foram apresentadas ao substitutivo, sendo 10 delas incorporadas parcial ou totalmente no texto final. Sofreu ainda, alterações de menor monta, nas Comissões subsequentes e posteriores aperfeiçoamentos de natureza redacional, na Casa Iniciadora. Relatórios disponíveis em: http://www.camara.gov.br/ proposicoesWeb/fichadetramitacao?idProposicao= 332750. Acesso em: 06 ago. 2018.

Quadro 3 – Comparativo dos projetos sobre o PSPN

	PLS Cristóvão Buarque (texto aprovado no Senado)	**PL do Poder Executivo**	**Texto promulgado**
Preâmbulo	Autoriza o Poder Executivo a instituir o Piso Salarial Profissional dos Educadores Públicos, na forma prevista no art. 206, V, e 212 da Constituição Federal, e dá outras providências.	Regulamenta o art. 60, inciso III, alínea "e", do Ato das Disposições Constitucionais Transitórias, para instituir o piso salarial profissional nacional para os profissionais do magistério público da educação básica.	Regulamenta a alínea "e" do inciso III do caput do art. 60 do Ato das Disposições Constitucionais Transitórias, para instituir o piso salarial profissional nacional para os profissionais do magistério público da educação básica.
Definição do piso e destinatários	**Art. 1°** É o Poder Executivo autorizado a instituir o Piso Salarial Profissional dos Educadores Públicos no âmbito da União, Estados, Distrito Federal e Municípios, como limite mínimo a ser observado na fixação do salário mensal inicial das carreiras dos profissionais da educação, assim reconhecidos em legislação específica de cada sistema de ensino. **§ 1°** O piso previsto neste artigo será estabelecido por nível de formação dos profissionais da educação, e sua aplicação requer regularidade do instrumento contratual firmado entre o contratante e o contratado e a comprovação da habilitação do contratado, em nível médio ou superior, obtida em instituição de ensino, credenciada junto ao órgão de educação competente, mediante apresentação do respectivo certificado de conclusão do curso requerido para o exercício do correspondente cargo ou função.	**Art. 3°** Para os fins desta Lei, são consideradas atividades do magistério público da educação básica as exercidas por professores e especialistas em educação no desempenho de atividades educativas, quando exercidas em estabelecimento de educação básica em seus diversos níveis e modalidades, incluídas, além do exercício da docência, as de direção de unidade escolar e as de coordenação e assessoramento pedagógico.	**Art. 2°**. [...] **§ 1°.** O piso salarial profissional nacional é o valor abaixo do qual a União, os Estados, o Distrito Federal e os Municípios não poderão fixar o vencimento inicial das Carreiras do magistério público da educação básica, para a jornada de, no máximo, 40 (quarenta) horas semanais. **§ 2°.** Por profissionais do magistério público da educação básica entendem-se aqueles que desempenham as atividades de docência ou as de suporte pedagógico à docência, isto é, direção ou administração, planejamento, inspeção, supervisão, orientação e coordenação educacionais, exercidas no âmbito das unidades escolares de educação básica, em suas diversas etapas e modalidades, com a formação mínima determinada pela legislação federal de diretrizes e bases da educação nacional. [...] **§ 5°.** As disposições relativas ao piso salarial de que trata esta Lei serão aplicadas a todas as aposentadorias e pensões dos profissionais do magistério público da educação básica alcançadas pelo art. 7°. da Emenda Constitucional no 41, de 19 de dezembro de 2003, e pela Emenda Constitucional no 47, de 5 de julho de 2005.
Valor fixado	**Art. 1°** [...] **§ 2°** No ano posterior ao da sanção desta Lei, os valores do piso salarial previsto no caput deste artigo, a serem observados para os profissionais com jornada de trabalho de 40 (quarenta horas) semanais serão: I – de R$ 800.00 (oitocentos reais) para os habilitados em nível médio; II – de R$ 1.100,00 (mil e cem reais) para os habilitados em nível superior.	**Art. 1°.** O piso salarial profissional nacional para os profissionais do magistério público da educação básica será de R$ 850,00 (oitocentos e cinquenta reais) mensais, pela jornada de quarenta horas semanais. Parágrafo único. O valor mencionado no caput compreenderá todas as vantagens pecuniárias, pagas a qualquer título, e será aplicável a todos os profissionais, em caráter permanente ou temporário, no exercício das atividades referidas no art. 3°.	**Art. 2°.** O piso salarial profissional nacional para os profissionais do magistério público da educação básica será de R$ 950,00 (novecentos e cinquenta reais) mensais, para a formação em nível médio, na modalidade Normal, prevista no art. 62 da Lei no 9.394, de 20 de dezembro de 1996, que estabelece as diretrizes e bases da educação nacional.
Revisão do piso	**Art. 1°** [...] **§ 3°** Para os exercícios subsequentes ao previsto no § 2°, o piso previsto no caput deste artigo será fixado por lei de iniciativa do Poder Executivo, não podendo ser fixado em valores inferiores correspondentes a no mínimo 60% (sessenta por cento) do investimento mínimo anual por aluno, podendo o Poder Executivo estabelecer percentuais diferentes para a habilitação em nível médio e nível superior. **§ 4°.** No caso em que os salários sejam superiores aos valores do piso salarial definidos no § 2° deste artigo, será aplicado o percentual integral correspondente ao investimento mínimo anual por aluno, calculado em relação ao ano imediatamente anterior à sanção da lei.	**Art. 5°.** O piso salarial profissional nacional do magistério público da educação básica será atualizado, anualmente, no mês de janeiro, a partir do ano de 2009. **Parágrafo único.** A atualização de que trata o caput deste artigo será calculada utilizando-se o mesmo percentual de crescimento do valor anual mínimo por aluno referente aos anos iniciais do ensino fundamental urbano, definido nacionalmente, nos termos da Lei no 11.494, de 20 de junho de 2007.	**Art. 4°.** A União deverá complementar, na forma e no limite do disposto no inciso VI do caput do art. 60 do Ato das Disposições Constitucionais Transitórias e em regulamento, a integralização de que trata o art. 3o desta Lei, nos casos em que o ente federativo, a partir da consideração dos recursos constitucionalmente vinculados à educação, não tenha disponibilidade orçamentária para cumprir o valor fixado. **§ 1°.** O ente federativo deverá justificar sua necessidade e incapacidade, enviando ao Ministério da Educação solicitação fundamentada, acompanhada de planilha de custos comprovando a necessidade da complementação de que trata o caput deste artigo. **§ 2°.** A União será responsável por cooperar tecnicamente com o ente federativo que não conseguir assegurar o pagamento do piso, de forma a assessorá-lo no planejamento e aperfeiçoamento da aplicação de seus recursos.

	PLS Cristóvão Buarque (texto aprovado no Senado)	**PL do Poder Executivo**	**Texto promulgado**
Aspectos financeiros-orçamentários	**Art. 3º.** Os recursos necessários ao pagamento da remuneração dos Educadores Públicos no âmbito dos Estados, Distrito Federal e Municípios, assegurando-se o cumprimento do piso instituído por esta Lei, serão oriundos dos recursos previstos no art. 212 da Constituição Federal. **Art. 4º.** O Poder Executivo, com vistas ao cumprimento do disposto nos arts. 16 e 17 da Lei Complementar nº 101, de 4 de maio de 2000, apresentará estimativa do impacto orçamentário-financeiro no exercício posterior ao da sanção desta Lei e nos dois subseqüentes, a qual acompanhará o pertinente projeto de lei orçamentária apresentado após a publicação desta Lei. **Parágrafo único.** Os benefícios provenientes desta Lei só produzirão efeitos a partir do primeiro dia do exercício financeiro imediatamente posterior àquele em que for implementado o disposto no art. 3º.		**Art. 4º.** A União deverá complementar, na forma e no limite do disposto no inciso VI do caput do art. 60 do Ato das Disposições Constitucionais Transitórias e em regulamento, a integralização de que trata o art. 3o desta Lei, nos casos em que o ente federativo, a partir da consideração dos recursos constitucionalmente vinculados à educação, não tenha disponibilidade orçamentária para cumprir o valor fixado. **§ 1º.** O ente federativo deverá justificar sua necessidade e incapacidade, enviando ao Ministério da Educação solicitação fundamentada, acompanhada de planilha de custos comprovando a necessidade da complementação de que trata o caput deste artigo. **§ 2o** A União será responsável por cooperar tecnicamente com o ente federativo que não conseguir assegurar o pagamento do piso, de forma a assessorá-lo no planejamento e aperfeiçoamento da aplicação de seus recursos.
Regra de transição		**Art. 2º.** A integralização do valor de que trata o art. 1º pela União, Estados, Distrito Federal e Municípios será feita progressiva e proporcionalmente até janeiro de 2010, observado o seguinte: **I** - acréscimo de um terço da diferença entre o valor atual e o valor referido no caput do art. 1º até janeiro de 2008; **II** - acréscimo de dois terços da dife rença entre o valor atual e o valor referido no caput do art. 1º até janeiro de 2009.	**Art. 3º.** O valor de que trata o art. 2o desta Lei passará a vigorar a partir de 1o de janeiro de 2008, e sua integralização, como vencimento inicial das Carreiras dos profissionais da educação básica pública, pela União, Estados, Distrito Federal e Municípios será feita de forma progressiva e proporcional, observado o seguinte: **I** – (VETADO); **II** – a partir de 1º de janeiro de 2009, acréscimo de 2/3 (dois terços) da diferença entre o valor referido no art. 2o desta Lei, atualizado na forma do art. 5o desta Lei, e o vencimento inicial da Carreira vigente; **III** – a integralização do valor de que trata o art. 2º desta Lei, atualizado na forma do art. 5o desta Lei, dar-se-á a partir de 1o de janeiro de 2010, com o acréscimo da diferença remanescente. **§ 1º.** A integralização de que trata o caput deste artigo poderá ser antecipada a qualquer tempo pela União, Estados, Distrito Federal e Municípios. **§ 2º.** Até 31 de dezembro de 2009, admitir-se-á que o piso salarial profissional nacional compreenda vantagens pecuniárias, pagas a qualquer título, nos casos em que a aplicação do disposto neste artigo resulte em valor inferior ao de que trata o art. 2o desta Lei, sendo resguardadas as vantagens daqueles que percebam valores acima do referido nesta Lei. [...] **Art. 6º.** A União, os Estados, o Distrito Federal e os Municípios deverão elaborar ou adequar seus Planos de Carreira e Remuneração do Magistério até 31 de dezembro de 2009, tendo em vista o cumprimento do piso salarial profissional nacional para os profissionais do magistério público da educação básica, conforme disposto no parágrafo único do art. 206 da Constituição Federal.

Porém, a reação negativa à promulgação da Lei do Piso, por parte de governadores e prefeitos, repercutiu na grande imprensa, tendo sido divulgado que o Governo Lula, mesmo após a sanção, teria solicitado um novo parecer da Advocacia Geral da União a respeito da constitucionalidade da medida.[202,203] Em editorial, o Estado de São Paulo reproduziu artigo opinativo do ex-ministro da Educação e então deputado federal Paulo Renato de Souza,[204] em que ele critica a medida:

[202] O piso salarial dos professores. *O Estado de São Paulo*, São Paulo, 03 ago. 2008. Editorial, p. A3, 08 ago. 2008. Disponível em: https://acervo.estadao.com.br/pagina/#!/20080808-41933-nac-3-edi-a3-not. Acesso em: 08 fev. 2022.

[203] PINHO, Angela. AGU analisará mudanças na lei do piso do professor. *Folha de São Paulo*, São Paulo, p. C7, 15 ago. de 2008. Disponível em: https://acervo.folha.com.br/leitor.do?numero=17630&keyword=professor%2Cpiso%2C lei&anchor=5318184&origem=busca&pd=bbb21df9a538fd09948db12d77be20b3. Acesso em: 08 fev. 2022.

[204] A União e o ensino básico. *O Estado de São Paulo*, São Paulo, p. A3, 02 out. 2008. Disponível em: https://acervo.estadao.com.br/pagina/#!/20081002-41988-spo-3-edi-a3-not/busca/magist%C3%A9rio+lei+ piso. Acesso em: 11 fev. 2022.

> Busca-se tirar proveito da benevolência com que os projetos relativos a benefícios para professores são encarados no Congresso e do fato de o governo federal não "pagar a conta", para obter vantagens de carreira que muito dificilmente seriam aprovadas nos Estados e municípios, onde as questões orçamentárias e financeiras seriam necessariamente consideradas. Some-se a isso um tipo de atuação das entidades sindicais que visa, de modo ostensivo, ao constrangimento dos parlamentares para que votem sempre favoravelmente a suas propostas.

As críticas veiculadas na grande imprensa[205] se referiam especialmente à inclusão, durante a tramitação do texto, de quatro normas: a) a que garante paridade dos inativos – e que, saliente-se, apenas reitera o que já era disposição constitucional das Emendas nº 41 e nº 47; b) a que garante a revisão anual do piso, em detrimento das previsões orçamentárias das entidades subnacionais; c) a que exclui do cômputo do piso outras vantagens recebidas pelos professores além do salário-base; e d) a que estabelece limite de 2/3 da jornada em sala de aula, o que obrigaria a contratação de novos professores, onerando ainda mais a folha salarial dos Estados e Municípios.

Essa insatisfação depois se manifestou de maneira contenciosa, por meio de várias demandas, instaurando um conflito federativo que ainda não findou, o que justifica o tratamento do tema em tópico apartado.

4.3.3.1 O contencioso judicial sobre a Lei do Piso Salarial Profissional Nacional dos Professores

Poucos meses após a promulgação da Lei do PSPN, os Governadores do Mato Grosso do Sul, Paraná, Santa Catarina, Rio Grande do Sul e Ceará[206] ajuizaram Ação Direta de Inconstitucionalidade no Supremo Tribunal Federal, com pedido de medida cautelar, para suspensão dos efeitos de algumas disposições do diploma, reputados

---

205 *Vide* também editorial da Folha de São Paulo: Piso pedagógico. *Folha de São Paulo*, 05 ago. 2008. Disponível em: https://acervo.folha.com.br/leitor.do?numero=17620&keyword=piso%2CLEI%2Cprofessor%2Clei&anchor=5316931&origem=busca&pd=6fc59a05268fbb904143109bf4e2b854. Acesso em: 08 fev. 2022.

206 Respectivamente, André Pucinelli (PMDB), Roberto Requião (PMDB), Luiz Henrique da Silveira (PMDB), Yeda Crusius (PSDB) e Cid Gomes (PSB). É interessante observar que a maioria pertencia a partidos da base governista no plano federal, sendo a governadora gaúcha a única pertencente a um partido de oposição.

invasivos à autonomia estadual e às normas regentes das finanças públicas, a saber: a) as constantes do art. 2º, §§1º e 4º, que dizem respeito à jornada dos professores; b) a que estabelece a integralização gradual do piso, a partir do exercício de 2009 – art. 3º, II – sem que houvesse previsão orçamentária dos entes subnacionais para fazer frente a essa despesa não programada; c) a que estabelece, a partir do exercício de 2009, que o piso constituirá o vencimento-base das remunerações dos professores – art. 3º; d) a eficácia imediata do novo regime de jornada, por força do art. 8º.[207]

Em sessão realizada ainda naquele ano – 17 de dezembro de 2009 – o Supremo Tribunal Federal concedeu parcialmente a medida cautelar, para o fim de que, até o final julgamento da ação, a referência ao piso salarial levasse em conta a remuneração global do professor e não o vencimento básico inicial da carreira. Também foi suspensa a aplicação da disposição relativa à composição da jornada docente, considerada, em cognição sumária, invasiva da competência dos entes subnacionais. Por fim, interpretou-se o art. 3º para estabelecer que o cálculo das obrigações relativas ao piso salarial dar-se-ia a partir de 1º de janeiro de 2009, mantido para essa data o seu valor inicial, constante do *caput* do art. 2º – R$950,00 (novecentos e cinquenta reais).[208]

O julgamento somente foi concluído em abril de 2011,[209] tendo sido julgada improcedente a ação, no que tange à norma que fixava o piso salarial como vencimento inicial das carreiras, para jornada de 40 (quarenta) horas (art. 3º, *caput*). O acórdão considerou prejudicado, por perda do objeto, o pedido relativo à aplicação escalonada do piso, exaurida a questão pelo decurso do tempo. Em suma, o STF considerou constitucional o piso salarial nacional profissional estabelecido na lei federal.

---

[207] Versão eletrônica integral do processo está disponível em: https://redir.stf.jus.br/estfvisualizadorpub/jsp/consultarprocessoeletronico/ConsultarProcessoEletronico.jsf?seqobjetoincidente=2645108. Acesso em: 07 fev. 2022.

[208] BRASIL. Supremo Tribunal Federal. ADI nº 4167 MC. Relator(a): Min. Joaquim Barbosa, Tribunal Pleno, julgado em 17.12.2008, (DJe-079 DIVULG 29.04.2009, PUBLIC 30.04.2009, EMENT VOL-02358-01 PP-00157 RTJ VOL-00210-02 PP-00629). Registre-se que o voto condutor foi o do Ministro Menezes Direito, vencido em parte o Relator, Min. Joaquim Barbosa, que concedia a cautela em menor extensão, para abranger apenas a dilação mencionada ao final do parágrafo.

[209] BRASIL. Supremo Tribunal Federal. ADI nº 4167. Relator(a): Min. Joaquim Barbosa, Tribunal Pleno, julgado em 27.04.2011 (DJe-162 DIVULG 23.08.2011 PUBLIC 24.08.2011 EMENT VOL-02572-01 PP-00035 RTJ VOL-00220-01 PP-00158 RJTJRS v. 46, n. 282, 2011, p. 29-83).

A maior derrota dos Estados se deu na tese que buscava – com base em outros precedentes da Corte[210] – afastar o piso como vencimento inicial das carreiras docentes. A importância de tal tese era decorrente do conhecido fato de que, em muitos Estados, nos anos que precederem à Lei do Piso, o salário-base dos professores havia sido praticamente congelado, de maneira a evitar a repercussão dos reajustes nos proventos dos docentes aposentados com paridade. Disseminou-se, conforme já explicamos, a "política" de reajustes disfarçados, por meio de gratificações e abonos variados. Assim, a fixação do piso como vencimento inicial provocaria uma majoração substancial desse.[211]

A questão que gerou maior controvérsia, no julgamento, foi a possibilidade de se estabelecer a composição interna da jornada de trabalho, com previsão de 1/3 da jornada em regime extraclasse (art. 2º, §4º). Nesse tema, houve empate entre os Ministros,[212] o que resultou em improcedência do pedido de declaração de inconstitucionalidade – dada a presunção de constitucionalidade de que gozam as leis – porém, a declaração não teve eficácia *erga omnes* e efeito vinculante, devido à ausência de maioria para concessão de tal efeito.[213]

O tema da jornada extraclasse continuou sendo palco de embates, seja em controvérsias que diziam respeito à forma de cômputo dessa jornada – em decorrência da complexidade da legislação preexistente,

---

[210] *Verbi gratia:* "EMENTA: CONSTITUCIONAL. ADMINISTRATIVO. SERVIDOR MILITAR ESTADUAL: ESTADO DE PERNAMBUCO. SALÁRIO-MÍNIMO. I. – A Lei estadual que garante aos servidores militares estaduais soldo não inferior ao salário-mínimo deve ser interpretada como referindo-se à remuneração do servidor. II. – Precedentes do STF: RE 198.982, Ilmar Galvão, Plenário; RE 197.072/SC, Marco Aurélio, Plenário, 'DJ' de 08.6.01; RE 199.088/SC, Ilmar Galvão, Plenário, 'DJ' de 18.5.01. III. – Voto vencido do Ministro Carlos Velloso: ressalva do entendimento pessoal. IV. – Agravo não provido" (RE nº 304842 AgR, Relator(a): Min. Carlos Velloso, Segunda Turma, julgado em 12.11.2002, DJ 19.12.2002 PP-00118 EMENT VOL-02096-09 PP-01842).

[211] Em favor da interpretação conforme do piso como equivalente à remuneração global, votou o Ministro Gilmar Mendes e, pela inconstitucionalidade do art. 3º, o Ministro Marco Aurélio. Os demais Ministros votaram em favor da constitucionalidade da norma, tal como editada.

[212] Reconhecendo a validade do art. 2º, §4º da lei, votaram os Ministros Joaquim Barbosa, Luiz Fux, Ricardo Lewandowski, Ayres Britto e Celso de Mello. Em favor da inconstitucionalidade votaram os Ministros Carmen Lúcia, Gilmar Mendes, Ellen Gracie, Marco Aurélio e Cézar Peluso.

[213] Esclarecendo para eventual leitor que não tenha formação jurídica: quando realiza o controle da constitucionalidade das leis por meio das Ações Diretas de Inconstitucionalidade e das Ações Declaratórias de Constitucionalidade, as decisões proferidas pelo STF, por maioria, obrigam a todas as pessoas, devendo ser obedecidas também pelos demais juízes. Quando há empate, mantém-se a lei vigorando, mas sua constitucionalidade pode ser discutida novamente, em outros processos.

em que já se previam horas de trabalho pedagógico fora da sala de aula, em variadas fórmulas[214] – seja na rediscussão da constitucionalidade da norma, em ações coletivas ou individuais – matéria que somente em 2020 foi pacificada em julgamento de recurso extraordinário, pelo Supremo Tribunal Federal, sob o regime de repercussão geral,[215] com a intervenção como *amici curiae* da maioria dos Estados em que o litígio perpetuava-se.

Embora a Lei do Piso tenha sido promulgada há mais de dez anos, sua absorção pelos entes subnacionais ainda não está consumada. No Relatório do 3º Ciclo de Monitoramento do PNE (INEP, 2020), apontou-se que 70,4% dos Estados cumpriam o piso nacional.[216] Nas redes municipais, o percentual de conformidade é um pouco melhor: 74,2%.

---

[214] No Estado de São Paulo, a questão foi levantada em ação civil pública ajuizada pela APEOESP – Sindicato dos Professores do Ensino Oficial do Estado de São Paulo e acompanhada por mim como Procurador do Estado. A ação foi julgada improcedente pelo Tribunal de Justiça local, sendo que as decisões das ações individuais seguiram o precedente ali firmado. Decidiu o Tribunal:
"Ação Civil Pública. Jornada de trabalho docente. Aplicação da Lei nº 11738/08. Cálculo de dois terços da carga horária para desempenho de atividades de interação com os educandos. Divergência entre as partes quanto ao critério. Resolução SE-8/2012 do Estado de São Paulo. Ilegalidade não caracterizada. Apelação não provida" (TJSP; Apelação 0003052-25.2012.8.26.0053; Relator (a): Antonio Celso Aguilar Cortez; Órgão Julgador: 10ª Câmara de Direito Público; Foro Central – Fazenda Pública/Acidentes – 3ª Vara de Fazenda Pública; Data do Julgamento: 16.05.2016; Data de Registro: 19.05.2016).

[215] "RECURSO EXTRAORDINÁRIO. DIREITO ADMINISTRATIVO E CONSTITUCIONAL. PROFESSORES. JORNADA. NORMA GERAL FEDERAL. ART. 2º, PARÁGRAFO 4º, DA LEI Nº 11.738/2008. RESERVA DE FRAÇÃO MÍNIMA DA CARGA HORÁRIA DOS PROFESSORES DA EDUCAÇÃO BÁSICA PARA ATIVIDADES EXTRACLASSE. POSSIBILIDADE. 1. É dever do Estado reconhecer e valorizar as atividades extraclasse, pois indispensáveis ao direito à educação, orientado ao pleno desenvolvimento da pessoa, seu preparo para o exercício da cidadania e sua qualificação para o trabalho, nos termos do art. 205, CRFB. 2. A divisão da jornada de trabalho dos profissionais da educação escolar pública entre atividades de docência e de apoio à docência é pressuposto necessário para fixação da remuneração de tais profissionais. 3. A Constituição da República autoriza a norma geral federal a estabelecer o piso salarial profissional aos professores, nos termos do comando contido no inciso VIII do art. 206, CRFB. 4. Possibilidade de fixação da fração da jornada a ser dedicada às atividades extraclasse, pela norma geral federal, nos termos do §4º do art. 2º da Lei 11.738/2008. 5. Recurso extraordinário conhecido e desprovido" (RE nº 936790, Relator(a): Marco Aurélio, Relator(a) p/ Acórdão: Edson Fachin, Tribunal Pleno, julgado em 29.05.2020, PROCESSO ELETRÔNICO REPERCUSSÃO GERAL – MÉRITO DJe-187 DIVULG 28.07.2020 PUBLIC 29.07.2020).

[216] Com base na Pesquisa de Informações Básicas Estaduais (Estadic), de 2108, verificou-se que Alagoas, Bahia, Goiás, Paraná, Piauí, Rio Grande do Sul, Sergipe e Tocantins não estariam cumprindo o PSPN. E*vide*ntemente, a situação pode ter se alterado desde então, mas aponta uma resistência ou dificuldade dos entes estaduais em alinhar sua política remuneratória com a regra nacional.

O mecanismo de reajustamento previsto na Lei nº 11.738/2008, atrelado ao crescimento do valor anual mínimo por aluno,[217] propicia que a variação do piso supere os índices inflacionários – tendência que deve ser reforçada com a alteração das regras do FUNDEB, a partir da EC 108/2020.

Tabela 1 – Progressão do reajuste do PSPN

Ano	INPC/IBGE (ano anterior)	Reajuste pelo INPC	Valor Piso	Reajuste PSPN	Diferença nominal
2009		R$ 950,00	R$ 950,00		R$ -
2010	4,11	R$ 989,05	R$ 1.024,67	7,86	R$ 35,63
2011	6,46	R$ 1.052,94	R$ 1.187,14	15,86	R$ 134,20
2012	6,08	R$ 1.116,96	R$ 1.451,00	22,23	R$ 334,04
2013	6,20	R$ 1.186,21	R$ 1.567,00	7,99	R$ 380,79
2014	5,56	R$ 1.252,16	R$ 1.697,39	8,32	R$ 445,23
2015	6,23	R$ 1.330,17	R$ 1.917,78	12,98	R$ 587,61
2016	11,28	R$ 1.480,21	R$ 2.135,64	11,36	R$ 655,43
2017	6,58	R$ 1.577,61	R$ 2.298,83	7,64	R$ 721,22
2018	2,07	R$ 1.610,27	R$ 2.455,61	6,82	R$ 845,34
2019	3,43	R$ 1.665,50	R$ 2.557,74	4,16	R$ 892,24
2020	4,48	R$ 1.740,11	R$ 2.886,15	12,84	R$ 1.146,04
2021	5,45	R$ 1.834,95	R$ 2.886,15	0,00	R$ 1.051,20
2022	10,16	R$ 2.021,38	R$ 3.845,63	33,24	R$ 1.824,25
ACUMULADO	78,09			151,31	

Fonte: Elaboração do autor com base em dados do MEC e do IBGE.

Por essa razão, as entidades representativas dos entes subnacionais têm pleiteado a revisão da metodologia de cálculo da atualização do Piso[218] e o próprio Governo cogitou descumprir a regra vigente, em 2022.[219] Registre-se que desde 2008 tramita na Câmara dos Deputados um projeto de lei de iniciativa do Poder Executivo, que adota a variação anual INPC como fator de atualização, provavelmente resultado da pressão dos governadores, logo após a promulgação da lei.[220]

[217] Art. 5º. O piso salarial profissional nacional do magistério público da educação básica será atualizado, anualmente, no mês de janeiro, a partir do ano de 2009.
Parágrafo único. A atualização de que trata o *caput* deste artigo será calculada utilizando-se o mesmo percentual de crescimento do valor anual mínimo por aluno referente aos anos iniciais do ensino fundamental urbano, definido nacionalmente, nos termos da Lei nº 11.494, de 20 de junho de 2007.

[218] *Vide* nota da Confederação Nacional dos Municípios em: https://www.cnm.org.br/comunicacao/noticias/nota-sobre-os-impactos-do-reajuste-do-piso-nacional-do-magisterio-para-2020. Acesso em: 08 fev. 2022.

[219] *Vide* notícia publicada pela Folha, em: https://www1.folha.uol.com.br/educacao/2022/01/governo-bolsonaro-quer-barrar-reajuste-de-33-no-piso-de-professores.shtml. Acesso em: 24 fev. 2022.

[220] Conforme andamento atual, o PL nº 3776/2008 encontra-se em condições de votação pelo Plenário. *Vide* redação final do projeto, em: https://www.camara.leg.br/proposicoesWeb/fichadetramitacao?idProposicao=405482. Acesso em: 08 fev. 2022.

Também houve a judicialização do tema, em sede de controle concentrado de constitucionalidade, por meio da ADI nº 4.84, proposta pelos governadores do Mato Grosso do Sul, Goiás, Piauí, Rio Grande do Sul, Roraima e Santa Catarina. Nela, ingressaram como *amicus curiae* a CNTE e a Confederação dos Trabalhadores no Serviço Público Municipal do Brasil. O Tribunal, por unanimidade, julgou improcedente a ação direta e fixou a seguinte tese de julgamento: "É constitucional a norma federal que prevê a forma de atualização do piso nacional do magistério da educação básica", nos termos do voto do Relator, Ministro Luis Roberto Barros.[221]

À medida que o valor do PSPN evolui acima dos índices inflacionários, ocorre um efeito indesejado: o piso salarial avança sobre a escala remuneratória das carreiras docentes, produzindo uma "zona de colisão" entre os efeitos da norma federal e os emanados das normas locais – evidentemente, nas entidades em que há efetivamente um plano de carreira.

Tivemos a oportunidade de acompanhar esse problema no Estado de São Paulo, dada nossa atuação na Procuradoria Geral do Estado. Em 2017, o piso salarial chegou a R$2.298,80 (dois mil, duzentos

---

[221] EMENTA: Direito Constitucional. Ação direta de inconstitucionalidade. pacto federativo e repartição de competência. Atualização do piso nacional para os professores da educação básica. Art. 5º, parágrafo único, da Lei 11.738/2008. Improcedência. 1. Ação direta de inconstitucionalidade que tem como objeto o art. 5º, parágrafo único, da Lei 11.738/2008, prevendo a atualização do piso nacional do magistério da educação básica calculada com base no mesmo percentual de crescimento do valor anual mínimo por aluno referente aos anos iniciais do ensino fundamental urbano. 2. Objeto diverso do apreciado na ADI 4.167, em que foram questionados os art. 2º, §§1º e 4º; 3º, caput, II e III; e 8º, todos da Lei 11.738/2008, e decidiu-se no sentido da constitucionalidade do piso salarial nacional dos professores da rede pública de ensino. Na presente ação direta, questiona-se a inconstitucionalidade da forma de atualização do piso nacional. Preliminares rejeitadas. 3. A previsão de mecanismos de atualização é uma consequência direta da existência do próprio piso. A edição de atos normativos pelo Ministério da Educação, nacionalmente aplicáveis, objetiva uniformizar a atualização do piso nacional do magistério em todos os níveis federativos e cumprir os objetivos previstos no art. 3º, III, da Constituição Federal. Ausência de violação aos princípios da separação do Poderes e da legalidade. 4. A Lei nº 11.738/2008 prevê complementação pela União de recursos aos entes federativos que não tenham disponibilidade orçamentária para cumprir os valores referentes ao piso nacional. Compatibilidade com os princípios orçamentários da Constituição e ausência de ingerência federal indevida nas finanças dos Estados. 5. Ausente violação ao art. 37, XIII, da Constituição. A União, por meio da Lei 11.738/2008, prevê uma política pública essencial ao Estado Democrático de Direito, com a previsão de parâmetros remuneratórios mínimos que valorizem o profissional do magistério na educação básica. 6. Pedido na Ação Direita de Inconstitucionalidade julgado improcedente, com a fixação da seguinte tese: "É constitucional a norma federal que prevê a forma de atualização do piso nacional do magistério da educação básica" (BRASIL. Supremo Tribunal Federal. *ADI nº 4848*. Relator(a): Roberto Barroso, Tribunal Pleno, julgado em 01.03.2021, PROCESSO ELETRÔNICO DJe-085 DIVULG 04.05.2021 PUBLIC 05.05.2021).

e noventa oito reais e oitenta centavos), superando os dois níveis iniciais constantes da escala de vencimentos de Professor Educação Básica I, com jornada semanal de 40 (quarenta horas). Confira-se a escala então vigente:

Tabela 2 – Escala de vencimentos – Professor Educação Básica I – Estado de S. Paulo

Subanexo 3
ESCALA DE VENCIMENTOS - CLASSES DOCENTES
ESTRUTURA I
PROFESSOR EDUCAÇÃO BÁSICA I
TABELA I – 40 HORAS SEMANAIS

Faixa/ Nível	I	II	III	IV	V	VI	VII	VIII
1	2.086,93	2.191,27	2.300,84	2.415,88	2.536,67	2.663,51	2.796,68	2.936,51
2	2.306,05	2.421,36	2.542,42	2.669,55	2.803,02	2.943,17	3.090,33	3.244,85
3	2.548,19	2.675,60	2.809,38	2.949,85	3.097,34	3.252,21	3.414,82	3.585,56
4	2.815,75	2.956,54	3.104,36	3.259,58	3.422,56	3.593,69	3.773,37	3.962,04
5	3.111,40	3.266,97	3.430,32	3.601,84	3.781,93	3.971,03	4.169,58	4.378,06
6	3.438,10	3.610,00	3.790,51	3.980,03	4.179,03	4.387,98	4.607,38	4.837,75
7	3.799,10	3.989,06	4.188,51	4.397,93	4.617,83	4.848,72	5.091,16	5.345,72
8	4.198,01	4.407,91	4.628,30	4.859,72	5.102,70	5.357,84	5.625,73	5.907,02

Fonte: Lei Complementar Estadual nº 1.204, de 01.07.2013.

Em outros Estados, o mesmo problema apresentou-se e a questão foi judicializada, por meio de demandas individuais ou coletivas que buscavam promover a revisão de toda a escala vencimental, de maneira que o índice de atualização do PSPN se aplicasse a todas as referências que a compunham.[222]

O contencioso veio a resultar em decisão do Superior Tribunal de Justiça, proferida em regime de recurso repetitivo, em que aquela Corte uniformizou sua jurisprudência, entendendo que a Lei Federal nº 11.738/2008 não produz efeito direto sobre as escalas vencimentais estabelecidas pela lei local, exceto quando a própria legislação do ente subnacional assim dispõe. Para melhor compreensão, seguem trechos selecionados da ementa:

[222] Verificamos a existência de demandas dessa natureza em São Paulo, Paraná, Rio Grande do Sul, Santa Catarina e Espírito Santo.

PROCESSUAL CIVIL E ADMINISTRATIVO. PISO SALARIAL NACIONAL PARA OS PROFESSORES DA EDUCAÇÃO BÁSICA. VIOLAÇÃO AO ART. 535 DO CPC/1973. INOCORRÊNCIA. VENCIMENTO BÁSICO. REFLEXO SOBRE GRATIFICAÇÕES E DEMAIS VANTAGENS. INCIDÊNCIA SOBRE TODA A CARREIRA. TEMAS A SEREM DISCIPLINADOS NA LEGISLAÇÃO LOCAL. MATÉRIAS CONSTITUCIONAIS. ANÁLISE EM SEDE DE RECURSO ESPECIAL. IMPOSSIBILIDADE.

1. (...).

2. A Lei nº 11.738/2008, regulamentando um dos princípios de ensino no País, estabelecido no art. 206, VIII, da Constituição Federal e no art. 60, III, "e", do ADCT, estabeleceu o piso salarial profissional nacional para o magistério público da educação básica, sendo esse o valor mínimo a ser observado pela União, pelos Estados, o Distrito Federal e os Municípios quando da fixação do vencimento inicial das carreiras.

3. O Supremo Tribunal Federal, no julgamento da ADI 4167/DF, declarou que os dispositivos da Lei n. 11.738/2008 questionados estavam em conformidade com a Constituição Federal, registrando que a expressão "piso" não poderia ser interpretada como "remuneração global", mas como "vencimento básico inicial", não compreendendo vantagens pecuniárias pagas a qualquer outro título. Consignou, ainda, a Suprema Corte que o pagamento do referido piso como vencimento básico inicial da carreira passaria a ser aplicável a partir de 27/04/2011, data do julgamento do mérito da ação.

4. Não há que se falar em reflexo imediato sobre as vantagens temporais, adicionais e gratificações ou em reajuste geral para toda a carreira do magistério, visto que não há nenhuma determinação na Lei Federal de incidência escalonada com aplicação dos mesmos índices utilizados para a classe inicial da carreira.

5. Nos termos da Súmula 280 do STF, é defesa a análise de lei local em sede de recurso especial, de modo que, uma vez determinado pela Lei n. 11.738/2008 que os entes federados devem fixar o vencimento básico das carreiras no mesmo valor do piso salarial profissional, compete exclusivamente aos Tribunais de origem, mediante a análise das legislações locais, verificar a ocorrência de eventuais reflexos nas gratificações e demais vantagens, bem como na carreira do magistério.

6. Hipótese em que o Tribunal de Justiça estadual limitou-se a consignar que a determinação constante na Lei n. 11.738/2008 repercute nas vantagens, gratificações e no plano de carreira, olvidando-se de analisar especificamente a situação dos profissionais do magistério do Estado do Rio Grande do Sul.

7. Considerações acerca dos limites impostos pela Constituição Federal - autonomia legislativa dos entes federados, iniciativa de cada chefe do poder executivo para propor leis sobre organização das carreiras

e aumento de remuneração de servidores, e necessidade de prévia previsão orçamentária -, bem como sobre a necessidade de edição de lei específica, nos moldes do art. 37, X, da Constituição Federal, além de já terem sido analisadas pelo STF no julgamento da ADI, refogem dos limites do recurso especial.

8. Para o fim preconizado no art. 1.039 do CPC/2015, firma-se a seguinte tese: A Lei n. 11.738/2008, em seu art. 2º, §1º, ordena que o vencimento inicial das carreiras do magistério público da educação básica deve corresponder ao piso salarial profissional nacional, sendo vedada a fixação do vencimento básico em valor inferior, não havendo determinação de incidência automática em toda a carreira e reflexo imediato sobre as demais vantagens e gratificações, o que somente ocorrerá se estas determinações estiverem previstas nas legislações locais."

9. Recurso especial parcialmente provido para cassar o acórdão a quo e determinar o retorno dos autos ao Tribunal de origem, a fim de que reaprecie as questões referentes à incidência automática da adoção do piso salarial profissional nacional em toda a carreira do magistério e ao reflexo imediato sobre as demais vantagens e gratificações, de acordo com o determinado pela lei local. Julgamento proferido pelo rito dos recursos repetitivos (art. 1.039 do CPC/2015).

(BRASIL. Supremo Tribunal Federal. *REsp nº 1426210/RS*. Rel. Ministro Gurgel De Faria, PRIMEIRA SEÇÃO, julgado em 23.11.2016, DJe 09.12.2016 – grifos nossos)[223]

Em São Paulo, a matéria foi examinada em ação coletiva proposta pela APEOESP – Sindicato dos Professores do Ensino Oficial do Estado de São Paulo, sendo que a pretensão inicial foi acolhida pelo Tribunal de Justiça de São Paulo, valendo a pena transcrever parcialmente a ementa do julgado:

Processual – Ação coletiva ajuizada por sindicato – (...) – Piso salarial profissional nacional para os profissionais da educação básica – Estado de São Paulo que, para dar cumprimento às disposições contidas na Lei Federal nº 11.738/2008, que regulamenta o artigo 60, inciso III, alínea "e", do Ato das Disposições Constitucionais Transitórias, editou o Decreto nº 62.500/2017, determinando o pagamento de um abono complementar aos professores quando o valor da faixa e nível em que estiverem enquadrados for inferior ao valor do piso salarial profissional nacional do magistério público da educação básica, em valor correspondente à diferença – (...) Pedido de reconhecimento dos

[223] A íntegra do acórdão está disponível em: https://ww2.stj.jus.br/processo/revista/ inteiroteor/?num_registro=201304167976&dt_publicacao=09/12/2016. Acesso em: 11 ago. 2018.

> reflexos do reajuste no piso salarial para toda a estrutura remuneratória da carreira – Possibilidade – Piso salarial que, pelos termos da Lei nº 11.738/2008, não impõe automaticamente o reajuste global da estrutura remuneratória da carreira do magistério, conforme decidido pelo C. Superior Tribunal de Justiça quando do julgamento do Recurso Especial nº 1.426.210, sob o rito dos repetitivos – Exame do pedido que demanda análise da Legislação local – Tabela de vencimentos do magistério que, apesar de estruturada em valores certos, obedece a uma proporção matemática fixa, calculados os valores dos diversos níveis e faixas sobre o salário base inicial – Artigo 32, parágrafo único, da Lei Complementar Estadual nº 836/1997 que dispõe que "Cada classe de docente e de suporte pedagógico é composta de 8 (oito) níveis e 8 (oito) faixas de vencimentos, que correspondem, o primeiro nível e respectiva faixa, ao vencimento inicial das classes, decorrendo, os demais níveis e faixas, de evolução funcional e de promoção" – Direito ao plano de carreira que constitui princípio informador da prestação de serviços públicos na área de educação, conforme disposto no artigo 206, inciso V, da Constituição Federal e no artigo 251 da Constituição Estadual – Negativa dos reflexos proporcionais do reajuste procedido sobre o resto da estrutura remuneratória que deformaria a política de valorização da remuneração dos professores, achatando a estrutura de vencimentos e desestimulando o aperfeiçoamento dos docentes – Título judicial em ação coletiva que deve beneficiar toda a categoria, independente de filiação (...). Recurso dos réus desprovido e recurso da autora provido.
>
> (SÃO PAULO. Tribunal de Justiça de São Paulo. *Apelação nº 1012025-73.2017.8.26.0053*. Relator (a): Luciana Bresciani; Órgão Julgador: 2ª Câmara de Direito Público; Foro Central – Fazenda Pública/Acidentes – 7ª Vara de Fazenda Pública; Data do Julgamento: 05.12.2017; Data de Registro: 06.12.2017 – grifos nossos).[224]

Perceba-se que no acórdão proferido pelo Tribunal de Justiça há uma nuance relevante: entendeu-se ali que a lei federal não teria, por si mesma, o condão de impor o reajuste a toda a estrutura remuneratória da carreira do magistério local. Todavia, por irradiação das disposições constitucionais sobre o plano de carreira, estaria o ente local obrigado a manter a proporcionalidade dos vencimentos dos professores, que fora distorcida com a elevação do piso.

Trata-se de tese engenhosa – e, vale dizer, bem desenvolvida no aresto – mas que tem evidentes implicações com o princípio federativo. Por essa razão, os efeitos da decisão foram suspensos pela Presidência

[224] Íntegra do acórdão disponível em: https://esaj.tjsp.jus.br/cjsg/getArquivo.do?cdAcordao=11047032&cdForo=0. Acesso em: 08 fev. 2022.

do Supremo Tribunal Federal, até que seja apreciado recurso extraordinário ajuizado pela Procuradoria Geral do Estado.[225] Destacamos dessa decisão monocrática, os seguintes excertos:

> DECISÃO MEDIDA CAUTELAR NA SUSPENSÃO DE LIMINAR. PISO SALARIAL PROFESSOR. ABONO COMPLEMENTAR PROPORCIONAL À DIFERENÇA ENTRE O VENCIMENTO BÁSICO INICIAL DA CARREIRA DE MAGISTÉRIO ESTADUAL E VALOR DO PISO NACIONAL. INCORPORAÇÃO DO ABONO PECUNIÁRIO AO VENCIMENTO BÁSICO. EXTENSÃO A TODOS OS INTEGRANTES DA CARREIRA DO MAGISTÉRIO PÚBLICO ESTADUAL. MATÉRIA CONSTITUCIONAL. AMEAÇA DE GRAVE LESÃO À ORDEM E À ECONOMIA PÚBLICAS. MEDIDA DEFERIDA. Relatório 1. Suspensão de liminar, com requerimento de medida cautelar, ajuizada pelo Estado de São Paulo, em 6.3.2018, com o objetivo de suspender a execução da sentença proferida pelo juízo da Sétima Vara da Fazenda Pública de São Paulo na Ação Civil Pública nº 1012025-73.2017.8.26.00053, confirmada pela Segunda Câmara de Direito Público do Tribunal de Justiça do São Paulo no julgamento da apelação contra ela interposta e mantida pelo Superior Tribunal de Justiça na Suspensão de Liminar e de Sentença n. 2.348. (...) <u>A assertiva segundo a qual haveria certa "proporcionalidade matemática" entre os diversos níveis, faixas e classes que compõem a carreira do magistério estadual não parece, ao menos nesse juízo preliminar, fundamento bastante para se estender linearmente o índice de reajuste devido àqueles profissionais que, ilegalmente, percebiam remuneração inferior ao piso nacional.</u> <u>As categorias profissionais que compõem o serviço público federal, estadual ou municipal são dispostas em carreiras, nas quais se estabelecem faixas entre o nível inicial e o final, o que não se faz administrativa, mas legalmente, sempre segundo proporção que o legislador define e fundamenta</u>. Neste exame preliminar, o quadro descrito permite vislumbrar que, a prevalecer a compreensão explicitada na decisão contrastada, sempre que o piso nacional for reajustado pela União, o mesmo fator deveria ser aproveitado por toda a categoria. Tanto é o que alega o Requerente que causaria abalo significativo nas contas estaduais e suscitaria dúvida sobre o respeito, ou não, ao princípio federativo, pois o piso nacional, por óbvio, é determinado pela União e teria de ser acompanhado, em diferentes categorias ou níveis da carreira pela unidade federada

[225] Decisão proferida na SL 1149 MC, Relator(a): Min. Presidente, Decisão Proferida pelo(a) Ministro(a) CÁRMEN LÚCIA, julgado em 13.04.2018, publicado em PROCESSO ELETRÔNICO DJe-087 DIVULG 04.05.2018 PUBLIC 07.05.2018. Disponível em: http://www.stf.jus.br/portal/jurisprudencia/visualizarEmenta.asp?s1=000423337&base=basePresidencia. Acesso em: 08 fev. 2022. Até a data desta edição, a discussão do mérito da demanda está sob o crivo dos Tribunais Superiores, por meio de recursos da Fazenda Estadual.

independente de sua autonomia administrativa, financeira e legal. O aumento do piso nacional, divulgado anualmente pelo Ministério da Educação, deixaria de constituir piso, tornando-se reajuste geral anual do magistério, alcançando Estados e Municípios sem qualquer juízo sobre a capacidade financeira desses entes e sobre o atendimento dos limites impostos pela lei de responsabilidade fiscal, o que não parece ter sido o objetivo da Emenda Constitucional n. 53/2006. Ademais, a determinação de incidência do percentual de reajuste do piso nacional do magistério a toda a categoria profissional parece fundar-se na necessidade de preservar a isonomia entre os integrantes das demais classes, níveis e faixas da carreira do magistério público estadual, o que esbarra na Súmula Vinculante n. 37 deste Supremo Tribunal. 8. Pelo exposto, presentes os pressupostos autorizadores da medida cautelar, sem prejuízo de posterior reexame da matéria após a instrução desta medida, defiro-a para suspender os efeitos da decisão proferida pelo juízo da Sétima Vara da Fazenda Pública de São Paulo nos autos da Ação Civil Pública n. 1012025-73.2017.8.26.00053, confirmada pela Segunda Câmara de Direito Público do Tribunal de Justiça do São Paulo, apenas até o exame do recurso extraordinário com agravo interposto contra essa decisão (art. 12, §1º, da Lei nº 7.347/1985, art. 4º da Lei nº 8.437/1992 e art. 297 do Regimento Interno do Supremo Tribunal Federal) (grifos nossos).

Para o escopo de nosso trabalho não interessa discutir em profundidade as teses jurídicas subjacentes a essa controvérsia. Antes, interessa-nos observar que há um "conflito de efeitos" mais do que um simples "conflito de normas", que necessariamente deve ser estudado para exata compreensão das políticas docentes.

Partimos aqui da constatação de Bucci (2013, p. 257) de que "a política pública, devidamente recortada em relação ao entorno institucional e social, como tipo ideal, deve ser considerada o arranjo institucional hábil a produzir um encadeamento de ações, organizado em função de um regime de efeitos".

Os "efeitos jurídicos combinados, articulados ou conjugados" decorrentes da "amarração jurídica" da política pública, constituem um regime "dependente de múltiplos centros de imputação jurídica, envolvidos na inovação institucional" (BUCCI, 2013, p. 258-261) – justamente a situação em tela, em que a política de valorização docente depende da articulação de competências da União – na definição e atualização do piso e no estímulo à criação de planos de carreira – e dos Estados, Distrito Federal e Municípios – na implementação concreta dos planos de carreira, harmonizando-os com a regra do piso.

O desafio que se coloca para uma abordagem jurídica das políticas públicas é articular "normas e efeitos previstos em normas", conjugando as dimensões de validade e da eficácia, propiciando uma "intervenção política ou social mais eficiente (com menos 'calor e perda de energia')" (BUCCI, 2013). Embora possa ser questionada, no plano da dogmática constitucional, a vinculação entre o PSPN e as estruturas remuneratórias das carreiras docentes, os efeitos produzidos pela Lei do Piso criam a demanda por novas formas de articulação entre União e entidades subnacionais, de modo a harmonizar o exercício dessas competências constitucionais.[226]

A compreensão dos conflitos narrados neste capítulo propiciará – esperamos – algum aprendizado para o desenho de futuras políticas que queiram inovar e aprimorar a articulação institucional necessária a implementar, de forma juridicamente adequada e socialmente eficaz, o desiderato constitucional de valorização da profissão docente.

Porém, a complexidade da política de valorização docente não se esgota nos temas abordados neste capítulo, pois há um ingrediente a mais, merecendo um tratamento apartado: o planejamento nacional da educação.

---

[226] A Confederação Nacional dos Trabalhadores da Educação já havia percebido e propugnado a visão articulada em piso e planos de carreira, no documento *Piso e carreira andam juntos* (2015).

CAPÍTULO 5

A CARREIRA DOCENTE NOS PLANOS EDUCACIONAIS

O Ministro da Educação da Coreia do Sul comentou comigo que em seu país não se tocava no orçamento da Educação, nem em momentos difíceis: "A educação é a chave do futuro, e por isso deve ser preservada", disse ele. No Brasil, isso não ocorreu.

Renato Janine Ribeiro, ex-Ministro da Educação, *A pátria educadora em colapso*, 2018.

5.1 O PLANEJAMENTO DAS POLÍTICAS PÚBLICAS

Firmou-se, ao longo do século XX, à medida que ocorreu a superação do modelo oitocentista de Estado Liberal, a noção de que o planejamento é uma ferramenta essencial da atuação estatal no âmbito econômico e social, talhada para promover uma coordenação distinta daquela que é estabelecida pelo jogo das forças do mercado.[227]

Praticadas inicialmente no campo urbanístico (BENEVOLO, 1993, p. 573 e ss.; SALVIA; TERESI, 1992, p. 44) e militar (SANT'ANNA, 2015), as técnicas de planejamento estatal foram adotadas de forma mais ampla pelo Estado Soviético pós-revolucionário – cujo modelo

[227] Ressalte-se que o planejamento também é instrumento de coordenação interna no âmbito das empresas privadas, o que não esmaece a função especial que ele assume, quando operado pelos entes de natureza política.

excessivamente rígido e autocrático produziu, com um custo trágico contado em vidas humanas, impressionantes resultados no campo do desenvolvimento técnico e industrial (FERREIRA, 1998). Logo a seguir, tais técnicas foram incorporadas ao ferramental dos países capitalistas, a partir da emergência dos modelos de bem-estar social, disseminados nos anos 30 e 40, e estendidas para a promoção do desenvolvimento dos países do terceiro mundo, por agências internacionais, como a Comissão Econômica para a América Latina (CEPAL) (OLIVEIRA, 2006; LOMBARDINI, 1998; BERCOVICI, 2015).

A atividade planejadora tem, por sua própria feição, uma natureza marcadamente *racional, instrumental* e *prospectiva,* voltada para a realização de um determinado estado de coisas, em dado momento futuro. Conforme lição de Eros Grau (1990, p. 282), o planejamento é:

> forma de ação racional caracterizada pela previsão de comportamentos econômicos e sociais futuros, pela formulação explícita de objetivos e pela definição de meios de ação coordenadamente dispostos.

5.1.1 Aspectos críticos do planejamento

A prática estatal do planejamento, em determinadas etapas de seu desenvolvimento histórico, não esteve isenta de algumas distorções, denunciadas pela literatura sobre políticas públicas, das quais destacamos: a) a hegemonia de uma visão técnico-burocrática do planejamento; b) a ênfase excessiva no processo de elaboração do plano; c) a crença em modelos de racionalidade incapazes de apreender a complexidade das políticas públicas; d) a pouca consideração dada à dimensão jurídica do planejamento.

Vejamos, a seguir, cada um desses aspectos:

a) A hegemonia de uma visão técnico-burocrática do planejamento

Guy Peters considera o planejamento "a primeira e quiçá a mais importante das estratégias de expansão da influência burocrática" e que, embora se possa alegar que as decisões dos planejadores favoreçam o bloqueio de interesses especiais e permitam uma visão de longo prazo, seu principal efeito é retirar a decisão de funcionários politicamente responsáveis e enfraquecer o controle democrático (1999, p. 373 *et. seq*).

Expressando a mesma preocupação do predomínio de uma visão técnico-burocrática, incapaz de garantir a legitimidade social do planejamento, observa Roberto Dromi (2009, p. 165):

> A planificação não é somente uma operação técnica. É essencialmente, segundo nosso critério, um processo político, através do qual se define prospectivamente o que a sociedade quer em longo prazo, para projetar o curto e o médio prazo. É a ferramenta de ação governamental pela qual se particularizam e pontuam para cada setor as metas a alcançar e a destinação de recursos. (tradução nossa)[228]

Analisando a experiência brasileira, Gilberto Bercovici (2015, p. 20) enfatiza a natureza política do planejamento, conectando-a com o projeto constitucional e a própria estrutura federativa de nossa república:

> O planejamento, embora tenha conteúdo técnico, é um processo político, especialmente nas sociedades que buscam a transformação das estruturas econômicas e sociais. Por meio do planejamento, é possível demonstrar a conexão entre estrutura política e estrutura econômica, que são interligadas. O planejamento visa à transformação ou à consolidação de determinada estrutura econômico-social, portanto, de determinada estrutura política. O processo de planejamento começa e termina no âmbito das relações políticas, ainda mais em um regime federativo, como o brasileiro, em que o planejamento pressupõe um processo de negociação e decisão políticas entre os vários membros da Federação e setores sociais.

b) A ênfase excessiva no processo de elaboração do plano

Uma visão que reduz o processo de planejamento às fases de diagnóstico, análise de alternativas e tomada de decisão pode induzir o analista a desconsiderar a implementação como fase essencial no ciclo da política pública, gerando resultados, por vezes, frustrantes.

Conforme observa Oliveira (2006), a partir do trabalho precursor de Pressman e Wildavisky (1973), desenvolveu-se uma literatura voltada a debater as complexas interações entre a elaboração dos

---

[228] No original: "La planificación no es sólo una operación técnica. Es esencialmente, según nuestro criterio, un proceso político, a través del cual se define prospectivamente lo que la sociedad quiere en largo plazo, para proyectar el corto y el mediano plazo. Es la herramienta de la acción gubernamental por la que se particularizan y puntualizan para cada sector las metas a alcanzar y los recursos a assignar".

planos e a implementação, na qual se revelou a importância de se levar em consideração tanto os fluxos decisórios descendentes (*top down*) quanto os ascendentes (*bottom up*) (SABATIER, 1986), reconhecendo-se a importância crucial dos agentes envolvidos na implementação (*street level bureaucracy*) (LIPSKY, 1969).

Essa literatura alertou os formuladores de políticas públicas para a necessidade de estabelecer estratégias de gestão da implementação e de revisão do processo de planejamento, bem como promover a escolha adequada dos instrumentos adotados na implementação da política (*policy design*), em face das condições institucionais existentes (HOWLETT; RAMESH; PERL, 2013).

c) A adoção de modelos de racionalidade inadequados

Conectado à concepção tecno-burocratizante do planejamento das políticas públicas está o apego a modelos de racionalidade que dificilmente se relacionam com as condições objetivas do processo decisório. Nesse sentido, trazemos a interessante crítica de Luigi Bobbio (2003) ao impulso de se buscar atalhos na solução dos complexos problemas das sociedades contemporâneas:

> O arquétipo de Alexandre, o Grande, em Gordio, que corta o nó em vez de desatá-lo, voltou a exercer um forte apelo em nossa república pós-consociativa. De fato, a palavra "decidir" (*decidere)* tem, do ponto de vista etimológico, uma relação próxima à palavra "cortar" (*recidere*). E não se trata de uma etimologia totalmente enganosa. Não se decide sem cortar ou sacrificar alguma alternativa ou chance. Mas não se diz que o instrumento mais eficaz para realizar esta operação é a espada ou seus equivalentes modernos, seja a vontade da maioria ou a racionalidade de um governante-*manager*. (p. 8, tradução nossa)[229]

Essa crítica é resultado de um longo percurso da literatura sobre políticas públicas, em que se partiu de um modelo "clássico", "racional-sinóptico" ou "racional-compreensivo" de racionalidade,

---

[229] No original: "L'archetipo di Alessandro Magno a Gordio che taglia il nodo invece di scioglierlo è tornato a esercitare un forte richiamo nella nostra repubblica postconsociativa. In effetti la parola "decidere" è, dal punto di vista etimologico, parente stretta di 'recidere'. E non si tratta di un'etimologia del tutto fuorviante. Non si decide senza tagliare via o sacrificare qualche alternativa o qualche possibilità. Ma non è detto che lo strumento più efficace per compiere questa operazione sia la spada o i suoi moderni equivalenti, siano essi la volontà di una maggioranza o la razionalità di un governante-*manager*".

baseado no pressuposto errôneo de que um decisor monocrático teria recursos de tempo e informações ilimitados para selecionar as melhores alternativas, justificáveis unicamente em critérios de adequação entre meios disponíveis e finalidades a realizar.

Trata-se de racionalidade orientada para o escopo ou *racionalidade substancial* – em contraponto à racionalidade formal, orientada ao procedimento. A maioria dos modelos decisionais racionais propõe um ciclo, que compreende: a) fixação dos objetivos que devem ser ordenados e não contraditórios; b) geração de todas as alternativas idôneas a alcançá-los; c) avaliação das consequências de cada alternativa; d) escolha da alternativa que apresenta a máxima combinação de eficiência e eficácia em relação ao objetivo inicialmente fixado. O modelo racional busca um *cálculo compreensivo,* em que todo o campo decisional é investigado, com a pretensão de eliminação da incerteza. Tal modelo tornou-se popular especialmente nos anos 60, com o otimismo de fundar as escolhas políticas em bases científicas. Nesse filão, destacam-se a análise de custo-benefício, a programação por objetivos, a *decision analisys,* a análise de impacto ambiental e o modelo mais ambicioso, o *Planning Programming Budgeting System* (PBBS).

Todavia, alguns obstáculos colocam-se à realização plena desse modelo, dada a dificuldade de realização plena de suas condições, quais sejam: a) a separação absoluta entre meios e fins; b) que o processo decisional possa ser conduzido por um único decisor (individual ou coletivo) ou entidade capaz de produzir preferências ordenadas e não contraditórias; c) que a análise das alternativas possa dissipar as fontes de incerteza, produzindo certeza razoável; d) que existam recursos suficientes para a análise, especialmente tempo para conduzi-la de forma completa.

Como se pode deduzir, dificilmente se verificam tais condições no plano da realidade, o que limita a utilidade do modelo a decisões de menor monta. Por conta de suas limitações, esse modelo veio a ser criticado e apelidado como *racionalidade olímpica* (Herbert Simon, *Reason in human affairs,* 1983) ou *omnicompreensiva ou sinóptica* (Charles Lindblom, *The intelligence of democracy,* 1965), observando que, em certos casos, é mais racional não se utilizar de um modelo (perfeitamente) racional.

Herbert Simon (1972), baseando-se na teoria organizacional e na psicologia social propõe, como alternativa, um modelo de *racionalidade limitada* (*bounded rationality*) também conhecido como *modelo cognitivo.* Nele, o decisor não pesquisa todas as alternativas possíveis, mas as avalia em sequência e escolhe a primeira que lhe parece satisfatória (*good enough*), em contraste com suas expectativas. Também se observa que o decisor ajusta continuamente os meios e fins durante sua pesquisa, o que contrasta com a rigidez prévia dos fins no modelo racional-compreensivo. Portanto, o modelo cognitivo se propõe a investigar a *heurística* – ou seja, os atalhos e estratégias – adotadas pelo decisor que dispõe de uma racionalidade limitada e promove uma busca sequencial, na qual são ignoradas alternativas importantes. Percebe-se que em situações de incerteza, o decisor recorre a padrões (*frames*) de decisões anteriores, o que obriga o estudioso a mapear as rotinas, procedimentos-padrões, regras comportamentais que podem direcionar o processo decisional. A *racionalidade substancial* cede passo a uma *racionalidade procedural,* em que os meios são confrontados com regras e procedimentos que também são passíveis de ajustamento pela experiência do decisor individual ou coletivo.

Outra linha crítica, adotada sobretudo pelos cientistas políticos de matiz pluralista, a partir do trabalho de Charles Lindblom (1959), ataca o modelo racional-compreensivo com base na incapacidade de representar como se desenvolvem as escolhas públicas nos sistemas democráticos, em que, além de míopes (como ressalta o modelo cognitivo), os atores também são fragmentários. Verifica-se que a decisão depende de um contexto interativo, como um jogo em que cada ator é dotado de recursos, objetivos e lógicas de ação próprias. Se por um lado, tal fragmentação opera como uma garantia das liberdades democráticas, por outro ocasiona perdas de eficiência que são frequentemente objeto de críticas dos adeptos da visão racional, que propõem reformas institucionais que favoreçam a coordenação e permitam à autoridade – técnica ou eleita – um maior poder discricionário.

Os adeptos da visão incremental, entretanto, não veem a fragmentação como um elemento a ser expurgado. Observando os *policy makers,* verifica-se que esses, em um ambiente decisional interativo, adaptam os fins aos meios e buscam o que é concretamente possível, em preferência ao que é abstratamente desejável. O parâmetro da qualidade da decisão é medido não em relação ao fim desejado, mas considerando a diferença em relação ao *status quo.* Assim, os atores atuam com base numa lógica de *comparações limitadas sucessivas* em direção à meta prefixada. Prevalecem, nesse movimento, os critérios de natureza política – dada a interação dos atores – em detrimento dos critérios técnicos. Totalmente diferente do método racional-compreensivo, o modelo incremental reduz a possibilidade de erros, dada sua natureza gradual e sempre ajustável.

Todavia, o modelo incremental também encontra suas críticas, se proposto como modelo prescritivo: em primeiro lugar, sugere uma renúncia à razoabilidade e uma rendição a processos de escambo político, em que prevalecem os interesses dos mais poderosos (ETZIONI, 1967); outra crítica, formulada por Yehezkel Dror (1964), diz respeito à tendência à inércia e conservação em detrimento das mudanças substanciais que, por vezes, são necessárias e desejáveis. Os incrementalistas, no entanto, defendem que o modelo não se limita ao escambo e propicia o aprendizado coletivo e a formação de uma racionalidade *a posteriori*. Ademais, reconhecem a necessidade de mudanças não incrementais, mas consideram improvável provocá-las pela adoção de um determinado método decisional, visto tratar-se de eventos excepcionais; ao revés, "uma sequência veloz de pequenas mudanças pode alterar o *status quo* mais rapidamente que reformas de grande monta que se dão com menor frequência" (LINDBLOM, 1979, tradução nossa).[230]

Outra crítica – decorrente da base pluralista do modelo – diz respeito à concepção de que o mútuo ajustamento entre as partes pressupõe uma igualdade fictícia, na hipótese de que "cada interesse tem seu sentinela", ignorando que há flagrante desigualdade de recursos entre os grupos de interesse – ao que os incrementalistas respondem que uma forte autoridade pode ser capturada pelos interesses mais potentes, ao passo que o mútuo ajustamento favorece que todos eles sejam confrontados, não obstante a desigualdade de força entre os atores. A adoção de um modelo incremental possui consequências sobre o desenho institucional, na medida em que exige a criação de condições que favoreçam a cooperação entre os sujeitos, num processo de aprendizagem coletivo. Assim, a falta de coordenação e a sobreposição de competências pode se revelar uma qualidade, ao invés de um defeito.

Bruno Dente e Joan Subirats (2014) frisam a contribuição analítica do modelo, ao sublinhar o caráter essencialmente político das decisões de *policy*, nas quais o critério decisional essencial é, em última análise, "o acordo entre os atores, ou seja, o consenso que se encontra na base dos mecanismos de legitimação de autoridade, nos sistemas políticos contemporâneos" (p. 64, tradução nossa).[231] Luigi Bobbio, por sua vez,

---

230 No original: "A fast-moving sequence of small changes can more speedily accomplish a drastic alteration of the status quo than can an only infrequent major policy change". Os dois textos de Lindblom aqui citados podem ser lidos em português em Heidemann e Salm (2014).

231 Destacamos do original: "De hecho, a pesar de que cuanto más aumenta la complejidad decisoria, los procesos de decisión que se desarrollan en la esfera privada tienden a

observa que "existe uma forte homologia entre o modelo incremental e a estrutura das arenas decisionais no estado contemporâneo, onde qualquer política pública exige o concurso dos vários níveis de governo" e das "diversas agências funcionais" (2003, p. 37, tradução nossa).[232]

Outro modelo decisional a desafiar a perspectiva racionalista é o chamado "modelo da lata de lixo" (*garbage-can model).* Além da incerteza já examinada no modelo cognitivo, seus criadores, Cohen, March e Olsen (1972), enfatizam, sobretudo, a ambiguidade que permeia o campo decisional. O modelo pressupõe que tal ambiguidade seja a marca de organizações "pouco estruturadas" (*lousely coupled*), em que os objetivos são vagos, as tecnologias pouco claras e a participação é fluida e inconstante, o que impede a constituição de um verdadeiro exercício de resolução de problemas (*problem solving*). Observa-se especialmente que a relação meios-fins se encontra debilitada, pois os atores não têm clareza sobre seus objetivos, que são definidos durante o processo interativo, em uma espécie de processo de aprendizagem. A participação também é inconstante, visto que os atores se dividem em vários processos decisionais e ingressam e saem da arena a qualquer tempo. Muitos problemas concorrem, assim, pela "ocasião de escolha". Frequentemente, as soluções preexistem ao problema em si e contribuem a defini-lo, pois a disponibilidade da solução (p. ex., uma tecnologia nova) faz emergir uma necessidade ou problema inexistente ou desconhecido. Portanto, os elementos são "jogados" em uma "lata de lixo", sendo que a decisão ocorre quando há o encontro de quatro variáveis: os participantes, o problema, a solução e a ocasião de escolha. A coincidência ou o acaso são os elementos mais importantes nesse modelo. Ao contrário do modelo racional, o tempo torna-se a variável determinante; os atores podem lidar inteligentemente quando compreendem sua dinâmica e aceitam sua ambiguidade.

O modelo da lata de lixo, ao incorporar a ambiguidade e a aleatoriedade no fluxo decisional, propiciou o surgimento de outros esquemas explicativos, como a *abordagem de múltiplos fluxos* (*multiple*

---

parecerse a los que desarrollan en la pública, hay igualmente un aspecto irremediablemente político en las decisiones de *policy* que el modelo de Lindblom pone de relieve al afirmar que el criterio esencial para la decisión es, en último término, el acuerdo entre los actores, o sea, el consenso que se encuentra en la base de los mecanismos de legitimación de la autoridad en los sistemas políticos contemporáneos".

[232] No original: "È appena il caso di notare come esista una forte omologia tra il modello incrementale e la struttura delle arene decisionali nello stato contemporaneo, dove qualsiasi política pubblica richiede il concorso di più livelli di governo (da quello europeo a quello locale) e di diverse agenzie funzionali (...)".

stream approach) de John Kingdon (1984) e a *teoria do equilíbrio pontuado (punctuated equilibrium theory)* de Baumgartner e Jones (1991).

O esquema proposto por Kingdon baseia-se na existência de três fluxos diferentes: o fluxo dos problemas, composto pelas questões a serem resolvidas; o fluxo das políticas públicas (*policy*), uma espécie de "sopa primordial" de ideias que competem por adoção; e o fluxo da política (*politics*), que determina a importância e a urgência das questões na agenda política. De vez em quando e imprevistamente, os três fluxos se confluem – na chamada "janela de política" (*policy window*) – e possibilitam uma solução para uma questão concreta, geralmente sob impulso de um empreendedor (*policy entrepreneur*) capaz de aproveitar esse *momentum*.

A *teoria do equilíbrio pontuado* enfatiza a dinâmica da agenda da política pública, geralmente caracterizada por longos períodos de estabilidade e incrementalismo, que são subitamente interrompidos por mudanças e maior amplitude e profundidade. Para Baumgartner e Jones, os períodos de estabilidade refletem o predomínio de uma imagem da política (*policy monopoly*) nos subsistemas políticos, especialmente nas comunidades de especialistas (*epistemic community*). As imagens de política (*policy images*) são formadas com base em elementos empíricos, mas também apelos emotivos. A disputa para a criação de consenso em torno de uma política é um elemento crucial na luta política, sendo o empreendedor de políticas um ator importante na conexão entre problemas e soluções. Assim, para que haja mudança, é necessário que, em determinados momentos críticos, eventos focalizadores (*focusing events*) favoreçam determinada ideia, permitindo que ela transite do "subsistema" para o "macrossistema político". Conforme explicam os autores, "a macropolítica é a política da pontuação – a política de mudanças em larga escala, das imagens que competem, da manipulação política e da reação positiva" (BAUMGARTNER; JONES; MORTENSEN, 2014, p. 67, tradução nossa).[233]

Um esquema de síntese dos principais modelos decisionais é proposto por Luigi Bobbio e nos parece especialmente útil para uma análise comparativa:[234]

---

[233] No original: "Macro politics is the politics of punctuation – the politics of large-scale change, competing policy images, political manipulation, and positive feedback".

[234] Esquema adaptado de Bobbio (2003, p. 44).

Quadro 4 – Principais modelos decisionais

Modelos decisionais	**Decisor**	**Condições cognitivas**	**Pesquisa de soluções**	**Modalidade de escolha**	**Critério decisional**
Racional-compreensivo	Unitário	Certeza	Análise completa das alternativas e consequências	Cálculo	Otimização
Cognitivo	Unitário	Incerteza	Pesquisa sequencial	Confronto com os níveis de expectativa	Satisfação
Incremental	Decisão compartida	Parcialidade	Comparação limitada sucessiva	Mútuo ajustamento entre grupos	Acordo
"Lata de lixo"	Variável	Ambiguidade	Nenhuma	Encontro entre problemas e soluções	Acaso

Fonte: BOBBIO, 2003, p. 44.

Portanto, o esforço de realizar o planejamento de uma política pública depende de múltiplas variáveis – número de atores e coalizões, recursos de que dispõem, *timing* da decisão, disponibilidade de soluções viáveis, condições cognitivas, atenção do problema pelos membros da comunidade etc. – o que torna a atividade planejadora um desafio muito mais simples do que a busca da solução "tecnicamente correta".

Ou, adotando-se a formulação de Dente e Subirats (2014, p. 70, tradução nossa):

> Os resultados de um processo de tomada de decisão de política pública dependem da interação de tipos diferentes de **atores,** com diferentes objetivos e papéis, que, dentro de uma **network** ou **rede** que pode ter diferentes características, intercambiam **recursos,** utilizando diferentes **modalidades de interação,** para conseguir um **acordo,** dentro de um **contexto decisional** determinado.[235]

Saliente-se que essa visão, advinda da *policy analysis*, não está imune a críticas. Carlos Matus (2005, p. 32) observa que a perspectiva das políticas públicas, embora permita um tratamento mais flexível dos problemas decisórios, suprindo as deficiências do

[235] No original: "Los resultados de un proceso de toma de decisiones de política pública dependen de la interacción de tipos diferentes de **actores,** con diferentes objetivos y roles diferentes que, dentro de una **network** o **entramado** que puede tener diferentes características, se intercambian **recursos,** utilizando diferentes **modalidades de interacción,** para conseguir un **acuerdo,** dentro de un **contexto decisional** determinado" (grifos no original).

processo de planejamento tradicional, ocasiona uma fragmentação da visão governamental, impedindo uma visão global da atividade governamental. Por essa razão, propõe um método de planejamento – Planejamento Estratégico Situacional – que busca incorporar a dimensão intersubjetiva e a incerteza como elementos essenciais da atividade planejadora. Preocupações semelhantes podem ser encontradas na concepção de planejamento como "*policy gambling*", proposta por Yehezkel Dror (1987).

A busca por um modelo de planejamento que propicie uma visão global de desenvolvimento do Estado e recupere sua capacidade de estabelecer uma agenda integradora, todavia, encontra sérios obstáculos nos diversos fenômenos que caracterizam a chamada "crise do Estado", mencionados por Sabino Cassese (2010): a fragmentação do poder estatal em autoridades independentes e/ou semipúblicas; o protagonismo da economia e o declínio da política; a captura dos Estados no âmbito das redes de organizações internacionais e supranacionais, dentre outros fenômenos que acabam por diminuir a capacidade planejadora estatal.

Não obstante tais dificuldades, parece-nos que a atividade planejadora é um elemento irrenunciável na atuação estatal, especialmente se considerada a centralidade do Estado na elaboração de políticas públicas capazes de realizar as exigências materiais de um Estado Social, consistentes na garantia de um mínimo existencial, no oferecimento de igualdade de oportunidade aos cidadãos e na garantia de justiça social, inclusive em âmbito intergeracional (MARRARA, 2011). Ou, como salienta Bucci (2013, p. 191), analisando o caso brasileiro,

> Diante das dificuldades da implantação de um processo centralizado de planejamento, em face da debilidade e descoordenação dos instrumentos de ação do Estado brasileiro, a formulação e implementação de políticas públicas se explica como forma de ação que viabiliza o planejamento como atividade de baixa institucionalidade, referida a setores específicos, dependente da capacidade de articulação do Estado localizada e em períodos determinados. As políticas públicas resultam de ação coordenada pelo Estado, mas de forma limitada, o que, paradoxalmente, viabiliza algum grau de planejamento, ainda que de forma particularizada sobre cada programa ou conjunto de programas de ação.

O último aspecto crítico a ser estudado diz respeito à dimensão jurídica do planejamento, o que, dada a centralidade do tema em nosso estudo, justifica a análise em um tópico específico.

5.1.2 A dimensão jurídica do planejamento

Interessa-nos aqui destacar a dimensão jurídica do planejamento, que compreende tanto o aspecto procedimental – isto é, a dinâmica do planejamento, com sua metodologia, etapas e participantes – quanto o próprio *plano*, como produto final da atividade planejadora.

Parece-nos que nem a doutrina do Direito Administrativo em nosso país tem dado a devida atenção à atividade de planejamento como ferramenta essencial da atuação estatal – no que discrepa, por exemplo, da doutrina jus-administrativista alemã (MARRARA, 2011; MAURER, 2006, p. 475-487) – nem a atividade planejadora tem sido atenta o suficiente à formalização jurídica do planejamento e às relações jurídicas que dele advém.

Embora a Política Pública nem sempre se exprima por meio do instrumento jurídico do plano e com ele não se confunda (BUCCI, 2002, p. 259), fato é que o planejamento apresenta-se como um elemento essencial para a sua formulação e, no dizer de Eros Grau, como uma "imposição da Constituição dirigente", caracterizada pelo *government by policies* – em substituição ao *government by law* do Estado Liberal –, na qual o Direito não é "apenas a representação da ordem estabelecida, a defesa do presente, mas também a formulação de uma ordem futura, a antecipação do porvir" (1990, p. 318-319).

Não é por outra razão que a Constituição impõe à União "elaborar e executar planos nacionais e regionais de ordenação do território e de desenvolvimento econômico e social" (art. 21, IX), e dispõe que o planejamento é "determinante para o poder público e indicativo para o setor privado" (art. 174). Ademais, impõe a atividade planejadora como técnica de formulação de políticas públicas setoriais, como educação, cultura, urbanismo, reforma agrária etc.[236] E estabelece como elemento sistematizador da atuação governamental o Plano Plurianual (PPA), de periodicidade quadrienal (art. 165, §4º). Recentemente, essa diretriz constitucional foi enfatizada com o advento da Emenda Constitucional nº 108, que introduziu parágrafo único no art. 193:

---

[236] A Constituição de 1988 menciona a atividade de planejamento em uma infinidade de dispositivos. Confiram-se: art. 21, XVIII; art. 25, §3º; art. 29, XII; art. 30, VIII; art. 43, §1º, II; art. 48, II e IV; art. 49, IX; art. 58, §2º, VI; art. 62, §1º, I, *d;* art. 68, §1º, III; art. 74, I; art. 84, XI e XXIII; art. 91, VII; art. 159, I, *c;* art. 163, VIII, *e;* art. 165, I e §1º, §4º e §9º, I; art. 166, *caput,* §1º, II, §3º, I, §4º e §6º; art. 167, §1º; art. 174, *caput* e §1º; art. 182, §1º, §2º e §4º; art. 187, *caput* e §1º; art. 188, *caput;* art. 193, par. único; art. 212, §3º; art. 214, *caput;* art. 215, §3º; art. 216-A, §1º e §2º, V; art. 227, §8º, II; art. 50, *caput* do ADCT.

> Art. 193. A ordem social tem como base o primado do trabalho, e como objetivo o bem-estar e a justiça sociais.
>
> Parágrafo único. O Estado exercerá a função de planejamento das políticas sociais, assegurada, na forma da lei, a participação da sociedade nos processos de formulação, de monitoramento, de controle e de avaliação dessas políticas.

É preciso registrar que, em trabalhos mais recentes, a dimensão jurídica do planejamento vem sendo mais bem explorada, conectando-a às características constitucionais do Estado Democrático de Direito, propondo-se teses como a de um *direito ao planejamento* (VELOSO, 2014) ou relacionando o planejamento ao *direito fundamental* à *boa administração* (SANTOS; OLIVEIRA;VINCENTIN, 2016).

O primeiro aspecto a se considerar diz respeito ao planejamento como *processo*. Bercovici (2015, p. 27) salienta esse aspecto, ao dizer que

> o planejamento é o processo, e o plano é a concretização. A insistência na elaboração de planos que não são cumpridos deve-se à concepção de que o planejamento só se viabiliza com planos determinados, quantificados minuciosamente. Para Nelson Mello e Souza, o planejamento é o processo racional de formular decisões de política econômica e social, cuja exigência é a atuação estatal harmônica e integrada para alcançar fins explícitos, mas não necessariamente quantificados.

Embora não seja uma novidade a normatização do processo do planejamento em nosso direito – visto que o Decreto-Lei nº 200/1967 já o situava como princípio fundamental da atividade administrativa (art. 6º) –, no contexto do Estado Democrático de Direito, instituído pela Constituição de 1988, ele ganha novo significado.

Conforme magistério de Thiago Marrara (2011), com esteio na doutrina germânica, as características do planejamento, inclusive em sua forma estatal, são:

a) *complexidade*, pela multiplicidade dos elementos que o constituem, pluralidade de sujeitos e de interesses envolvidos;
b) *orientação finalística*, pois é guiado por finalidades públicas e objetivos específicos;
c) *seletividade*, na medida em que o objeto que o dirige seja minimamente claro, específico e exequível;
d) *conexidade*, consistente na escolha de medidas compatíveis, racionalmente viáveis e voltadas para uma mesma finalidade claramente definida;

e) *flexibilidade*, que se estabelece pelo equilíbrio entre a proteção mínima da segurança jurídica e a discricionariedade na escolha e revisão dos meios eleitos para atingir os objetivos fixados;

f) *criatividade*, caracterizada pela inventividade de soluções legais, legítimas e viáveis para a solução dos problemas apontados e a consecução das metas planejadas.

Para que a atividade planejadora seja bem-sucedida e corresponda às características acima, será necessário adotar metodologias adequadas ao objeto do planejamento e à complexidade do contexto decisional – nos seus aspectos cognitivos, econômicos, culturais e institucionais – bem como às características da rede de atores envolvidos, seus recursos e interações (DENTE; SUBIRATS, 2014). Tal abordagem leva à qualificação do planejamento como *estratégico* – embora por vezes, essa qualificação venha a ser tomada apenas em sentido *adversarial* ou *conflitivo* (RIBEIRO; BLIACHERIENE, 2013, p. 108), quando seria mais correto entendê-lo como um processo *dialógico* ou *reflexivo*.

Na visão jurídica do planejamento, alguns aspectos são especialmente dignos de nota, a saber, as noções de *processualidade*, de *participação* e de *coordenação*.

Em primeiro lugar, observa-se que a atividade planejadora vem sendo entendida como uma manifestação da tendência a analisar a atuação estatal não mais sob a lente da atuação fragmentária e unilateral – cuja manifestação típica é o ato administrativo – mas sob o signo da *processualidade*, com sua natureza dilatada no tempo e pluripessoal (MEDAUAR, 1993, p. 23 e ss.).

Essa *processualidade*, por sua vez, implica em um reajuste entre a ideia de autoridade e liberdade, configurando uma "partilha qualitativa de poder" que impede, por meio da dialética processual, a "prevalência de uma visão limitada e parcial dos fatos" e restringe "o risco da consagração de atitudes precipitadas e impulsivas" (JUSTEN FILHO, 2016, p. 341 e ss.).

Conectado à teoria democrática, o processo evidencia-se como o "modo normal de agir do Estado" (SUNDFELD, 2010, p. 91) e, atrelado à cláusula do devido processo legal (art. 5º, LV da CRFB/88), condiciona a atividade administrativa do Estado, que se vê moldada "por direitos de natureza processual, individuais ou coletivos (como os direitos à ampla publicidade ou à informação pessoal prévia, à manifestação, à motivação da decisão, de impugnar ou recorrer etc.)" (SUNDFELD, 2014, p. 309-310).

A dimensão principiológica da atuação processual estatal, por sua vez, conduz à ideia de *participação*, na medida em que atua "no sentido de controlar o *iter* de formação da vontade estatal, recheando-o com garantias de participação dos administrados antes da manifestação final dos órgãos estatais" (NOHARA, 2020, p. 243).

No que tange à atividade planejadora, a participação se impõe como elemento limitador da discricionariedade estatal, em processo dialético com as características de criatividade e flexibilidade, pois, conforme acentua Marrara (2011, p. 9),

> quando se pensa em planejamento estatal necessariamente tem-se subentendido que essa atividade deva ser aceita direta ou indiretamente pelo povo. Em outras palavras, é preciso que o plano seja democraticamente validado quer por sua conformidade com a vontade do povo através do respeito às normas e aos valores inscritos no ordenamento jurídico, quer pela manifestação direta da sociedade nos processos de planejamento, por exemplo, via audiências públicas, consultas etc.

Embora haja autores que vejam na abertura ao diálogo uma "ficção social e política", uma "euforia da participação" ou mesmo uma "ideologia da participação" (GARCÍA DE ENTERRÍA; FERNÁNDEZ, 2015, p. 112), o fato é que, mesmo sob uma perspectiva liberal tradicional, o controle democrático se impõe como elemento de fundamentação da contenção do poder, pois, conforme leciona Roberto Dromi: "[o] Estado de direito democrático não pode continuar associado à indiferença social e à apatia política, se realmente se busca construir um mundo de liberdade" (2009, p. 43, tradução nossa).[237]

Fato é que a concepção democrática da participação vem sendo reconhecida, do ponto de vista jurídico, seja na forma de um *direito fundamental de participação*, seja como ínsita a um *direito fundamental à boa administração*, de natureza implícita e decorrente dos princípios fundamentais embasadores do Estado Democrático de Direito, reconhecido por autores respeitáveis como Juarez Freitas, Ingo Sarlet, Justino de Oliveira, Diogo de Figueiredo Moreira Neto, dentre outros recenseados por Vanice Regina Lírio do Valle em sua obra dedicada ao assunto (2011, p. 79-82).

---

[237] No original: "El Estado de derecho democrático no puede continuar asociado a la indiferencia social y la apatía política, se realmente se busca construir un mundo de libertad".

Esse último direito, de caráter instrumental, voltado à viabilização de outros direitos fundamentais, pressupõe a abertura dialógica da Administração. Ou, conforme leciona Valle, ao identificar o direito fundamental à boa administração a práticas de governança democrática,

> [a] formulação da escolha pública em cenário de governança é processo que há de *combinar dialogicamente os aportes*, sopesando-os e decidindo, segundo motivação pública, de maneira que se conheça quais foram os vetores que predominaram naquela decisão (2011, p. 148).

Nessa linha, Marcos Augusto Perez afirma com propriedade a existência, em nosso texto Constitucional, de um princípio transversal de participação popular,[238] que se mostra essencial para conferir ao Estado os atributos de legitimidade e eficiência, atributos esses que mutuamente se alimentam. Propõe, assim, a superação do paradigma weberiano, baseado em *burocracia, eficiência e legitimidade*, pelo paradigma contemporâneo de administração, baseado no trinômio *participação, eficiência e legitimidade* (2009, p. 215 e ss.).

Não desconhece o citado autor os riscos da participação no processo decisório, enumerando-os: a) captura dos atores sociais pelo governo, o que se dá especialmente pelas práticas populistas; b) corrupção, pela promiscuidade entre atores sociais e governamentais; c) captura do processo decisório pelo poder econômico, com sua maior organização e poder de influência; d) deficiência de análise, pela excessiva politização do debate e desprezo pela busca racional das soluções; e) falha de coordenação, pela adoção de soluções contraditórias e inconsistentes, incapazes de harmonizar a atuação dos implementadores da política. A esses riscos nós acrescentaríamos: a *frustração*, gerando maior apatia política, caso a participação não resulte em implemento de eficácia e legitimidade – o que não pode ser colocado unicamente à conta do processo participativo, mas pode decorrer outros entraves institucionais, especialmente os encontrados no processo de implantação das políticas públicas.

---

[238] Conforme recenseamento realizado por Perez (2009), a Constituição refere-se à participação nos seguintes dispositivos: art. 10; art. 37. §3º; art. 29, XII; art. 187; art. 194; art. 198, III; art. 204, II; art 205; art. 206, VI; art. 216, §1º; art. 225; art. 227, §1º. Acrescentamos a esse rol: art. 1º, II e V e par. único; 5º, incisos XXXIV, XXXVIII, LXXIII, LXXVII; art. 11; art. 18, §4º; art. 31, §3º; art. 58, IV; art. 61, §2º; art. 74, §2º; art. 89, VII; art. 103-B, XIII e §7º; art. 130-A, VI e §5º; art. 187; art. 216-A; art. 220, §3º, II.

Apesar dos riscos, o caráter participativo é essencial ao processo de planejamento, especialmente pela necessidade de envolvimento dos atores afetados pela política pública ou que participem de sua implementação – ou mesmo daqueles que, por sua posição, possam atuar com poder de veto ou de dilação, comprometendo a efetividade das medidas nela preconizadas. Não por acaso, a Lei Federal de Processo Administrativo prevê mecanismos de participação popular quando a matéria da decisão envolver questões de interesse geral.[239]

Isso nos leva à questão da *coordenação*. Todavia, para tratar desse tema, é interessante passarmos à análise do planejamento como produto, isto é, ao *plano*.

José Afonso da Silva observa que o processo de planejamento, inicialmente, não se impunha como um elemento juridicamente obrigatório da atividade estatal, pois "dependia simplesmente da vontade do administrador, que poderia utilizá-lo ou não". Se optasse por realizá-lo, "deveria fazê-lo mediante atos jurídicos, que se traduziriam num *plano*, que é o meio pelo qual se instrumentaliza o processo de planejamento" (1995, p. 77).

Assim, não obstante a pertinente observação de Bercovici e Bucci, no sentido de que nem o planejamento nem as políticas públicas se circunscrevem ao aspecto formal do *plano*, a formulação desse confere à atividade planejadora um caráter de *produção normativa* que potencializa seus efeitos enquanto *instrumento de coordenação*.

Podemos dizer que a existência do *plano* permite a atribuição de um caráter *institucional* à política pública, como fazer coletivo. Tomamos emprestados aqui a noção de *instituição* que é desenvolvida por John R. Searle (1996; 2005), em sua teoria acerca dos *fatos institucionais*. Para Searle, fatos institucionais somente existem em virtude da atribuição coletiva de um *status* a determinado objeto, dotando-o de uma função deôntica capaz de criar um impulso para ação que seja independente da inclinação dos indivíduos que participam dessa estrutura simbólica. Tal estrutura é baseada em *regras constitutivas* (*constitutive rules*) que, mais do simplesmente ordenar comportamentos já existentes, criam uma estrutura significativa de regras, sem a qual aquela atividade simplesmente não existe como um objeto. Um exemplo claro é o jogo de xadrez, que só existe como tal mediante um conjunto de regras que o constituem.

---

[239] *Vide* artigos 31 a 34 da Lei nº 9.784, de 29 de janeiro de 1999.

A Política Pública é um exemplo típico de instituição, na definição dada por Searle. Ela somente ganha existência a partir de sua estipulação coletiva, bem como pelo estabelecimento de um conjunto estruturado e coerente de regras que diz *o que é a política pública.* Não há diferença ontológica entre a política pública e o conjunto de regras que a define, embora seja claro que não se *faz política pública* apenas com a edição dessas regras – da mesma forma que o jogo de xadrez, como *práxis,* não prescinde da atuação de seus jogadores.

Na literatura jurídica, essas ideias não são totalmente novas, embora não formuladas com a linguagem epistemológica proposta por Searle. Um esboço dessas noções já poderia ser encontrado nas formulações institucionalistas de autores como Hauriou (1925), que construiu a sua definição de instituição a partir do conceito de uma *ideia-diretriz,* que ganha reconhecimento por meio de manifestações de comunhão que ocorrem no grupo social e se efetiva mediante um poder organizado, posto a serviço dessa ideia, para sua realização.

Mais recentemente, Bucci (2013, p. 205-206) formula o entendimento de arranjo institucional como elemento estruturante das políticas públicas:

> A institucionalidade exibe o aspecto sistemático das políticas públicas, o nexo de unidade dos vários elementos que compõem o programa de ação governamental. A iniciativa de organizar a ação consubstancia a sua dimensão objetiva, despersonalizada, e ao mesmo tempo, define papéis a cada um dos envolvidos na ação, constituindo posições subjetivas jurídicas, isto é, direitos e deveres estabilizados por forças de normas e estruturas jurídicas.

Nesse contexto, os *instrumentos jurídicos* adotados passam a ter enorme relevância, na medida em que veiculam, de forma estruturada e sistematizada, o conjunto de regras constitutivas da Política Pública, seu aspecto *institucional,* favorecendo a coordenação dos sujeitos envolvidos em sua implementação.

Dessa feita, o *plano,* embora não seja o único instrumento capaz de condensar a Política Pública, ganha importância estratégica, na medida em que sua formulação, em torno de *normas-objetivo* (GRAU, 1990, p. 283), favorece o alinhamento dos agentes estatais em torno das *ideias-diretrizes* capazes de conferir densidade institucional à ação coletiva.

Porém, o reconhecimento dessa importância passa, historicamente, pela superação de um esquema mental que atrela forçosamente o conceito de norma jurídica à sanção – propiciando a coexistência de normas pertencentes a um tradicional "esquema se-então", de aplicação silogística da lei, e normas formuladas no "esquema fim-meio", efetivadas por meio de uma "aplicação projetada para o futuro, em que a decisão exige tempo, se confunde em larga medida com a execução ou realização continuada e assenta em dados, valorações e estimativas altamente complexas" (SOUSA, 1997, p. 113,[240] *apud* BUCCI, 2002, p. 263).

Aliás, conforme aponta Almiro do Couto e Silva (1987, p. 10), a ausência de sanção por parte da norma do plano

> não significa que ela não produza qualquer efeito jurídico. Será forçoso admitir que a mesma obriga, internamente, a administração pública, criando deveres jurídicos para os servidores incumbidos da realização das medidas indispensáveis à implementação do plano.

Outra dificuldade diz respeito à forma jurídica do documento normativo que veicula o plano – ou seja, qual o seu *status* no ordenamento jurídico –, visto que ele pode assumir variadas formas. Por vezes, as autoridades acabam por veicular planos *sem forma jurídica definida*, o que compromete seriamente a efetividade das determinações nele preconizadas, pois não geram reconhecimento social pelos destinatários.

Para a doutrina jus-administrativista, à luz da teoria dos atos administrativos, um plano veiculado em simples documento de divulgação, sem que sejam observadas as normas jurídicas de produção, é simplesmente um *pronunciamento administrativo* que sequer pode ser considerado um *ato administrativo*. É, do ponto de vista jurídico, *ato inexistente* (GORDILLO, 2016, p. 451). Por vezes, na prática governamental recente, as técnicas publicitárias acabam por se sobrepor às melhores práticas jurídicas, o que frequentemente gera desarticulação e insegurança jurídica.

Embora não seja incomum que planos sejam veiculados por meio de decretos, para que sejam dotados do chamado *poder extroverso* da Administração, atingindo outros destinatários além dos agentes públicos que estejam hierarquicamente vinculados à autoridade emissora da norma, é necessário que sejam positivados por meio de *lei em sentido estrito*. Assim, devem assumir a forma de lei complementar – se

---

[240] SOUSA, Antonio Francisco de. *"Conceito indeterminados" no Direito Administrativo*. Coimbra: Almedina, 1994.

assim exigir o texto constitucional[241] – ou lei ordinária. Tal conclusão condiz com o magistério de Almiro do Couto e Silva, para quem "os planos estão sujeitos à reserva legal, sempre que de alguma forma interfiram na liberdade ou na propriedade dos indivíduos" (1987, p. 11). Ressalve-se que, no caso de planos que tenham vigência plurianual, tem-se entendido que não podem ser veiculados por medida provisória ou por lei delegada, em obediência à vedação do art. 62, §1º, I, *d* e do art. 68, §1º, III.[242]

Assim, embora haja autores quem objetem a aprovação do plano em lei formal como elemento capaz de engessar e comprometer a flexibilidade que deve presidir a atividade de planejamento (BEISIEGEL, 1999, p. 219), concordamos com Sena (2000, p. 65) de que a formalização do plano em base legal não impede que haja a contínua reavaliação de seu conteúdo e o seu reajustamento à realidade, seja por emendas legislativas, seja pela própria atividade interpretativa.

Cabe acrescer que, para além da preservação dos direitos individuais, parece-nos que os planos devem ser veiculados por lei sempre que produzam efeitos que ultrapassem a esfera do ente político, ou seja, quando afetarem as relações interfederativas, gerando situações jurídicas para os entes que estão em outro nível do sistema federal. Isso, evidentemente, só será possível quando a Constituição Federal estipular mecanismos de coordenação federativa, tais como os previstos nos artigos 21, IX; 23, par. único; art. 30, VI e VII; art. 198; art. 216-A; art. 227, §8º, II; e, no que diz respeito especificamente à educação, o art. 214, que estabelece o Plano Nacional de Educação.

---

[241] Não há, no texto constitucional, nenhuma exigência de planificação por meio de lei complementar. Todavia, não se pode excluir a possibilidade de que haja a necessidade da adoção dessa espécie legislativa, em virtude da matéria que venha a ser objeto do plano.

[242] Nesse sentido, *vide* discussão relatada por SENA (2015, p. 25-26), por ocasião da tramitação do PNE 2014/2024: "Finalmente, uma questão incidental na tramitação permitiu que o Congresso recuperasse seu poder de agenda. A partir da ameaça de ser o PNE objeto de trancamento por medidas provisórias (MPs) – o que transferiria sua apreciação final para depois das eleições de 2014 –, o deputado Glauber Braga, presidente da Comissão de Educação, formulou questão de ordem alegando que o PNE, plano decenal expressamente previsto na Constituição Federal, é um plano plurianual e, portanto, 'protegido de trancamento por MPs', nos termos do art. 62, §1º, d, da Carta Magna. Esse entendimento consolidou-se com o parecer favorável da deputada Maria do Rosário, relatora na Comissão de Constituição e Justiça e de Cidadania (CCJC) do recurso contra decisão que negava a questão de ordem formulada pelo deputado Glauber Braga. Com o julgamento favorável a esta proposição pela CCJC, o PNE pôde ser votado, o Legislativo não ficou impedido de legislar por ação do Executivo (edição de MP), e o PNE não será 'emendável' por MP no futuro".

Uma classificação tradicional, que adota por critério o grau de indução de comportamentos de que o plano é capaz, subdivide-os em: a) planos *indicativos*, em que não há qualquer traço de cogência, limitando-se a fornecer dados e cálculos prévios capazes de orientar o comportamento dos agentes estatais e privados; b) planos *incitativos* ou *influenciadores*, em que se estabelecem incentivos e estímulos que buscam induzir os agentes públicos e privados a se alinhar às metas do plano; c) planos *imperativos*, que são juridicamente vinculativos para os respectivos destinatários, sendo dotados do maior grau de cogência (SILVA, 1987, p. 3; MAURER, 2006, p. 482).

Entendemos que essa classificação, conquanto de alguma utilidade, não é suficiente para compreender a função coordenadora dos planos em âmbito federativo, na qual os três tipos de prescrição encontram-se conjugados em um arranjo em que a mútua colaboração e a influência recíproca dos comportamentos extravasam o esquema de unilateralidade que ela sugere.

A importância dos planos na coordenação entre entidades autônomas é ressaltada por Garcia de Enterría e Fernández (2015, p. 341):

> Se as diretrizes revelam-se instrumentos idôneos para garantir uma coordenação pontual das ações de uma pluralidade de sujeitos dotados de autonomia funcional, somente os planos, como atos complexos que incorporam um diagnóstico da situação, um prognóstico de sua evolução, um quadro de prioridades e objetivos e um programa sistemático de ação em função daqueles, podem garantir globalmente a convergência imprescindível das diferentes ações, sem a qual não é possível obter a excelência, em nenhum sistema. Os planos, o planejamento, constituem por isso a expressão mais específica da coordenação em seu aspecto funcional.

5.2 O PLANEJAMENTO NO ÂMBITO EDUCACIONAL

Dentre as atividades cometidas ao Poder Público, é na educação que a *função planejadora* – que, para Eros Grau, coloca-se como uma quarta função do Estado, ao lado da *normativa*, da *administrativa* e da *jurisdicional* (1990, p. 319) – ganha especial importância.

Isso decorre da *dimensão temporal* da atividade educativa, guiada necessariamente por marcos temporais – o ano letivo, os ciclos, as etapas – e pelos resultados almejados para cada um desses marcos. O planejamento educacional, nesse contexto, é atividade transversal, que envolve tanto as práticas pedagógicas – dirigidas, no âmbito escolar, pelo *projeto político-pedagógico* da escola, pelo *plano de ensino* da disciplina, pelo *plano de trabalho* dos professores e pelo *plano de aula* de cada segmento da sequência didática – quanto as atividades de gestão educacional que, para surtir os desejados efeitos, devem estar orientadas pelo planejamento realizado nos vários níveis do sistema de educação.

Não por outra razão, logo após a Conferência de Jomtien e a proclamação da *Declaração Mundial sobre Educação para Todos* (1990), a UNESCO realizou o Congresso Internacional *Planejamento e Gestão do Desenvolvimento da Educação* (México, 1990), que enfatizou o papel articulado das atividades de planejamento para "satisfazer a demanda crescente de melhores serviços sociais e transformar a educação em um processo contínuo, que dure toda a vida, levando em conta as profundas mudanças nos setores econômicos, de informação, comunicação, ciência e tecnologia" (UNESCO, 1990b, p. 36, tradução nossa).[243]

Em nosso ordenamento, a exigência do planejamento educacional está prevista na Constituição Federal, especialmente no art. 214, ao prever a existência de um *plano nacional de educação*, de base legal, "com o objetivo de articular o sistema nacional de educação em regime de colaboração e definir diretrizes, objetivos, metas e estratégias de implementação para assegurar a manutenção e desenvolvimento do ensino em seus diversos níveis, etapas e modalidades por meio de ações integradas dos poderes públicos das diferentes esferas federativas".

A concepção de um plano nacional de educação não é recente: já havia sido preconizado na V Conferência Nacional de Educação (1932) (BORDIGNON; QUEIROZ; GOMES, 2011) e ganhou previsão normativa na Constituição de 1934 (art. 150, *a*, e art. 152, *caput*),[244] mas foi frustrada a sua realização pelo advento do Estado Novo. Embora a educação profissional constasse como uma das metas do *Plano de*

[243] No original: "Satisfacer la demanda creciente de mejores servicios sociales y transformar la educación en un proceso continuo que dure toda la vida tomando en cuenta los profundos cambios en los sectores económico, de la información, la comunicación, la ciencia y la tecnología".

[244] "Art. 150 – Compete à União: a) fixar o plano nacional de educação, compreensivo do ensino de todos os graus e ramos, comuns e especializados; e coordenar e fiscalizar a sua execução, em todo o território do País;
(...)
Art. 152 – Compete precipuamente ao Conselho Nacional de Educação, organizado na forma da lei, elaborar o plano nacional de educação para ser aprovado pelo Poder Legislativo e sugerir ao Governo as medidas que julgar necessárias para a melhor solução dos problemas educativos bem como a distribuição adequada dos fundos especiais".

Metas de Juscelino Kubitschek (1956),[245] somente em 1962 houve a elaboração, pelo Conselho Federal de Educação, sob a Presidência de Anísio Teixeira, do primeiro Plano Nacional de Educação (TEIXEIRA, 1962), porém com escopo limitado à gestão dos fundos educacionais criados pela Lei de Diretrizes de Bases de 1961.[246]

Embora a atividade de planejamento educacional alcançasse maior relevância, nas décadas de 1960 e 1970, "constituindo-se em instrumento de intervenção governamental que possibilitaria a coordenação dos esforços nacionais para empreender o desenvolvimento econômico e a modernização das estruturas econômicas e sociais" (FERNANDES; GENTILINI, 2014, p. 487), nas décadas seguintes, marcadas pelo declínio do modelo de *Welfare State*, o planejamento perdeu centralidade.

Na década de 90, no contexto das reformas do Estado, a balança pendeu em favor do enfoque que priorizava a gestão estatal, ou seja, as atividades de natureza gerencial e executória, "com destaque óbvio aos sistemas destinados à estruturação e ao gerenciamento da burocracia, bem como às funções de arrecadação, orçamentação, gestão da moeda, implementação, monitoramento, avaliação e controle das ações de governo" (CARDOSO JR., 2014, p. 11). O mesmo movimento se fez sentir, por óbvio, no contexto educacional, o que levou à pouca relevância das primeiras tentativas de recuperar a prática do planejamento.

Talvez tenha colaborado para essa visão o fato de que a Constituição acaba enfatizando o planejamento como instrumento de programação orçamentária (art. 165), o que propicia a visão do planejamento na área social como meramente ancilar ou simplesmente dispensável. Ao contrário, pois, conforme enfatiza Paulo Sena (2010, P. 101 e ss.), o Plano Nacional de Educação é "referência para o planejamento de um setor da ordem social, o setor educacional, para o qual assume o caráter de norma supraordenadora", motivo pelo qual "[o] plano plurianual, as diretrizes orçamentárias e os orçamentos anuais da União, dos Estados, do Distrito Federal e dos Municípios serão formulados de maneira a assegurar a consignação de dotações orçamentárias compatíveis com

[245] "Meta 30: Intensificação da formação de pessoal técnico e orientação da Educação para o Desenvolvimento, com a instalação de institutos de formação especializada". (BRASIL. *Programas de programa de metas do presidente Juscelino Kubitschek*, 1958).

[246] BRASIL. Câmara dos Deputados. *Lei Federal nº 4.024, de 20 de dezembro de 1961*, art. 92, §2º. Disponível em: http://www2.camara.leg.br/ legin/fed/lei/1960-1969/lei-4024-20-dezembro-1961-353722-publicacaooriginal-1-pl.html. Acesso em: 11 fev. 2022.

as diretrizes, metas e estratégias" do PNE e dos planos decenais dos entes subnacionais.[247]

5.3 PLANO EDUCAÇÃO PARA TODOS – 1993

O primeiro esforço, após a promulgação da Constituição de 1988, deu-se no Governo Itamar Franco, quando, sob a direção do Ministro Murillo Hingel, foi elaborado o Plano Decenal Educação para Todos,[248] cujo período de vigência seria de 1993 a 2003 – abarcando, portanto, todo o governo de seu sucessor.

Desse primeiro intento de dar cumprimento à disposição constitucional devemos destacar dois aspectos positivos: em primeiro lugar, a busca para articular a atuação interna do país aos compromissos internacionais firmados, haja vista que o Plano é declaradamente uma resposta ao desafio estabelecido pela *Declaração Educação para Todos,* pactuada em Jomtien (1990).[249] Além disso, refletindo o espírito democrático e participativo da nova Constituição Federal, o Ministério buscou envolver diversos atores na discussão do plano.

Em 18 de março de 1993, por meio da Portaria nº 489, foi instituída Comissão Especial, [250] sob a coordenação da Secretaria de Educação Fundamental, para formular o texto inicial plano. Tal Comissão contava com um Comitê de apoio,[251] integrado por representantes de

---

[247] Dicção extraída do art. 10 da Lei nº 13.005/2014 – PNE 2014-2024.

[248] Disponível em: http://www.dominiopublico.gov.br/download/texto/me001523.pdf. Acesso em: 09 fev. 2022.

[249] A iniciativa de elaborar o Plano foi tomada após o Ministro ter comparecido a uma conferência na China, dos países do EFA 9 *(Education for All),* constituído pelos 9 países que apresentavam déficits educacionais de risco: Brasil, China, Índia, Paquistão, Nigéria, Egito, Bangladesh, Indonésia e México (CUNHA, 1998, p. 57; MEDEIROS, 2000, p. 39).

[250] A Comissão foi formada com a seguinte composição: um representante da Secretaria de Educação Fundamental; um representante da Secretaria de Projetos Educacionais Especiais; um representante do Instituto Nacional de Estudos e Pesquisas Educacionais (INEP); um representante da Coordenação Geral de Planejamento Setorial; dois representantes do Conselho Nacional dos Secretários de Educação (CONSED); e dois representantes da União Nacional dos Dirigentes Municipais de Educação (UNDIME). Texto da Portaria está disponível em: http://www.dominiopublico.gov.br/download/texto/me001523.pdf. Acesso em: 09 fev. 2022.

[251] Tal comitê foi integrado inicialmente pelas seguintes entidades: o CONSED c a UNDIME, o Conselho Federal de Educação (CFE); Conselho de Reitores das Universidades Brasileiras (CRUB); Confederação Nacional das Indústrias (CNI); Conferência Nacional dos Bispos do Brasil/Movimento de Educação de Base (CNBB/MEB), Confederação Nacional dos Trabalhadores em Educação (CNTE), Organização das Nações Unidas

entidades governamentais e não governamentais representativas do setor educacional.

A formulação do plano se deu em três etapas: a primeira foi concluída na Semana Nacional de Educação para Todos (10 a 14.05.93), da qual participaram educadores, segmentos de trabalhadores e representações de governo e de organismos internacionais, em que se debateu a versão preliminar do plano e firmou-se o Compromisso Nacional com a Educação para Todos, que estabelecia as principais diretrizes para o documento final. Na segunda etapa, foram constituídas, nos Estados e Distrito Federal, comissões tripartites (Delegacias do MEC, Secretarias de Educação, representantes da UNDIME), encarregadas de conduzir e sistematizar as contribuições coletadas do debate em âmbito local; paralelamente, buscou-se o envolvimento de outros atores, como parlamentares, representantes da sociedade civil, sindicatos etc. (MACHADO, 2000, p. 45). Conforme observa Celio da Cunha (1998, p. 58-59),

> [o] núcleo central dessa metodologia de debates e de mobilização, ao contrário de algumas críticas veiculadas, não era o debate pelo debate, mas, sim, o debate como estratégia de formalização e ampliação de compromissos, tanto do poder público quanto da sociedade civil, com vistas ao rearranjo das bases operacionais de implementação do plano. O MEC tinha consciência de que, somente através do envolvimento de toda a sociedade, seria possível compensar as omissões do passado. A metodologia tinha mão dupla, com o intuito de explicitar as diferenças e os atritos decorrentes e buscar um mínimo de entendimento e de consenso, condição necessária para a legitimação coletiva de uma estratégia.

Por fim, o texto final do Plano foi divulgado e sua implantação discutida em 45 mil escolas em todo o país, sendo que tal debate envolveu também os órgãos de gestão escolar em âmbito municipal e estadual e, por fim, as comissões tripartites, incumbidas da consolidação dos relatórios que foram levados à Conferência Nacional de Educação para Todos, ocorrida no segundo semestre de 1994.

---

para a Educação, a Ciência e a Cultura (UNESCO) e Fundo das Nações Unidas para a Infância (UNICEF). Posteriormente, esse colegiado foi ampliado, incluindo-se o Fórum dos Conselhos Estaduais de Educação, a Confederação Nacional das Mulheres do Brasil (CNMB), a Ordem dos Advogados do Brasil (OAB) e o Ministério da Justiça (BRASIL. Ministério da Educação. MEC. *Plano decenal de educação para todos*, 1993).

O Plano previa, entre suas metas globais, a seguinte:

> aumentar progressivamente a remuneração do magistério público, através de plano de carreira que assegure seu compromisso com a produtividade do sistema, ganhos reais de salários e a recuperação de sua dignidade profissional e do reconhecimento público de sua função social.

Para isso, estabelecia a *Linha de ação estratégica nº 3 – Profissionalização e reconhecimento público do magistério,* a qual preconizava: a) o estabelecimento de agenda especial de acordos e compromissos de corresponsabilidade entre as autoridades dos três níveis de governo, com o envolvimento de instituições formadoras, sindicatos, associações profissionais e demais segmentos sociais interessados; b) a intensificação de ações voltadas para a reestruturação dos processos de formação inicial e continuada, abrangendo a revisão dos currículos dos cursos médios e superiores do magistério e dos programas de capacitação dos profissionais da educação; c) a adoção de medidas legislativas e administrativas para tornar realidade o dispositivo constitucional que determina a valorização dos profissionais da educação, instituindo-se planos de carreira capazes de promover a efetiva profissionalização do magistério, com base em referencial comum de padrões de remuneração e qualificação.

Embora os objetivos e estratégias constantes do Plano fossem bastante vagos e redundantes em relação ao que já dispunha a Constituição e a Declaração de Jomtien, os compromissos pela valorização dos profissionais da educação foram mais bem explicitados por ocasião da Conferência Nacional de Educação de 1994. Nela foi assinado o *Acordo Nacional de Educação para Todos,* baseado em três pontos: necessidades básicas de aprendizagem, profissionalização do magistério e regime de colaboração (CAMINI, 2010 p. 537).

No tocante à profissionalização do magistério, o Acordo previa uma política nacional de formação que considerasse a variedade de situações existentes no Brasil; a implantação de um piso salarial profissional nacional do magistério de, no mínimo, R$300,00, com garantia de seu poder aquisitivo em 1º de julho de 1994, como remuneração total no início da carreira e o acesso a um novo regime de trabalho de 40 horas semanais, com 25% do tempo destinado a trabalho extraclasse (VIEIRA, 2014, p. 27).

Conforme já tivemos oportunidade de analisar no capítulo antecedente, os compromissos constantes do referido Acordo não eram capazes de vincular o Governo vindouro que, embora não tenha explicitamente rechaçado o Plano Decenal,[252] traçou outras prioridades em sua política educacional.

Aqui, uma outra observação faz-se necessária, na esteira do que analisamos no tópico anterior, acerca da dimensão jurídica do plano e dos acordos dele decorrentes. Além da circunstância de ter sido aprovado nos últimos meses do governo Itamar e da vagueza de seu conteúdo, mais semelhante a uma carta de intenções, é evidente que a ausência de uma forma jurídica comprometeu sua efetividade e facilitou sua desconsideração pelo governo seguinte.[253]

As peculiares circunstâncias em que aqueles compromissos foram aprovados não passaram despercebidas pelos envolvidos, conforme esclarece Célio da Cunha (1998, p. 60-61), que compunha a equipe do MEC à ocasião:

> O governo Itamar Franco estava chegando ao fim. Indagava-se se seria válido assinar um acordo e deixá-lo para o próximo presidente. No entanto, alguns argumentos foram decisivos. Todos os candidatos a presidente haviam assumido fortes compromissos públicos com a educação básica e com o magistério em termos de melhoria salarial. Além disso, havia o consenso de que o problema educacional deveria ser considerado um problema de Estado e não de governos. Acrescente-se, também, que o Plano era para dez anos, como desdobramento de um compromisso assumido pelo país tanto na Constituição de 1988, quanto na Declaração Mundial de Educação para Todos.

O trecho acima assinalado demonstra, justamente, um aspecto apontado por Bucci (2013, p. 242-243), ao afirmar que os arranjos institucionais nascem "política de governo" e aspiram a ser "política de Estado". Todavia, para que alcancem tal patamar, dependem de dois fatores: a legitimação política e a institucionalização. No caso estudado,

---

[252] Conforme palavras de Paulo Renato Souza: "Até hoje, o resumo daquele Plano Decenal está no nosso gabinete, revelando que, ao assumirmos a pasta da Educação, não procuramos esquecer ou abandonar as metas e as estratégias que haviam sido definidas no governo Itamar Franco. Ao contrário, levamos o Plano Decenal adiante, a fim de fazer com que aquelas metas fossem realmente atingidas. Muitas delas não só foram alcançadas, mas ainda superadas, como, por exemplo, a cobertura escolar na faixa etária de 7 a 14 anos. O Plano Decenal havia fixado uma meta de 94% para o ano de 2003 e já atingimos quase 96% em 1998" (SOUZA, 2000, p. 8).

[253] A baixa densidade normativa responde pelo insucesso de políticas públicas em vários setores. Sobre a insuficiência dos instrumentos veiculadores da política de assistência farmacêutica, como um dos fatores que leva à judicialização da saúde, *vide* Bucci (2017).

o segundo fator não se mostra presente, aplicando-se inteiramente o diagnóstico por ela traçado:

> A "morte" de uma política dita de Estado, na sucessão de governos, pelo esvaziamento de meios ou pelo deslocamento de competências, não necessariamente descaracteriza aquela política como "de Estado"; pode revelar apenas o seu baixo grau de institucionalização. Considerando a imprescindível dimensão jurídica, pode-se afirmar que as políticas "de governo" estruturadas e institucionalizadas – o que, evidentemente, depende da natureza do processo político que logrou produzir consenso não apenas sobre os fins da política, mas também sobre os meios e o processo de implementação – alcançarão ser políticas "de Estado".

O Plano Decenal, à míngua de uma mínima formalização jurídica – além da ausência de pronunciamento da instância representativa por excelência, o Congresso Nacional – virou apenas um vago compromisso político, por vezes brandido como argumento nas negociações políticas, mas não mais do que isso. Pode-se dizer do destino do Plano o que Felipe González (2014, p. 27), em refinada autoironia, dizia a respeito dos ex-presidentes:

> Como já disse noutras ocasiões, para mim os ex-presidentes são como grandes jarrões chineses colocados em pequenos apartamentos. Supõe-se que têm valor e ninguém se atreve a deitá-los no caixote do lixo, mas na realidade, estorvam tudo e todos. Ninguém sabe muito bem onde deve arrumá-los e todos alimentam a secreta esperança de que, por fim, algum miúdo irrequieto lhes dê uma cotovelada e acabe por parti-los.

5.4 PLANO NACIONAL DE EDUCAÇÃO – PNE/2001 – LEI Nº 10.172/2001

Em seus primeiros três anos, o Governo FHC, conforme já apontamos anteriormente, investiu capital político em duas frentes relativas à educação: a aprovação da Lei de Diretrizes e Bases da Educação, na forma do substitutivo Darcy Ribeiro; e aprovação e regulamentação do FUNDEF, com o qual se esperava racionalizar a distribuição de recursos destinados à educação fundamental.

Somente em 1998 a questão do Plano Nacional de Educação emergiu na agenda legislativa, de forma curiosa. Houve a propositura quase concomitante de dois projetos legislativos. O primeiro, proposto pela comunidade de educadores, catalisado em torno do Fórum Nacional em Defesa da Escola Pública (FNDEP) e desenvolvido a partir dos debates travados nos Congressos Nacionais de Educação, realizados em 1996 e 1997 (I e II CONED). Alcunhado de "Proposta da Sociedade Brasileira", esse projeto foi apresentado por deputados de oposição na Câmara dos Deputados, em 10 de fevereiro de 1998.[254] O segundo projeto, de iniciativa do Poder Executivo, consolidando discussões realizadas em âmbito estatal, envolvendo entidades profissionais, administrações locais, CONSED e UNDIME,[255] deu entrada na Câmara dois dias depois e seria apensado ao primeiro projeto.

Conforme aponta Beisiegel (1999), o plano governamental buscava, de forma às vezes não congruente, ser "realista" em face das possibilidades administrativas e orçamentárias e, ao mesmo tempo, contemplar as reivindicações setoriais das diversas entidades profissionais consultadas. Após sua divulgação, recebeu críticas das entidades do setor, especialmente da Associação Nacional de Pós-Graduação e Pesquisa em Educação (ANPED), que apontava a ausência de uma visão de "políticas públicas contínuas e integradas a longo prazo", contribuindo para "superar a fragmentação característica das políticas públicas de educação" e estabelecendo claramente "os patamares de saída e de chegada, propondo metas não limitadas ao que já estava garantido na legislação" (p. 225). O projeto é assim sintetizado por Cury (1998, p. 178):

> A proposta governamental, de fato, opera com o existente, ampliando-o dentro de uma perspectiva conservadora. O texto trabalha com uma desejabilidade de ampliação à qual ele mesmo se opõe parecendo estar se perguntando sobre as fontes empíricas de financiamento. O plano guia uma ação já em curso cujos contornos estão sendo construídos.

---

[254] O encabeçante desse projeto foi o Deputado Ivan Valente, tendo sido subscrito por mais de 70 parlamentares. Tramitou na Câmara sob a denominação de PL nº 4.155/1998. Versão original da proposta pode ser acessada em: https://www.adusp.org.br/files/PNE/pnebra.pdf . Acesso em: 09 fev. 2022.

[255] A narrativa do processo de participação na elaboração da proposta do Poder Executivo é a seguinte: "O documento básico, com o respectivo suplemento estatístico, foi distribuído amplamente, e solicitou-se, a todas as entidades envolvidas, o envio de sugestões para a elaboração do documento final. Essas sugestões foram discutidas numa série de reuniões gerais organizadas pelo INEP no início de novembro deste ano. Nesse ínterim, o CONSED e a UNDIME realizaram reuniões estaduais e regionais que permitiram uma participação mais ampla dos representantes de suas respectivas redes de ensino" (INEP, 1998, p. 16).

A proposta do CONED, por sua vez, coloca-se claramente como uma resposta de oposição, praticamente um libelo, denunciando o alinhamento governamental da gestão FHC com a política neoliberal, o que agravaria a crise educacional, "reforçada pelo conjunto das políticas públicas adotadas pelo governo brasileiro, as quais, vale esclarecer, obedecem à matriz definida pelo Banco Mundial, pelo Banco Interamericano de Desenvolvimento (BID) e pela Comissão Econômica para a América Latina (CEPAL), para os países considerados em desenvolvimento"(CONFERÊNCIA NACIONAL DE EDUCAÇÃO, 1997). Na esteira dessa crítica, propunha a revogação de todas as medidas legislativas praticadas pela gestão em curso, dentre elas, a Emenda Constitucional nº 14/1996 e a Lei de Diretrizes de Bases.

O debate, como se pode constatar, era fortemente impregnado pelas concepções ideológicas a ele subjacentes, o que era amplificado pela iminência das eleições para um novo termo presidencial. Mais uma vez, a propositura de um plano no último ano de um mandato presidencial gerava um conflito entre a visão de longo prazo que deve presidir um plano decenal de educação e o que seria a concepção peculiar de uma gestão no final de seu ciclo quadrienal, matizada pela sustentação da política econômica como eixo principal da atuação governamental. Àquela altura, uma "conciliação aberta", como a praticada no período constituinte, estava fora de questão.

A síntese possível, tendo como base o substitutivo elaborado pelo ex-deputado Nelson Marchezan (PSDB-RS), contemplou elementos do valioso diagnóstico da situação educacional constante do projeto oposicionista. Porém, o aspecto propriamente normativo do plano, constantes nas diretrizes, objetivos e metas, foram substancialmente aproveitados daqueles constantes do projeto governamental – na proporção de 75%, consoante levantamento de Souza (2014) – com aprimoramentos e acréscimos introduzidos durante o processo legislativo, alguns inspirados pelo projeto do CONED.

Para a discussão que nos interessa, acerca da valorização da profissão docente, verificamos na proposta do CONED uma preocupação central pela formação dos profissionais da educação – tema que é objeto do último capítulo do projeto. Das 28 metas ali estabelecidas, 25 eram referentes a aspectos formativos das carreiras educacionais e ao suprimento de *déficits* na oferta de profissionais da educação. Apenas três diziam respeito especificamente ao regime de carreira e remuneração, quais sejam (CONFERÊNCIA NACIONAL DE EDUCAÇÃO, 1997):

- Implantar, no prazo de um ano, planos de carreira e de formação para profissionais do magistério, em todos os níveis e modalidades de educação, com garantia de recursos;
- Implantar, no prazo de um ano, planos de carreira e de formação para profissionais da educação que atuam em áreas técnica e administrativa, em todos os níveis e modalidades de ensino, com garantia de recursos;
- Implementar, imediatamente, o piso salarial nacionalmente unificado para o magistério público e para o corpo de técnicos e funcionários administrativos, de valor compatível com os dispositivos constitucionais específicos.

O projeto do Poder Executivo também era dotado de um capítulo semelhante – "Cap. 9. Formação de professores e valorização do magistério" –, no qual são alinhadas 15 metas, sendo que três delas dizem respeito ao regime de trabalho docente (INEP, 1998):

1. Implementar, já em 1998, a criação de novos planos de carreiras para o magistério e de novos níveis de remuneração em todos os sistemas de ensino, com piso salarial próprio, de acordo com as diretrizes estabelecidas pelo Conselho Nacional de Educação, assegurando a promoção por mérito.
2. Institucionalizar, no prazo de cinco anos, sistemas de avaliação do desempenho dos docentes, integrados à avaliação das escolas.
3. Implementar, gradualmente, uma jornada de trabalho em tempo integral, cumprida em um único estabelecimento escolar, de forma a viabilizar 30 horas de atividade em sala de aula, com adicional de 10 horas para outras atividades.

É curioso observar que as metas constantes do projeto governamental não eram discrepantes das que constavam no projeto do CONED e, em alguns pontos, eram até mais bem especificadas e ambiciosas. Se há um traço a diferenciá-las é a preocupação com a avaliação do trabalho docente e a promoção por mérito, constantes do projeto do MEC e condizentes com a preocupação daquela gestão em introduzir mecanismos avaliatórios na Educação.[256]

[256] Conforme observa Barros (2018, p. 19), "o gaúcho Paulo Renato Souza tinha trabalhado por quatro anos no Banco Interamericano de Desenvolvimento, em Washington, D.C. Sua experiência no órgão internacional e sobretudo nos Estados Unidos fez com que voltasse obcecado por avaliações e estatísticas educacionais." Essa preocupação gerou, como legado positivo de sua gestão, a estruturação do Sistema de Avaliação da Educação Básica (SAEB), além do Exame Nacional do Ensino Médio – ENEM, e o Exame Nacional de

No texto promulgado, em que também houve a previsão de um capítulo específico sobre a formação dos professores e a valorização do magistério – tais metas foram assim traduzidas:

> 1. Garantir a implantação, já a partir do primeiro ano deste plano, dos planos de carreira para o magistério, elaborados e aprovados de acordo com as determinações da Lei nº 9.424/96 e a criação de novos planos, no caso de os antigos ainda não terem sido reformulados segundo aquela lei. Garantir, igualmente, os novos níveis de remuneração em todos os sistemas de ensino, com piso salarial próprio, de acordo com as diretrizes estabelecidas pelo Conselho Nacional de Educação, assegurando a promoção por mérito.
>
> 2. Implementar, gradualmente, uma jornada de trabalho de tempo integral, quando conveniente, cumprida em um único estabelecimento escolar.
>
> 3. Destinar entre 20 e 25% da carga horária dos professores para preparação de aulas, avaliações e reuniões pedagógicas.
>
> (...)
>
> 27. Promover, em ação conjunta da União, dos Estados e dos Municípios, a avaliação periódica da qualidade de atuação dos professores, com base nas diretrizes de que trata a meta nº 8, como subsídio à definição de necessidades e características dos cursos de formação continuada.

O texto resultante, como se pode ver, aproxima-se bastante do texto do projeto do Executivo. O que se percebe, porém, é o excesso de objetivos e metas, em contraste com a ausência de detalhamento das estratégias e instrumentos pelos quais as metas seriam atingidas e de mecanismos de monitoramento e avaliação dos resultados.

Ademais, para que as metas do Plano fossem alcançadas, era necessário estabelecer novas fontes de financiamento, visto que buscava-se ampliar o alcance e a qualidade dos serviços educacionais. A esse respeito, trazemos a pertinente crítica de Donado Bello de Souza (2014, p. 151):

> A par da predominância dos interesses do Poder Executivo na esfera do Legislativo, cabe ressaltar que, na época da sanção presidencial, esse PNE recebeu nove vetos que, no seu conjunto, implicaram importantes restrições à gestão e ao financiamento da educação no país, em especial

---

Cursos do ensino superior (Provão), posteriormente substituído pelo Exame Nacional de Desempenho de Estudantes (ENADE). Tais mecanismos avaliatórios foram aprimorados nas gestões seguintes e até hoje servem para nortear as políticas educacionais no país.

> no âmbito do ensino superior (...). Em consequência, o PNE 2001-2010 era muito inconsistente, pois, embora previsse metas de expansão de todos os níveis e modalidades de ensino no país, não presumia custos e tampouco fontes de recursos adicionais para financiá-las (DAVIES, 2014).

Aliás, o texto da lei reforça, no tocante ao financiamento, o dever da União de "calcular o valor mínimo para o custo-aluno para efeito de suplementação dos fundos estaduais rigorosamente de acordo com o estabelecido pela Lei nº 9.424/96" (Objetivo/meta nº 18 do subtópico 11.3.1, relativo ao financiamento), o que também não foi cumprido, conforme já observamos.

Paulo Sena Martins, a despeito de tais limitações, observa que, embora os vetos apostos pelo Executivo enfraquecessem o PNE 2001/2010, "o que se retirou foram (importantes) instrumentos, mas não as obrigações e sua validade jurídica" (2010, p. 102). E enfatiza que, apesar de a crítica de alguns doutrinadores, o Plano não se converteu em mera "carta de intenções", pois sua natureza de lei formal favorece a sua exigibilidade, bem como impõe a articulação com os Planos Plurianuais (PPAs), de mesma hierarquia legislativa.

Malgrado suas limitações, é certo que o PNE 2001/2010 representou importante marco no planejamento das políticas educacionais, propiciando a oportunidade de aprendizado aos atores envolvidos, valiosa para a elaboração do PNE seguinte. Ademais, embora várias de suas metas tenham sido frustradas, estabeleceu consenso sobre diversas linhas de atuação que eram necessárias na política educacional, favorecendo também a coordenação dos demais entes públicos, obrigados a produzir os planos de âmbito local.[257]

5.5 PLANO DE DESENVOLVIMENTO DA EDUCAÇÃO – PDE

Em 2007, Moacir Gadotti, ao analisar os sucessivos compromissos e planos educacionais, ponderava:

---

[257] Ressalve-se que nem todos cumpriram a tarefa. Segundo Souza (2014), ao término da vigência do PNE 2001-2010, contabilizou-se a existência de 14 estados, além do Distrito Federal, sem Plano Estadual de Educação (PEE) (54% do total de 26) – dados de 2014 – e cerca de 2.181 municípios (39,2% de 5.565) sem Plano Municipal de Educação (PME) – dados de 2011.

> Até agora nenhum plano conseguiu ser assumido para além do governo que o propôs. A descontinuidade administrativa – ao lado do histórico descompromisso com o preceito constitucional do "regime de colaboração" em matéria de política educacional – é um dos conhecidos entraves da qualidade de nosso ensino (2007, p. 17).

A mesma sina atingiu o PNE 2001-2010, pois, embora os programas do primeiro Governo Lula para a educação não se afastassem substancialmente de suas metas e objetivos, fato é que o Plano não desempenhava o esperado papel de guia da ação governamental de longo prazo, o que se explica pelo litigioso processo de seu nascimento, de que resultou sua frágil legitimidade no plano político.

Tanto assim que, no início do segundo período de Lula na Presidência, sobreveio um novo Plano – o chamado Plano de Desenvolvimento da Educação – designado como um "plano executivo", porém desarticulado com o PNE ainda vigente, conforme aponta Martins (2010, p. 105):

> De fato, ao lançar o Plano de Desenvolvimento da Educação (PDE) em 2007, o governo não procurou baseá-lo no PNE ou, naquele momento, promover a harmonização entre seu plano de governo (PDE) e o plano de Estado (PNE). Cara (2007) acentua: "Em seu conjunto de resoluções, decretos, projetos de lei e medidas provisórias, lamentavelmente o PDE não faz referência ao PNE". Para Pinto (2007), o PDE desviou a discussão sobre o (não) cumprimento das metas do PNE, "este sim, um plano de verdade, aprovado pelo Congresso Nacional".

Essa diferenciação é assumida explicitamente pelo Ministro Fernando Haddad no documento *O Plano de Desenvolvimento da Educação: razões, princípios e programas* (2008, p. 7):

> O PDE, nesse sentido, pretende ser mais do que a tradução instrumental do Plano Nacional de Educação (PNE), o qual, em certa medida, apresenta um bom diagnóstico dos problemas educacionais, mas deixa em aberto a questão das ações a serem tomadas para a melhoria da qualidade da educação. É bem verdade, como se verá em detalhe a seguir, que o PDE também pode ser apresentado como plano executivo, como conjunto de programas que visam dar consequência às metas quantitativas estabelecidas naquele diploma legal, mas os enlaces conceituais propostos tornam evidente que não se trata, quanto à qualidade, de uma execução marcada pela neutralidade. Isso porque, de um lado, o PDE está ancorado em uma concepção substantiva de educação que perpassa todos os níveis e modalidades educacionais

e, de outro, em fundamentos e princípios historicamente saturados, voltados para a consecução dos objetivos republicanos presentes na Constituição, sobretudo no que concerne ao que designaremos por visão sistêmica da educação e à sua relação com a ordenação territorial e o desenvolvimento econômico e social.

O processo de sua elaboração não foi precedido de ampla consulta da sociedade civil,[258] o que gerou críticas por parte de setores que se sentiram excluídos (GADOTTI, 2008, p. 21). Conforme observa Camini (2010, p. 539), a estratégia de legitimação do plano junto aos seus destinatários se deu *a posteriori*, pois "a discussão não ocorreu de forma simultânea e coletiva, os sujeitos foram sendo chamados, consultados e incorporados no decorrer da formulação e execução da política." Trata-se de modelo de legitimação que, consoante formulação de Bo Rothstein, se dá a partir da percepção dos destinatários acerca da correção e imparcialidade na implementação da política pública, validando-se antes pelo *output side* do que pelo *input side* da política (2011, p. 91). Tal estratégia, é claro, oferece seus riscos, mas aparentemente o plano foi bem acolhido pelos atores do campo educacional (CAMINI, 2010; GADOTTI, 2008, p. 31-33) e pela grande imprensa.[259]

Sob o aspecto formal, o Plano não foi veiculado por meio de um diploma jurídico unificado, embora seu programa estratégico tenha sido formulado por meio do Plano de Metas de Compromisso Todos pela Educação, constante do Decreto nº 6.094, de 24 de abril de 2007. Conforme observa Saviani (2007, p. 1233), o PDE "aparece como um grande guarda-chuva que abriga praticamente todos os programas em desenvolvimento pelo MEC", compreendendo cerca de 30 ações "que cobrem todas as áreas de atuação do MEC, abrangendo os níveis e modalidades de ensino, além de medidas de apoio e de infraestrutura."

[258] Embora seja, de certa forma, uma resposta à mobilização em torno do "Compromisso Todos pela Educação", lançado no dia 06 de setembro de 2006, em frente ao Monumento da Independência, no bairro do Ipiranga, na cidade de São Paulo, com participação de variadas entidades: Instituto Ayrton Senna, Instituto Gerdau, Fundação Lemann, ProCentro, Fundação Telefônica, Fundação Bradesco, Instituto DNA Brasil, Fundação Educar Dpaschoal, Fundação Roberto Marinho, Instituto Ethos, Centro de Estudos e Pesquisas em Educação, Cultura e Ação Comunitária (CENPEC), Ação Educativa, Fundação Itaú Social, UNDIME, CONSED e outras, como a Fiesp, o Banco Mundial, a Microsoft, as Organizações Globo, a Revista Veja e a UNESCO. (GADOTTI, 2007, p. 34).

[259] *Vide* editorial: O plano e os mestres. *Folha de São Paulo*, São Paulo, p. A2, 26 abr. 2007. Disponível em: https://acervo.folha.com.br/. Acesso em: 09 fev. 2022. *Vide* também o editorial: Desenvolvimento da educação. *O Estado de São Paulo*, São Paulo, p. A3, 26 abr. 2007. Disponível em: https://acervo.estadao.com. br/. Acesso em: 09 fev. 2022.

Buscava-se, assim, promover, no âmbito da educação, um arco de atuação semelhante ao Programa de Aceleração do Crescimento (PAC), motivo pelo qual o programa ficou conhecido também como o "PAC da educação".[260]

Esse conjunto de programas e ações fora divulgado por meio do sítio eletrônico do Ministério, em página não mais disponível. Portanto, a principal fonte para conhecer o PDE, atualmente, é a leitura das análises que acadêmicos fizeram a respeito, além de obra publicada pelo Ministério da Educação, que busca explicar a filosofia do programa.[261]

Em virtude de tais características, há autores como Juca Gil (2016, p. 132) que questionam a própria natureza do PDE como plano educacional, dada a ausência de elementos que são próprios da espécie: diagnóstico de partida, quantificação das metas, eleição de prioridades, desenho detalhado dos mecanismos de acompanhamento etc. Moacir Gadotti (2008, p. 23) reconhece que "não se trata de um plano, no sentido clássico do termo". Por isso, talvez seja melhor caracterizá-lo antes como um macroprograma governamental do que propriamente um plano.

Apesar disso, há méritos inegáveis no PDE, decorrentes especialmente do propósito de superar a fragmentação na atuação do MEC e propiciar a articulação interfederativa. No primeiro caso, o PDE busca uma visão sistêmica, que implica em "reconhecer as conexões intrínsecas entre educação básica, educação superior, educação tecnológica e alfabetização e, a partir dessas conexões, potencializar as políticas de educação de forma a que se reforcem reciprocamente" (BRASIL, 2008, p. 10).

Essa visão sistêmica implica reconhecer, por exemplo, a sinergia que existe entre o ensino superior – responsável pela formação inicial e continuada dos professores – e a educação básica, que não será atendida se não houver uma oferta de docentes com qualificação adequada. Em sentido inverso, se não houver uma atenção à educação básica, não haverá acesso ao ensino superior e o ciclo não se fecha.

Quanto à articulação interfederativa, ela se dá em torno do plano de metas constante do Decreto nº 6.094/2007, que é articulado em três

---

[260] Um ano após o seu lançamento, a imprensa ainda se referia ao plano dessa forma, conforme se vê pela notícia da Folha de São Paulo: GOIS, Antônio. Verba do PAC da Edu cação demora a sair. *Folha de São Paulo*, São Paulo, p. C6, 19 maio 2008. Disponível em: https://www1.folha.uol.com.br/fsp/cotidian/ff1905200817.htm. Acesso em: 09 fev. 2022.

[261] BRASIL. Ministério da Educação. MEC. *O Plano de Desenvolvimento da Educação*: Razões, Princípios e Programas. Brasília, 2008. Disponível em: http://portal.mec.gov.br/arquivos/livro/livro.pdf. Acesso em: 09 fev. 2022.

componentes estruturantes, conforme análise de Bucci e Vilarino (2013, p. 128-129):

a) o primeiro componente consiste na mobilização social pela melhoria da qualidade educacional, cuja trajetória é traçada por meio da propositura de um novo indicador, o IDEB – Índice de Desenvolvimento da Educação Básica, construído com base não apenas no desempenho dos alunos, mensurado por meio das provas aplicadas em âmbito nacional, mas também pelo rendimento escolar, ou seja, os dados sobre progressão e permanência dos alunos no ciclo educacional;
b) o segundo componente é a pactuação das metas por meio de termo de adesão voluntária com as outras unidades federativas, utilizando-se a evolução do IDEB como indicador objetivo para verificar a evolução das redes de ensino;
c) o terceiro e último componente consiste na "estruturação de programas e ações de assistência técnica e financeira, até então prestados de maneira arbitrária e desvinculada de uma lógica macro-organizativa, de âmbito nacional".

Esse último componente, que é o que mais nos interessa compreender, se dá por meio da elaboração de Planos de Ações Articuladas (PAR), construídos a partir da interação entre a equipe do MEC e os entes federativos aderentes, nos quais são estabelecidas medidas concretas, direcionadas à consecução das 28 diretrizes constantes do plano de metas, consideradas essenciais para a evolução da qualidade da educação básica.

Conjuga-se no modelo do PAR alguns elementos que consideramos valiosos para uma prática de articulação federativa que supere a dicotomia autoritária/clientelista:

- a adesão voluntária das entidades subnacionais, em torno de compromissos objetivos, respeitando-se a autonomia federativa;
- a eleição dos entes a receberem apoio, com base em critérios objetivos, tendo por base o IDEB, as possibilidades de incremento desse índice e a capacidade financeira e técnica do ente apoiado;
- a estipulação de medidas concretas baseando-se em diagnóstico com a participação dos gestores e educadores locais, por meio de instrumento padronizado de avaliação;
- a articulação das medidas em torno de quatro dimensões previamente definidas no decreto, a saber: I – gestão educacional;

II – formação de professores e profissionais de serviços e apoio escolar; III – recursos pedagógicos; IV – infraestrutura física;

- a vigência plurianual (quatro anos), evitando a descontinuidade e a intermitência das ações programadas;
- a previsão de instrumentos de monitoramento, manejados pelo MEC e por Comitês a serem instalados em âmbito local.

Percebe-se que, na elaboração e implementação dos Planos de Ações Articuladas, revela-se de forma mais completa a tecnologia típica do planejamento, ausente na concepção mais ampla do PDE. Ademais, a previsão dos PAR ganhou *status* legal, com a aprovação da Medida Provisória nº 562, de 2012, convertida na Lei nº 12.695, de 25 de julho de 2012.

Cabe o registro de que, ao longo dos anos, a atuação por meio dos PAR deixou de funcionar como mecanismo indutor de colaboração, convertendo-se em mero meio de transferência de verbas federais aos entes subnacionais, conforme diagnóstico realizado pelo Tribunal de Contas da União.[262]

No tocante à política docente, verifica-se que o Decreto nº 6.094/2007 estipula várias diretrizes a serem observadas, no pressuposto de que a melhoria das condições de formação, trabalho e remuneração seja um fator propiciador da evolução da qualidade do ensino. Destacamos:

---

[262] BRASIL. Tribunal de Contas da União. *Acórdão nº 104/2020* – TC nº 022.260/2019-6 – Rel. Augusto Nardes, julg. 29.04.2020. Destacamos o seguinte excerto conclusivo:
Por fim, quanto ao Plano de Ações Articuladas (PAR), apurou-se que tal modelo indutor de colaboração não tem sido utilizado pelos entes federados como instrumento de planejamento e de gestão das políticas educacionais voltadas à educação básica, caracterizando-se, essencialmente, como mais um meio de transferência de verbas federais aos entes subnacionais, em face dos seguintes fatores:
a) inoperância do Comitê Estratégico do PAR, comprometendo o diagnóstico e o planejamento do apoio técnico e financeiro prestado pela União, em caráter suplementar e voluntário, em favor da educação básica e, por conseguinte, a gestão estratégica do PNE 2014-2024;
b) fragilidade dos indicadores de avaliação da situação dos entes federados, prejudicando as decisões relacionadas ao oferecimento pela União de assistência técnica e/ou financeira às redes públicas de educação básica;
c) vulnerabilidade da metodologia de preenchimento da fase de planejamento do PAR, com destaque para a falta de críticas automatizadas sobre os dados declarados pelos estados e municípios;
d) prorrogação excessiva dos prazos de vigência do PAR, comprometendo a devida prestação de contas, a devolução de saldos bancários e, eventualmente, a adoção das medidas de exceção visando à recuperação de recursos públicos;
e) fragilidades na assistência técnica prestada pelo MEC/FNDE no "Fale conosco PAR", prejudicando a execução das ações educacionais demandadas no sistema.

> Art. 2º A participação da União no Compromisso será pautada pela realização direta, quando couber, ou, nos demais casos, pelo incentivo e apoio à implementação, por Municípios, Distrito Federal, Estados e respectivos sistemas de ensino, das seguintes diretrizes:
>
> (...)
>
> XII – instituir programa próprio ou em regime de colaboração para formação inicial e continuada de profissionais da educação;
>
> XIII – implantar plano de carreira, cargos e salários para os profissionais da educação, privilegiando o mérito, a formação e a avaliação do desempenho;
>
> XIV – valorizar o mérito do trabalhador da educação, representado pelo desempenho eficiente no trabalho, dedicação, assiduidade, pontualidade, responsabilidade, realização de projetos e trabalhos especializados, cursos de atualização e desenvolvimento profissional;
>
> XV – dar consequência ao período probatório, tornando o professor efetivo estável após avaliação, de preferência externa ao sistema educacional local;
>
> XVI – envolver todos os professores na discussão e elaboração do projeto político pedagógico, respeitadas as especificidades de cada escola;
>
> XVII – incorporar ao núcleo gestor da escola coordenadores pedagógicos que acompanhem as dificuldades enfrentadas pelo professor;
>
> XVIII – fixar regras claras, considerados mérito e desempenho, para nomeação e exoneração de diretor de escola;

A efetividade do PDE, no tocante ao ensino básico, deve ser analisada com base no índice por ele estabelecido, o IDEB. A sua evolução no período após implantação do PDE mostra uma sensível melhora nos anos iniciais e finais do ensino fundamental, ainda que esse último segmento não tenha alcançado a média nos últimos anos. O ensino médio, todavia, não tem respondido da mesma forma à política educacional, restando praticamente estagnado no último decênio, de acordo com o índice.

Gráfico 2 – Evolução do IDEB

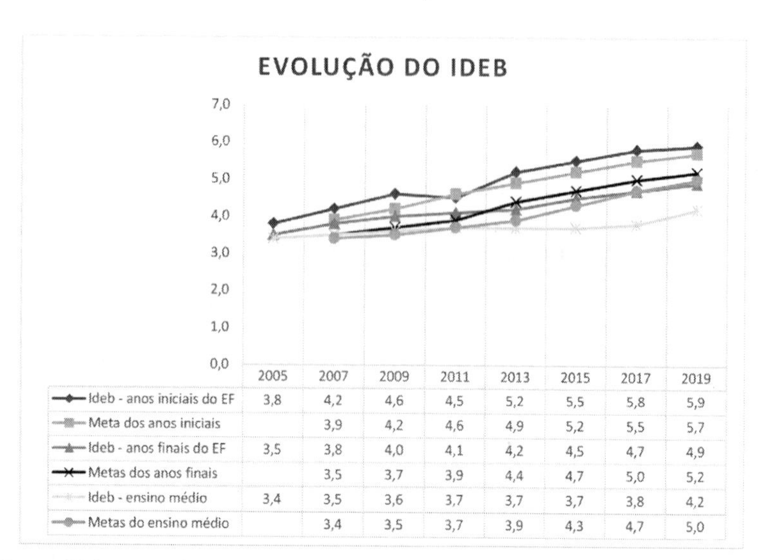

	2005	2007	2009	2011	2013	2015	2017	2019
Ideb - anos iniciais do EF	3,8	4,2	4,6	4,5	5,2	5,5	5,8	5,9
Meta dos anos iniciais		3,9	4,2	4,6	4,9	5,2	5,5	5,7
Ideb - anos finais do EF	3,5	3,8	4,0	4,1	4,2	4,5	4,7	4,9
Metas dos anos finais		3,5	3,7	3,9	4,4	4,7	5,0	5,2
Ideb - ensino médio	3,4	3,5	3,6	3,7	3,7	3,7	3,8	4,2
Metas do ensino médio		3,4	3,5	3,7	3,9	4,3	4,7	5,0

Fonte: Elaboração do autor, com dados do Portal do IDEB (http://ideb.inep.gov.br/resultado/).

Evidentemente, decifrar o emaranhado de fatores causais que concorreram para os resultados acima reproduzidos foge inteiramente ao escopo deste trabalho e à capacidade do pesquisador. Todavia, parece-nos que esses dados apontam uma melhora significativa do ensino de responsabilidade municipal, sendo que os Planos de Ação Articuladas focaram especialmente a melhoria da capacidade desse nível federativo.

No tocante ao vencimento dos docentes, é preciso observar que o PDE compreendeu várias iniciativas, dentre elas o compromisso de aprovação da Lei do Piso, cujo Projeto do Poder Executivo havia sido enviado cerca de um mês antes do lançamento do Plano e que veio a ser promulgada em 08 de julho de 2008 – Lei nº 11.738/2008. Ademais, conforme já observamos no capítulo anterior, a implantação do PSPN somente foi possível mediante a prévia criação do FUNDEB, pela EC nº 53/2006.

Assim, é difícil segregar eventual impacto que o PDE tenha causado no tocante à remuneração dos professores, por meio de ações como a ajuda financeira pela implantação dos Planos de Ações Articuladas – PAR, daquele decorrente do advento do FUNDEB e da promulgação da Lei do PSPN, ainda que, até hoje, haja expressivo percentual de desconformidade em relação a essa última.

A esse respeito, Rubens Barbosa De Camargo *et al.* (2018, p. 419),[263] em artigo analisando dados sobre o comportamento dos vencimentos[264] de docentes da educação básica de dez Estados brasileiros no período de 2006 a 2014, apontou a seguinte variação:

Gráfico 3 – Evolução do vencimento docente inicial nas redes estaduais (2006-2014)

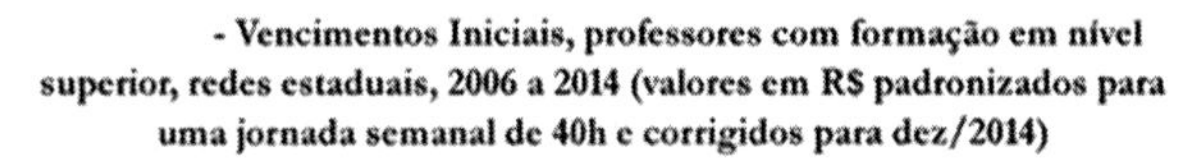

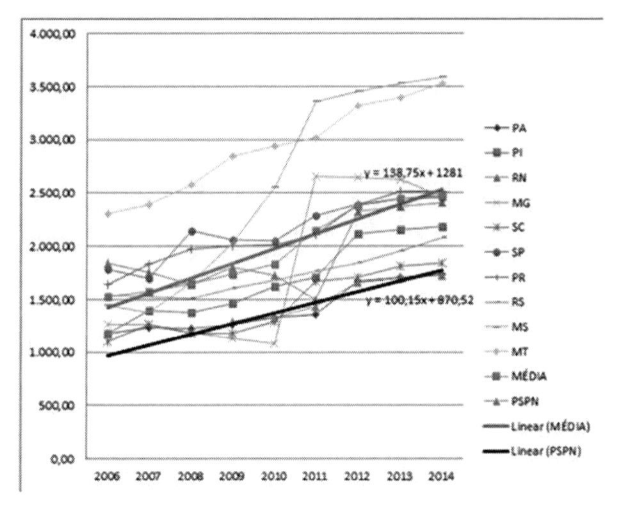

Fonte: (CAMARGO *et al.*, 2018).[265]

---

[263] No VI Congresso Ibero-Americano e IX Congresso Luso-Brasileiro de Política e Administração da Educação, que ocorreu nos dias 28 de maio a 01 de junho de 2018, em Lleida/Catalunha e Barcelona/Catalunha, Espanha. Foi promovido, em regime de coparticipação, pela Associação Nacional de Política e Administração da Educação (ANPAE), pelo Fórum Europeu de Administradores da Educação na Espanha (FEAE) e pelo Fórum Português de Administração Educacional (FPAE). O evento, que reúne os dois Congressos, teve como tema central: "Política e Gestão da Educação Ibero-Americano: tendências e desafios." O trabalho é resultante de pesquisa financiada pela Coordenação de Aperfeiçoamento de Pessoal de Nível Superior (CAPES), denominada Pesquisa Observatório da Remuneração Docente (PORD).

[264] Nota sobre a metodologia usada pela pesquisa, conforme esclarecimento do autor: os valores dos vencimentos das redes estaduais foram encontrados em legislações específicas em cada estado e foram padronizados para uma jornada de trabalho docente de 40 horas semanais. Todos os valores de vencimentos foram corrigidos pelo INPC de dezembro de 2014.

[265] Com base na pesquisa nacional Pesquisa Observatório da Remuneração Docente.

Os dados constantes do gráfico acima indicam que, ainda que algumas administrações estaduais tenham descumprido o PSPN, obrigatório a partir de abril de 2011, houve crescimento real dos vencimentos dos professores, à monta de 70%, havendo certa correspondência entre a linha de tendência média da elevação dos vencimentos e a linha de crescimento do PSPN, com tendência a convergência no ano de 2014. Isso parece sugerir algo que já esboçamos no capítulo antecedente, ou seja, a dificuldade, por parte dos entes subnacionais, de acompanhar os aumentos reais propiciados pela sistemática de reajuste do PSPN, dada a crise fiscal iniciada naquele período.

Tal estudo sugere, ao menos na amostra em questão, que houve algum efeito indutor das políticas realizadas no período com a melhoria remuneratória dos professores, porém devendo-se ressalvar dois aspectos: o primeiro é que essa variação não foi uniforme – o estado que teve a maior variação percentual foi Santa Catarina, com 155,2% e a menor variação percentual ocorreu no Rio Grande do Norte com apenas 31,1%; a segunda ressalva diz respeito à escolha metodológica de se analisar a variação dos vencimentos, sendo que é sabido que esses nem sempre refletem a evolução da remuneração global dos docentes, considerando a prática comum de conceder aumentos disfarçados em adicionais e gratificações.[266]

De toda forma, essa variação mostra-se sensivelmente superior ao ganho real do salário-mínimo – 46%[267] – e ao ganho real do rendimento médio do brasileiro – 44% – no mesmo período,[268] o que favorece a interpretação de que houve, em algum grau, uma maior valorização do trabalho docente, no aspecto remuneratório, a partir do conjunto de medidas adotadas no biênio 2006/2007.

---

[266] Esse expediente, conforme já pudemos ressaltar, busca evitar o impacto de reajustes vencimentais na folha pre*vide*nciária, haja vista que a maioria dos aposentados e pensionistas tem direito à paridade com os ativos, por força da antiga redação do art. 40, §8º da CRFB/88 e de disposições transitórias constantes das Emendas Constitucionais nº 41/2003 e 47/2005. Isso dificulta a comparação entre estruturas remuneratórias distintas, visto que o salário base pode ter um peso variável na remuneração global.

[267] A variação nominal do salário-mínimo foi de 106%, sendo que houve no mesmo período inflação de 60%. Informações obtidas em: BANCO CENTRAL DO BRASIL. *Calculadora do Cidadão*. Correção de Valores. Disponível em: https://www3.bcb.gov.br/CALCIDADAO/publico/exibirFormCorrecaoValores.do?method=exibirFormCorrecaoValores. Acesso em: 11 fev. 2022.

[268] O rendimento médio mensal das pessoas com mais de dez anos de idade cresceu 104% no período, conforme dados do IBGE. Fonte: IBGE. Instituto Brasileiro de Geografia e Estatística. *Séries Históricas e Estatísticas*. Rendimento médio mensal das pessoas de 10 anos ou mais de idade (R$). Disponível em: https://seriesestatisticas.ibge.gov.br/series.aspx?no=7&op=0&vcodigo=PD345&t=rendimento-medio-mensal-pessoas-10-anos. Acesso em: 11 fev. 2022.

Isso indica que, embora haja alguma pressão pela modificação da norma de revisão anual do PSPN, ela atua como indutora de melhoria da remuneração média dos docentes, favorecendo – conforme veremos adiante – meta estipulada pelo Plano Nacional de Educação para o período de 2014/2024, relativa à valorização da remuneração docente, em comparação com outras categorias profissionais de escolaridade equivalente.

5.6 PLANO NACIONAL DE EDUCAÇÃO – PNE/2014 – LEI Nº 13.005/2014

À medida que se aproximava o termo do PNE/2001, impunha-se a apresentação, por parte do Governo Federal, de uma nova proposta do Plano, visto que a isso não se prestava o PDE, dadas as suas características de mero "plano executivo", com as lacunas já mencionadas.

Um tanto tardiamente, a apenas 30 dias do termo final do PNE/2001, encaminhou-se o Projeto do Executivo à Câmara dos Deputados, tendo tramitado ali como Projeto de Lei (PL) nº 8.035/2010. Naquele mesmo ano havia sido realizada a primeira Conferência Nacional de Educação (CONAE), promovida pelo Governo Federal, com participação dos principais atores do campo educacional,[269] resultando

---

[269] Para dar uma ideia da amplitude da participação, basta ler a composição da Comissão organizadora da Conferência, podendo-se destacar como principais integrantes do campo educacional: Associação Nacional dos Dirigentes de Instituições Federais de Ensino Superior (ANDIFES), Confederação Nacional dos Estabelecimentos de Ensino (CONFENEN), Associação Brasileira das Universidades Comunitárias (ABRUC), Conselho Nacional das Instituições da Rede Federal de Educação Profissional, Científica e Tecnológica (CONIF), Conselho Nacional de Secretários de Educação (CONSED), União Nacional dos Dirigentes Municipais de Educação (UNDIME), Confederação Nacional dos Trabalhadores em Educação (CNTE), Confederação Nacional dos Trabalhadores em Estabelecimentos de Ensino (CONTEE), Federação de Sindicatos de Trabalhadores de Universidades Brasileiras (FASUBRA), Fórum de Professores das Instituições Federais de Ensino (PROIFES), Sindicato Nacional dos Servidores Federais da Educação Profissional (SINASEFE), Fórum Nacional dos Conselhos Estaduais de Educação (FNCEE), União Nacional dos Conselhos Municipais de Educação (UNCME), União Brasileira dos Estudantes Secundaristas (UBES), União Nacional dos Estudantes (UNE), Confederação Nacional de Pais de Alunos (CONFENAPA), Sociedade Brasileira para o Progresso da Ciência (SBPC), Campanha Nacional pelo Direito à Educação, Movimentos Todos pela Educação, Associação Nacional de Pós-Graduação e Pesquisa em Educação (ANPED). Além disso, houve também a participação de representantes de movimentos sociais camponeses, movimentos de afirmação da diversidade, centrais de trabalhadores, confederações patronais e Sistema S e universidades.

em um documento final, com propostas de diretrizes e metas para o novo plano.[270, 271]

Além disso, conforme observa Sena (2015, p. 15), ao encaminhar seu projeto, o Poder Executivo criticou, na exposição de motivos, a metodologia do PNE anterior, por sua estrutura baseada no tripé "diagnóstico-diretrizes-metas", na medida em que as metas vinham desacompanhadas das estratégias necessárias para seu cumprimento. Em substituição, propôs-se a redução do Plano a 20 metas, acompanhadas das respectivas estratégias de efetivação, o que favoreceria seu monitoramento e controle social. Todavia, conforme aponta Sena (2015, p. 15):

> A opção, aparentemente correta, foi incompleta, por abandonar uma das bases do tripé – o diagnóstico –, que também era fundamental para que a sociedade pudesse compreender as metas e estratégias, debatê-las e, eventualmente, apontar lacunas do projeto.

Essa omissão foi suprida posteriormente, pelo encaminhamento de notas técnicas, com dados estatísticos e análises referentes a cada meta, o que permitiu um debate mais aprofundado das premissas da proposta governamental.

A tramitação do projeto entre Câmara e Senado consumiu três anos e meio, com intensa discussão nas casas legislativas, o que se revela pela apresentação de 3.365 emendas na Câmara e 226 no Senado Federal. Também se registra a realização de 27 audiências púbicas na

---

270 CONFERÊNCIA NACIONAL DE EDUCAÇÃO (CONAE), 2010, Brasília, DF. *Construindo o Sistema Nacional articulado de Educação*: o Plano Nacional de Educação, diretrizes e estratégias. Disponível em: http://pne.mec.gov.br/images/pdf/CONAE2010_doc_final.pdf. Acesso em: 11 fev. 2022.

271 O então secretário executivo do Ministério da Educação e Coordenador da Conferência, Francisco das Chagas Fernandes (2010), esclareceu que seriam observadas algumas diretrizes e até algumas metas apontadas pela CONAE. Porém, anunciou que o projeto de PNE, que seria encaminhado ainda naquele ano, adotaria uma proposta distinta da constante do PNE 2001/2010: "(...) nós temos uma avaliação do atual plano. Tínhamos duas avaliações que talvez sejam um consenso entre todos nós. Primeiro: o atual plano tem muitas metas: 295. Segundo: que muitas dessas metas não são metas. Meta é aquilo que você pode medir. Então tem muitas metas no atual plano que não se tem condição de medir. Nós fizemos a avaliação do plano desde 2004. Outra questão é que não houve estratégia no atual plano nem para as metas nem para a implementação do plano. E aí nós temos um problema: muitos estados e muitos municípios sequer fizeram seus planos estaduais e municipais. Por quê? Porque faltou estratégia forte em relação à implementação do atual plano. Essas duas questões, essas duas variáveis na avaliação nos levam a pensar que o próximo plano deve ter muito menos metas. Outra questão: deve ter metas exequíveis e com possibilidade de serem medidas". (p. 1043-1044).

Câmara e 7 no Senado Federal, para debate do projeto.[272] O resultado final do processo legislativo foi sancionado, sem vetos, pela Presidente Dilma Rousseff, convertendo-se na Lei nº 13.005, de 25 de junho de 2014, fixando as 20 metas e 246 estratégias do plano. No debate legislativo, o tema mais polêmico dizia respeito ao financiamento da educação, especialmente sobre a fixação de um percentual do PIB como meta do investimento educacional. A proposta governamental estabelecia a meta de 7% para o final do decênio, sendo que havia, do outro lado, "uma frente de luta em torno de uma clara destinação de recursos para o financiamento do plano, especialmente pautada nos 10% do PIB" (SOUZA, 2014, p. 159). Na redação final da lei, prevaleceu essa última posição, estabelecendo-se os 7% como meta intermediária, no final do primeiro quinquênio de vigência do plano.[273]

Outro avanço relevante trazido no projeto foi o reconhecimento da necessidade de ser fixado o Custo Aluno Qualidade (CAQ) como estratégia de construção do financiamento educacional, pois, conforme já reconhecia o Secretário-Executivo do MEC, "[o] custo aluno-qualidade na realidade é um conceito que inverte a lógica do financiamento da educação" (FERNANDES, 2010, p. 1043). Tal estratégia foi, ao longo da tramitação do projeto, aprimorada com a introdução do Custo Aluno Qualidade Inicial (CAQi), como mecanismo de transição para o Custo Aluno-Qualidade, sendo que esse último deveria ser implementado no prazo de três anos e continuamente ajustado e acompanhado pelos principais órgãos de controle do sistema educacional.[274]

---

[272] Dados sobre o número de emendas e audiências na Câmara estão disponíveis em: https://www.camara.gov.br/proposicoesWeb/fichadetramitacao?idProposicao=490116#marcacao-conteudo-portal. Acesso em 09 fev. 2022. Dados sobre o número de emendas e audiências no Senado estão disponíveis em: https://www25.senado.leg.br/web/atividade/materias/-/materia/108259. Acesso em: 09 fev. 2022.

[273] No texto final: "Meta 20: ampliar o investimento público em educação pública de forma a atingir, no mínimo, o patamar de 7% (sete por cento) do Produto Interno Bruto – PIB do País no 5º (quinto) ano de vigência desta Lei e, no mínimo, o equivalente a 10% (dez por cento) do PIB ao final do decênio".

[274] No texto final, tais aspectos estão detalhados nas seguintes estratégias: "20.6) no prazo de 2 (dois) anos da vigência deste PNE, será implantado o Custo Aluno-Qualidade inicial – CAQi, referenciado no conjunto de padrões mínimos estabelecidos na legislação educacional e cujo financiamento será calculado com base nos respectivos insumos indispensáveis ao processo de ensino-aprendizagem e será progressivamente reajustado até a implementação plena do Custo Aluno Qualidade – CAQ; 20.7) implementar o Custo Aluno Qualidade – CAQ como parâmetro para o financiamento da educação de todas etapas e modalidades da educação básica, a partir do cálculo e do acompanhamento regular dos indicadores de gastos educacionais com investimentos em qualificação e remuneração do pessoal docente e dos demais profissionais da educação pública, em aquisição, manutenção, construção e conservação de instalações e equipamentos necessários ao

Além disso, fixou-se o prazo de um biênio para que o Poder Público regulamentasse, por lei, o Sistema Nacional de Educação,[275] concretizando previsão constante do art. 214, *caput,* da Constituição Federal, com redação dada pela Emenda Constitucional nº 53/2009,[276] no sentido de propiciar melhor articulação entre as políticas e sistemas educacionais dos entes federados, favorecendo, assim, a realização das metas contidas no PNE 2014/2024. Como se sabe, tal prazo não foi cumprido e no cenário presente não há indícios de interesse governamental em avançar nessa direção, muito pelo contrário.[277] Apesar dessa inércia, verifica-se que o tema vem avançado nas Casas Legislativas.[278]

As inovações acima citadas merecem destaque, pois visavam conferir suporte às demais metas e estratégias constantes do PNE 2014/2024, inclusive as que dizem respeito à política docente, de maneira mais específica. No âmbito que nos interessa, cabe destacar duas metas específicas, conectadas logicamente às diretrizes constantes do art. 2º da lei, referentes à melhoria da qualidade educacional (inciso IV) e à valorização dos(as) profissionais da educação (inciso IX). São elas:

> Meta 17: valorizar os (as) profissionais do magistério das redes públicas de educação básica de forma a equiparar seu rendimento médio ao dos (as) demais profissionais com escolaridade equivalente, até o final do sexto ano de vigência deste PNE.[279]

---

ensino e em aquisição de material didático-escolar, alimentação e transporte escolar; 20.8) o CAQ será definido no prazo de 3 (três) anos e será continuamente ajustado, com base em metodologia formulada pelo Ministério da Educação – MEC, e acompanhado pelo Fórum Nacional de Educação – FNE, pelo Conselho Nacional de Educação – CNE e pelas Comissões de Educação da Câmara dos Deputados e de Educação, Cultura e Esportes do Senado Federal".

[275] "Art. 13. O poder público deverá instituir, em lei específica, contados 2 (dois) anos da publicação desta Lei, o Sistema Nacional de Educação, responsável pela articulação entre os sistemas de ensino, em regime de colaboração, para efetivação das diretrizes, metas e estratégias do Plano Nacional de Educação".

[276] "Art. 214. A lei estabelecerá o plano nacional de educação, de duração decenal, com o objetivo de articular o sistema nacional de educação em regime de colaboração e definir diretrizes, objetivos, metas e estratégias de implementação para assegurar a manutenção e desenvolvimento do ensino em seus diversos níveis, etapas e modalidades por meio de ações integradas dos poderes públicos das diferentes esferas federativas que conduzam a:(...)".

[277] Sobre os entraves à institucionalização do Sistema Nacional de Educação, *vide* Seixas (2019).

[278] Em 15.02.2022, o Plenário da Câmara aprovou regime de urgência para apreciação do PLP nº 25/2019 pelo Plenário. Acompanhamento em: https://www.camara.leg.br/propostas-legislativas/2191844. Acesso em: 24 fev. 2022.

[279] A meta 17 é acompanhada das seguintes estratégias: "17.1) constituir, por iniciativa do Ministério da Educação, até o final do primeiro ano de vigência deste PNE, fórum

> Meta 18: assegurar, no prazo de 2 (dois) anos, a existência de planos de Carreira para os (as) profissionais da educação básica e superior pública de todos os sistemas de ensino e, para o plano de Carreira dos (as) profissionais da educação básica pública, tomar como referência o piso salarial nacional profissional, definido em lei federal, nos termos do inciso VIII do art. 206 da Constituição Federal.[280]

Parece-nos, à luz do que já estudamos no tocante ao planejamento, que as metas constituem propriamente o núcleo vinculante do plano, sendo que as estratégias são, por sua natureza instrumental,

---

permanente, com representação da União, dos Estados, do Distrito Federal, dos Municípios e dos trabalhadores da educação, para acompanhamento da atualização progressiva do valor do piso salarial nacional para os profissionais do magistério público da educação básica; 17.2) constituir como tarefa do fórum permanente o acompanhamento da evolução salarial por meio de indicadores da Pesquisa Nacional por Amostra de Domicílios – PNAD, periodicamente divulgados pela Fundação Instituto Brasileiro de Geografia e Estatística – IBGE; 17.3) implementar, no âmbito da União, dos Estados, do Distrito Federal e dos Municípios, planos de Carreira para os (as) profissionais do magistério das redes públicas de educação básica, observados os critérios estabelecidos na Lei no 11.738, de 16 de julho de 2008, com implantação gradual do cumprimento da jornada de trabalho em um único estabelecimento escolar; 17.4) ampliar a assistência financeira específica da União aos entes federados para implementação de políticas de valorização dos (as) profissionais do magistério, em particular o piso salarial nacional profissional".

[280] A meta 18 é acompanhada das seguintes estratégias: "18.1) estruturar as redes públicas de educação básica de modo que, até o início do terceiro ano de vigência deste PNE, 90% (noventa por cento), no mínimo, dos respectivos profissionais do magistério e 50% (cinquenta por cento), no mínimo, dos respectivos profissionais da educação não docentes sejam ocupantes de cargos de provimento efetivo e estejam em exercício nas redes escolares a que se encontrem vinculados; 18.2) implantar, nas redes públicas de educação básica e superior, acompanhamento dos profissionais iniciantes, supervisionados por equipe de profissionais experientes, a fim de fundamentar, com base em avaliação documentada, a decisão pela efetivação após o estágio probatório e oferecer, durante esse período, curso de aprofundamento de estudos na área de atuação do (a) professor (a), com destaque para os conteúdos a serem ensinados e as metodologias de ensino de cada disciplina; 18.3) realizar, por iniciativa do Ministério da Educação, a cada 2 (dois) anos a partir do segundo ano de vigência deste PNE, prova nacional para subsidiar os Estados, o Distrito Federal e os Municípios, mediante adesão, na realização de concursos públicos de admissão de profissionais do magistério da educação básica pública; 8.4) prever, nos planos de Carreira dos profissionais da educação dos Estados, do Distrito Federal e dos Municípios, licenças remuneradas e incentivos para qualificação profissional, inclusive em nível de pós-graduação stricto sensu; 18.5) realizar anualmente, a partir do segundo ano de vigência deste PNE, por iniciativa do Ministério da Educação, em regime de colaboração, o censo dos (as) profissionais da educação básica de outros segmentos que não os do magistério; 18.6) considerar as especificidades socioculturais das escolas do campo e das comunidades indígenas e quilombolas no provimento de cargos efetivos para essas escolas; 18.7) priorizar o repasse de transferências federais voluntárias, na área de educação, para os Estados, o Distrito Federal e os Municípios que tenham aprovado lei específica estabelecendo planos de Carreira para os (as) profissionais da educação; 18.8) estimular a existência de comissões permanentes de profissionais da educação de todos os sistemas de ensino, em todas as instâncias da Federação, para subsidiar os órgãos competentes na elaboração, reestruturação e implementação dos planos de Carreira".

elementos flexíveis desse, visto que podem ser revistas, ampliadas e aprimoradas, à medida que se dá a implementação da política que é objeto do planejamento.

Evidentemente, a vinculação a qual estamos nos referindo não induz à existência propriamente de um *direito subjetivo* à realização de determinada meta, pois essa será uma norma consagradora de um dever objetivo, ou seja, de um "dever não relacional", que "vincula um sujeito em termos objetivos quando fundamenta deveres que não estão em relação com qualquer titular concreto" (CANOTILHO, 2003, p. 1267-1254). Porém, não custa lembrar a lição de Alexy, que observa que "toda norma objetiva que seja vantajosa para um sujeito de direito é, em princípio, uma candidata a uma subjetivação" (2014, p. 445).

É perceptível que tais normas impositivas de metas são instrumentais em relação ao direito fundamental à educação pública de qualidade, o que pode, em determinadas circunstâncias, favorecer a sua justiciabilidade, pois, embora esses deveres não relacionais não sejam capazes de se "transmutar" em direitos, por outro lado "eles não se divorciam totalmente de algumas dimensões subjetivas dos direitos, liberdades e garantias" (CANOTILHO, 2003, p. 1267-1268).

Tal dificuldade também é agravada pela ausência de previsão de quaisquer sanções pelo descumprimento das metas, o que somente poderia ser resolvido mediante previsão legal específica. Aliás, no dia seguinte à apresentação do projeto do novo PNE, o Poder Executivo encaminhou outro projeto à Câmara, o PL nº 8.039/2010,[281] propondo o acréscimo do art. 3º – A na lei da ação civil pública (Lei nº 7.347/1985), no intuito de criar uma modalidade específica: a ação civil pública de responsabilidade educacional.

Todavia, o projeto ressalva expressamente a responsabilização pelo descumprimento de metas. Conforme aponta Ximenes (2012, p. 366), "[n]esse sentido pode ser entendido como um projeto de antirresponsabilidade educacional, em resposta às pressões por responsabilização". Confira-se o texto proposto:

> Art. 3º – A. Caberá ação civil pública de responsabilidade educacional para cumprimento de obrigação de fazer ou não fazer, sempre que ação ou omissão da União, dos Estados, do Distrito Federal e dos Municípios

---

[281] O PL nº 8.039/2010 e outros 21 projetos congêneres, atinentes à responsabilidade educacional, estão apensados ao PL nº 7.420/2006, de autoria da deputada Raquel Teixeira, ainda em trâmite na Câmara dos Deputados. *Vide*: https://www.camara.leg.br/proposicoesWeb/fichadetramitacao?idProposicao=342857&ord=1. Acesso em: 09 fev. 2022.

comprometa ou ameace comprometer a plena efetivação do direito à educação básica pública.

§1º. A ação civil pública de responsabilidade educacional tem como objeto o cumprimento das obrigações constitucionais e legais relativas à educação básica pública, bem como a execução de convênios, ajustes, termos de cooperação e instrumentos congêneres celebrados entre a União, os Estados, o Distrito Federal e os Municípios, observado o disposto no art. 211 da Constituição.

§2º. O objeto da ação civil pública de responsabilidade educacional destina-se ao cumprimento das obrigações mencionadas no §1º, não abrangendo o alcance de metas de qualidade aferidas por institutos oficiais de avaliação educacionais. (NR)

Foge ao nosso recorte aprofundar o tema da responsabilização,[282] mas certamente é um aspecto essencial para o enfrentamento da questão da efetividade das políticas educacionais e que não deve ser tratado com um viés simplificador – pelo qual o Judiciário seria o grande árbitro da eficiência governamental – nem meramente punitivista – que saciaria o clamor público, mas certamente não agregaria qualidade ou efetividade na implementação das políticas públicas.

A questão da efetividade coloca-se exatamente pelo fato de que, após oito anos de vigência, pouco se avançou nas metas do PNE 2014/2024, conforme veremos. A eleição de poucas metas, passíveis de mensuração, realmente favoreceu o controle social da implementação do plano e acabou por exigir do próprio MEC a divulgação de balanços parciais dos resultados alcançados,[283] além de possibilitar o acompanhamento feito por movimentos pró-educação.[284]

O processo de monitoramento iniciou-se por meio da divulgação pelo INEP da "Linha de base", ou seja, o documento que "proporciona uma contextualização inicial sobre a situação no ponto de partida do Plano, em 2014, para que, na sequência, sua evolução seja observada"

---

[282] Para uma visão mais aprofundada sobre o assunto, *vide* Ximenes (2012) e Cury (2012)

[283] "Art. 5º. A execução do PNE e o cumprimento de suas metas serão objeto de monitoramento contínuo e de avaliações periódicas, realizados pelas seguintes instâncias: (...) §2º. A cada 2 (dois) anos, ao longo do período de vigência deste PNE, o Instituto Nacional de Estudos e Pesquisas Educacionais Anísio Teixeira - INEP publicará estudos para aferir a evolução no cumprimento das metas estabelecidas no Anexo desta Lei, com informações organizadas por ente federado e consolidadas em âmbito nacional, tendo como referência os estudos e as pesquisas de que trata o art. 4o, sem prejuízo de outras fontes e informações relevantes".

[284] Uma das principais iniciativas de monitoramento pela sociedade é realizada pelo movimento Todos pela Educação, por meio do sítio eletrônico "Observatório do PNE". Disponível em: http://www.observatoriodopne.org.br/. Acesso em: 09 fev. 2022.

(INEP, 2015a). A seguir, foram divulgados relatórios de monitoramento, com base em ciclos bienais.

No tocante à meta nº 17 – alcançar a equiparação entre remuneração dos professores e dos profissionais de escolaridade equivalente até 2020 – esse documento constatou, com base em dados da PNAD/IBGE, que entre 2004 e 2013 a razão entre o salário médio de professores da educação básica da rede pública (não federal) e o salário médio de não professores, com escolaridade equivalente, passou de 59,3% em 2004 para 76,5%, em 2013. Isso ocorreu porque houve um aumento real da remuneração dos docentes superior ao das demais categorias, fato já mencionado anteriormente. Para efeito de comparação, adotou-se como escolaridade equivalente o critério de 12 anos ou mais de estudos, em virtude das limitações da base utilizada, da PNAD.

O relatório do primeiro ciclo de monitoramento (INEP, 2016b), demonstra que houve uma aproximação da meta, em virtude da estagnação do rendimento médio dos não professores, sendo que ainda houve um ganho real no período de 2013/2014, alcançando-se o patamar de 81,6% na relação entre docentes e não docentes.

Já no relatório do segundo ciclo (INEP, 2018), houve mudança no indicador de acompanhamento da meta, em vista de alterações na base de dados adotada, que passou a ser a PNAD contínua, pesquisa que tem por vantagem registrar de forma mais precisa a escolaridade dos entrevistados. Além disso, adotou-se a opção de incluir os profissionais da rede federal de ensino e incluir também os profissionais do magistério que não exerçam função docente – ou seja, os especialistas em educação.[285]

Isso ocasionou mudanças significativas no indicador, exigindo o recálculo de seus dados históricos. Segundo o novo índice, a relação entre profissionais do magistério e outras profissões evoluiu de 65,2% (2012) para 74,8% (2017). Ressalte-se que o relatório indica que "o crescimento do indicador deve-se, em grande parte, ao decréscimo do rendimento bruto médio mensal dos demais profissionais que, em 2012, era de R$5.261,75 (em valores constantes de 2017) e recuou para R$4.678,26, em 2017".[286] Por tratar-se de meta de natureza relativa, nem

---

[285] O indicador passou a ser assim definido: "Indicador 17A: Relação percentual entre o rendimento bruto médio mensal dos profissionais do magistério das redes públicas da educação básica, com nível superior completo, e o rendimento bruto médio mensal dos demais profissionais assalariados, com nível superior completo" (INEP, 2018, p. 284).

[286] Cabe ressalvar que as escolhas metodológicas influenciam enormemente no resultado das medições, sendo que Jacomini *et al.* (2016) discutem amplamente as possíveis variáveis que

sempre sua evolução indica uma efetiva melhoria da remuneração dos docentes, podendo haver a aproximação pela piora do paradigma – justamente o que ocorreu no caso, durante o período observado.

O relatório do terceiro ciclo de monitoramento (INEP, 2020) manteve a metodologia do relatório anterior, com alguns ajustes de pequeno impacto na métrica adotada. Segundo esse novo documento, a relação entre profissionais do magistério e outras profissões evoluiu de 65,3% (2012) para 78,1% (2019). E, mais uma vez, há a ressalva:

> Nota-se que o crescimento do indicador da Meta 17 se deve, em grande parte, ao decréscimo do rendimento bruto médio mensal dos demais profissionais, que, em 2012, era de R$5.620,08 (em valores constantes de maio de 2019) e recuou para R$4.873,56 em 2019. Isso correspondeu a uma perda real de 13,3% do poder de compra efetivo ao longo dos anos analisados, o que pode ser um reflexo da recessão econômica verificada nos anos de 2015 e 2016 e do baixo crescimento nos anos seguintes. (p. 351).

Em suma, se considerarmos a evolução ocorrida entre o primeiro ano do PNE – 70,3% (2014) – e o ano da última mediação – 78,1% (2019) – chegaremos à conclusão de que, mantida essa tendência, a meta, que deveria ter sido atingida em 2020, somente será atingida em 2033. Ademais, observa-se enorme discrepância entre as redes de ensino,[287] sendo que a meta deve ser interpretada no sentido de que todas as unidades federativas pratiquem remunerações compatíveis com o rendimento médio dos profissionais de escolaridade equivalente.[288]

Quanto à meta nº 18 – assegurar, no prazo de 2 (dois) anos, a existência de planos de carreira para os (as) profissionais da educação básica e superior pública de todos os sistemas de ensino e para o plano

---

possam influenciar na mensuração, dada as peculiares condições da profissão docente, especialmente a questão da jornada extraclasse. Além disso, apontam as limitações do uso da PNAD como base de dados do indicador. Em seu trabalho, os autores concluem que, em 2013, a relação entre remuneração de profissionais da educação e não profissionais de mesma escolaridade era de 61%, inferior, portanto, à indicada no relatório do segundo ciclo de monitoramento, para o mesmo ano – 70,4%.

[287] No relatório do 3º ciclo de monitoramento, os valores mais elevados das médias do rendimento bruto mensal dos profissionais do magistério das redes públicas de educação básica, em 2019, foram registrados no Distrito Federal (R$6.226,60) e em Amapá (R$5.163,09), enquanto as menores médias mensais ocorreram no Ceará e em Alagoas (R$3.043,07 e R$3.045,74, respectivamente) (INEP, 2020, p. 359).

[288] É preciso evitar aqui a falácia estatística sintetizada na conhecida *blague*, pela qual, se uma pessoa come dois frangos por dia e uma não come nenhum, na média, nenhuma delas passa fome.

de carreira dos (as) profissionais da educação básica pública, tomar como referência o piso salarial nacional profissional, definido em lei federal – é preciso, preliminarmente, ressaltar que ela não se aplica apenas aos professores, mas a todos os profissionais da educação pública relacionados no art. 61 da Lei de Diretrizes e Bases da Educação, na redação dada pela Lei nº 12.014/2009.[289]

Porém, devemos nos ater ao recorte proposto, focando especialmente os professores e professoras, na qualidade de atores principais da vida escolar. Aqui, a dificuldade de mensuração é visivelmente maior, visto que, quando do início do monitoramento da implementação do PNE não havia indicadores precisos sobre a existência efetiva de planos de carreiras e remuneração – designados na terminologia do MEC pela sigla PCR – nos 5.570 Municípios (INEP, 2015a, p. 306-307).

Em um levantamento realizado em novembro de 2016, com base no Sistema Integrado de Monitoramento, Execução e Controle (SIMEC), o MEC diagnosticou que apenas 50,7% dos Municípios possuíam PCR.[290] Entretanto, o relatório de monitoramento do primeiro ciclo do PNE (INEP, 2016, p. 401-402) aponta outra informação: com base na Pesquisa de Informações Básicas Municipais (MUNIC) do IBGE, realizada em 2014, apenas 10% dos Municípios não teriam plano de carreira. A discrepância é posteriormente esclarecida no relatório do segundo ciclo de monitoramento do PNE (INEP, 2018), pois o documento revela que a pesquisa feita com base no SIMEC considerava como carentes de PCR um número nada desprezível de 1.253 Municípios que não alimentaram o sistema. Dados mais confiáveis e atualizados somente vieram à tona com o Relatório do Terceiro Ciclo de Monitoramento, em que se conclui, a partir da pesquisa IBGE/Munic 2018, que 95,7% dos entes municipais possuem PCR para o magistério (INEP, 2020, p. 368-369).

---

289 "Art. 61. Consideram-se profissionais da educação escolar básica os que, nela estando em efetivo exercício e tendo sido formados em cursos reconhecidos, são: I – professores habilitados em nível médio ou superior para a docência na educação infantil e nos ensinos fundamental e médio; II – trabalhadores em educação portadores de diploma de pedagogia, com habilitação em administração, planejamento, supervisão, inspeção e orientação educacional, bem como com títulos de mestrado ou doutorado nas mesmas áreas; III – trabalhadores em educação, portadores de diploma de curso técnico ou superior em área pedagógica ou afim".

290 O relatório foi preparado pela Rede de Assistência Técnica dos Planos de Carreira e Remuneração (Rede PCR), coordenada no Ministério da Educação (MEC) pela Secretaria de Articulação com os Sistemas de Ensino (SASE), a partir de pesquisa realizada entre os meses de setembro e novembro de 2016. A íntegra do relatório encontra-se disponível em: http://planodecarreira.mec.gov.br/images/pdf/relatorio_pspn.pdf. Acesso em: 24 fev. 2022.

Cabe registrar que o MEC, desde a vigência do PNE 2014/2024, adotou medidas destinadas a favorecer o cumprimento da Meta 18: criou, em 2016, a Rede de Assistência Técnica dos Planos de Carreira e Remuneração (Portaria nº 387, de 10 de maio de 2016) e um sistema específico de coleta de informações dos entes federados, além de disponibilizar instrumentos de diagnósticos dos PCRs, cadernos de orientação e Sistema de Apoio à Gestão do Plano de Carreira e Remuneração (SisPCR). A mencionada Rede, em janeiro de 2018, contava com um coordenador por estado e um técnico para, no máximo, 60 Municípios em cada estado, totalizando 143 colaboradores (27 coordenadores e 116 técnicos), responsáveis por alimentar o SIMEC com informações dos Municípios sobre a elaboração, aprovação ou readequação dos PCRs do magistério da educação básica em relação à Lei nº 11.738/2008 (INEP, 2018).

A partir de 2019, todavia, essa Rede de Assistência será desarticulada e permanecerá inativa durante todo o Governo Bolsonaro.[291] O que é lamentável constatar, sobretudo se notarmos que, ao menos em relação aos profissionais do magistério, a implementação de PCRs em todos os sistemas de ensino era uma meta alcançável e já se avançava nessa direção.[292]

É preciso ressalvar, porém, que a simples adoção de um PCR não é indicativo de efetiva valorização da classe docente, pois, em muitos casos, ele atinge apenas uma parcela dos professores. Nas redes estaduais, por exemplo, os planos de carreira são muito antigos, mas coexistem diversos regimes jurídicos, com elevado percentual de professores não efetivos.

Comparando os dados dos Censos Escolares de 2014 a 2021, em que há informações sobre o tipo de vínculo dos professores que atuam na educação básica nas redes públicas, percebe-se que não houve alteração significativa que sugira alguma evolução no tocante à Meta nº 18. Aliás, percebe-se uma tendência de substituição de vínculos efetivos por vínculos mais precários nos últimos anos. Confira-se:

---

291 Informação obtida pelo autor junto a participantes da referida Rede. Todavia, basta olhar a página do MEC dedicada ao tema para verificar que essa não é atualizada há anos. Veja-se, por exemplo, a defasagem na tabela de evolução do PSNP, cuja última atualização foi efetuada em 2017. Disponível em: http://planodecarreira.mec.gov.br/index. php. Acesso em: 24 fev. 2022.

292 Ressalve-se que, em relação aos demais profissionais da educação básica, ainda havia muito terreno a percorrer. Em 2018, apenas 38,8% dos municípios previam PCR para os profissionais de educação não docentes (INEP, 2020).

Gráfico 4 – Evolução dos vínculos docentes na rede pública (2014-2021) (em milhares)

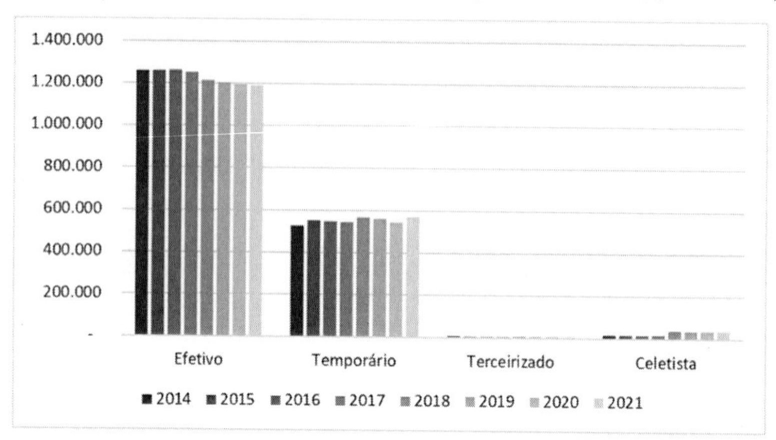

Fonte: Elaboração do autor, com dados das Sinopses estatísticas da educação (INEP 2014, 2015, 2016, 2017, 2018, 2019, 2020 e 2021).

Uma das estratégias constantes da Meta nº 18 consiste em estruturar as redes públicas de educação básica de modo que, até o início do terceiro ano de vigência do PNE, 90%, no mínimo, dos respectivos profissionais do magistério e 50%, no mínimo, dos respectivos profissionais da educação não docentes sejam ocupantes de cargos de provimento efetivo. Vê-se, pelo gráfico acima, que, nesse tocante, a meta intermediária em questão não foi alcançada e provavelmente não será atingida, mesmo ao final do ciclo do PNE. Aliás, como quase as todas as Metas do PNE 2014/2024, infelizmente.[293]

O cenário atual aponta para estagnação, senão retrocesso. A angústia revela-se na forma de questionamentos, tais como: quais são as propostas que circulam para superar os impasses na valorização do magistério? Qual a viabilidade de tais propostas, especialmente do ponto de vista jurídico? Existe alguma fórmula para que a profissão docente volte a se tornar atrativa? No próximo capítulo tentaremos abordar, com necessária humildade epistemológica, essas questões.

---

[293] *Vide* reportagem do *site* G1: ROCHA, Gessyca. Plano Nacional de Educação tem uma meta alcançada em 20 e risco de estagnação e descumprimento, diz relatório. *Portal G1*, 07 jun. 2018. Disponível em: https://g1.globo.com/educacao/noticia/plano-nacional-de-educacao-tem-uma-meta-alcancada-em-20-e-risco-de-estagnacao-e-descumprimento-diz-relatorio.ghtml. Acesso em: 12 fev. 2022.

A CONSTRUÇÃO DE UMA POLÍTICA NACIONAL DE CARREIRA DOCENTE: LIMITES E POSSIBILIDADES

Na verdade, a melhor maneira de respeitar a diversidade dos diferentes locais e regiões é articulá-los no todo, e não isolá-los, pois o isolamento tende a degenerar a diversidade em desigualdade, cristalizando-a pela manutenção das deficiências locais.

(Dermeval Saviani, O manifesto dos pioneiros da educação nova de 1932 e a questão do sistema nacional de educação, 2014, p. 30)

6.1 POLÍTICA NACIONAL DE CARREIRA DOCENTE: ENTRE TENTATIVAS E PROPOSTAS

Nos últimos anos, o mote principal da agenda educacional tem sido a necessidade de maior coordenação entre os componentes da federação, de maneira a superar as diferenças horizontais – entre entes de mesma natureza – e verticais – isto é, quanto à capacidade administrativa dos três níveis federativos.

Conforme observa Daniel Cara (2012, p. 261), embora tenhamos assistido diversos avanços nas últimas décadas, ainda persistem desigualdades, em razão da incipiência dos mecanismos de articulação até agora desenvolvidos, em detrimento especialmente dos Municípios:

> Como os instrumentos para o federalismo cooperativo não foram, ainda, devidamente regulamentados e articulados, além do próprio fato de os municípios serem desiguais entre si e terem menor capacidade de investimento somada do que o conjunto dos estados e a União, as políticas sociais que dependem da ação dos governos locais tendem a enfrentar maior fragilidade orçamentária, resultando em menor cobertura e pior qualidade.

Não por acaso, o tema da articulação federativa consistiu na principal preocupação nas Conferências que precederam a propositura do PNE 2014/2024, a Conferência Nacional de Educação Básica (CONEB – 2008) e a primeira Conferência Nacional de Educação (CONAE – 2010). Foi também na busca de promover uma melhor articulação federativa que se editou a Medida Provisória nº 562, de 2012, convertida na Lei nº 12.695, de 25 de julho de 2012, que dispõe sobre o apoio técnico ou financeiro da União no âmbito do Plano de Ações Articuladas (PAR), dentre outros temas correlatos.

A preocupação com esse tema se refletiu no texto do PNE 2014/2024 que, conforme observa Maurício Holanda Maia (2017), faz um verdadeiro chamamento à colaboração, a partir do art. 7º, cujo *caput* estabelece que a "União, os estados, o Distrito Federal e os Municípios atuarão em regime de colaboração, visando ao alcance das metas e à implementação das estratégias objeto deste plano". Ao longo do PNE, o tema da colaboração é explicitado como estratégia 27 vezes ao longo das metas 1, 2, 3, 6, 7, 15, 16, 17, 18, 19 e 20.

A busca por uma melhor articulação federativa revela-se pela existência de diversas propostas legislativas apresentadas nos últimos anos, tentando enfrentar tais desafios – embora a grave crise política e econômica que assolou o país nos últimos anos tenha congelado a agenda educacional nesse aspecto.

Assim, encontram-se no Congresso Nacional propostas que visam a: a) criar um Exame Nacional do Magistério da Educação Básica – ENAMEB, como forma de avaliar nacionalmente a docência;[294] b) regulamentar o parágrafo único do art. 23 da Constituição Federal, com vistas a promover a cooperação federativa em matéria

---

[294] Tramita atualmente na Câmara dos Deputados, como PL nº 6.114/2009 (originalmente PLS nº 403/2007), de autoria do senador Wilson Matos (PSDB-PR). A ele se encontra apensado o PL nº 1.088/2007, do Deputado Gastão Vieira (PMDB-MA), com proposta semelhante. Tramitação disponível em: https://www.camara.leg.br/propostas-legislativas/452755. Acesso em: 09 fev. 2022.

educacional;[295] c) criar um Sistema Nacional de Educação;[296] d) regulamentar os Arranjos de Desenvolvimento da Educação (ADE).[297]

Duas propostas que mereceram destaque, em nossa investigação, são o Projeto de Lei do Senado (PLS) nº 534 de 2018,[298] do Senador Cristovam Buarque e o Projeto de Lei da Câmara (PL) nº 1.287/2011, da Professora Dorinha Seabra Rezende – DEM/TO.[299]

O projeto do Senador Buarque busca estabelecer um mecanismo de "transferência à União de competências educacionais de Estados, Distrito Federal e Municípios". Segundo sua proposta, o ente federado poderá, por meio de legislação própria, transferir toda a gestão de sua rede educacional – bem como os recursos vinculados ao atendimento de educação – para a União, que "realizará todas as ações necessárias ao alcance do Padrão Nacional Mínimo de Qualidade da Educação Básica pelo sistema de ensino pelo qual passou a ser responsável".

Na prática, esse projeto propõe a federalização – no sentido de centralização no nível da União – de todas as redes de ensino. Em livro dedicado ao assunto e publicado alguns anos antes da propositura, Buarque (2011) explica sua proposta, a partir de diagnóstico sobre a enorme desigualdade de renda per capita dos entes subnacionais, o que ocasiona efeitos deletérios no serviço educacional:

---

[295] Com esse desiderato, há o PLP nº 08/2015, do dep. Félix Mendonça Júnior (PDT-BA). Tramitação disponível em: https://www.camara.leg.br/proposicoesWeb/fichadetramitacao?idProposicao=945882. Acesso em: 09 fev. 2022. Com objeto semelhante, mas voltado especialmente à emergência ocasionada pela pandemia de Coronavírus – COVID-19, há o PLP nº 79/2021, do deputado Idilvan Alencar (PDT/CE). Tramitação disponível em: https://www.camara.leg.br/proposicoesWeb/fichadetramitacao?idProposicao=945882. Acesso em: 09 fev. 2022.

[296] Trata-se do PLP (Projeto de Lei Complementar) nº 25/2019, de autoria da professora Dorinha Seabra Rezente (DEM-TO). A ele estão apenados os PLPs nº 47/2019 (Pedro Cunha Lima – PSDB/PB), 216/2019 (Rosa Neide – PT/MT), 267/2020 (Rose Modesto – PSDB/MS e Mara Rocha – PSDB/AC), Tramitação disponível em: https://www.camara.leg.br/proposicoesWeb/fichadetramitacao?idProposicao=2311222. Acesso em: 09 fev. 2022. No senado, há o PLP nº 235/2019, de autoria do senador Flávio Arns (REDE/PR). Tramitação disponível em: https://www25.senado.leg.br/web/atividade/materias/-/materia/139285. Acesso em: 09 fev. 2022.

[297] PL nº 2.417/2011, de autoria do deputado Alex Canziani (PTB/PR). A ele está apensado o PL nº 5.182/2019, de Luisa Canzianti (PTB/PR). Tramitação disponível em: https://www.camara.leg.br/propostas-legislativas/521950. Acesso em: 09 fev. 2022.

[298] Atualmente, tramitando na Comissão de Constituição, Justiça e Cidadania do Senado Federal. Tramitação disponível em: https://www.congressonacional.leg.br/materias/materias-bicamerais/-/ver/pls-534-2018. Acesso em: 09 fev. 2022. Embora o senador já não esteja na Casa, a propositura continua tramitando, por força do art. 332, III do Regimento Interno, que prevê a continuidade dos projetos apresentados no último ano do mandato.

[299] Já aprovado na Câmara, passa agora pela revisão no Senado Federal, como Projeto de Lei da Câmara nº 88, de 2018. Tramitação na Câmara disponível em: https://www.camara.leg.br/propostas-legislativas/501466. Tramitação no Senado disponível em: https://www25.senado.leg.br/web/atividade/materias/-/materia/134084. Acesso em: 09 fev. 2022.

> Nesse quadro de desigualdade na renda *per capita*, deixar a educação das crianças destes municípios sob sua própria responsabilidade é uma traição nacional. A municipalização da responsabilidade pela educação é um crime contra o futuro do Brasil, contra dezenas de milhões de crianças condenadas à educação limitada aos poucos recursos de sua cidade. Essa realidade não difere com um corte de análise a nível estadual.
>
> Com estados e municípios pobres e desiguais, fica impossível assegurar um salário que atraia para o magistério os melhores profissionais da sociedade, e ainda mais exigir qualificação, dedicação e resultados. A consequência é que os professores brasileiros estão entre os mais mal remunerados entre países de porte médio, emergentes. (2011, p. 65)

Para Buarque, a solução será "federalizar todas as escolas, na medida em que cada uma vá adquirindo as condições das atuais 300 escolas federais", que, conforme se sabe, têm avaliação maior do que a média das escolas públicas do país.[300]

Embora no singelo projeto de lei que apresentou não conste essa medida, tais providências estão desenhadas de forma igualmente sumária em outro projeto da lavra do Senador, a PEC nº 32/2013,[301] que propunha impor à União a assunção da responsabilidade de financiamento de toda a educação básica e que preconiza a criação de uma Carreira Nacional do Magistério, com equalização da formação e da remuneração dos professores, selecionados por exigente concurso de âmbito nacional, em regime de dedicação exclusiva e sujeitos a constante avaliação de desempenho, sob um regime de "estabilidade democrática republicana" – ou seja, protegidos das perseguições pessoais e políticas, mas sujeitos à perda do cargo pelo desempenho insuficiente (BUARQUE, 2011, p. 78-81).

Proposta distinta e menos ambiciosa é apresentada pelo Projeto de Lei nº 1.287/2011, da professora Dorinha Seabra Rezende (DEM-TO), que retoma projeto da ex-deputada Raquel Teixeira (PSDB-GO).[302]

---

[300] Para efeitos de comparação, o IDEB dos anos iniciais das escolas federais em 2015 era de 6,4 pontos, acima da meta para aquele ano (5,2) um pouco abaixo da média da rede privada (6,9). Porém, superava a média das redes estadual (5,8) e municipal (5,3). Fonte: www.inep.gov.br. Acesso em: 06 out. 2018.

[301] Tal propositura encontra-se atualmente arquivada, em razão do término da legislatura. Assinale-se que a PEC foi subscrita por outros senadores, em virtude da exigência do art. 60, I da CRFB/88. Tramitação disponível em: https://www25.senado.leg.br/web/atividade/materias/-/materia/113364. Acesso em: 09 fev. 2022.

[302] PL nº 5.321, de 2009, arquivado. Tramitação disponível em: https://www.camara.leg.br/propostas-legislativas/436652. Acesso em: 09 fev. 2022.

Nesse projeto, busca-se estabelecer, por lei federal, as diretrizes para a valorização dos profissionais da educação escolar básica pública, inclusive sobre os planos de carreira dos docentes em todas as redes de ensino.

Conforme justifica a proponente, com a superação da legislação do FUNDEF pela do FUNDEB, ocorreu um "vazio normativo que urge preencher".[303] Isso porque a nova legislação não repetiu disposição da anterior, que delegava ao Conselho Nacional de Educação poderes para estabelecer diretrizes relativas ao Plano de Carreira e Remuneração do magistério público.[304] Assim, a tentativa daquele Conselho em normatizar o tema – o que fez pela Resolução nº 2, de 28 de maio de 2009[305] – poderia ter sua validade questionada e, por consequência, sua eficácia comprometida.

O referido PL já foi aprovado na Câmara dos Deputados e está em revisão no Senado Federal. Em sua atual redação, na forma de substitutivo do Relator na Câmara, deputado Fábio Trad (PSD-MG), o projeto pouco acrescenta em relação ao que já consta de outras leis federais, como a própria Lei de Diretrizes e Bases da Educação (Lei nº 9.394/96, artigos 61 a 67) e Lei do Piso Salarial Profissional Nacional dos Professores (Lei nº 11.738/2008). Se a intenção era substituir a Resolução CNE/CEB nº 2/2009, dotando as diretrizes de *status* de lei formal, melhor seria reproduzir integralmente o texto da Resolução, que dispõe de forma muito mais detalhada e precisa sobre os diversos aspectos relevantes das carreiras educacionais.

Basicamente, o PL nº 1.287/2011 enuncia o que seriam os três pilares da valorização do profissional: a existência de planos de carreira que estimulem o desempenho e o desenvolvimento profissionais em benefício da qualidade da educação escolar; a formação continuada que promova a permanente atualização dos profissionais; a existência de condições de trabalho que favoreçam o sucesso do processo educativo, assegurando o respeito à dignidade profissional e pessoal dos educadores (art. 3º).

---

[303] Exposição de motivos, disponível em: http://www.camara.gov.br/proposicoesWeb/prop_mostrarintegra? codteor=869385&filename=PL+1287/2011. Acesso em: 10 out. 2018.

[304] A Lei nº 9.494/2009 dispõe:
Art. 10. Os Estados, o Distrito Federal e os Municípios deverão comprovar:
(...)
II – apresentação de Plano de Carreira e Remuneração do Magistério, de acordo com as diretrizes emanadas do Conselho Nacional de Educação, no prazo referido no artigo anterior.

[305] Disponível em: http://portal.mec.gov.br/dmdocuments/resolucao_cne_ceb002_2009.pdf. Acesso em: 09 fev. 2022.

No tocante aos planos de carreira, o art. 4º do projeto estabelece as seguintes diretrizes:

> I – ingresso na carreira exclusivamente por concurso de provas e títulos, que aferirá o preparo dos candidatos com relação a conhecimentos pedagógicos gerais e a conhecimentos da área específica de atuação profissional, sempre considerada a garantia da qualidade da ação educativa;
>
> II – organização da carreira que considere:
>
> a) possibilidade efetiva de progressão funcional periódica ao longo do tempo de serviço ativo do profissional;
>
> b) requisitos para progressão que estimulem o permanente desenvolvimento profissional;
>
> c) interstício, em cada patamar da carreira, suficiente para o cumprimento de requisitos de qualidade de exercício profissional para progressão;
>
> III – inclusão, entre os requisitos para progressão na carreira, de:
>
> a) titulação;
>
> b) atualização permanente em cursos e atividades de formação continuada;
>
> c) avaliação de desempenho profissional;
>
> d) experiência profissional;
>
> e) assiduidade;
>
> IV – incentivos à dedicação exclusiva à mesma rede de ensino, preferencialmente à mesma escola;
>
> V – piso remuneratório da carreira definido e atualizado em conformidade com o piso salarial profissional nacional estabelecido em lei federal, nos termos do inciso VIII do art. 206 da Constituição Federal;
>
> VI – fixação dos valores de piso e teto de remuneração na carreira de modo a assegurar:
>
> a) um valor de piso que atraia bons profissionais para a carreira;
>
> b) uma progressão estimulante, do ponto de vista pecuniário, a cada patamar da carreira;
>
> VII – composição da remuneração que assegure a prevalência proporcional da retribuição pecuniária ao cargo ou emprego em relação à retribuição das vantagens;
>
> VIII – consideração das especificidades pedagógicas da carreira e das características físicas e geoeconômicas das redes de ensino, na definição:
>
> a) dos adicionais que vierem a ser previstos, para contemplar modificações no perfil do profissional ou alterações nas condições normais de exercício do cargo ou emprego, especialmente a titulação decorrente de formação adicional não considerada na organização básica da carreira, e o exercício em condições que possam comprometer a saúde do

profissional ou em estabelecimentos localizados em áreas de reconhecidos índices de violência;

b) das gratificações que vierem a ser previstas, para contemplar o exercício de atribuições que extrapolem aquelas relativas ao cargo ou emprego para o qual o profissional prestou concurso ou que caracterizem condições especiais de exercício, especialmente o exercício de funções de gestão ou coordenação pedagógica nas unidades escolares e o exercício em classes especiais ou em escolas de difícil acesso;

IX – jornada de trabalho de até 40 (quarenta) horas semanais, da qual, no caso da regência de classe, parte será reservada a estudos, planejamento e avaliação, nos termos da legislação específica e de acordo com a proposta pedagógica da escola;

X – férias anuais para os profissionais em regência de classe e para os demais profissionais da educação escolar básica pública;

XI – duração mínima de 2 (dois) anos para o período de experiência docente estabelecido como pré-requisito para o exercício de quaisquer funções de magistério, excetuada a de docência, nos termos do §1º do art.

Como se pode observar, as diretrizes não passam de recomendações genéricas ou afirmação de direitos óbvios, como o gozo de férias anuais. Ademais, o projeto não vem acompanhado de nenhuma disposição instrumental – seja de caráter organizativo, sancionatório, indutivo ou fiscalizatório – voltada a efetiva observância dessas diretrizes.

Parece-nos, portanto, provável a sua aprovação pelo Senado, justamente por sua inocuidade, acrescendo ao rol de leis de eficácia meramente nominal, em que ocorre a "hipertrofia da dimensão simbólica em detrimento da realização jurídico-instrumental", com a consequente "degradação semântica do texto constitucional no processo de sua concretização", conforme leciona Marcelo Neves (1996).

No âmbito do Poder Executivo também já houve algumas tentativas de se promover uma certa integração, no tocante ao regime jurídico da carreira docente. Já nos referimos, no capítulo anterior, à tentativa, por meio da constituição de uma Rede de Assistência Técnica dos Planos de Carreira e Remuneração. Essa foi construída pelo MEC com a finalidade de promover atividades de formação dos secretários estaduais e municipais de educação e das equipes responsáveis pela elaboração/adequação e gestão de planos de carreira e remuneração dos profissionais da educação escolar básica pública.[306] Embora tal rede

[306] *Vide*: BRASIL. MEC. *Construindo políticas de valorização dos profissionais da educação básica*. Rede de Assistência. Disponível em: http://planodecarreira.mec.gov.br/rede-de-assistencia. Acesso em: 19 jul. 2022.

tenha estabelecido as bases para o desenho de PCRs em âmbito local, já verificamos que tal iniciativa foi descontinuada, comprometendo o cumprimento da Meta nº 18 do PNE 2014/2024.

Também devemos citar a tentativa de realizar uma Prova Nacional Docente. O intuito era fazer uma prova anual, a ser aplicada de forma descentralizada em todo o país para os candidatos ao ingresso na carreira docente das redes de educação básica. Tal prova poderia ser utilizada pelos entes subnacionais para fins de selecionar os professores de suas respectivas redes, sendo a eles facultada a realização de exames complementares, além da fase de títulos.[307] Daniel Barros (2018, p. 113) relata o fracasso da tentativa, por uma razão de descontinuidade administrativa:

> Em 2009, a equipe do INEP que cuida de avaliações e estudos no Ministério da Educação no Brasil começou a trabalhar na confecção de uma prova para avaliar os professores brasileiros – talvez, a primeira indicação clara de que havia a intenção de mudar a qualidade do corpo docente. (...). Haddad, o ministro da época, fez um cuidadoso trabalho de costura com a Confederação Nacional dos Trabalhadores da Educação, sindicato vinculado à Central Única dos Trabalhadores, e com outras entidades de classe. Em parte, a Prova Docente funcionaria como o Exame da Ordem dos Advogados do Brasil, que faz uma peneira entre os formandos em direito (...). A avaliação conseguiria também influenciar o que se ensina nas licenciaturas, porque esses cursos não poderiam ignorar a necessidade de incluir em seus currículos e no conteúdo de suas aulas os temas abordados pela Prova Docente. Depois que o exame estava pronto e já havia sido testado em municípios como São Bernardo do Campo, em São Paulo, cuja secretária de Educação, Cleuza Repulho, era a presidente da Undime na época, o ministro Fernando Haddad deixou a pasta para concorrer à prefeitura de São Paulo. Seu substituto, Aloizio Mercadante, decidiu engavetar o projeto.

Monlevade, por sua vez, aponta resistências da classe docente, a falta de uma base curricular comum e a própria instabilidade do quadro político como explicações do insucesso das iniciativas de certificação nacional docente (2017, p. 263). Trata-se, sem dúvida, de uma ideia promissora, tanto que foi incluída como estratégia no PNE

---

[307] O site original do INEP dedicado à Prova Docente foi apagado na gestão Bolsonaro. Uma cópia pode se acessada em: https://web.archive.org/web/20210516020501/http://portal.inep.gov.br/prova-docente. Acesso em: 09 fev. 2022.

2014/2024,[308] mas que exige um grau de integração que até o momento não se evidenciou no setor educacional.

A essa altura, seja pelo retrospecto histórico que fizemos nos capítulos anteriores, seja pelos referenciais teóricos já mencionados ao longo do texto, será possível realizar uma análise comparativa e crítica das propostas e iniciativas voltadas à valorização da profissão docente.

6.2 ANÁLISE DAS PROPOSTAS E INICIATIVAS VOLTADAS À VALORIZAÇÃO DA PROFISSÃO DOCENTE

A relevância da questão federativa, já evidenciada no tópico anterior, leva-nos a adotar um primeiro nível de análise, a partir dos referenciais propostos por Marta Arretche, *Democracia, federalismo e centralização no Brasil* (2012).

Em sua obra, Arretche estuda os efeitos do arranjo organizativo da federação brasileira na formulação de políticas públicas, a partir de dois eixos: o poder de veto dos entes subnacionais nas arenas decisórias centrais (*shared-rule)* e a autonomia desses entes para decidir suas próprias políticas *(self-rule*). Para tanto, faz um extenso levantamento das propostas legislativas que tramitaram no Congresso Nacional entre 1989 e 2009 – para analisar o *shared-rule* – e foram examinadas as políticas e gastos dos governos municipais de 1996 a 2006 – para avaliar a dimensão do *self-rule*. Interessa-nos, especialmente, essa última dimensão.

A partir dessa pesquisa, Arretche sustenta que, ao longo do século XX, a federação brasileira tornou-se intensamente integrada, ainda que cada nível federativo tenha preservado certo grau de autonomia. Sobre as razões dessa tendência, vale a pena citá-la (2012, p. 15-16):

> Um sentimento partilhado de pertencimento a uma comunidade nacional única justifica que as políticas públicas sejam formuladas sob o princípio normativo de que suas regras devem ser as mesmas para todas as unidades constituintes. Além disso, a desconfiança no compromisso dos cidadãos tem sólidas raízes no imaginário político nacional. Embora motivados por ideias normativos inteiramente distintos, o pensamento autoritário do início do século XX e as correntes progressistas contemporâneas, passado por Victor Nunes Leal, partilham a

[308] Estratégia 18.3: "realizar, por iniciativa do Ministério da Educação, a cada 2 (dois) anos a partir do segundo ano de vigência deste PNE, prova nacional para subsidiar os Estados, o Distrito Federal e os Municípios, mediante adesão, na realização de concursos públicos de admissão de profissionais do magistério da educação básica pública".

preocupação relativas aos riscos de deixar decisões políticas importantes nas mãos dos políticos locais. A bem-sucedida construção da ideia de nação combinada à desconfiança em relação aos políticos locais implicou que, no processo de construção do Estado brasileiro, o princípio de que a União está autorizada a regular e supervisionar as unidades constituintes teve supremacia sobre a defesa da autonomia decisória destas últimas.

Para entender como se dá tal integração, Arretche observa que, mais do que tomar o aspecto formal do estado pelo seu valor de face – com base na dicotomia estado unitário/federativo – é necessário distinguir as configurações institucionais e quais efeitos elas produzem na formulação e execução de políticas públicas (2012, p.154 *et. seq.*). Propõe, assim, uma análise baseada em responsabilidades atribuídas à esfera governamental para execução de uma política pública (*policy making*) e a autonomia para tomar as decisões sobre essa mesma política (*policy decision-making*), que podem estar associadas ou dissociadas.

Adaptando seu esquema em um quadro comparativo, podemos propor os seguintes modelos:

Quadro 5 – Grade de análise: modelos de repartição de competências

Modelos de repartição de competências	***Policy decision-making***	***Policy making***
Modelo A – Centralizado	Esfera central	Esfera central
Modelo B – Descentralizado pleno	Esfera subnacional	Esfera subnacional
Modelo C – Descentralizado coordenado ou regulado	Esfera central (podendo remanescer decisões em âmbito subnacional).	Esfera subnacional (podendo remanescer competências executivas em âmbito central).

Fonte: Elaboração do autor, com base em Arretche (2012).

Essa análise não é estranha ao pensamento jurídico brasileiro, que de há muito vem analisando a complexidade de nosso arranjo federativo cooperativo, no qual coexistem esses modelos de repartição de competências distribuídos em distintos setores de políticas públicas.

Analisando como a Constituição Federal disciplina o exercício de competências na federação brasileira, veremos que algumas (poucas) correspondem ao Modelo A, em que tanto o *policy decision-making* quanto o *policy making* encontram-se concentrados no Governo Central, como são exemplos as políticas de defesa nacional e a diplomacia;[309] e raríssima será a presença do Modelo B – que, no âmbito do federalismo seria mais comum no contexto do superado *dual federalism* – ressalvada eventual peculiaridade local que exija alguma política específica não sujeita ao influxo de normas regulatórias centrais.[310]

Por outro lado, o Modelo C é predominante nas políticas sociais: habitação, saneamento, saúde, previdência social, assistência social e educação. Todavia, também aqui há que se apontar matizes, pois conforme observa Arretche, enquanto em alguns setores a estrutura de financiamento herdada de regimes anteriores mantém um grau mais intenso de centralização – saúde, habitação e saneamento seriam exemplos – na área de educação "a estrutura de financiamento dessa política é historicamente descentralizada, cabendo ao governo federal normatizar condições gerais, o que torna mais limitada sua capacidade de coordenação nacional" (2011, p. 161).

Aqui, o aspecto fiscal do federalismo exerce uma importância essencial, pois a União concentra a arrecadação de 66,28% da arrecadação de tributos, sendo que os recursos restantes são arrecadados entre Estados (27%) e Municípios (6,72%).[311] Mesmo com o acréscimo dos repasses constitucionais compulsórios, que elevam a receita de Estados e Municípios ao patamar de 59% da receita total,[312] a capacidade financeira desses entes é fortemente constrangida pelas regras constitucionais e legais-federais sobre vinculação de receitas e limites de despesas e endividamento. Daí porque, mesmo em políticas sustentadas majoritariamente por recursos dos entes subnacionais – como é o caso da educação básica, em que a participação da União na despesa é de apenas 17,4%[313] – a presença de transferências federais atua no sentido de favorecer a adesão e o alinhamento a políticas traçadas pelo governo central. Aliás, percebe-se, nos últimos anos, um aumento da participação

[309] *Vide* CRFB/88, art. 21, incisos I a VI; art. 22, incisos III, XXI, XXVIII; art. 49, incisos I a IV.

[310] Um dos poucos exemplos seria a regulação do horário do funcionamento do comércio local, reconhecido pela tradição sumular do STF (Súmulas nºs 419, 645 e Súmula Vinculante nº 38). Todavia, mesmo essa pode ser limitada pelo exercício de competências federais, como se dá, por exemplo, com a regulação do horário bancário (Súmula 19 do STJ). Mas, nesse tema, sequer se pode falar propriamente de formulação de uma política pública, visto que se trata de mera medida regulatória de competência local.

[311] Dados de 2020 (RECEITA FEDERAL, 2021).

[312] Cálculo realizado com base em dados de 2020 (IBGE, 2021).

[313] Cálculo realizado com para o exercício de 2015, com base em dados do INEP (2018) e da STN (2018).

federal no investimento em educação básica, embora ainda insuficiente para garantir o padrão de qualidade almejado no PNE 2014/2024.[314] Espera-se que tal tendência venha a ser reforçada nos próximos anos, em vista do incremento da participação da União no FUNDEB, a partir da EC nº 108/2020.[315]

A partir do quadro de modelos sugerido, podemos observar que a solução proposta pelo senador Cristovam Buarque (PLS nº 534/2018 e a já arquivada PEC nº 32/2013) busca modificar substancialmente o arranjo federativo, de forma a concentrar o *policy making* e o *policy decision-making* em torno de um único polo: a União. Portanto, propõe-se o Modelo A como solução para a educação básica.

A necessidade de aprovação por Emenda Constitucional já é indício da baixa viabilidade política da solução Buarque – o que se confirmou pelo arquivamento da PEC por ele proposta – e vem, ademais, desacompanhada das medidas necessárias para a redistribuição de receitas, o que seria imprescindível para que a União pudesse assumir inteiramente os encargos da educação básica. Isso para não mencionar a enorme complexidade de federalizar os quadros de pessoal dos entes subnacionais envolvidos na atividade educacional. A centralização, por si só, não resulta em maior disponibilidade de recursos para a política educacional ou de maior eficiência, além de apenas reforçar o movimento de "pêndulo" institucional que caracteriza o federalismo brasileiro, conforme feliz formulação de Maia (2017, p. 317):

> Essa matriz capaz de articular as aparentes contradições de um sistema simultaneamente centralizador e descentralizado tem sua expressão particular na história da organização da educação brasileira, que é também a história das ausências, de insuficiências e de um lentíssimo processo de ampliação dos âmbitos de cooperação interfederativa, com vistas ao desenvolvimento educacional, sempre proclamado fator de desenvolvimento social, político e econômico do país.
>
> Quando centralizador-interventor, acentuam-se no sistema os traços da cultura autoritária, legalista e uniformizadora. Quando descentralizado, sua marca prevalente é o abandono de suas "áreas periféricas" causado pela negligência, indiferença e/ou insuficiência dos recursos e da vontade política.

---

[314] As despesas da União nas rubricas referentes à educação básica cresceram, entre 2008 e 2017, à taxa anual real de 6,9% (STN, 2018).

[315] Conforme nova redação conferida ao art. 60 do ADCT, a complementação da União na composição do fundo atualmente no patamar de aumentará gradualmente de 10% (2020) a 23% (2026).

Arretche (2012, p. 24) também salienta que a permanência de algum espaço para a *self-rule* favorece que os governos subnacionais atuem como "laboratórios de inovações", o que gera práticas e modelos que podem ser incorporados à agenda nacional. No mesmo sentido, Abrucio e Sano (2011, p. 97) apontam que programas inovadores e bem-sucedidos como o Programa Saúde da Família (PSF) e o Bolsa Família originaram-se em administrações municipais e que experiências de governo eletrônico e centros de atendimento integrado aos cidadãos foram inovações propostas por governos estaduais.[316] Um exemplo claro dessa tendência, em âmbito educacional, é a experiência dos pactos pela alfabetização na idade certa, desenvolvidos a partir de práticas educacionais adotadas no Município de Sobral, replicadas em âmbito estadual e nacional (TOLEDO, 2015; MAIA, 2017).

O PL nº 1.287/2011, por sua vez, mantém-se no quadrante institucional já fixado na Constituição Federal, prescindindo de qualquer alteração constitucional para que a proposta seja efetivada. Trata-se de propositura compatível com o Modelo C, predominante na repartição de competências adotadas pelo Constituinte, no âmbito das políticas sociais. Por outro lado, conforme já salientamos, a propositura em questão pouco ou nada acrescenta às políticas de estímulo já praticadas, no âmbito do Ministério da Educação que, conforme vimos no capítulo antecedente, baseiam-se no apoio técnico aos entes subnacionais para implantação dos Planos de Carreira e Remuneração, nos moldes já delineados com mais precisão pela Resolução CNE/CEB nº 02/2009.

Uma segunda grade de análise pode ser proposta a partir dos aportes do direito econômico, que também estuda a questão da coordenação entre atores, porém a partir da dicotomia entre a esfera pública e a esfera privada. Todavia, a necessidade de promover um "federalismo de integração" não passou despercebida da literatura, como nota Eros Grau em seu clássico estudo sobre planejamento econômico, em que aponta a superação do paradigma liberal de federalismo, incompatível com o estado intervencionista contemporâneo (1977, p. 49-65).

A literatura em questão propõe um gradiente, que tem por critério o nível de intervenção estatal na atuação do setor privado, iniciando na *absorção/participação* (mais intenso), passando pela *direção*

[316] Ademais, Laczynski e Abrucio (2013, p. 74) informam que o Programa Gestão Pública e Cidadania (GPC), da Fundação Getulio Vargas (FGV), que funcionou de 1996 a 2005, identificou e registrou em um banco de dados mais de 8.000 experiências inovadoras, localizadas em mais de 890 municípios de todos os tamanhos distribuídos por todos os estados brasileiros.

(grau intermediário) até chegar à *indução* (grau mínimo de intervenção) (GRAU, 1977, p. 23-24).

Inspirados nessa proposta, podemos sugerir um gradiente relacionado ao tipo de coordenação adotada na política pública, o que pode auxiliar na compreensão das políticas propostas, bem como nas já adotadas. À tríade proposta por Grau, acrescentamos um quarto elemento, a seguir explicado:

Quadro 4 – Grade de análise: tipos de coordenação nas políticas públicas

Tipo de coordenação	**Mecanismo jurídico de efetivação**	**Riscos/desafios**	**Exemplo**
Absorção (política concentrada)	Alteração constitucional / regulamentação legal	Inconstitucionalidade / Bloqueio político	Proposta Buarque
Direção (política regulatória)	Alteração constitucional / regulamentação legal	Conflito federativo / Judicialização	Lei do PSPN do magistério
Indução (política de fomento)	Medidas de incentivo, de cunho técnico ou financeiro	Baixa adesão / baixa efetividade	Assistência técnica aos PCRs
Concertação (política pactuada)	Pactos, termos de cooperação, convênios	Assimetria de capacidades / ausência de monitoramento / estrutura de governança adequada	Pactos pela alfabetização na idade certa / ADEs

Fonte: Elaboração do autor.

O primeiro tipo de coordenação – *absorção / política concentrada* – correspondente *grosso modo* ao Modelo A do primeiro quadro de análise. Ao afetar uma competência compartilhada em âmbito federativo, uma proposta dessa natureza oferece elevado risco de resistência no plano jurídico-constitucional, além de mobilizar a capacidade de veto dos governos subnacionais no âmbito congressual.[317] Ressalve-se que, se adotada de forma marginal e subsidiária, em um programa específico e focalizado, não oferece maiores riscos ao equilíbrio federativo.

[317] Ressalte-se que Arretche (2012), ao observar a evolução das políticas no ambiente da Constituição de 1988, conclui que "prefeitos e governadores negociam apoio ou veto às propostas legislativas no interior de suas respectivas siglas partidárias," o que enfraqueceria a tese de que as bancadas atuariam agregadas em torno dos interesses estaduais. Porém, a tese pode encontrar seu limite de aplicação em proposituras que venham amputar de maneira definitiva e politicamente sensível uma competência dos entes subnacionais, como é o caso estudado.

Não parecer ser o caso do modelo proposto pelo senador Cristovam Buarque, cuja amplitude eleva consideravelmente o risco de fracasso da propositura, além de propiciar os inconvenientes já mencionados anteriormente, relacionados ao histórico autoritário-centralizador de nosso país, com fortalecimento de esquemas tecnoburocráticos, em prejuízo das demandas e da capacidade inovadora de âmbito local.

O segundo tipo de coordenação – *direção / política regulatória* – é correlato ao Modelo C do primeiro esquema, em que subsistem as competências subnacionais no tocante ao *policy making*, mas o governo central exerce papel preponderante no *policy decision-making*. Em tese, tal modelo é compatível com o federalismo cooperativo adotado na Constituição Federal, embora a constatada tendência de ampliação da competência normativa federal possa gerar alguma resistência por parte dos entes subnacionais. O conflito instaurado a partir da Lei do PSPN e a judicialização que se seguiu é um exemplo do tipo de risco que essa política oferece, a ser ponderada no cálculo de custo/benefício de sua adoção.[318]

O terceiro tipo de coordenação – *indução / política de fomento* – também se enquadra no Modelo C do quadro antecedente, embora haja aqui uma evidente atenuação da força cogente da atuação estatal, em prol de medidas que Charles-Albert Morand (1999, p. 159-186) bem caracteriza como típicas de um *Estado incitador*, em que o direito desempenha um papel persuasivo e depende da "boa vontade dos destinatários, de suas faculdades de auto-organização" (tradução nossa).[319]

Evidentemente, se acompanhadas de estímulos econômicos e financeiros, tanto mais eficaz será a atuação fomentadora, dada a já mencionada carência de recursos por parte dos entes subnacionais. A eficácia dessas políticas depende fortemente da capacidade do governo central de antever as preferências dos entes subnacionais e "incorporar suas demandas no desenho das políticas nacionais", ou seja, "o governo federal precisa formular desenhos de políticas que tornem essa decisão atraente para prefeitos e governadores. O poder de gasto da União é certamente um elemento desse cálculo" (ARRETCHE, 2012, p. 23). Um exemplo desse tipo de coordenação é a Rede de Assistência Técnica dos Planos de Carreira e Remuneração, constituída pelo MEC

---

[318] Para que não fique dúvida, pelos efeitos já *evid*enciados de elevação real dos vencimentos da classe docente, parece-nos que a relação custo-benefício, no caso em tela, foi satisfatória.

[319] No original: "On pourrait parler de surréflexivité pour bien montrer que la réussite de l'action étatique dépend plus que encor que précédemment de la bonne volonté des destinataires, de leurs facultés d'autoorganisation". (1999, p. 160).

com a finalidade de promover atividades de formação dos secretários estaduais e municipais de educação e das equipes responsáveis pela elaboração/adequação e gestão de planos de carreira e remuneração dos profissionais da educação escolar básica pública, já anteriormente referida e totalmente desarticulada a partir de 2019.

O quarto e último tipo de coordenação – *concertação / política pactuada* – também é compatível com o Modelo C do primeiro esquema, mas pressupõe um compartilhamento das atividades de *policy making* e *policy decision-making,* em um arranjo que combina mecanismos indutivos e negociais. Ainda utilizando o magistério de Charles-Albert Morand (1999, p. 127-155), trata-se agora de um esquema jurídico propício ao *Estado reflexivo,* ou seja, em que as políticas sociais constituem antes atos de cooperação do que de soberania. Tal concepção também pressupõe a ideia de que a atuação hierárquica pode ser substituída, com vantagens, por uma atuação integrada em rede das agências governamentais, o que a academia vem denominando de "abordagem governamental integrada" (*whole-of-government approach*) (CHRISTENSEN; LÆGREID, 2007) ou "gestão pública colaborativa" (*collaborative public management*) (MCGUIRE, 2006; O'LEARY; VIJ, 2012).

Luigi Bobbio, a seu turno, enfatiza a superação do Estado-pirâmide pelo Estado-rede, formado "por aparatos, entes, instituições, órgãos, agências que mantêm relações recíprocas altamente variáveis" (tradução nossa).[320] Nesse contexto, a abordagem interorganizativa ganha importância, por meio de parcerias público-públicas:

> As políticas públicas são decididas e implementadas através de uma ação incessante de negociação entre aparatos públicos, pertencentes a diferentes setores de intervenção ou em diferentes níveis de governo. As normas jurídicas constituem as molduras e fixam os limites, mas é a negociação que enche as decisões públicas com conteúdo. (tradução nossa) [321]

Exemplos de arranjos que adotam essa abordagem colaborativa são o Pacto de Alfabetização na Idade Certa (PAIC) (TOLEDO, 2015)

---

[320] No original: "Può essere più utile, preché più realistico, pensare allo stato come a una rete, formata da apparati, enti, istituzioni, uffici, agenzie que intrattengono rapporti reciproci altamente variabili" (BOBBIO, 2003, p. 53).

[321] No original: "Le politiche pubbliche sono decise e messe in opera attraverso un'azione incessante di negoziazione tra apparati pubblici, appartenenti a diversi settori di intervento o a diversi livelli di governo. Le norme giuridiche costituiscono la cornce e fissano i limiti, ma è la contrattazione che riempie de contenuto le decisione pubbliche" (*idem, ibidem*).

e os Arranjos de Desenvolvimento da Educação (ADE)[322] (ABRUCIO; RAMOS, 2012), que pressupõem a adoção de compromissos pactuados de longo prazo e a formação de uma rede colaborativa envolvendo diversos entes governamentais, contando, por vezes, com a participação de instituições acadêmicas e organizações não governamentais e paraestatais.

Nesse modelo de coordenação, o risco de conflitos federativos e judicialização é minorado pela natureza pactuada do ajuste, o que também propicia um compromisso mais firme de cooperação entre os parceiros. Os maiores desafios consistem na superação da assimetria de capacidades administrativas e financeiras e na promoção da corresponsabilidade dos parceiros, visando alcançar resultados mensuráveis, o que exige um contínuo monitoramento do arranjo por estruturas de governança adequadamente desenhadas.[323]

Adotar esse tipo de arranjo é uma fórmula que ainda não foi empregada, para o fim específico de promover a valorização do magistério e pode ser uma alternativa interessante dentre as que estão à disposição na caixa de ferramentas do gestor público. Todavia, para que tal solução seja engendrada, é necessário avaliar as condições jurídicas e materiais existentes, que geralmente se apresentam na forma de limitações ao poder de realizar mudanças efetivas no *status quo.*

6.3 LIMITAÇÕES INSTITUCIONAIS PARA A CONSTITUIÇÃO DE UMA POLÍTICA NACIONAL DE CARREIRA DOCENTE

6.3.1 Limitações normativo-constitucionais

Conforme já vislumbramos em outros momentos do estudo, o caráter analítico da Constituição Federal multiplica os obstáculos que o gestor de políticas públicas deve contornar para que determinada

[322] Os Arranjos de Desenvolvimento da Educação (ADE) ou Territórios de Cooperação Educacional são consórcios municipais constituídos para o enfrentamento dos desafios comuns das redes educacionais locais. *Vide* também Grin e Abrucio, 2017; Nicoleti, 2014.

[323] E*vide*ntemente, os desafios e riscos não se limitam aos que entendemos por bem destacar, visto que outros podem ser arrolados. O'leary; Vij (2012), a partir de estudos de caso, alinham vários fatores a serem considerados para adoção de um arranjo colaborativo, a saber: o contexto, os propósitos comuns, a seleção de membros e a construção das capacidades, a motivação e o compromisso na colaboração, a estrutura de governança, o equilíbrio de poderes, o controle, a comunicação, a percepção de legitimidade, a confiança e a tecnologia de informação envolvida. Cada um desses fatores sugere desafios para a atuação colaborativa.

proposta seja encarnada em um instrumento normativo adequado e efetivo. A começar pelas regras de iniciativa privativa, constantes do Texto Constitucional, que acabam por conceder ao Poder Executivo a exclusividade na propositura de normas que impliquem em encargos ao erário ou que alterem a estrutura da Administração Pública (art. 61, §1º da CRFB/1988).

Ademais, propostas que impliquem na necessidade de alteração do Texto Constitucional exigem procedimento exigente: quórum qualificado de 3/5, em dois turnos de votação em ambas as casas congressuais (art. 60, §2º da CRFB/1988). Embora Arretche (2012) aponte tal exigência como moderada, à luz de outros sistemas constitucionais – por prescindir, por exemplo, de ratificação dos Estados-membros, o que é comum em Estados que adotam o modelo federativo – mudanças que exijam aprovação de Emenda Constitucional são mais custosas, do ponto de vista político e maiores são as oportunidades de veto ao longo do processo.

Em algumas situações, exige-se quórum qualificado, como é o caso da disposição do art. 23, parágrafo único, a exigir que leis complementares – que somente podem ser aprovadas por maioria absoluta (art. 69 da CRFB/1988) – estabeleçam as "normas para a cooperação entre a União e os Estados, o Distrito Federal e os Municípios, tendo em vista o equilíbrio do desenvolvimento e do bem-estar em âmbito nacional". Também aqui, os custos de aprovação são maiores, em contraste com as leis ordinárias, que requerem maioria simples e podem ser aprovadas em órgão fracionário, mediante delegação *interna corporis* (art. 58, §2º, I da CRFB/1988).

No tocante à política educacional, não há dúvida que as proposituras inevitavelmente resvalam na questão federativa, ensejando questionamentos relativos à intangibilidade do pacto federal (art. 60, §4º, I), o que já ocorreu por ocasião da criação do FUNDEF e da Lei do Piso Salarial Profissional Nacional dos professores, conforme já analisamos no Capítulo 3.

Cabe observar também que a capacidade de auto-organização típica do modelo federativo implica na competência dos entes subnacionais em estabelecer regimes estatutários que, malgrado suas inevitáveis semelhanças, comportam também grandes variações, no tocante a regimes de jornada, progressão, parcelas remuneratórias, organização de carreiras etc.

Apenas para citar um exemplo bem conhecido dessa variedade, é sabido que algumas leis locais diferenciam em carreiras distintas as atividades de professor e de especialista em educação (diretor, coordenador, supervisor, orientador etc.), enquanto, em outras localidades, essas funções são preenchidas por professores designados (GATTI e BARRETTO, 2009, p. 247), ora de forma discricionária – o que gera oportunidades para práticas clientelísticas (ALVES, 2009) – ora por processos eletivos – o que pode propiciar a prevalência de interesses corporativos (PARO, 1996; SANTOS et al., 2016).

A heterogeneidade de estruturas e regimes de carreira certamente é um elemento da fórmula federativa que pode dificultar sobremaneira a formulação e implementação de política que busque estabelecer parâmetros homogêneos para a carreira docente.

Ademais, embora seja bem sedimentada a jurisprudência que afirma a inexistência de direito adquirido a determinado regime jurídico por parte dos servidores estatutários,[324] os processos de reestruturação de carreiras e cargos públicos inevitavelmente geram vencedores e perdedores, havendo a necessidade do cuidadoso desenho de normas de transição que impeçam a fragilização da política proposta.

6.3.2 Limitações histórico-institucionais

As limitações são correlatas às referidas injunções constitucionais, mas têm um sentido mais amplo, pois decorrem do processo de evolução histórica das instituições brasileiras, naquilo que a literatura denomina de *path dependence*, ou dependência da trajetória, assim sintetizada por Paulo Sena (2017, p. 275):

> Segundo essa visão, uma vez que uma trajetória é estabelecida, o processo de *autorreforço* torna muito difícil sua reversão. Alternativas políticas que um dia foram plausíveis são retiradas do leque de opções e se tornam irremediavelmente perdidas, ainda que no longo prazo o resultado seja a geração de benefícios mais baixos do que a alternativa perdida.

Conforme anotam Prado e Trebilcock (2009), três elementos geralmente são associados à *path dependence theory*: *switching costs* – isto

---

[324] O STF reafirmou recentemente essa orientação, em sede de Repercussão Geral, ao editar o enunciado da Tese nº 24:
"I – O art. 37, XIV, da Constituição Federal, na redação dada pela Emenda Constitucional 19/98, é autoaplicável; II – Não há direito adquirido a regime jurídico, notadamente à forma de composição da remuneração de servidores públicos, observada a garantia da irredutibilidade de vencimentos".
(RE nº 563708, Relator(a): Min. Cármen Lúcia, Tribunal Pleno, julgado em 06/02/2013, ACÓRDÃO ELETRÔNICO REPERCUSSÃO GERAL – MÉRITO DJe-081 DIVULG 30.04.2013 PUBLIC 02.05.2013).

é, custos de mudança, que geram resistência por aqueles que os assumirão e que tenham interesse em manter o *status quo* –, *self-reinforcing mechanisms* – ou seja, mecanismos de autorreforço, que dizem respeito especialmente às normas e padrões aplicados pelos atores e que são encarados como investimentos a serem mantidos, por propiciarem retornos crescentes (efeitos de aprendizado, efeitos de coordenação, expectativas adaptativas etc.) – e *critical juncture* – isto é, encruzilhadas críticas, situações decisivas que "tendem a gerar influências continuadas sobre a trajetória subsequente de eventos" (MARQUES, 2015).

No tocante à construção de uma política nacional de carreira docente, os custos de mudança dizem respeito à perda de poder político relacionado à gestão descentralizada das referidas carreiras, além da incerteza em relação ao custo financeiro-orçamentário a ser suportado pelas mudanças. A depender do modelo adotado na proposta, também haverá resistência de grupos de interesse que serão afetados, dentre eles os profissionais da educação, caso interpretem a alteração como desfavorável em relação ao *status* atual.

No tocante aos mecanismos de autorreforço, observa-se que o modelo federativo brasileiro, construído na Constituição de 1988, implica na tentativa de conciliação de tendências contrárias, que se encontram em permanente tensão desde os momentos iniciais do Estado-nação, alternando-se em movimento de sístole e diástole. O modelo federativo instaurado na Primeira República, marcado pela descentralização oligárquica foi substituído pelo modelo autoritário-modernizador dos anos Vargas, sendo sucedido por uma descentralização tímida, na redemocratização de 1946, revertida inteiramente pelo modelo de unionismo-autoritário instaurado pela ditadura militar após o golpe de 1964. (ABRUCIO; SANO, 2011; GRIN; ABRUCIO, 2016).

Com a redemocratização, acentuou-se a tendência descentralizadora, ampliando-se a autonomia dos Estados e integrando os Municípios no pacto federativo, com o que se estabeleceu o chamado *federalismo tripartite* ou de segundo grau (FERREIRA FILHO, 2015, p. 88; BONAVIDES, 2011, p. 344-348).[325]

Aqui, duas explicações concorrem para os desenvolvimentos posteriores do modelo. Abrucio (1994) aponta a preponderância política dos Governadores, na reformatação do pacto federativo, propiciando um "federalismo estadualista", que aumentou as disponibilidades

---

[325] Ressalte-se que nem todos os doutrinadores aceitam a tese de que os municípios são componentes da federação, a exemplo de Silva (2013, p. 476-478) e Mendes e Branco (2013, p. 798-799).

financeiras para os Estados sem lhes atribuir maiores responsabilidades e conferiu enorme poder de veto aos Governadores, por meio do controle das bancadas no Legislativo Federal.

Em outra linha de interpretação, desenvolvida por meio da análise do processo de centralização ocorrido a partir das reformas constitucionais do período FHC, Arretche (2009) entende que o desenho institucional da Constituição de 1988, especialmente em razão da repartição de competências e do facilitado procedimento de aprovação de Emendas Constitucionais e demais diplomas legislativos, possibilitava ao Governo Federal expandir a autoridade da União. O poder de veto dos Governadores não era determinante, dado que o comportamento dos legisladores federais era movido mais pela coordenação partidária do que pela influência dos entes estaduais.

Na esteira da análise de Marco Aurélio Marrafon, parece-nos que "ambos abordam as questões por ângulos distintos que, conjugados, ajudam a compreender melhor os problemas de (des)equilíbrio federativo nos dias de hoje" (2014, p. 116).

A tendência de impor algum nível de coordenação, a partir das competências regulatórias da União e da capacidade do Governo Federal de exercer alto nível de controle sobre a agenda do Legislativo – ressalvados os momentos em que o chamado Presidencialismo de coalizão (ABRANCHES, 1988) entrou em estresse – é um traço inegável da Constituição de 1988, que, por sua vez, foi em vários aspectos conformada por decisões tomadas pelos regimes anteriores. Dentre essas decisões pretéritas, destaca-se a sobrerrepresentação dos Estados menos desenvolvidos, o que favorece o papel da União como instância arbitral do equilíbrio federativo e propicia decisões que favoreçam a redistribuição de recursos em âmbito intrafederativo – a exemplo do FUNDEF e do FUNDEB.

Por outro lado, não há dúvidas de que a descentralização na execução das políticas ocasionou algum prejuízo em termos de coordenação, embora tenha propiciado inovações em âmbito local. Nesse sentido, Abrucio e Sano (2011, p. 98) destacam:

> Outra característica do federalismo pós-Constituição de 1988 dificultava a maior coordenação e cooperação entre os níveis de governo. Tratava-se da conformação de um federalismo de caráter mais compartimentalizado (ABRUCIO, 2005; DANIEL, 2001), isto é, de um modelo de relações intergovernamentais em que as unidades se tornam mais autárquicas e menos entrelaçadas, tanto do ponto de vista vertical como em termos horizontais. Isso resultou de dois fatores. Primeiro,

o processo de descentralização, com a exceção do setor da Saúde, foi feito sem um projeto coordenado de divisão e compartilhamento de tarefas. Daí que descentralizar significou repassar funções e lutar por recursos, criando espaço para formas de *gaming*, como o "jogo de empurra" (passar para o outro a responsabilidade), o "efeito carona" (aproveitar dos serviços custeados por outro) e o aumento dos custos da barganha referente à cooperação federativa, como bem percebeu o trabalho de Gustavo Machado (2009). Somente quando a União, na segunda metade da década de 1990, resolveu atuar mais firmemente em termos de coordenação federativa é que a descentralização passou a ser reordenada.

No âmbito educacional, a municipalização foi o traço marcante desse processo, que já havia dado alguns passos antes mesmo da Constituição de 1988, por efeito de políticas do MEC voltadas a efetivar aspectos descentralizadores da Lei de Diretrizes e Bases de 1971. Os efeitos, ao nível do chão, foram sintetizados por Monlevade (2000, p. 44):

> o movimento de municipalização do ensino de 1º Grau nos Estados do Nordeste e Norte levou a um intolerável aviltamento dos salários das professoras, principalmente nas escolas rurais. A cada Município novo que se criava, novas despesas entravam em disputa com as da educação: pagamento da administração, dos vereadores da Câmara Municipal que desde 1975 passaram a ter direito de subsídios crescentes, dos empregos ou subempregos gerados nas campanhas eleitorais.

Abrucio (2010, p. 46) reconhece que, não obstante a descentralização possa propiciar o aumento de eficiência na alocação de recursos e na implementação das políticas, as características do Estado brasileiro nem sempre favoreceram a realização desse potencial:

> Só que os resultados da municipalização das políticas foram bastante díspares, pois resultados negativos também foram produzidos. Entre estes, destacam-se a dependência financeira ou a escassez de recursos para dar conta das demandas dos cidadãos; baixa capacidade administrativa, o que implica dificuldade para formular e implementar os programas governamentais, mesmo quando há dinheiro federal ou estadual envolvido; e os males que atrapalham a democratização dos municípios, como o clientelismo, a "prefeiturização" (isto é, o excesso de poder nas mãos do prefeito), o pouco interesse em participar politicamente e/ou de controlar os governantes.

Esses efeitos deletérios foram potencializados pelo processo de emancipação de Municípios nos primeiros anos da Nova República,[326] com a proliferação de entes subnacionais destituídos de capacidade administrativa e financeira, o que ampliou o custo operacional do Estado, pela redundância de aparatos administrativos, sem um incremento da qualidade dos serviços prestados.

Ademais, onde o Estado era o provedor principal do ensino básico, a "capacidade instalada" não foi inteiramente transferida, e nem poderia, aos entes municipais. Certamente, no processo houve imensas perdas, a exemplo da desativação dos Centros de Formação e Aperfeiçoamento do Magistério (CEFAMs) que, embora tenham perdido parte de sua função com a exigência de graduação superior para a docência, poderiam sobreviver como centro de formação continuada e aperfeiçoamento, promovendo a replicação de boas práticas na rede pública.[327]

Ressalve-se que a capilaridade propiciada pela municipalização certamente contribuiu para a universalização do ensino básico, mas com reconhecida perda de qualidade ao longo do processo. Somente no segundo decênio da nova ordem constitucional percebe-se a retomada de um esforço de coordenação, a partir do centro, com vistas à melhoria das condições de ensino, inclusive pelas medidas voltadas à valorização da docência já mencionadas, com resultados não homogêneos, conforme observamos no capítulo anterior.

---

[326] Desde 1985, a intensa criação e instalação de Municípios no Brasil têm sido parte de um processo mais geral de descentralização. De 1984 a 2000 foram instalados (a instalação corresponde ao início de funcionamento efetivo do município, o que se dá com a eleição do primeiro prefeito) 1.405 Municípios no país, sendo as regiões Sul e Nordeste as que mais contribuíram em termos absolutos para esse crescimento. Como, em 1984, existiam 4.102 Municípios no Brasil, os novos Municípios correspondem a um aumento de 34,3%. (MAGALHÃES, 2007).

[327] Conforme esclarece Gatti (2009, p. 39) "os Centros Específicos de Formação e Aperfeiçoamento do Magistério (CEFAMs), criados em busca de garantir uma melhoria na formação de docentes para os anos iniciais de escolarização, em vista dos problemas detectados com a formação desses professores na Habilitação Magistério. Com formação em tempo integral, com três anos de curso, currículo voltado à formação geral e à pedagógica desses docentes, com ênfase nas práticas de ensino, os CEFAMs foram se expandindo em número e, pelas avaliações realizadas, conseguindo alto grau de qualidade na formação oferecida (GOMES, 1993; GROSBAUM *et al.*, 1993; PIMENTA, 1995). No Estado de São Paulo, onde existiram mais de 50 CEFAMs espalhados pelas diferentes regiões do estado, eram concedidas bolsas de estudo aos alunos para que pudessem dedicar-se integralmente à sua formação. Esses centros, que proviam a formação em nível médio, acabaram sendo fechados nos anos subsequentes à promulgação da Lei nº 9.394/96, nova LDB, que transferiu a formação desses professores para o nível superior".

Vê-se, pois, que as escolhas adotadas no Processo Constituinte de 1988 – algumas delas reativas em relação ao regime anterior, outras condicionadas pela estrutura política dele herdada – produziram um ambiente institucional favorável à fragmentação de esforços dos entes subnacionais, porém forneceram também ferramentas de coordenação que foram incrementadas ao longo das diversas alterações do Texto Constitucional. Cabe ao Governo Federal o papel de principal empreendedor das medidas que mobilizem esse potencial de coordenação, ainda não suficientemente ativado.

6.3.3 Limitações relativas ao financiamento das políticas educacionais

Merecem um tópico especial, dada a importância que exercem sobre a conformação das políticas públicas, os constrangimentos relativos ao financiamento da manutenção e desenvolvimento da educação básica.

Inicialmente, cumpre destacar que a decisão do Constituinte de manter e ampliar a vinculação de receitas tributárias mostra-se uma estratégia imprescindível, pois é empiricamente demonstrado que, nos períodos em que deixou de existir vinculação de receitas para a educação, houve um decréscimo no investimento público em educação – algo que se verificou no período do Estado Novo e na ditadura militar de 1964-1985 (NEGRI, 2014). Apesar de ser sedutor explicar isso pelo simples caráter obscurantista, comum a tais regimes, é mais provável que o desenvolvimentismo típico desses períodos, caracterizados por enorme investimento em obras de infraestrutura e estímulo à indústria, tenha absorvido parte dos recursos públicos antes destinados à educação.[328]

Em períodos democráticos é fácil entender a necessidade da vinculação: trata-se de mecanismo de natureza prudencial, destinado a contrabalançar o incentivo dos agentes governamentais eleitos em investir em políticas que permitam a colheita de resultados no curto prazo, transmutados em votos nas eleições seguintes. O ciclo das políticas educacionais é, por sua própria natureza, de prazo alongado e seus resultados são de difícil mensuração, circunstâncias que limitam o incentivo dos governos em investir na área, ao decidir sobre a

---

[328] Em abono de tal hipótese, *vide* gráfico de evolução dos gastos na área social x gastos em infraestrutura, em Sochaczewski (2006, p. 370).

distribuição dos sempre escassos recursos orçamentários. A vinculação de receitas impõe um patamar mínimo de investimento, o que dificulta a barganha clientelística e atribui uma responsabilidade de atendimento básico aos governantes.

Sob o prisma jurídico, não é disparatado dizer que a vinculação de receitas para educação é uma estratégia do Constituinte em garantir o mínimo existencial nesse tocante, afastando da seara discricionária o nível básico de atendimento essencial às necessidades educacionais da população.[329]

Do ponto de vista da equidade, conforme já pudemos observar, a criação do regime de fundos educacionais – cujo precursor foi o FUNDEF – garantiu uma distribuição mais equânime dos recursos existentes e – com os aperfeiçoamentos trazidos pelo FUNDEB – propiciou um maior aporte de recursos da União na educação básica, o que favoreceu a implantação de um importante mecanismo de valorização do docente – o Piso Salarial Profissional Nacional dos docentes – Lei nº 11.738/2011.

A preocupação com o financiamento persiste, especialmente em face da ambiciosa e já evidentemente inalcançável Meta 20 do PNE – ampliar o investimento educacional para 10% do PIB até 2024 – que se coloca como elemento viabilizador das demais metas ali constantes. Suas estratégias apontam para a necessidade de ampliar a participação da União no financiamento da educação básica – principalmente por meio da complementação dos recursos necessários à implantação do mecanismo do Custo Aluno Qualidade (CAQ)[330] – e fortalecer a coordenação federativa.[331]

---

[329] Taporosky (2016) propõe o atrelamento do financiamento da educação ao mínimo existencial, relacionando-o à implantação do Custo Aluno Qualidade.

[330] Estratégia 20.10: "caberá à União, na forma da lei, a complementação de recursos financeiros a todos os Estados, ao Distrito Federal e aos Municípios que não conseguirem atingir o valor do CAQi e, posteriormente, do CAQ".

[331] Destacamos as seguintes estratégias:
"20.1) garantir fontes de financiamento permanentes e sustentáveis para todos os níveis, etapas e modalidades da educação básica, observando-se as políticas de colaboração entre os entes federados, em especial as decorrentes do art. 60 do Ato das Disposições Constitucionais Transitórias e do §1º do art. 75 da Lei no 9.394, de 20 de dezembro de 1996, que tratam da capacidade de atendimento e do esforço fiscal de cada ente federado, com vistas a atender suas demandas educacionais à luz do padrão de qualidade nacional. (...) 20.9) regulamentar o parágrafo único do art. 23 e o art. 211 da Constituição Federal, no prazo de 2 (dois) anos, por lei complementar, de forma a estabelecer as normas de cooperação entre a União, os Estados, o Distrito Federal e os Municípios, em matéria educacional, e a articulação do sistema nacional de educação em regime de colaboração, com equilíbrio na repartição das responsabilidades e dos recursos e efetivo cumprimento

Não há dúvida de que o esforço de concentrar recursos no investimento educacional encontrava-se seriamente ameaçada na agenda governamental, a partir do agravamento da crise fiscal do Estado, o que favoreceu a adoção de políticas de austeridade, como o Novo Regime Fiscal instaurado pela Emenda Constitucional nº 95/2016, mais conhecido pelo chamado mecanismo do Teto de Gastos. A implantação desse regime, aliás, apontava no sentido da progressiva redução da participação da União nas despesas de manutenção e desenvolvimento da educação (MENDLOVITZ, 2016).[332]

Dois fatos, porém, vieram na contracorrente dessa tendência: a crise econômica e sanitária mundial, ocasionada pela pandemia do Novo Coronavírus – COVID-19, que impôs aos governos nacionais a adoção de políticas fiscais expansionistas,[333] ainda que relutantemente.[334] O impacto da pandemia na educação, com o fechamento prolongado das escolas, também exigiu um esforço fiscal para que os dramáticos efeitos em termos de perda de aprendizagem e de equidade fossem minorados. A OCDE aponta que 2/3 dos países da organização ampliaram seus orçamentos educacionais a partir de 2020, para fazer frente aos desafios educacionais decorrentes da pandemia (OECD, 2021c). Melhoria da infraestrutura escolar, suporte assistencial aos estudantes, incremento do tempo de trabalho dos professores, assistência técnica e financeira para acesso aos recursos de tecnologia de informação e comunicação

---

das funções redistributiva e supletiva da União no combate às desigualdades educacionais regionais, com especial atenção às regiões Norte e Nordeste
(...) 20.12) definir critérios para distribuição dos recursos adicionais dirigidos à educação ao longo do decênio, que considerem a equalização das oportunidades educacionais, a vulnerabilidade socioeconômica e o compromisso técnico e de gestão do sistema de ensino, a serem pactuados na instância prevista no §5º do art. 7º desta Lei".

[332] Todavia, cabe advertir, como faz Tanno (2017), que a EC nº 95/2016 não implica em limitação para as transferências e complementações de natureza constitucional a Estados, Distrito Federal e Municípios e tampouco interfere diretamente nas despesas realizadas pelos entes subnacionais, que atuam prioritariamente na educação básica, sendo responsáveis por aproximadamente 80% dos investimentos diretos em educação e tampouco afeta a parcela de complementação do FUNDEB pela União.

[333] Por exemplo, *vide* recente Relatório da CEPAL, que recomenda a manutenção da política fiscal expansionista, ao longo dos próximos anos, visando à recuperação econômica, indicando medidas que favoreçam a sustentabilidade de tal esforço (CEPAL, 2021).

[334] Soa anedótica a fala do Ministro da Fazenda, Paulo Guedes, em entrevista concedida no início da pandemia: "Se promovermos as reformas, abriremos espaço para um ataque direto ao coronavírus. Com 3 bilhões, 4 bilhões ou 5 bilhões de reais a gente aniquila o coronavírus. Porque já existe bastante verba na saúde, o que precisaríamos seria de um extra. Mas sem espaço fiscal não dá" (BRONZATTO, Thiago. Guedes: governo e Congresso não estão "falando a mesma língua". *Portal Veja*, 13 mar. 2020. Disponível em: https://veja.abril.com.br/economia/guedes-governo-e-congresso-nao-estao-falando-a-mesma-lingua/. Acesso em: 19 jul. 2022).

são algumas das ações mais comuns adotadas a partir da eclosão da pandemia. Lamentavelmente, não se observou esforço do Governo Federal nesse sentido (OECD, 2021b; PALHARES, 2021). Aliás, por vezes a atuação foi no sentido exatamente oposto.[335]

O segundo fato, já relatado nesta obra, diz respeito à aprovação, pelo Congresso Nacional, da PEC nº 108/2020, instituindo o Novo FUNDEB, de caráter permanente, o que já relatamos em tópico antecedente (4.3.2.3). O reconhecimento da necessidade de promover um aumento da participação da União no custeio da educação básica, a despeito do esforço em sentido contrário do Governo Bolsonaro,[336] abre espaço para um novo regime de financiamento da educação básica, conferindo prioridade alocativa e mais equidade na distribuição dos recursos públicos.

A preocupação com o financiamento educacional é central ao se tratar de quaisquer políticas da área e ainda mais em se tratando da política docente. Toda e qualquer proposta que busque estabelecer uma política nacional de carreira para a profissão docente deverá, obrigatoriamente, enfrentar a questão do financiamento, haja vista que, como insumo da atividade educacional, a despesa com pessoal docente corresponde a pelo menos metade do dispêndio educacional, podendo chegar a cerca de 80%, a depender da realidade de cada país, conforme demonstra estudo feito pela OCDE (OECD, 2005, p. 28).[337]

Em âmbito nacional, vale citar estudo realizado por pesquisadores do Instituto de Pesquisa Econômica Aplicada (IPEA), que propuseram um recálculo do Custo Aluno Qualidade (CAQ), incorporando na fórmula o atendimento das metas do PNE 2014-2024, inclusive as

---

[335] Não poderíamos deixar de registrar que o Governo Federal, nesse aspecto, atuou na contramão da tendência, o que se exemplifica pelo veto a dispositivo de Lei nº 14.180, de 1º de julho de 2021 (Política de Inovação Educação Conectada), norma que previa repasse às escolas de recursos para melhoria do acesso à TIC para fins educacionais. O veto foi, posteriormente, derrubado pelo Congresso Nacional.

[336] *Vide*, a propósito, notícia da Folha, de dezembro de 2019: SALDAÑA, Paulo. Prevista para este ano, decisão sobre Fundeb atrasa e agrada governo federal. *Folha de São Paulo*, São Paulo, 17 dez. 2019. Disponível em: https://www1.folha.uol.com.br/educacao/2019/12/prevista-para-este-ano-decisao-sobre-fundeb-atrasa-e-agrada-governo-federal.shtml. Acesso em: 24 fev. 2022. Na mesma linha, em julho de 2020: SALDAÑA, Paulo; BRANT, Danielle; CARAM, Bernardo. Governo tenta adiar Fundeb para 2022 e quer dividir recurso com Renda Brasil. *Folha de São Paulo*, São Paulo, 18 jul. 2020. Disponível em: https://www1.folha.uol.com.br/educacao/2020/07/governo-tenta-adiar-fundeb-para-2022-e-quer-dividir-recurso-com-renda-brasil.shtml. Acesso em: 24 fev. 2022.

[337] Referido estudo aponta dispêndio médio de 64% com pessoal docente e 80% com toda a equipe escolar. O dispêndio com professores varia de 49% (República Checa e Suécia) a Luxemburgo e México (81%). O dispêndio geral com a equipe escolar varia de 61% (Chile) a 95% (Turquia).

voltadas à valorização docente, resultando no que denominaram de CAQ_PNE. Nesse estudo, a despesa relativa à mão de obra corresponde a um percentual que varia de 76,39% (pré-escola) a 80,51% (ensino médio), conforme planilha de custos abaixo reproduzida:

Tabela 3 – Resumo do Cálculo do CAQ_PNE nas escolas típicas para o sistema de ensino regular

Tabela 4 - Resumo do Cálculo do CAQ_PNE nas Escolas Típicas para o Sistema de Ensino Regular .

Padrão CAQ_PNE	Observações	Creche	Pré-escola	Fund. Iniciais	Fund.Finais	Médio
Mão de Obra	A fórmula foi: (Sal. Mensal) X (13,33) X (1,2). Contempla 13 salários por ano, férias e 20% de encargos.	861.426,95	958.509,43	2.049.894,53	2.641.838,27	4.119.263,39
Bens e Serviços	Contempla água, luz, telefone, limpeza, conservação predial, reposição de equipamentos, materiais e projetos pedagógicos. Orçados em 2005 pela CNDE e trazidos a preços de 2015.	105.770,00	161.035,00	243.600,00	368.077,50	542.325,00
Formação Profissional	Valor sugerido pela CNDE em 2005 e trazidos a preços de 2015.	23.625,00	15.750,00	22.750,00	26.250,00	42.000,00
Administração e Supervisão	Valor sugerido pela CNDE em 2005 e trazidos a preços de 2015.	43.750,00	41.335,00	60.354,00	89.250,00	137.534,25
Construção	Utilizamos o valor do m² atualizado para 2015, de aproximadamente R$ 950,00. Dobramos o número de salas e banheiros para estudantes.	34.300,00	35.373,83	56.165,09	81.484,58	108.594,59
Equipamentos	Valor sugerido pela CNDE em 2005 e trazidos a preços de 2015.	38.500,00	42.700,00	134.750,00	140.700,00	166.600,00
Valor total da escola por ano		**1.107.371,95**	**1.254.703,26**	**2.567.513,63**	**3.347.600,35**	**5.116.317,24**
CAQ_PNE sem Integral	Valor total da escola/número de alunos	9.228,10	4.752,66	6.418,78	5.579,33	5.684,80
CAQ_PNE com integral	Acréscimo de 7,5% ao valor anterior, para manter 25% das matrículas no integral, supondo o aumento de 30% no custo.	9.920,21	5.109,11	6.900,19	5.997,78	6.111,16
CAQi Campanha-CNE 2015	http://www.custoalunoqualidade.org.br/calculos-do-caqi-e-do-caq#PosicaoLink3	7.696,61	3.873,96	3.694,37	3.617,41	3.720,03
Relação CAQ_PNE e CAQi_CNDE		28,9%	31,9%	86,8%	65,8%	64,3%

Fonte: Adaptado a partir de "Custo Aluno-Qualidade Inicial: rumo à educação pública de qualidade no Brasil. São Paulo 2007". Elaboração própria.

Fonte: (ARAÚJO *et al.*, 2016, p. 8).

No estudo em questão, estima-se que a implantação do CAQ_PNE resultaria na elevação do gasto em educação, para 2024, em valor correspondente a 6,2% do PIB, valor bem inferior aos 10% previstos na meta 20, e não muito distante do valor de 5,3% estimados para 2015, ano em que o estudo foi realizado. Todavia, o Relatório do Terceiro Ciclo das Metas do PNE apontava dispêndio anual de 5% do PIB EM 2018 (INPE, 2020), sem que se tenha avançado nas metas do PNE 2014/2024. Os dados do Balanço do Setor Público Nacional de 2021 apontam um recuo ainda maior para 2020: 4,6% do PIB (STN, 2021, p. 31). Isso demonstra que não houve nenhum esforço em ampliar o financiamento da educação básica, seja com CAQ, seja sem o CAQ, sendo que nem o contexto da pandemia reverteu tal tendência.

Seja como for, é importante considerar, ao propor determinada política de valorização do magistério, o impacto orçamentário-financeiro, inclusive em exercícios futuros, levando-se em consideração quatro fatores, conforme indica outro estudo da OCDE (OECD, 2013, p. 1):

> O pagamento do salário dos professores é a principal fonte de gastos na educação em todos os países da OCDE. É o resultado da combinação matemática de quatro fatores: o salário dos professores, o tamanho da classe, o número de horas de aula dadas pelos professores e o número de horas de aula recebidas pelos alunos (...)
>
> Consequentemente, um dado nível de gastos com o corpo docente pode resultar em diferentes combinações desses quatro fatores. Da mesma maneira, uma reforma (ou mudança estrutural) de um desses fatores (todos os outros fatores continuando os mesmos) tem um impacto direto no nível de gastos: (i) o aumento do salário dos professores leva a um aumento do orçamento público; (ii) a redução do tamanho da classe implica a necessidade de professores adicionais, por conseguinte, o aumento do orçamento público; (iii) o aumento do número de horas de aula recebidas pelo alunos ou a diminuição do número de horas de aula dadas pelos professores resultam na necessidade de professores adicionais, por conseguinte, no aumento do orçamento público.

Daí a importância, ressaltada por Tanno (2017, p. 335), de contemplar as metas constantes dos Planos decenais de educação – o que abrange, obviamente, os programas e estratégias adotados para alcançá-las – na "elaboração dos respectivos planos plurianuais, além das leis de diretrizes orçamentárias e leis orçamentárias, relativas a cada exercício financeiro".

Acrescentamos ainda outro aspecto, de difícil mensuração e percepção: o impacto previdenciário, que vem comprometendo gravemente a saúde financeira de Estados e Municípios. Apenas à guisa de exemplo,[338] a inclusão da educação infantil no âmbito das competências educacionais prioritárias dos Municípios, a partir de 1988, obrigou os entes municipais a contratação de professores para atendimento desse segmento, atraindo a incidência da aposentadoria especial prevista no art. 40, §5º da CRFB/1988. Os docentes contratados no período inicial de expansão da rede pré-escolar já estão aposentando-se, onerando o erário municipal. A tentação de recorrer a prestadores privados – *vouchers*, termos de parceria, contratos de gestão etc. – tem muito de

[338] Essa situação nos foi relatada por João Cury Neto, ex-prefeito de Botucatu (2009-2016) e Secretário de Estado da Educação (2018), por ocasião de entrevista concedida ao autor.

sua explicação na questão previdenciária – sem embargo, é claro, de aspectos ideológicos subjacentes. Todavia, o remédio também pode ser um veneno, na medida em que priva o ente público do recolhimento da contribuição previdenciária necessária para o funcionamento do regime de repartição simples. Não é um dilema simples, como se percebe.

6.4 O ESTABELECIMENTO DE UM SISTEMA NACIONAL DE EDUCAÇÃO COMO ELEMENTO VIABILIZADOR DE UMA POLÍTICA NACIONAL DE CARREIRA DOCENTE

A ideia de um Sistema Nacional de Educação (SNE) não é nova, sendo possível encontrar o embrião dessa proposta no *Manifesto dos Pioneiros* que, conforme aponta Saviani (2014, p. 21), buscava estabelecer um caráter nacional para a educação por meio da conjugação entre atuação coordenadora da União e descentralização federativa do exercício da função educacional. Nessa fórmula havia também um ingrediente importante, a "autonomia da função educacional", pela qual

> a educação deve ser subtraída aos interesses políticos transitórios, protegida de intervenções estranhas. Decorre daí que a autonomia deve ser ampla, abrangendo os aspectos técnico, administrativo e econômico, sendo que esse último, não deve se limitar à consignação de verbas no orçamento. Deve, além disso, implicar a constituição de um "fundo especial ou escolar", formado por "patrimônios, impostos e rendas próprias", "administrado e aplicado exclusivamente no desenvolvimento da obra educacional pelos próprios órgãos do ensino, incumbidos de sua direção (AZEVEDO *et al.*, 1984)".

O mesmo autor, em outro texto constantemente citado, define o que se deve conceber como um Sistema Nacional de Educação (2010, p. 381):

> Se o sistema pode ser definido como a unidade de vários elementos intencionalmente reunidos de modo a formar um conjunto coerente e operante, conclui-se que o Sistema Nacional de Educação é a unidade dos vários aspectos ou serviços educacionais mobilizados por determinado país, intencionalmente reunidos de modo a formar um conjunto coerente que opera eficazmente no processo de educação da população do referido país.

Embora jamais tenha perdido força na comunidade epistêmica, o advento da Constituição Federal de 1988, com sua forte ênfase no aspecto da descentralização, não favoreceu a concepção sistematizadora, ao menos nos anos iniciais de sua vigência. Abrucio e Segatto (2014, p. 52) observam que, apesar de a política educacional ser a única explicitamente vinculada à ideia de regime de colaboração, a carência de indicações sobre os mecanismos de articulação desse regime propiciou a descentralização centrífuga, desorganizada e conflituosa no período pós-reconstitucionalização.

Conforme já evidenciamos anteriormente, essa tendência centrífuga e desigualadora somente foi contrastada a partir do estabelecimento de políticas nacionais propiciadoras de maior integração, como a criação dos fundos educacionais de âmbito nacional, a estipulação de um piso nacional para os professores e a atuação supletiva da União, com programas equalizadores das condições materiais das escolas.

Cabe observar que a Constituição já previa "sistemas nacionais" de variados propósitos e alcances, sendo que outros foram introduzidos por Emendas em seu Texto.[339] A previsão de um Sistema Nacional de Educação emergiu, no plano normativo, a partir da Emenda Constitucional nº 59/2009, que conferiu nova redação ao art. 214[340] da Carta Federal:

> Art. 214. A lei estabelecerá o plano nacional de educação, de duração decenal, com o objetivo de articular o sistema nacional de educação em regime de colaboração e definir diretrizes, objetivos, metas e estratégias de implementação para assegurar a manutenção e desenvolvimento do ensino em seus diversos níveis, etapas e modalidades por meio de

---

[339] Há, no texto original, a previsão de: sistema nacional de gerenciamento de recursos hídricos (art. 21, XIX), sistema nacional de viação (art. 21, XXI), sistema nacional de emprego e condições para o exercício de profissões (art. 22, XVI); sistema estatístico, sistema cartográfico e de geologia nacionais (art. 22, XVIII); sistema tributário nacional (Título VI, cap. I); sistema financeiro nacional (Título VII, cap. IV); sistema de seguridade social (Título VIII, cap. 2); sistema único de saúde (art. 198). Posteriormente, houve a introdução por Emendas à Constituição, do Sistema Nacional de Cultura (art. 216-A) e do Sistema Nacional de Ciência, Tecnologia e Inovação (art. 219-B). Saliente-se que, embora não haja previsão expressa no Texto Constitucional, foi recentemente implantado, pela Lei Federal nº 13.675, de 11 de junho de 2018, o Sistema Nacional de Segurança Pública.

[340] Pelo exame dos documentos parlamentares, verifica-se que a proposta de alteração do art. 214 da CRFB/1988 surgiu em substitutivo do deputado Rogério Marinho (PSB-RN), no exame da PEC nº 277/2008, oriunda da PEC nº 93/2003, do Senado, que tinha escopo bem mais singelo, pois voltada tão somente a excluir as verbas destinadas à manutenção e desenvolvimento da educação do regime de desvinculação de receitas da União (DRU), constante do art. 76 do ADCT. Substitutivo disponível em: https://www.camara.leg.br/proposicoesWeb/fichadetramitacao?idProposicao=403508. Acesso em: 10 fev. 2022.

> ações integradas dos poderes públicos das diferentes esferas federativas que conduzam a:
>
> I – erradicação do analfabetismo;
>
> II – universalização do atendimento escolar;
>
> III – melhoria da qualidade do ensino;
>
> IV – formação para o trabalho;
>
> V – promoção humanística, científica e tecnológica do País;
>
> VI – estabelecimento de meta de aplicação de recursos públicos em educação como proporção do produto interno bruto.

Por sua vez, o Plano Nacional de Educação 2014/2024 estipulou prazo de dois anos para que fosse constituído, efetivamente, o SNE:

> Art. 13. O poder público deverá instituir, em lei específica, contados 2 (dois) anos da publicação desta Lei, o Sistema Nacional de Educação, responsável pela articulação entre os sistemas de ensino, em regime de colaboração, para efetivação das diretrizes, metas e estratégias do Plano Nacional de Educação.

Lamentavelmente, embora alguns passos iniciais tenham sido adotados, na forma de seminários[341] e documentos,[342] a propositura do SNE não foi até hoje encaminhada pelo Poder Executivo.

Registre-se que tramita na Câmara dos Deputados o Projeto de Lei complementar (PLP) nº 25/2019, da deputada professora Dorinha Seabra Rezende (DEM-MS), já tendo recebido parecer favorável na Comissão de Educação e recentemente aprovada a sua tramitação em regime de urgência.[343] Igualmente avançado está o PLP nº 235/2019,

---

[341] Antes mesmo da EC nº 59/2009, a constituição do SNE é elemento central da pauta das conferências nacionais de educação, como a Conferência Nacional de Educação Básica de 2008 e as Conferências Nacionais de Educação de 2010 e 2014. Em 2014, às vésperas da aprovação do PNE, foi realizada Conferência específica sobre o tema, organizada por comissão instituída pelo Ministério da Educação juntamente com a coordenação da Secretaria de Articulação com os Sistemas de Ensino (SASE/MEC), com parceria da Faculdade de Educação da USP. Dela resultou obra com participação dos principais estudiosos do campo educacional (CUNHA *et al.*, 2014).

[342] Tais documentos estavam reunidos em página do MEC, que define a criação do SNE como "uma das tarefas mais urgentes e necessárias" constantes do PNE. A página, que não era atualizada desde 2015, foi deletada em 2020, sendo possível visualizar uma cópia em: https://web.archive.org/web/20181110003946/http://pne.mec.gov.br/sistema-nacional-de-educacao. Acesso em: 10 fev. 2022.

[343] Tramitação disponível em: https://www.camara.leg.br/propostas-legislativas/2191844. Acesso em: 10 fev. 2022.

proposto pelo Senador Flávio Arns e já em condição de apreciação no Plenário daquela Casa.

Apesar de o evidente desinteresse do Governo Bolsonaro em temas educacionais que não sejam relativos à pauta de costumes de sua base ideológica – o que foi demonstrado pela absoluta inércia governamental no tocante à renovação do FUNDEB – o Congresso vem atuando com relativa autonomia em relação aos temas educacionais, em geral impulsionado pela atuação de atores internos que atuam como empreendedores da política e por grupos de pressão que se articularam, no decorrer dos anos, em torno da pauta educacional. Assim, é possível que a conjuntura favoreça o avanço nesse tópico da agenda, a despeito da inação governamental – ou até facilitado por ela.

A necessidade de um SNE advém da ausência de instâncias de deliberação interfederativa, a exemplo das Comissões Intergestores existentes no Sistema Único de Saúde. Conforme apontam Abrucio e Segatto (2014, p. 56), a existência "de arenas intergovernamentais são importantes para a construção de consensos federativos, acordos nacionais ou regionais, bem como para a coordenação do planejamento e da gestão da política". A ausência de tais instâncias acaba por estabelecer negociações por meio de representantes da UNDIME e do CONSED, de maneira fragmentária e informal.[344]

Criar esse arcabouço não é tarefa corriqueira. O desafio que se coloca na construção de um SNE foi bem sintetizado pela antiga equipe da hoje extinta Secretaria de Articulação com os Sistemas de Ensino – SASE,[345] em artigo contemporâneo à promulgação do PNE vigente (ALMEIDA JÚNIOR *et al.*, 2014, p. 113-114):

> Como compatibilizar, no mesmo desenho de estrutura e funcionamento, os diferentes órgãos educacionais nas três esferas federativas autônomas e, ao mesmo tempo, conceber sua relação concreta com os chamados "subsistemas" apontados pela CONAE 2010 – avaliação, desenvolvimento curricular, financiamento da educação, produção e disseminação de indicadores educacionais; planejamento e gestão; bem como formação e valorização profissional?

---

[344] Cabe ressalvar que já houve a criação de instâncias interfederativas no âmbito educacional, mas com propósitos mais limitados, a saber, a Comissão Intergovernamental de Financiamento para a Educação Básica de Qualidade – instituída pela Lei nº 11.494, de 20 de junho de 2007 e mantida pela Lei nº 14.133, de 25 de dezembro de 2021 (Leis do FUNDEB) – e o Comitê de Gestão Estratégica do Plano de Ações Articuladas – instituído pela Lei nº 12.695, de 25 de julho de 2012.

[345] A referida Secretaria foi criada pelo Decreto nº 7.480, de 16 de maio de 2011 e foi extinta pelo Decreto nº 9.665, de 02 de janeiro de 2019.

Reconhecendo a complexidade da tarefa, os autores corretamente ancoram o debate na concepção do *regime de colaboração*, como elemento peculiar do tratamento constitucional da educação, sendo tal regime finalisticamente direcionado a promover o atendimento dos direitos educacionais, por meio de "uma justa distribuição de poder, autoridade e recursos entre os entes federados, garantindo a interdependência e a interpenetração dos governos nacional e subnacionais, sem que haja comprometimento de um projeto de desenvolvimento nacional" (ALMEIDA JÚNIOR *et al.*, 2014, p. 115).

Nesse regime, alguns aspectos obrigatoriamente devem estar contemplados, a saber: (i) o papel central da União na indução da qualidade na educação básica; (ii) a autonomia dos Estados e Municípios para a gestão dos seus sistemas; (iii) o modelo de financiamento capaz de assegurar um padrão nacional de qualidade; (iv) o planejamento decenal articulado entre as três esferas de governo; (v) a valorização dos profissionais da educação; e (vi) o alinhamento entre currículo, formação de professores e avaliação de aprendizagem (ALMEIDA JÚNIOR *et al.*, 2014, p. 116).

O preciso diagnóstico formulado pela equipe da SASE aponta para a insuficiência de uma mera formulação normativa do SNE, sem que seja objeto de uma construção pactuada e acompanhada de um esforço de mobilização capaz de envolver governos estaduais e municipais, bem como garantir ampla participação social, sob coordenação e organização de trabalho claramente definidos. Ou seja, o SNE não se aperfeiçoa com a mera aprovação de um diploma legislativo, que é apenas o primeiro passo na construção de um processo de aproximação constante, "em que os mais diferentes atores se encontrem permanentemente e construam diálogos e propostas cada vez mais orgânicas para educação nacional" (ALMEIDA JR. et al. 2014, p, 123).

No que tange à valorização da docência, a instalação e o efetivo funcionamento de um Sistema Nacional têm o potencial inegável de favorecer a construção de políticas pactuadas que ultrapassem o patamar atual – em que há um conflituoso processo de implantação do PSPN e a nem sempre bem-sucedida indução da implantação de PCRs nos entes subnacionais – confluindo quiçá para o estabelecimento de um regime nacional de docência, uma vez que sejam equacionadas as questões relativas ao financiamento de um padrão nacional de qualidade e haja a presença indutiva da União nesse arranjo.

CAPÍTULO 7

SÍNTESE CONCLUSIVA

As políticas de carreira docente formam um todo complexo de medidas destinadas a atrair, selecionar, formar e conservar os profissionais dedicados à atividade educacional. Para sua melhor compreensão, o estudo da trajetória de tais políticas deve estar conectado à investigação das políticas educacionais e das políticas de gestão de pessoal adotadas em dado contexto histórico, bem como aos arranjos jurídico-institucionais construídos para lhes dar sustentação.

1. O regime jurídico da carreira docente é um elemento central de tais políticas, sendo que a literatura internacional aponta dois modelos básicos: os sistemas baseados em carreira (*career-based systems*), associado aos esquemas burocráticos tradicionais e historicamente atrelado à afirmação do Estado-Providência; e os sistemas baseados em postos de trabalho (*position-based systems*), que privilegiam a escolha dos profissionais para determinada função em virtude de habilidades específicas, em que não há progressões automáticas e que recompensas remuneratórias são orientadas pela busca de resultados. Tal esquematização não exclui a hibridização de modelos, com a coexistência de sistemas de carreira com mecanismos de incentivos atrelados a resultados, como se observa, por exemplo, com a legislação estadual paulista.

2. Embora o resultado da atividade educacional seja dependente de múltiplos fatores, a pesquisa empírica desenvolvida nos últimos 50 anos é conclusiva no tocante ao impacto da qualidade dos professores no desenvolvimento dos alunos. Portanto, adotar políticas de carreira adequadas, que tornem atrativa e valorizada a profissão docente, é um passo imprescindível para propiciar o pleno florescimento dos educandos, com evidentes repercussões no desenvolvimento econômico-social do país e em sua capacidade para enfrentar os desafios da contemporaneidade.

3. Pode-se observar tal preocupação na Constituição Federal de 1988, ao determinar o estabelecimento de *planos de carreira para o magistério* em todas as unidades da federação (art. 206, inciso V) e a fixação de um *piso salarial nacional* para os professores e demais profissionais da educação (art. 206, inciso VIII). Em outras palavras, o Constituinte impôs como subsistema da política educacional do país uma *política de carreira docente* a ser implementada a partir da atuação coordenadora e supletiva da União e envolvendo todos os entes federados.

4. É digno de nota que a primeira legislação nacional sobre a profissão docente, datada de 1827, já estabelecia um esboço de carreira docente, acessível por meio de concurso público e dotada de piso remuneratório nacional. À época já se observava que o exercício do magistério, embora dotasse o seu titular de um status de fidalguia, não era acompanhado de remuneração condigna, embora houvesse uma vinculação tributária para custear o ensino – o chamado *subsídio literário*. Ao final do período imperial, percebe-se que nem a lei pioneira nem as reformas implantadas no período foram capazes de dotar o país de um sistema público abrangente e tampouco elevaram a dignidade dos mestres, sujeitos a vencimentos parcos e constantemente atrasados.

5. A República traz em seu seio os ideais modernizadores do positivismo, vislumbráveis no projeto reformista de Benjamin Constant, que propõe um esquema tipicamente burocrático – no sentido weberiano – de carreira docente. Todavia, o propósito modernizador encontra severos entraves na estrutura arcaica e oligárquica herdada do período imperial, sendo o poder central incapaz de promover alterações de monta, dado o federalismo extremado da assim chamada "República dos Governadores". Assim, o desenvolvimento das instituições educacionais – e, por consequência, de carreiras docentes profissionais – depende fortemente do interesse das oligarquias locais, o que propicia o aprofundamento das desigualdades regionais. Ao passo que em alguns Estados se estabelecem reformas promissoras – a paulista, iniciada por Caetano de Campos é o paradigma – a lógica patrimonialista continua a predominar na gestão escolar.

6. Na década de 20, porém, manifesta-se uma forte inquietação da elite intelectual do país, o que propicia a realização de "inquéritos" educacionais, a constituição de uma entidade de caráter nacional dedicada ao tema – a Associação Brasileira de Educação (ABE) – e a realização de Conferências Nacionais de Educação. Esse momento, caracterizado por Jorge Nagle (2009) pelo *entusiasmo pela escolarização* e *otimismo pedagógico*, favoreceria a eclosão posterior do *movimento*

escolanovista, cujo principal intento era propagar na agenda política nacional o ideal de uma escola pública, gratuita, obrigatória e laica.

7. A vaga modernizante deflagrada pela revolução de 1930 também se fez sentir no âmbito educacional, o que se reflete na criação de um Ministério dedicado ao tema – Ministério da Educação e Saúde – e na instituição de um Conselho Nacional de Educação. Por ocasião da quarta Conferência Brasileira de Educação, em 1932, vem à luz o *Manifesto dos pioneiros da educação*, marco do movimento escolanovista e que se tornaria peça doutrinária incontornável na discussão das políticas educacionais futuras. A tendência modernizadora e racionalizadora também se fez sentir em reformas estaduais, tal como se observa no extenso Código de Educação elaborado por um escolanovista, Fernando de Azevedo, em 1933, em que se destaca a estruturação de uma carreira do magistério baseada em padrões meritocráticos e com notável preocupação com a formação docente.

8. A Constituição de 1934 reflete o debate entre correntes de variado matiz – liberais, tradicionalistas, católicos, autoritários etc. – incorporando parcialmente a agenda modernizadora do escolanovismo. Destaca-se a reestruturação do modelo federativo no tocante ao ensino, ampliando-se as competências da União, que passa a ter um papel coordenador, por meio de plano nacional de educação, a ser elaborado pelo Conselho Nacional de Educação e aprovado pelo Legislativo. Sobre os docentes, evidencia-se a preocupação com sua remuneração condigna, a garantia da liberdade de cátedra, a admissão por concurso público e a garantia de vitaliciedade e inamovibilidade aos concursados dos institutos oficiais.

9. No mesmo período observa-se uma preocupação marcante com a modernização do aparato estatal federal, o que se revela pela promulgação da Lei do Reajustamento (1936), que visa implantar um quadro burocrático estruturado em carreiras, cada qual com escala vencimental própria, acessíveis os cargos por concurso público e com mecanismos de evolução funcional baseados no mérito e na antiguidade. Porém, a nova lei não venceu de forma definitiva as práticas clientelistas, mantida a livre nomeação nos cargos em comissão e acomodados os interesses por meio das figuras dos interinos e extranumerários. Alguns anos depois, o Estado de São Paulo produziu o primeiro Estatuto dos Funcionários Públicos (1941) e um esboço de Estatuto do Magistério, onde se prevê um estágio probatório de 180 dias após o concurso de ingresso e que condiciona diversas vantagens funcionais à progressão dos alunos. Ali prevê-se, também, a possibilidade de transferência de

professores municipais para escolas estaduais – medida compatível com o enfraquecimento federativo então vigente, pois já se estava no Estado Novo.

10. O advento do Estado Novo favorece a vertente autoritária do escolanovismo, cujo expoente era Francisco Campos. A Carta de 1937 reflete esse viés, em que se destaca o elitismo educacional e uma inflexão em favor do ensino privado, esse, porém, sempre submetido à rédea curta da burocracia ministerial. O forte centralismo que caracteriza o período coexistiu com mecanismos de pactuação, destacando-se o Convênio Nacional do Ensino Primário, em que os entes subnacionais se comprometeriam a aumentar a aplicação de recursos tributários, para o fim de receber verbas federais. Leis Orgânicas geradas durante o Estado Novo buscaram produzir uma padronização nacional do ensino, dispondo também sobre normas gerais da carreira docente, sendo que, nesse tocante, não se percebeu efeito uniformizador relevante nos entes subnacionais, de molde a substituir a práticas patrimonialistas tradicionais.

11. A Constituição de 1946 retoma, de forma mais sintética e parcimoniosa, o programa da Carta de 1934. Em relação ao regime docente, impunha-se concurso apenas para os cargos no ensino secundário e superior, garantindo-se a tais docentes a vitaliciedade e liberdade de cátedra. Após a promulgação da nova Constituição, seguiu-se longo debate sobre a Lei de Diretrizes e Bases da Educação, com embate entre uma aliança de forças conservadoras e uma frente de defesa da escola pública, encabeçada pelos escolanovistas de 1932. O texto resultante, promulgado em 1961, preocupa-se especialmente com a formação dos docentes e especialistas em educação, sendo silente em relação aos direitos profissionais, apenas preconizando a "garantia de remuneração condigna aos professores".

12. O período democrático iniciado em 1946 caracteriza-se também pelo esforço em pesquisar e debater a qualidade da educação, esforço esse capitaneado por Anísio Teixeira, à testa do INEP. Dentre as pesquisas realizadas, o estudo de Luiz Pereira (1963) sobre a condição do professorado da Capital paulistana, ali verificando a transição para o modelo burocrático de gestão escolar, bem como a progressiva proletarização da profissão.

13. Essa proletarização consolida-se durante o período autoritário, em que se promove a expansão da rede escolar pública ao mesmo passo que se reduz o investimento em educação, abolida a vinculação de recursos tributários pela Carta de 1967, somente retomada

plenamente em 1985, por força da Emenda "Calmon". O caráter autoritário-centralizador do regime, aliado à dependência financeira de transferências federais, reduziu a autonomia dos entes subnacionais, sendo que a dominação tecnoburocrática coexistia com as barganhas clientelísticas de sempre. Além do arrocho salarial, a liberdade de cátedra restou severamente restringida pelas medidas de exceção do período, dentre as quais figurava o processo demissional sumário dos docentes que veiculassem conteúdo considerado subversivo.

14. A partir da aprovação da nova Lei de Diretrizes e Bases, em 1971, o regime buscou ampliar a oferta de professores, reestruturando o processo de formação do magistério e impondo aos entes subnacionais o estabelecimento de estatutos específicos, com conteúdo mínimo prefixado em Decreto federal. Embora tenha gerado alguma movimentação dos Estados, não se pode concluir que a medida tenha sido efetiva em âmbito municipal, em um momento em que se iniciava a tendência de municipalização do ensino, em algumas regiões do país.

15. Enormes desafios apresentavam-se por ocasião da redemocratização do país, no campo educacional. No tocante à profissão docente, o nível de escolarização dos docentes era precário, especialmente nas zonas rurais e nas regiões mais pobres do país. A proletarização da profissão confirmava-se, com salário médio inferior a 200 dólares e enormes discrepâncias remuneratórias, a depender da formação do docente, região de domicílio ou localização (urbana ou rural) do estabelecimento escolar.

16. O processo constituinte ocorrido em 1987/1988 produziu enorme mobilização popular e intensa participação de grupos organizados nos trabalhos da Assembleia Nacional Constituinte. Atores dos vários campos interessados na questão educacional mobilizaram-se em frentes e coalizões, com vistas a influenciar o resultado final do processo. No âmbito da Subcomissão dedicada ao tema, propôs-se a criação de uma carreira nacional do magistério e foram acolhidas boa parte das reivindicações da classe docente, destacando-se a influência da Carta de Goiânia, produzida na IV Conferência Brasileira de Educação (1986). Ao final do processo, todavia, fez-se sentir a influência do bloco político conhecido como "Centrão", o que levou à necessidade de adoção de um texto compromissário, porém com diversos avanços relevantes. Dentre eles, consagrou-se a "valorização dos profissionais do ensino, garantido, na forma da lei, plano de carreira para o magistério público, com piso salarial profissional e ingresso exclusivamente por concurso

público de provas e títulos, assegurado regime jurídico único para todas as instituições mantidas pela União" (art. 206, IV).

17. A ordem constitucional instalada em 1988 nasce com perfil claramente inspirado nas democracias promotoras de bem-estar social da Europa do pós-guerra, modelo que já se encontrava em crise de sustentabilidade econômico-financeira. A resposta à crise vem na forma de receituário de agências internacionais, baseada na redução da máquina estatal, privatização e desregulamentação. No âmbito educacional, disseminam-se programas reformistas, que propõem a descentralização e a adoção de técnicas de gestão baseadas em resultado.

18. Ocorrerá, nesse contexto, um duplo "ajustamento" da nova ordem constitucional: de um lado, há sucessivas reformas constitucionais visando ao *aggiornamento* do Texto Constitucional; de outro, haverá expedientes que, por meio de interpretação ou mera protelação legislativa, manterão adormecidos dispositivos programáticos atinentes aos direitos sociais.

19. O esforço reformista, embora iniciado no período Collor, ganhará impulso no Governo Fernando Henrique Cardoso, a partir da elaboração do Plano Diretor de Reforma do Aparelho do Estado, inspirado pela escola da *New Public Management,* aqui alcunhada de *Gerencialismo* ou *Administração Gerencial.* Suas propostas se consolidam especialmente na Emenda nº 19/1998, que promoveu a chamada Reforma Administrativa. Suas disposições buscam consolidar certos traços do modelo burocrático-racional, agregando alguns aspectos do modelo gerencial, com ênfase na eficiência e na produtividade. Muitas de suas inovações, entretanto, não se efetivaram, o que se pode atribuir não apenas à resistência corporativa da burocracia, mas também à sobrevivência local de formas tradicionais de dominação, impedindo a aclimatação dos ideais meritocráticos do modelo gerencial.

20. No tocante ao serviço educacional, alguns efeitos da Reforma Gerencial se fizeram sentir, especialmente em três aspectos: o incremento das *atividades de formação e aperfeiçoamento* dos agentes educacionais, com a ampliação de órgãos e programas dedicados à tarefa; a disseminação de uma *cultura de avaliação,* por meio dos diversos exames voltados ao acompanhamento do aprendizado e pela criação de índices específicos como o Índice de Desenvolvimento da Educação Básica – IDEB (2007); e a adoção de *políticas de bonificação por resultados,* cujas premissas básicas – a possibilidade de mensuração do "efeito escola" e a capacidade de induzir comportamentos dos agentes educacionais – estão sujeitas a forte questionamento por estudos recentes, que

apontam efeitos indesejados, seja no tocante à motivação dos sujeitos envolvidos, seja no aprofundamento de desigualdades educacionais. No Brasil, a adoção de tais mecanismos de bonificação disseminou-se e persiste, pois se revelou um expediente vantajoso para cumprir a obrigação constitucional de dispêndio mínimo com o magistério, ao não impactar na folha de inativos e pensionistas e não gerar crescimento vegetativo da folha dos ativos.

21. Ao longo dos 30 anos de vigência da Constituição, fez-se necessário produzir complexa legislação regulamentadora do programa educacional nela formulado. A discussão da Lei de Diretrizes e Bases de Educação iniciou-se ainda em 1988, tendo sido aprovado em 1993 na Câmara dos Deputados um projeto acordado entre o Governo e os diversos setores interessados, resultante de uma "conciliação aberta", nas palavras do então deputado Florestan Fernandes. Por ocasião do governo FHC, o projeto, na forma do Substitutivo Cid Saboya, já se encontrava em condições de ir a plenário no Senado; todavia, a nova gestão adotou outro projeto, de autoria do senador Darcy Ribeiro, do qual resultou o texto promulgado da nova LDB. Em comparação com as versões produzidas ao longo da tramitação legislativa, percebemos que a LDB não conferiu ao Conselho Nacional de Educação o protagonismo cogitado nas proposituras descartadas; embora tenha detalhado o papel de cada ente da Federação na prestação educacional, não produziu um sistema nacional e tampouco previu mecanismos de coordenação interfederativa; no tocante à docência, a lei preocupou-se mais com aspectos relacionados à formação do que com a disciplina da carreira docente e seu regime laboral, em contraste com versões anteriores que buscavam criar uma carreira de âmbito nacional (PROJETO OCTAVIO ELÍSIO) ou regular detalhadamente os aspectos próprios da carreira do magistério (Substitutivos Jorge Hage e Cid Saboya).

22. O efeito mais relevante da LDB diz respeito à aceleração do processo de descentralização do ensino, tornando os Municípios os principais provedores do serviço educacional público. Para que tal processo ocorresse, houve a necessidade de reajustar e equalizar o esquema de financiamento da educação, de modo a superar a incapacidade ou o desinteresse dos Municípios em assumir ou ampliar sua atuação no ensino fundamental. A solução encontrada pela gestão FHC foi engenhosa: por meio de uma PEC, estabeleceu-se o FUNDEF, um sistema de subvinculação de receitas tributárias em fundos contábeis estaduais, equalizando a disponibilidade de recursos, com base na distribuição

de um valor mínimo por cada aluno matriculado nas redes do ensino fundamental. Malgrado o mérito de enfrentar a questão do descompasso entre receitas e encargos no arranjo federativo da Constituição de 1988, a inovação suscitou questionamentos vários, destacando-se: no âmbito jurídico, a dúvida quanto à constitucionalidade da solução; no âmbito operacional, a crítica à recusa da União em adimplir suas responsabilidades financeiras no ajuste. Os propalados efeitos benéficos do arranjo no tocante à valorização remuneratória e no estímulo à criação de planos de carreira em âmbito municipal são controversos, à luz da literatura analisada. Ao que tudo indica, o principal efeito do FUNDEF foi a equalização de recursos, favorecendo os Municípios de menor capacidade arrecadatória, onde as práticas remuneratórias estavam, muitas vezes, fora da legalidade.

23. Como substituição ao FUNDEF, ao fim de seu prazo decenal de vigência, o Governo Lula encaminhou propositura que, após amplo processo de negociação no Congresso Nacional, resultou na EC nº 53/2007, criando o FUNDEB. Além de ampliar a abrangência de seu escopo – pois passou a financiar a educação básica em todas as etapas e modalidades – o novo arranjo propiciou significativo aumento do aporte financeiro da União, favorecendo a ideia de federalismo cooperativo que era subjacente ao mecanismo. Embora a inovação incremental propiciada pelo FUNDEB tenha propiciado uma relevante elevação no patamar de investimentos em educação – o que impactou na elevação da média remuneratória dos docentes ao longo do período – a literatura sobre financiamento educacional aponta sua insuficiência para garantir a "igualdade de condições para o acesso e permanência na escola" e o "padrão de qualidade" exigidos nos incisos I e VII do art. 206 da Constituição Federal. Um próximo passo nessa direção seria a implantação do Custo Aluno Qualidade – CAQ, mecanismo básico para medir a demanda financeira dos serviços educacionais, previsto como estratégia voltada ao cumprimento da Meta 20 (relativa à ampliação do investimento público em educação em relação ao PIB), no Plano Nacional de Educação 2014/2024. Todavia, a implantação do mecanismo foi continuamente postergada pelo Governo Federal, a pretexto de afetar a observância de metas fiscais. A constrição fiscal ocasionada pelo Novo Regime Fiscal (EC nº 95/2016) e a expiração do FUNDEB em 2020 lançava ameaçadoras sombras sob o arcabouço de financiamento da educação, gestado ao longo das Gestões FHC e Lula, com evidente impacto na política de valorização docente, elemento nuclear da política de fundos educacionais.

24. Todavia, paradoxalmente, o advento de um Governo avesso aos debates estruturais da educação favoreceu que atores e grupos dedicados ao tema disputassem na arena congressual as definições necessárias à continuidade da bem-sucedida política de fundos educacionais. O resultado de tal embate, consolidado na Emenda Constitucional nº 108/2020, teve o mérito de tornar o FUNDEB permanente e aprimorá-lo, de forma a reforçar o regime de colaboração e consolidar trinômio universalização, qualidade e equidade na execução da política educacional. Nessa mesma Emenda, ampliou-se o montante de recursos subvinculados à remuneração dos profissionais da educação e exigiu-se a disciplina do piso salarial nacional dos docentes por meio de lei específica.

25. O estabelecimento de um piso nacional para os professores era promessa que remontava ao Governo Itamar Franco e que vinha sendo procrastinada por mais de uma década. Somente em 2008, após a criação do FUNDEB, viabilizou-se politicamente a Lei do PSPN – Piso Salarial Profissional Nacional do Magistério. Sua promulgação, todavia, deflagrou um contencioso judicial que ainda não se encerrou. Em ADI ajuizada por governadores de diversos Estados, o STF concedeu medida cautelar que suspendeu os efeitos da Lei do Piso, suspensão que perdurou até abril de 2011, em que houve julgamento de mérito, concluindo pela constitucionalidade do diploma. Até hoje, todavia, constata-se que grande parcela dos entes subnacionais não cumpre a legislação referente ao PSPN. Por essa razão, entidades representativas de Estados e Municípios vêm propondo a revisão da metodologia de atualização do PSPN, pois a atualmente vigente tem propiciado aumentos reais, independentemente da capacidade financeira dos entes federados (73,22% no acumulado de 2010-2021). Outra tese relevante em discussão nos Tribunais Superiores diz respeito ao achatamento das escalas remuneratórias, que não são reajustadas na mesma proporção do PSPN. A tese – e aqui temos como exemplo paradigmático uma ação coletiva proposta pelo sindicato de professores do Estado de São Paulo – aponta que, à medida que o PSPN é reajustado, profissionais de diferentes níveis passam a perceber o mesmo vencimento-base, o que parece incompatível com a própria concepção de progressão na carreira. Ainda que a tese jurídica venha a ser superada – visto que implica em severo comprometimento da autonomia federativa – não se pode ignorar a ocorrência de um "conflito de efeitos", a ser enfrentado no desenho de futuras políticas. O aprendizado que se extrai desse contencioso é a necessidade de se conceber novas formas de articulação

entre União e entidades subnacionais, harmonizando o exercício de suas competências constitucionais.

26. O planejamento é a ferramenta, por excelência, do Estado Social, em que o *government by law* é substituído pelo *government by policies*, promovendo uma coordenação distinta daquela que é estabelecida pelo jogo das forças do mercado. A atividade planejadora tem uma feição racional, instrumental e prospectiva, voltada para a realização de um determinado estado de coisas, em dado momento futuro. Não obstante sua inegável importância, há aspectos críticos que merecem ser ressaltados, a saber: a) o predomínio de uma visão técnico-burocrática, o que pode enfraquecer o controle democrático e minar a legitimidade das políticas públicas; b) a ênfase excessiva na fase de elaboração do plano, com predomínio de fluxos decisórios descendentes (*top down*), desprezando-se a importância dos sujeitos envolvidos na implementação; c) o emprego de modelos de racionalidade inadequados, não considerando as múltiplas variáveis envolvidas – números de atores e coalizões, recursos disponíveis, *timing* decisório, condições cognitivas, atenção pública etc. – e suas interações, adotando soluções "tecnicamente corretas" sem considerar os aspectos estratégicos da tomada de decisão.

27. O planejamento, como processo e o próprio *plano*, como produto final, possuem uma dimensão jurídica que nem sempre é objeto de devida atenção. Na visão jurídica do planejamento, merecem destaque as noções: de *processualidade* – em que a distensão da atividade no tempo e a dialética pluripessoal propiciam uma partilha qualitativa do poder (JUSTEN FILHO, 2016, p. 341) e favorecem a qualidade decisória; de *participação* – que é princípio transversal da Constituição (PEREZ, 2009, p. 215) e pressupõe a abertura dialógica dos processos decisórios, favorecendo a eficiência e legitimidade de seu resultado; de *coordenação*, que se revela especialmente por meio do *plano*, que tem o condão de conferir à atividade planejadora um caráter de *produção normativa* que potencializa seus efeitos enquanto *instrumento de coordenação*. O *plano* permite a atribuição de um caráter *institucional* à política pública, em que *regras constitutivas* criam uma estrutura significativa, capaz de criar um impulso para ação que seja independente da inclinação dos indivíduos (SEARLE 1996; 2005). O plano é formulado em torno de normas-objetivo (GRAU, 1990, p. 283), estruturadas em esquema "fim-meio", normas que, embora desprovidas de sanção, criam deveres jurídicos para os agentes incumbidos de sua implementação. Sua veiculação por meio de lei em sentido formal propicia maior legitimidade, segurança e

exigibilidade, o que é especialmente importante quando seus efeitos alcançarem outros entes políticos. É justamente no âmbito interfederativo que os planos ganham uma peculiar função coordenadora, conjugando medidas impositivas, indutivas e indicativas, em um arranjo em que a mútua colaboração e a influência recíproca dos comportamentos são ingredientes obrigatórios.

28. O planejamento é inerente à *dimensão temporal* da atividade educativa, guiada necessariamente por ciclos temporais, revelando-se como atividade transversal, que envolve tanto as práticas pedagógicas quanto as atividades de gestão educacional. Embora a previsão de um plano nacional de educação remontasse à Constituição de 1934, somente em 2001, último ano da gestão FHC, houve a promulgação do primeiro PNE decenal, em atendimento ao que dispunha o art. 214 da CRFB/88. O trâmite legislativo do plano contou com acirrada oposição da comunidade de educadores, organizada no Fórum Nacional em Defesa da Escola Pública (FNDEP), que veicularam, por meio de deputados de oposição, uma propositura alternativa. O resultado final, predominantemente baseado na proposta governamental, contempla um excesso de objetivos e metas, em contraste com a ausência de detalhamento das estratégias e instrumentos pelos quais as metas seriam atingidas e de mecanismos de monitoramento e avaliação dos resultados. Todavia, no tocante às metas e objetivos relativos à profissão docente, não discrepa substancialmente da proposta veiculada pela oposição, exceto pela preocupação com a avaliação da qualidade do trabalho docente.

29. Em 2007, ainda na vigência do PNE 2001/2010, o Governo Federal lançou o Plano de Desenvolvimento da Educação – PDE, designado como um "plano executivo", que, embora não se afastasse inteiramente das metas do PNE, estabelecia um conjunto de programas e linhas de ação que extravasavam a concepção original do plano decenal. O PDE não foi veiculado por meio de um diploma jurídico unificado, embora seu programa estratégico tenha sido formulado por meio do Plano de Metas Compromisso Todos pela Educação, formalizada no Decreto nº 6.094/2007. Dadas as suas características e processo de formalização, talvez seja melhor caracterizá-lo como um macroprograma governamental, cujos méritos decorrem especialmente do propósito de superar a fragmentação na atuação do MEC e propiciar a articulação interfederativa. Nesse último aspecto, convém destacar os Programas de Ação Articulada – PAR, mecanismo de apoio pactuado entre o MEC e os entes federativos aderentes, por meio do qual, após um diagnóstico das condições locais, são estabelecidas medidas concretas voltadas

à consecução de diretrizes consideradas essenciais para a evolução da qualidade da educação básica. Percebe-se que, na elaboração e implementação dos Planos de Ações Articuladas, revela-se de forma mais completa a tecnologia típica do planejamento, destacando-se sua vigência plurianual, de modo a evitar a descontinuidade das ações pactuadas. Registre-se, acerca de seus resultados, que se operou, no período após a implantação do PDE, uma sensível melhora do IDEB, nos anos iniciais e finais do ensino fundamental. No tocante à valorização da profissão docente, porém, é difícil segregar eventual impacto que o PDE tenha causado no tocante à remuneração dos professores de efeitos decorrente do FUNDEB e da Lei do PSPN. Fato é que houve sensível aumento real da remuneração média dos docentes (70%) no período de 2006-2014, superior ao ganho real do salário-mínimo – 46% – e ao ganho real do rendimento médio do brasileiro – 44% – no mesmo período.

30. A poucos dias da expiração do PNE 2001/2010, o Governo Federal encaminhou o projeto do novo PNE. Sua tramitação consumiu três anos e meio, com intensa discussão envolvendo os atores do campo educacional, já mobilizados em razão da primeira Conferência Nacional de Educação – CONAE, ocorrida em 2010. Desse processo resultou a Lei nº 13.005/2014, sancionada, sem vetos, pela Presidente Dilma Rousseff, fixando as 20 metas e 246 estratégias do plano. Dentre as principais inovações, destacamos: a meta de alcançar investimento em educação correspondente a 10% do PIB em 2024, a eleição do Custo Aluno Qualidade – CAQ como parâmetro para financiamento da educação básica e a determinação de regulamentação, no prazo de dois anos, do Sistema Nacional de Educação. No que tange à valorização docente, duas metas são dedicadas ao tema: a Meta 17, que preconiza a equiparação do rendimento médio dos docentes da educação básica aos profissionais com escolaridade equivalente até o ano de 2020; e a Meta 18, que busca assegurar, no prazo de dois anos, a existência de planos de carreira para todos os profissionais que atuam na educação pública e, no tocante aos profissionais da educação básica pública, garantir que seus planos de carreira tenham como referência o piso salarial nacional profissional respectivo.

31. Sobre a implementação do PNE 2014/2024, observamos que a eleição de poucas metas, passíveis de mensuração, vem favorecendo o controle social da implementação do plano pelas entidades do setor e impôs ao MEC a divulgação de balanços parciais dos resultados alcançados. Mas, visto que as normas que estipulam as metas são consagradoras de um dever objetivo, ou seja, de um "dever não relacional"

(CANOTILHO, 2003, p. 1267) e destituídas de quaisquer cominações ou processos de responsabilização em face do descumprimento, e dada a conjuntura que se seguiu à promulgação do plano, parece-nos que seu cumprimento está claramente comprometido. No tocante à Meta 17, o relatório de monitoramento mais recente do MEC observa que a relação entre profissionais do magistério e outras profissões evoluiu de 65,2% (2012) para 78,1% (2019), sendo que, mantida tal trajetória, a meta seria atingida apenas em 2033. Em relação à Meta 18, observa-se enorme dificuldade de monitoramento, em razão da ausência de dados confiáveis acerca da efetiva implantação de planos de carreira e remuneração (PCR) nos Municípios. Para sua implementação, o MEC criou, em 2016, na Secretaria de Articulação como os Sistemas de Ensino (SASE) a Rede de Assistência Técnica dos Planos de Carreira e Remuneração, órgão que desenvolveu instrumentos de diagnósticos dos PCRs, cadernos de orientação e um Sistema de Apoio à Gestão do Plano de Carreira e Remuneração (SisPCR). Verificou-se, porém, que tal esforço de articulação foi completamente abandonado na Gestão Bolsonaro, que inclusive extinguiu a referida Secretaria, pelo Decreto nº 9.465/2019.

32. Nos últimos anos, o mote principal da agenda educacional tem sido a necessidade de maior coordenação entre os componentes da federação, necessidade que é realçada em 27 estratégias do PNE 2014/2024 e que tem motivado dezenas de proposituras legislativas, buscando estabelecer mecanismos de cooperação interfederativa. Destacamos em nossa pesquisa, duas proposituras: o Projeto de Lei do Senado (PLS) nº 534, de 2018, do senador Cristovam Buarque e o Projeto de Lei da Câmara (PL) nº 1.287/2011, da professora Dorinha Seabra Rezende – DEM/TO. O primeiro busca promover a federalização da educação básica, no sentido de permitir que o ente federado transfira a gestão do serviço educacional à União, sendo complementado por outra propositura do mesmo Senador, que cria uma Carreira Nacional do Magistério, com equalização da formação e da remuneração dos professores, selecionados por exigente concurso de âmbito nacional, em regime de dedicação exclusiva e sujeitos a constante avaliação de desempenho. O segundo projeto busca fixar, por lei federal, as diretrizes para a valorização dos profissionais da educação escolar básica pública, dispondo inclusive sobre os planos de carreira dos docentes em todas as redes de ensino.

33. Para avaliação das propostas e iniciativas voltadas à valorização docente, utilizamos uma primeira grade de análise, construída a

partir do trabalho de Marta Arretche (2012), que leva em consideração as responsabilidades atribuídas à esfera governamental para a execução de uma política pública (*policy making*) e a autonomia para tomar as decisões sobre essa mesma política (*policy decision-making*), que podem estar associadas ou dissociadas. Assim, distinguem-se três modelos de repartição de responsabilidades: o que concentra no Governo Central ambas as competências; o que que distribui ambas as competências aos entes subnacionais; e o que concentra, em maior ou menor grau, o *policy decision-making* na Esfera central de governo e distribui o *policy making* em âmbito subnacional. Pelo que se pode observar, a propositura do senador Buarque corresponde ao primeiro modelo, que nos parece de baixa viabilidade, seja pela dificuldade política de sua aprovação por Emenda Constitucional, seja pela ausência de medidas relativas ao financiamento dos novos encargos pela União, além da complexidade administrativa da federalização dos quadros. O PL da deputada professora Dorinha Seabra Rezende, por sua vez, corresponde ao último modelo, predominante na repartição de competências adotada pelo Constituinte, no âmbito das políticas sociais, não havendo obstáculos evidentes à sua aprovação; porém, as diretrizes propostas não passam de recomendações genéricas desacompanhadas de disposições instrumentais que favoreçam sua implementação.

34. Outra grade de análise por nós desenvolvida leva em consideração o tipo de coordenação estabelecida na política pública, num gradiente de quatro tipos: a) absorção (política concentrada); b) direção (política regulatória); c) indução (política de fomento); e d) concertação (política pactuada). Cada um desses tipos apresenta obstáculos e riscos específicos, bem como exige instrumentos adequados para sua veiculação. Destacamos a *concertação / política pactuada* como forma de coordenação adequada ao enfrentamento de problemas e contextos complexos, por meio da constituição de rede de agências governamentais, o que vem sendo estudado como "abordagem governamental integrada" (*whole-of-government approach*) (CHRISTENSEN; LÆGREID, 2007) ou "gestão pública colaborativa" (*collaborative public management*) (MCGUIRE, 2006; O'LEARY; VIJ, 2012). O Pacto de Alfabetização na Idade Certa (PAIC) e os Arranjos de Desenvolvimento da Educação (ADE) são exemplos bem-sucedidos desse modelo de coordenação, em que o risco de conflitos federativos e judicialização é minorado pela natureza pactuada do ajuste, que também oferece alguns desafios, como a necessidade de superar as assimetrias dos parceiros e promover sua corresponsabilidade.

35. Para construir uma política nacional de carreira docente, é necessário ter em conta determinadas constrições institucionais, a saber: a) *limitações normativo-constitucionais*, que dizem respeito aos obstáculos procedimentais para o estabelecimento da política – poder de iniciativa, quórum de aprovação, limites formais para a alteração da Constituição – bem como limitações materiais – a intangibilidade do pacto federativo, a preservação de situações consolidadas, a necessidade de se estabelecer regimes de transição, as dificuldades da harmonização de normas estatutárias etc.; b) *limitações histórico-institucionais*, que dizem respeito à inércia na trajetória institucional, mantida por força de mecanismos de autorreforço e pelos interesses na manutenção do *status quo;* nesse tocante, percebe-se que as decisões do Constituinte de 1988 em favor da descentralização da prestação educacional produziram um ambiente institucional favorável à fragmentação de esforços dos entes subnacionais – agravada essa fragmentação pela multiplicação de Municípios de baixa capacidade administrativa e financeira – contrabalançada essa tendência, porém, pela capacidade de coordenação prevista em cláusulas constitucionais ainda não ativadas em toda a sua potencialidade; c) *limitações relativas ao financiamento das políticas educacionais*, em que se verifica a necessidade do estabelecimento de mecanismos de preservação da disponibilidade financeira – como a vinculação de receitas – e de redistribuição equitativa de recursos, cabendo observar que o dispêndio com pessoal docente representa cerca de 80% do gasto educacional e corresponde a considerável impacto previdenciário, a ser equacionado.

36. Verifica-se, pelo cenário desenhado, que o estabelecimento de uma política de carreira docente em âmbito nacional exige um esforço de articulação interfederativa, o que seria certamente facilitado pela instituição de um Sistema Nacional de Educação, preconizado no art. 214 da Constituição, a partir da redação que lhe foi conferida pela Emenda Constitucional nº 59/2009. Tal sistema deve ser construído a partir da noção de *regime de colaboração*, construído em torno dos seguintes pressupostos: (i) papel central da União na indução da qualidade na educação básica; (ii) autonomia dos Estados e Municípios para a gestão dos seus sistemas; (iii) modelo de financiamento capaz de assegurar um padrão nacional de qualidade; (iv) planejamento decenal articulado entre as três esferas de governo; (v) valorização dos profissionais da educação; e (vi) alinhamento entre currículo, formação de professores e avaliação de aprendizagem (ALMEIDA JÚNIOR *et al.* 2014, p. 116).

A implantação efetiva de um Sistema Nacional potencializa a construção de políticas pactuadas que ultrapassem o impasse atual – em que há um conflituoso processo de implantação do PSPN e a frustrada busca de induzir a implantação de PCRs nos entes subnacionais.

REFERÊNCIAS

ABRANCHES, Sérgio. Presidencialismo de coalizão: o dilema institucional brasileiro. *Dados: revista de Ciências Sociais*, v. 31, n. 1, p. 5-38, 1988.

ABRANCHES, Sérgio. Presidencialismo de coalizão em transe e crise democrática no Brasil. *Revista Eurolatinoamericana de Análisis Social y Político*, v. 2, n. 3, p. 67-79, 2021.

ABRUCIO, Fernando Luiz. A dinâmica federativa da educação brasileira: diagnóstico e propostas de aperfeiçoamento. Oliveira, Romualdo Portela de; Santana, Wagner (orgs.). *Educação e federalismo no Brasil*: combater as desigualdades, garantir a diversidade. Brasília: UNESCO, 2010. p. 39-70.

ABRUCIO, Fernando Luiz. Os barões da federação. *Lua Nova: Revista de Cultura e Política*, v. 165, n. 33, p. 165-183, 1994.

ABRUCIO, Fernando Luiz; RAMOS, Mozart Neves. *Regime de colaboração e associativismo territorial*: arranjos de desenvolvimento da educação. São Paulo: Fundação Santillana, 2012.

ABRUCIO, Fernando Luiz; SANO, Hironobu. A experiência de cooperação interestadual no Brasil: formas de atuação e seus desafios. *Cadernos Adenauer*, v. 12, n. 4, p. 91-110, 2011.

ABRUCIO, Fernando Luiz; SEGATTO, Catarina Ianni. O manifesto dos pioneiros e o federalismo brasileiro: percalços e avanços rumo a um sistema nacional de educação. *In*: CUNHA, Célio da; GADOTTI, Moacir; BORDIGNON, Genuíno; NOGUEIRA, Flávia Maria de Barros (org.). *O Sistema Nacional de Educação*: diversos olhares 80 anos após o Manifesto. Brasília: Ministério da Educação; Secretaria de Articulação com os Sistemas de Ensino, 2014.

ACEMOGLU, Daron; ROBINSON, James. *Por que as nações fracassam*: as origens do poder, da prosperidade e da pobreza. Tradução de Cristiana Serra. Rio de Janeiro: Elsevier, 2012.

"A educação e a responsabilidade do Senado." *Estado de São Paulo*, p. 3, 11 jul. 1993. Disponível em: http://acervo.estadao.com.br/pagina/#!/19930711-36425-nac-0003-999-3-not/. Acesso em: 07 fev. 2022.

ALEXY, Robert. *Teoria dos direitos fundamentais*. 2. ed. Tradução de Virgílio Afonso da Silva. São Paulo: Malheiros, 2014.

ALMEIDA JÚNIOR, Arnóbio Marques de; NOGUEIRA, Flávia Maria de Barros; LAMBERTUCCI, Antônio Roberto; GROSSI JUNIOR, Geraldo. O Sistema Nacional de Educação: em busca de consensos. *In*: CUNHA, Célio da; GADOTTI, Moacir; BORDIGNON, Genuíno; NOGUEIRA, Flávia Maria de Barros (orgs.). *O Sistema Nacional de Educação*: diversos olhares 80 anos após o Manifesto. Brasília: Ministério da Educação; Secretaria de Articulação com os Sistemas de Ensino, 2014.

ALMEIDA, José Ricardo Pires de. *História da instrução pública no Brasil 1500-1889*. São Paulo: São Paulo Educ/Inep, 2000.

ALVARÁ RÉGIO de 28 de junho de 1759. Disponível em: http://193.137.22.223/fotos/editor2/RDE/L/S18/1751_1760/1759_06_28_alvara.pdf. Acesso em: 12 fev. 2022.

ALVES, Fátima Cristina. Mapeamento das políticas de escolha de diretores da escola e de avaliação na rede pública das capitais brasileiras. *Revista Brasileira de Estudos Pedagógicos*, Brasília, v. 90, n. 224, p. 71-86, jan./abr. 2009.

AMARAL, Nelson Cardoso. Um novo FUNDEF? As ideias de Anísio Teixeira. *Educação & Sociedade*, v. XXII, n. 75, p. 277-290, ago. 2001.

ANDREWS, Christina W; KOUZMIN, Alexander. O discurso da nova administração pública. *Lua Nova*, v. 45, p. 97-130, 1998.

ANDREWS, Christina; Bariani, Edison. *Administração Pública no Brasil*: Breve História Política. São Paulo: Editora Unifesp, 2010.

ANUATTI-NETO, Francisco; FERNANDES, Reynaldo; PAZELLO, Elaine T. Avaliação dos salários dos professores da Rede Pública de Ensino Fundamental em tempos de FUNDEF. *Revista de Economia Aplicada*, v. 8, n. 3, p. 413-437, 2004.

ARAÚJO, Herton; BASSI, Camillo; CODES, Ana; MEIRA, Ana. *Quanto custa o Plano Nacional de Educação?* Uma estimativa orientada pelo Custo Aluno Qualidade (CAQ). Brasília: IPEA, 2016 (Nota Técnica nº 30).

ARAÚJO, Luiz. O federalismo brasileiro e a aprovação da Emenda Constitucional nº 53 de 2006. *FINEDUCA-Revista de Financiamento da Educação*, v. 1, 2011.

ARELARO, Lisete Regina Gomes. FUNDEF: uma avaliação preliminar dos dez anos de sua implantação. *Reunião Anual da ANPEd*, v. 30, 2007.

ARRETCHE, Marta *et al*. Continuidades e descontinuidades da Federação Brasileira: de como 1988 facilitou 1995. *Dados: Revista de Ciências Sociais*, v. 52, n. 2, p. 377-423, 2009.

ARRETCHE, Marta. *Democracia, federalismo e centralização no Brasil*. Rio de Janeiro: Editora FGV, Editora FIOCRUZ, 2012.

ARROYO, Miguel Gonzáles. *Ofício de mestre*: imagens e auto-imagens. 9. ed. Petrópolis: Vozes, 2007.

ASSEMBLEIA NACIONAL CONSTITUINTE. *Comissão da Família, da Educação, Cultura e Esportes, da Ciência e Tecnologia e da Comunicação*. Centro Gráfico do Senado Federal, jun. 1987. Disponível em: http://www.camara.gov.br/internet/constituicao20anos/DocumentosAvulsos/vol-206.pdf. Acesso em: 11 fev. 2022.

ASSEMBLEIA NACIONAL CONSTITUINTE. *Anteprojeto Constitucional*. Brasília: Centro Gráfico do Senado Federal, maio 1987a. Disponível em: http://www.camara.gov.br/internet/constituicao20anos/DocumentosAvulsos/vol-209.pdf. Acesso em: 11 fev. 2022.

ASSEMBLEIA NACIONAL CONSTITUINTE. *Atas das Comissões*. Brasília: Centro Gráfico do Senado Federal, jul. 1987b. Disponível em: http://imagem.camara.gov.br/Imagem/d/pdf/sup95anc16jul1987.pdf#page=222. Acesso em: 11 fev. 2022.

ASSEMBLEIA NACIONAL CONSTITUINTE. *Projeto de Constituição:* primeiro Substitutivo do Relator. Brasília: Centro Gráfico do Senado Federal, ago. 1987. v. 235. Disponível em: https://www.camara.leg.br/internet/constituicao20anos/DocumentosAvulsos/vol-235.pdf. Acesso em: 14 jul. 2022.

ASSEMBLEIA NACIONAL CONSTITUINTE. *Projeto de Constituição A*: da comissão de Sistematização – Nova impressão. Brasília: Centro Gráfico do Senado Federal, fev 1988. v. 253. Disponível em: Acesso em: 14 jul. 2022.

ASSEMBLEIA NACIONAL CONSTITUINTE. *Texto Substitutivo do Relator (Segundo).* Brasília: Centro Gráfico do Senado Federal, set. 1987c. Disponível em: https://www2.camara.leg.br/atividade-legislativa/legislacao/Constituicoes_Brasileiras/constituicao-cidada/o-processo-constituinte/comissao-de-sistematizacao/segundo-substitutivo-do-relator . Acesso em: 11 fev. 2022.

A União e o ensino básico. *O Estado de São Paulo*, São Paulo, p. A3, 02 out. 2008. Disponível em: https://acervo.estadao.com.br/pagina/#!/20081002-41988-spo-3-edi-a3-not/busca/magist%C3%A9rio+lei+ piso. Acesso em: 11 fev. 2022.

AZEVEDO, Clovis Bueno de; LOUREIRO, Maria Rita. Carreiras públicas em uma ordem democrática: entre os modelos burocrático e gerencial. *Revista do Serviço Público*, Brasília, v. 54, n. 1, p. 47-61, 2014.

AZEVEDO, Fernando *et al.* Manifestos dos pioneiros da Educação Nova (1932) e dos educadores (1959). Recife: Fundação Joaquim Nabuco; Editora Massangana, 2010. Disponível em: http://www.dominiopublico.gov.br/pesquisa/DetalheObraDownload.do?select_action=&co_obra=205210&co_midia=2. Acesso em: 11 fev. 2022.

BACKES, Ana Luiza; AZEVEDO, Débora Bithiah de; ARAÚJO, José Cordeiro de (orgs.). *Audiências públicas na Assembleia Nacional Constituinte*: a sociedade na tribuna. Brasília: Câmara dos Deputados, Edições Câmara, 2009.

BALLOU, Dale. Test scaling and value-added measurement. *Education finance and policy*, v. 4, n. 4, p. 351-383, 2009. Disponível em: https://direct.mit.edu/edfp/article/4/4/351/10099/Test-Scaling-and-Value-Added-Measurement . Acesso em: 11 fev. 2022.

BANCO CENTRAL DO BRASIL. *Calculadora do Cidadão*. Correção de Valores. Disponível em: https://www3.bcb.gov.br/CALCIDADAO/publico/exibirFormCorrecaoValores.do?method=exibirFormCorrecaoValores. Acesso em: 11 fev. 2022.

BANCO MUNDIAL (THE WORLD BANK GROUP). *Aprendizagem para Todos*: Estratégia 2020 para a Educação do Grupo Banco Mundial; Resumo Executivo. Washington: Banco Internacional para a Reconstrução e Desenvolvimento; Banco Mundial, 2011.

BANCO MUNDIAL (THE WORLD BANK GROUP). *Results-based financing in education: financing results to strengthen systems*. Washington: The World Bank Group, 2017.

BARBER, Michael; MOURSHED, Mona. How the world's best-performing systems come out on top. London: McKinsey & Company, 2007. Disponível em: https://www.mckinsey.com/industries/social-sector/our-insights/how-the-worlds-best-performing-school-systems-come-out-on-top. Acesso em: 11 fev. 2022.

BAREKET-BOJMEL, Liad; HOCHMAN, Guy; ARIELY, Dan. It's (not) all about the Jacksons: Testing different types of short-term bonuses in the field. *Journal of Management*, v. 43, n. 2, p. 534-554, 2017.

BARRETO, Ângela Maria Rabelo Ferreira. Professores do ensino de primeiro grau: quem são, onde estão e quanto ganham. *Estudos em avaliação educacional*, n. 03, p. 11-43, 1991.

BARROS, Daniel. *País mal educado*. Rio de Janeiro: Record, 2018.

BASSI, Camillo de Moraes; ARAÚJO, Herton Ellery; CODES, Ana. *FUNDEB e VAA Mínimo Nacional*: Critérios Alternativos e Reflexos Sobre a Complementação da União. Nota Técnica nº 44. Brasília: Instituto de Pesquisa Econômica Aplicada – IPEA, nov. 2017. Disponível em: http://www.ipea.gov.br/portal/index.php?option=com_content&view=article&id=31700:nota-tecnica-2017-novembro-numero-44-disoc&catid=192:disoc&directory=1. Acesso em: 11 fev. 2022.

BAUMAN, Zygmunt; BORDONI, Carlo. *Estado de crise*. Tradução de Renato Aguiar. Rio de Janeiro: Zahar, 2016.

BAUMGARTNER, Frank R.; JONES, Bryan D. Agenda dynamics and policy subsystems. *The journal of Politics*, v. 53, n. 4, p. 1044-1074, 1991.

BAUMGARTNER, Frank R.; JONES, Bryan D.; MORTENSEN, Peter B. Punctuated equilibrium theory: Explaining stability and change in public policymaking. *Theories of the policy process*, v. 8, p. 59-103, 2014.

BEISIEGEL, Celso de Rui. O plano nacional de educação. *Cadernos de Pesquisa*, n. 106, p. 217-232, 1999.

BENEVOLO, Leonardo. *História da cidade*. Tradução de Silvia Mazza. 2. ed. São Paulo: Perspectiva, 1993.

BERCOVICI, Gilberto. Estado, planejamento e direito público no Brasil contemporâneo. *In*: CARDOSO JR, José Celso; SANTOS, Eugênio A. (orgs.). *PPA 2012-2015*: experimentalismo institucional e resistência burocrática. Brasília: IPEA, 2015.

BERCOVICI, Gilberto. O federalismo e o financiamento de políticas sociais no Brasil: uma análise do FUNDEF. *Revista Trimestral de Direito Público*, n. 29, p. 147-61, 2000.

BOBBIO, Luigi. *La democracia non abita a Gordio*: studio sui processi decisionali politico-amministrativi. Milano: FrancoAngeli, 2003.

BONAMINO, Alicia; SOUSA, Sandra Zákia. Três gerações de avaliação da educação básica no Brasil: interfaces com o currículo da/na escola. *Educação e Pesquisa*, v. 38, n. 2, p. 373-388, abr./jun. 2012.

BONAVIDES, Paulo. *Curso de direito constitucional*. 26. ed. atual. São Paulo: Malheiros, 2011.

BONAVIDES, Paulo; ANDRADE, Paes de. *História Constitucional do Brasil*. 3. ed. Rio de Janeiro: Paz e Terra, 1991.

BONAVIDES, Paulo; AMARAL, Roberto. *Textos políticos da história do Brasil*. 3. ed. Brasília: Senado Federal, Subsecretaria de Edições Técnicas, 2002. v. 4.

BORDIGNON, Genuíno; QUEIROZ, Arlindo; GOMES, Lêda. *O planejamento educacional no Brasil*. Plano Nacional de Educação. Brasília: Fórum Nacional de Educação; Ministério da Educação, 2011.

BOURDIEU, Pierre. *Escritos de educação*. 5. ed. Petrópolis: Vozes, 1998.

BRASIL. Assembleia Legislativa do Estado de São Paulo. *Lei nº 88, de 08 de setembro de 1892*. Reforma a instrucção publica do Estado. Palacio do Governo do Estado de S. Paulo, 8 de Setembro de 1892. Disponível em: http://www.al.sp.gov.br/repositorio/legislacao/lei/1892/lei-88-08.09.1892.html. Acesso em: 12 fev. 2022.

BRASIL. Câmara dos Deputados. *Decreto nº 1.331-A, de 17 de fevereiro de 1854*. Approva o Regulamento para a reforma do ensino primario e secundario do Municipio da Côrte. Coleção das Leis do Império do Brasil. 1854. Disponível em: http://www2.camara.leg.br/legin/fed/decret/1824-1899/decreto-1331-a-17-fevereiro-1854-590146-publicacaooriginal-115292-pe.html. Acesso em: 11 fev. 2022.

BRASIL. Câmara dos Deputados. *Decreto nº 7.247, de 19 de abril de 1879*. Reforma o ensino primario e secundario no municipio da Côrte e o superior em todo o Imperio. Palácio do Rio de Janeiro. 1879. Disponível em: https://www2.camara.leg.br/legin/fed/decret/1824-1899/decreto-7247-19-abril-1879-547933-publicacaooriginal-62862-pe.html. Acesso em: 12 jul. 2022.

BRASIL. Câmara dos Deputados. *Decreto nº 981, de 08 de novembro de 1890*. Approva o Regulamento da Instrucção Primaria e Secundaria do Districto Federal. Coleção de Leis do Brasil. 1890. Vol. Fasc.XI, p. 3474. Disponível em: http://www2.camara.leg.br/legin/fed/decret/1824-1899/decreto-981-8-novembro-1890-515376-publicacaooriginal-1-pe.html. Acesso em: 11 fev. 2022.

BRASIL. Câmara dos Deputados. *Decreto nº 3.890, de 1º de Janeiro de 1901*. Approva o Codigo dos Institutos Officiaes de Ensino Superior e Secundario, dependentes do Ministerio da Justiça e Negocios Interiores. Diário Oficial da União. Capital Federal, 1901. Seção 1, p. 4471. Disponível em: http://www2.camara.leg.br/legin/fed/decret/1900-1909/decreto-3890-1-janeiro-1901-521287-publicacaooriginal-1-pe.html. Acesso em: 11 fev. 2022.

BRASIL. Câmara dos Deputados. *Decreto nº 8.659, de 05 de abril de 1911*. Approva a lei Organica do Ensino Superior e do Fundamental na Republica. Diário Oficial da União. Capital Federal, 1911. Seção 1, p. 3983. Disponível em: http://www2.camara.leg.br/legin/fed/decret/1910-1919/decreto-8659-5-abril-1911-517247-publicacaooriginal-1-pe.html. Acesso em: 12 fev. 2022.

BRASIL. Câmara dos Deputados. *Decreto nº 11.530, de 18 de março de 1915*. Reorganiza o ensino secundario e o superior na Republica. Diário Oficial da União. Capital Federal, 1915. Seção 1, p. 3028. Disponível em: http://www2.camara.leg.br/legin/fed/decret/1910-1919/decreto-11530-18-marco-1915-522019-republicacao-97760-pe.html. Acesso em: 12 fev. 2022.

BRASIL. Câmara dos Deputados. *Decreto nº 14.343, de 07 de setembro de 1920*. Institue a Universidade do Rio de Janeiro. Diário Oficial da União, Rio de Janeiro, 1920. Seção 1, p. 15115. Disponível em: https://www2.camara.leg.br/legin/fed/decret/1920-1929/decreto-14343-7-setembro-1920-570508-publicacaooriginal-93654-pe.html. Acesso em: 12 fev. 2022.

BRASIL. Câmara dos Deputados. *Decreto nº 16.782-a, de 13 de janeiro de 1925*. Estabelece o concurso da União para a diffusão do ensino primario, organiza o Departamento Nacional do Ensino, reforma o ensino secundario e o superior e dá outras providencias. Diário Oficial da União, Rio de Janeiro, 1925. Disponível em: https://www2.camara.leg.br/legin/fed/decret/1920-1929/decreto-16782-a-13-janeiro-1925-517461-publicacaooriginal-1-pe.html. Acesso em: 12 fev. 2022.

BRASIL. Câmara dos Deputados. *Decreto nº 19.402, de 14 de novembro de 1930*. Cria uma Secretária de Estado com a denominação de Ministério dos Negócios da Educação e Saude Publica. Diário Oficial da União. Rio de Janeiro, 1930. Seção 1, p. 20883. Disponível em: https://www2.camara.leg.br/legin/fed/decret/1930-1939/decreto-19402-14-novembro-1930-515729-publicacaooriginal-1-pe.html. Acesso em: 12 fev. 2022.

BRASIL. Câmara dos Deputados. *Decreto nº 19.850, de 11 de Abril de 1931*. Crêa o Conselho Nacional de Educação. Diário Official. Rio de Janeiro, 1931a. p. 5799. Disponível em: http://www2.camara.leg.br/legin/fed/decret/1930-1939/decreto-19850-11-abril-1931-515692-publicacaooriginal-1-pe.html. Acesso em: 12 fev. 2022.

BRASIL. Câmara dos Deputados. *Decreto nº 19.890, de 18 de abril de 1931*. Dispõe sobre a organização do ensino secundário. Diário Official. Rio de Janeiro, 1931b. p. 6945. Disponível em: http://www2.camara.leg.br/legin/fed/decret/1930-1939/decreto-19890-18-abril-1931-504631-publicacaooriginal-141245-pe.html. Acesso em: 11 fev. 2022.

BRASIL. Câmara dos Deputados. *Decreto nº 19.941, de 30 de abril de 1931*. Dispõe sobre a instrução religiosa nos cursos primário, secundário e normal. Diário Oficial da União. Rio de Janeiro, 1931c. Seção 1, p. 7191. Disponível em: http://www2.camara.leg.br/legin/fed/decret/1930-1939/decreto-19941-30-abril-1931-518529-publicacaooriginal-1-pe.html. Acesso em: 11 fev. 2022.

BRASIL. Câmara dos Deputados. *Decreto nº 21.335, de 29 de abril de 1932*. Institue a taxa de educação e saude; de duzentos réis sobre todos os documentos sujeitos a selo federal, estadual ou municipal, criando o fundo especial respectivo. Diário Oficial da União. Rio de Janeiro, 1932. Seção 1, p. 8689. Disponível em: http://www2.camara.leg.br/legin/fed/decret/1930-1939/decreto-21335-29-abril-1932-504841-publicacaooriginal-1-pe.html. Acesso em: 12 fev. 2022.

BRASIL. Câmara dos Deputados. *Decreto nº 71.244, de 11 de outubro de 1972*. Estabelece normas para a concessão de auxílio financeiro aos sistemas estaduais de ensino. Diário Oficial da União. Brasília, 1972. Seção 1, p. 9186. Disponível em: http://www2.camara.leg.br/legin/fed/decret/1970-1979/decreto-71244-11-outubro-1972-419670-publicacaooriginal-1-pe.html. Acesso em: 11 fev. 2022.

BRASIL. Câmara dos Deputados. *Decreto-Lei nº 1.202, de 08 de abril de 1939*. Dispõe sobre a administração dos Estados e dos Municípios. Diário Oficial da União. Rio de Janeiro, 1939. Seção 1, p. 8113. Disponível em: http://www2.camara.leg.br/legin/fed/declei/1930-1939/decreto-lei-1202-8-abril-1939-349366-publicacaooriginal-1-pe.html. Acesso em: 11 fev. 2022.

BRASIL. Câmara dos Deputados. *Decreto-Lei nº 4 958, de 14 de novembro de 1942*. Lei Orgânica do Ensino Primário. Diário Oficial da União. Rio de Janeiro, 1942. Seção 1, p.113. Disponível em: http://www2.camara.leg.br/legin/fed/declei/1940-1949/decreto-lei-8529-2-janeiro-1946-458442-publicacaooriginal-1-pe.html. Acesso em: 11 fev. 2022.

BRASIL. Câmara dos Deputados. *Decreto-Lei nº 8.529, de 02 de janeiro de 1946*. Lei Orgânica do Ensino Primário. Rio de Janeiro, 02 jan. 1946. Disponível em: https://www2.camara.leg.br/legin/fed/declei/1940-1949/decreto-lei-8529-2-janeiro-1946-458442-publicacaooriginal-1-pe.html. Acesso em: 13 jul. 2022.

BRASIL. Câmara dos Deputados. *Decreto-Lei nº 477, de 26 de fevereiro de 1967*. Define infrações disciplinares praticadas por professores, alunos, funcionários ou empregados de estabelecimentos de ensino público ou particulares, e dá outras providências.

Diário Oficial da União. Brasília, 1967. Seção 1, p. 1706. Disponível em: http://www2.camara.leg.br/legin/fed/declei/1960-1969/decreto-lei-477-26-fevereiro-1969-367006-publicacaooriginal-1-pe.html. Acesso em: 11 fev. 2022.

BRASIL. Câmara dos Deputados. *Diário da Assembleia Nacional Constituinte*. Ano I, Suplemento ao nº 95, 16 jul. 1987, p. 176-7. Disponível em: http://imagem.camara.gov.br/Imagem/d/pdf/sup95anc16jul1987.pdf#page=222. Acesso em: 11 fev. 2022.

BRASIL. Câmara dos Deputados. *Lei nº 284, de 28 de outubro de 1936*. Reajusta os quadros e os vencimentos do funccionalismo publico civil da União e estabelece diversas providencias. Diário Oficial da União. Rio de Janeiro, 1936. Seção 1, Suplemento, p. 1. Disponível em: http://www2.camara.leg.br/legin/fed/lei/1930-1939/lei-284-28-outubro-1936-503510-publicacaooriginal-1-pl.html. Acesso em: 11 fev. 2022.

BRASIL. Câmara dos Deputados. *Lei nº 4.024, de 20 de dezembro de 1961*. Fixa as Diretrizes e Bases da Educação Nacional. Diário Oficial da União. Brasília, 1961. Seção, p. 11429. Disponível em: http://www2.camara.leg.br/legin/fed/lei/1960-1969/lei-4024-20-dezembro-1961-353722-publicacaooriginal-1-pl.html. Acesso em: 11 fev. 2022.

BRASIL. Câmara dos Deputados. *Lei nº 5.692, de 11 de agosto de 1971*. Fixa Diretrizes e Bases para o ensino de 1° e 2º graus, e dá outras providências. Diário Oficial da União. Brasília, 1971. Seção 1, p. 6377. Disponível em: http://www2.camara.leg.br/legin/fed/lei/1970-1979/lei-5692-11-agosto-1971-357752-publicacaooriginal-1-pl.html. Acesso em: 11 fev. 2022.

BRASIL. Câmara dos Deputados. *Lei nº 6.871, de 03 de dezembro de 1980*. Autoriza o Poder Executivo a instituir a Fundação Centro de Formação do Servidor Público – FUNCEP, e dá outras providências. Diário Oficial da União. Brasília, 1980. Seção 1, p. 24347. Disponível em: http://www2.camara.leg.br/legin/fed/lei/1980-1987/lei-6871-3-dezembro-1980-356644-normaatualizada-pl.html. Acesso em: 11 fev. 2022.

BRASIL. Câmara dos Deputados. *Lei Complementar nº 7.348, de 24 de julho de 1985*. Dispõe sobre a execução do §4º do art. 176 da Constituição Federal, e dá outras providências. Diário Oficial da União. Brasília, 1985. Seção 1, p. 10651. Disponível em: http://www2.camara.leg.br/legin/fed/lei/1980-1987/lei-7348-24-julho-1985-356943-publicacaooriginal-1-pl.html. Acesso em: 11 fev. 2022.

BRASIL. Câmara dos Deputados. *Mensagem nº1, de 02 de janeiro de 2018*. Brasília, 2018. Disponível em: https://www.camara.gov.br/internet/comissao/index/mista/orca/orcamento/or2018/lei/Veto13587.pdf. Acesso em: 11 fev. 2022.

BRASIL. Câmara dos Deputados. *Mensagem nº 449, de 14 de agosto de 2018*. Brasília, 2018. Disponível em: https://www.camara.gov.br/internet/comissao/index/mista/orca/ldo/LDO2019/Lei_13707/msg_veto.pdf . Acesso em: 11 fev. 2022.

BRASIL. Câmara dos Deputados. *Projeto de Lei nº 1.258/1988*. Fixa as Diretrizes e Bases da Educação Nacional. Diário do Congresso Nacional. Brasília, 1988. Seção I, p. 89-98. Disponível em: https://www.camara.leg.br/proposicoesWeb/fichadetramitacao?idProposicao=189757. Acesso em: 11 fev. 2022.

BRASIL. Câmara dos Deputados. *Projeto de Lei nº 7.420/2006*. Dispõe sobre a Lei de Responsabilidade Educacional. Brasília, 2006. Disponível em: https://www.camara.leg.br/proposicoesWeb/fichadetramitacao?idProposicao=342857&ord=1. Acesso em: 09 fev. 2022.

BRASIL. Câmara dos Deputados. *Projeto de Lei nº 619/2007*. Regulamenta o art. 60, inciso III, alínea "e", do Ato das Disposições Constitucionais Transitórias, para instituir o piso salarial profissional nacional para os profissionais do magistério público da educação básica. Brasília, 2007. Disponível em: http://www.camara.gov.br/proposicoesWeb/prop_mostrarintegra?codteor=447893& filename=PL+619/2007. Acesso em: 08 fev. 2022.

BRASIL. Câmara dos Deputados. *Projeto de Lei nº 3.776/2008*. Altera a Lei nº 11.738, de 16 de julho de 2008. Brasília, 2008. Disponível em: https://www.camara.leg.br/proposicoesWeb/fichadetramitacao?idProposicao=405482. Acesso em: 09 fev. 2022.

BRASIL. Câmara dos Deputados. *Projeto de Lei nº 5.321/2009*. Estabelece diretrizes para a valorização dos profissionais da educação escolar básica pública. Brasília, 2009a. Disponível em: https://www.camara.leg.br/propostas-legislativas/436652. Acesso em: 09 fev. 2022.

BRASIL. Câmara dos Deputados. *Projeto de Lei n° 6.114/2009*. Institui o Exame Nacional de Avaliação do Magistério da Educação Básica – Enameb. Brasília, 2009b. Disponível em: http://www.camara.gov.br/proposicoesWeb/fichadetramitacao?idProposicao=452755. Acesso em: 09 fev. 2022.

BRASIL. Câmara dos Deputados. *Projeto de Lei n° 8.035/2010*. Aprova o Plano Nacional de Educação para o decênio 2011-2020 e dá outras providências. Brasília, 2010. Disponível em: https://www.camara.leg.br/proposicoesWeb/fichadetramitacao?idProposicao=490116. Acesso em: 09 fev. 2022.

BRASIL. Câmara dos Deputados. *Projeto de Lei n° 1.287/2011*. Estabelece diretrizes para a valorização dos profissionais da educação escolar básica pública. Brasília, 2011b. Disponível em: https://www.camara.leg.br/proposicoesWeb/fichadetramitacao?idProposicao=501466. Acesso em: 09 fev. 2022.

BRASIL. Câmara dos Deputados. *Projeto de Lei n° 2.417/2011*. Dispõe sobre Arranjos de Desenvolvimento da Educação (ADE). Brasília, 2011. Disponível em: http://www.camara.gov.br/proposicoesWeb/fichadetramitacao?idProposicao=501466. Acesso em: 09 fev. 2022.

BRASIL. Câmara dos Deputados. *Projeto de Lei Complementar n° 25/2019*. Institui o Sistema Nacional de Educação (SNE), fixando normas para a cooperação entre a União, os Estados, o Distrito Federal e os Municípios nas políticas, programas e ações educacionais, em regime de colaboração, nos termos do inciso V do *caput* e do parágrafo único do art. 23, do art. 211 e do art. 214 da Constituição Federal. Disponível em: https://www.camara.leg.br/proposicoesWeb/fichadetramitacao?idProposicao=2311222. Acesso em: 09 fev. 2022.

BRASIL. Câmara dos Deputados. *Proposta de Emenda Constitucional nº 112/1999*. Modifica os arts. 208, 211 e 212 da Constituição Federal e o art. 60 do Ato das Disposições Constitucionais Transitórias, criando o Fundo de Manutenção e Desenvolvimento da Educação Básica Pública e de Valorização dos Profissionais da Educação. Disponível em: https://www.camara.leg.br/proposicoesWeb/fichadetramitacao?idProposicao=14399. Acesso em: 09 fev. 2022.

BRASIL. Câmara dos Deputados. *Proposta de Emenda à Constituição 15/2015*. Insere parágrafo único no art. 193; inciso IX, no art. 206 e art. 212-A, todos na Constituição Federal, de forma a tornar o Fundo de Manutenção e Desenvolvimento da Educação Básica e de Valorização dos Profissionais da Educação – FUNDEB instrumento permanente de financiamento da educação básica pública, incluir o planejamento na ordem social e inserir novo princípio no rol daqueles com base nos quais a educação será ministrada, e revoga o art. 60 do Ato das Disposições Constitucionais Transitórias. Brasília, 2015. Disponível em: https://www.camara.leg.br/proposicoesWeb/fichadetramitacao?idProposicao=1198512. Acesso em: 09 fev. 2022.

BRASIL. Câmara dos Deputados. *Proposta de Emenda à Constituição nº 415/2005*. Dá nova redação ao §5º do art. 212 da Constituição Federal e ao art. 60 do Ato das Disposições. Brasília, 2005. Disponível em: https://www.camara.leg.br/propostas-legislativas/290585. Acesso em: 09 fev. 2022.

BRASIL. Câmara dos Deputados. *Proposta de Emenda à Constituição 539/1997*. Estabelece que a União complementará os recursos do FUNDEF – Fundo de Manutenção e Desenvolvimento do Ensino Fundamental e de Valorização do Magistério, de modo que seja atingido o valor mínimo por aluno definido nacionalmente e não haja redução do gasto por aluno do ensino fundamental que foi praticado até dezembro do ano de 1997, em cada Município, Estado ou DF. Alterando a Constituição Federal de 1988. Cria o FUNDEB – Fundo de Manutenção e Desenvolvimento da Educação Básica e de Valorização dos Profissionais da Educação. Disponível em: https://www.camara.leg.br/propostas-legislativas/14810. Acesso em: 09 fev. 2022.

BRASIL. Câmara dos Deputados. *Relatório da Comissão de Educação e Desportos, Diário da Câmara dos Deputados*. Brasília, 1996. n. 70, p. 10791 e ss. Disponível em: http://imagem.camara.gov.br/Imagem/d/pdf/DCD23ABR1996.pdf#page=254. Acesso em: 09 fev. 2022.

BRASIL. Câmara dos Deputados. *Relatório da Comissão Especial da PEC nº 536/97*. Relatora: Deputada Iara Bernardi. 2005. Disponível em: http://www.camara.gov.br/proposicoesWeb/prop_mostrarintegra?codteor=360787&filename=Tramitacao-PEC+536/1997. Acesso em: 09 fev. 2022.

BRASIL. Câmara dos Deputados. *Relatório*. Comissão Especial destinada a proferir parecer à Proposta de Emenda à Constituição n.º 277-a, de 2008, que "acrescenta §3º ao art. 76 do ato das disposições constitucionais transitórias para reduzir, anualmente, a partir do exercício de 2009, o percentual da desvinculação de receitas da União incidente sobre os recursos destinados à manutenção e desenvolvimento do ensino de que trata o art. 212 da Constituição Federal. Brasília. Disponível em: https://www.camara.leg.br/proposicoesWeb/fichadetramitacao?idProposicao=403508. Acesso em: 10 fev. 2022.

BRASIL. Câmara dos Deputados. *Relatório*. Comissão Externa destinada a acompanhar o desenvolvimento dos trabalhos do Ministério da Educação. Brasília: 2021. Disponível em: https://www.camara.leg.br/proposicoesWeb/prop_mostrarintegra?codteor=2121857. Acesso em: 23 fev. 2022.

BRASIL. *Constituição (1891). Constituição da República dos Estados Unidos do Brasil*. Rio de Janeiro, 1891. Disponível em: http://www.planalto.gov.br/CCIVIL_03/Constituicao/Constituicao91.htm. Acesso em: 10 fev. 2022.

BRASIL. *Constituição (1934). Constituição da República dos Estados Unidos do Brasil*. Rio de Janeiro, 1934. Disponível em: http://www.planalto.gov.br/ccivil_03/Constituicao/Constituicao34.htm. Acesso em: 10 fev. 2022.

BRASIL. *Constituição (1937). Constituição dos Estados Unidos do Brasil*. Rio de Janeiro, 1937. Disponível em: http://www.planalto.gov.br/ccivil_03/Constituicao/ Constituicao37.htm. Acesso em: 10 fev. 2022.

BRASIL. *Constituição (1946). Constituição dos Estados Unidos do Brasil*. Rio de Janeiro, 1946. Disponível em: http://www.planalto.gov.br/ccivil_03/Constituicao/ Constituicao46.htm. Acesso em: 10 fev. 2022.

BRASIL. *Constituição (1967). Constituição dos Estados Unidos do Brasil*. Brasília, 1967. Disponível em: http://www.planalto.gov.br/CCIVIL_03/Constituicao/ Constituicao67.htm. Acesso em: 10 fev. 2022.

BRASIL. *Constituição (1967). Constituição dos Estados Unidos do Brasil*. Emenda Constitucional nº 1, de 1969. Edita o novo texto da Constituição Federal de 24 de janeiro de 1967. Brasília, 1969. Disponível em: http://www.planalto.gov.br/ CCIVIL_03/Constituicao/ Emendas/Emc_anterior1988/emc01-69.htm. Acesso em: 10 fev. 2022.

BRASIL. *Constituição (1967). Emenda Constitucional nº 24, de 1983*. Estabelece a obrigatoriedade de aplicação anual, pela União, de nunca menos de treze por cento, e pelos Estados, Distrito Federal e Municípios, de, no mínimo, vinte e cinco por cento da renda resultante dos impostos, na manutenção e desenvolvimento do ensino. Diário Oficial da União. Brasília, 1983. Seção 1, p. 20465. Disponível em: http://www2.camara.leg.br/legin/fed/emecon/1980-1987/emendaconstitucional-24-1-dezembro-1983-364949-publicacaooriginal-1-pl.html. Acesso em: 10 fev. 2022.

BRASIL. *Constituição (1988). Constituição da República Federativa do Brasil*. Brasília: DF. Disponível em: http://www.planalto.gov.br/ccivil_03/constituicao/ constituicao.htm. Acesso em: Acesso em: 10 fev. 2022.

BRASIL. *Constituição (1988). Emenda Constitucional nº 14, de 1996*. Modifica os arts. 34, 208, 211 e 212 da Constituição Federal e dá nova redação ao art. 60 do Ato das Disposições Constitucionais Transitórias. Diário da Câmara dos Deputados. Brasília, 1996. p. 2603. Proposta de Emenda à Constituição – PEC nº 233/95. Disponível em: http://www2.camara.leg.br/legin/fed/emecon/1996/emendaconstitucional-14-12-setembro-1996-372814-exposicaodemotivos-148871-pl.html. Acesso em: 10 fev. 2022.

BRASIL. *Constituição (1988). Emenda Constitucional nº 53, de 19 de dezembro de 2006*. Dá nova redação aos arts. 7º, 23, 30, 206, 208, 211 e 212 da Constituição Federal e ao art. 60 do Ato das Disposições Constitucionais Transitórias. Diário Oficial da União. Brasília, 2006. Disponível em: http://www.planalto.gov.br/ccivil_03/constituicao/ Emendas/Emc/ emc53.htm/2006. Acesso em: 10 fev. 2022.

BRASIL. *Constituição (1988). Emenda Constitucional nº 108, de 26 de agosto de 2020*. Altera a Constituição Federal para estabelecer critérios de distribuição da cota municipal do Imposto sobre Operações Relativas à Circulação de Mercadorias e sobre Prestações de Serviços de Transporte Interestadual e Intermunicipal e de Comunicação (ICMS), para disciplinar a disponibilização de dados contábeis pelos entes federados, para tratar do planejamento na ordem social e para dispor sobre o Fundo de Manutenção e Desenvolvimento da Educação Básica e de Valorização dos Profissionais da Educação (Fundeb); altera o Ato das Disposições Constitucionais Transitórias; e dá outras providências. Disponível em: http://www.planalto.gov.br/ccivil_03/constituicao/ Emendas/Emc/emc108.htm#art1. Acesso em: 10 fev. 2022.

BRASIL. *Ato Institucional nº 4, de 07 de dezembro de 1966*. Convoca o Congresso Nacional para se reunir extraordináriamente, de 12 de dezembro de 1966 a 24 de janeiro de 1967, para discursão, votação e promulgação do projeto de Constituição apresentado pelo Presidente da República, e dá outras providências. Presidência da República. Diário

Oficial da União. Brasília, 1966. Disponível em: http://www.planalto.gov.br/ccivil_03/AIT/ait-04-66.htm. Acesso em: 10 fev. 2022.

BRASIL. *Decreto nº 6.094, de 24 de maio de 2007*. Dispõe sobre a implementação do Plano de Metas Compromisso Todos pela Educação, pela União Federal, em regime de colaboração com Municípios, Distrito Federal e Estados, e a participação das famílias e da comunidade, mediante programas e ações de assistência técnica e financeira, visando a mobilização social pela melhoria da qualidade da educação básica. Presidência da República. Diário Oficial da União. Brasília, 2007. Seção 1, p. 5. Disponível em: http://www2.camara.leg.br/legin/fed/decret/2007/decreto-6094-24-maio-2007-553445-publicacaooriginal-71367-pe.html. Acesso em: 10 fev. 2022.

BRASIL. *Decreto nº 6.755, de 29 de janeiro de 2009*. Institui a Política Nacional de Formação de Profissionais do Magistério da Educação Básica, disciplina a atuação da Coordenação de Aperfeiçoamento de Pessoal de Nível Superior – CAPES no fomento a programas de formação inicial e continuada, e dá outras providências. Presidência da República. Diário Oficial da União. Brasília, 2009. Seção 1, p. 1. Disponível em: http://www.planalto.gov.br/ccivil_03/_Ato2007-2010/2009/Decreto/D6755.htm. Acesso em: 10 fev. 2022.

BRASIL. *Lei nº 8.666, de 21 de junho de 1993*. Regulamenta o art. 37, inciso XXI, da Constituição Federal, institui normas para licitações e contratos da Administração Pública e dá outras providências. Presidência da República. Diário Oficial da União. Brasília, 1993. Disponível em: http://www.planalto.gov.br/ccivil_03/LEIS/L8666cons.htm. Acesso em: 10 fev. 2022.

BRASIL. *Lei nº 9.424, de 24 de dezembro de 1996*. Dispõe sobre o Fundo de Manutenção e Desenvolvimento do Ensino Fundamental e de Valorização do Magistério, na forma prevista no art. 60, §7º, do Ato das Disposições Constitucionais Transitórias, e dá outras providências. Presidência da República. Diário Oficial da União. Brasília, 1996. Seção 1, p. 28442. Disponível em: http://www2.camara.leg.br/legin/fed/lei/1996/lei-9424-24-dezembro-1996-365371-publicacaooriginal-1-pl.html /9. Acesso em: 10 fev. 2022.

BRASIL. *Lei nº 9.433, de 08 de janeiro de 1997*. Institui a Política Nacional de Recursos Hídricos, cria o Sistema Nacional de Gerenciamento de Recursos Hídricos, regulamenta o inciso XIX do art. 21 da Constituição Federal, e altera o art. 1º da Lei nº 8.001, de 13 de março de 1990, que modificou a Lei nº 7.990, de 28 de dezembro de 1989. Presidência da República. Diário Oficial da União. Brasília, 1997. Disponível em: http://www.planalto.gov.br/ccivil_03/leis/L9433.htm. Acesso em: 10 fev. 2022.

BRASIL. *Lei nº 9.494, de 10 de setembro de 1997*. Disciplina a aplicação da tutela antecipada contra a Fazenda Pública, altera a Lei nº 7.347, de 24 de julho de 1985, e dá outras providências. Presidência da República. Diário Oficial da União. Brasília, 1997. Disponível em: http://www.planalto.gov.br/ccivil_03/LEIS/L9494.htm. Acesso em: 10 fev. 2022.

BRASIL. *Lei nº 9.784, de 29 de janeiro de 1999*. Regula o processo administrativo no âmbito da Administração Pública Federal. Presidência da República. Diário Oficial da União. Brasília, 1999. Seção 1, p. 1. Disponível em: http://www2.camara.leg.br/legin/fed/lei/1999/lei-9784-29-janeiro-1999-322239-retificacao-135464-pl.html. Acesso em: 10 fev. 2022.

BRASIL. *Lei nº 10.172, de 09 de janeiro de 2001*. Aprova o Plano Nacional de Educação e dá outras providências. Presidência da República. Diário Oficial da União. Brasília, 2001. Seção 1, p. 1. Cap. V – Financiamento e gestão, item 11.1, Diagnóstico. Disponível em: http://www.planalto.gov.br/ccivil_03/Leis/leis_2001/l10172.htm. Acesso em: 10 fev. 2022.

BRASIL. *Lei nº 10.973, de 02 de dezembro de 2004*. Dispõe sobre incentivos à inovação e à pesquisa científica e tecnológica no ambiente produtivo e dá outras providências. Presidência da República. Diário Oficial da União. Brasília, 2004. Disponível em: http://www.planalto.gov.br/ccivil_03/_Ato2004-2006/2004/Lei/L10.973.htm. Acesso em: 10 fev. 2022.

BRASIL. *Lei nº 11.107, de 06 de abril de 2005*. Dispõe sobre normas gerais de contratação de consórcios públicos e dá outras providências. Presidência da República. Brasília, 2012. Disponível em: http://www.planalto.gov.br/ccivil_03/_Ato2004-2006/2005/Lei/L11107.htm. Acesso em: 10 fev. 2022.

BRASIL. *Lei nº 11.494, de 20 de junho de 2007*. Regulamenta o Fundo de Manutenção e Desenvolvimento da Educação Básica e de Valorização dos Profissionais da Educação – FUNDEB, de que trata o art. 60 do Ato das Disposições Constitucionais Transitórias; altera a Lei nº 10.195, de 14 de fevereiro de 2001; revoga dispositivos das Leis nºs 9.424, de 24 de dezembro de 1996, 10.880, de 9 de junho de 2004, e 10.845, de 5 de março de 2004; e dá outras providências. Presidência da República. Diário Oficial da União. Brasília, 2007. Disponível em: http://www.planalto.gov.br/ccivil_03/_Ato2007-2010/2007/Lei/L11494.htm. Acesso em: 10 fev. 2022.

BRASIL. *Lei nº 11.738, de 16 de julho de 2008*. Regulamenta a alínea "e" do inciso III do caput do art. 60 do Ato das Disposições Constitucionais Transitórias, para instituir o piso salarial profissional nacional para os profissionais do magistério público da educação básica. Presidência da República. Diário Oficial da União. Brasília, 2008. Disponível em: http://www.planalto.gov.br/ccivil_03/_ato2007-2010/2008/lei/l11738.htm. Acesso em: 10 fev. 2022.

BRASIL. *Lei nº 12.014, de 06 de agosto de 2009*. Altera o art. 61 da Lei nº 9.394, de 20 de dezembro de 1996, com a finalidade de discriminar as categorias de trabalhadores que se devem considerar profissionais da educação. Presidência da República. Diário Oficial da União. Brasília, 2009. Disponível em: http://www.planalto.gov.br/ccivil_03/_Ato20072010/2009/Lei/L12014.htm. Acesso em: 10 fev. 2022.

BRASIL. *Lei nº 12.305, de 02 de agosto de 2010*. Institui a Política Nacional de Resíduos Sólidos; altera a Lei nº 9.605, de 12 de fevereiro de 1998; e dá outras providências. Presidência da República. Diário Oficial da União. Brasília, 2010. Disponível em: http://www.planalto.gov.br/ccivil_03/_ato2007-2010/2010/lei/l12305.htm. Acesso em: 10 fev. 2022.

BRASIL. *Lei nº 12.587, de 03 de janeiro de 2012*. Institui as diretrizes da Política Nacional de Mobilidade Urbana; revoga dispositivos dos Decretos-Leis nºs 3.326, de 03 de junho de 1941, e 5.405, de 13 de abril de 1943, da Consolidação das Leis do Trabalho (CLT), aprovada pelo Decreto-Lei nº 5.452, de 1º de maio de 1943, e das Leis nºs 5.917, de 10 de setembro de 1973, e 6.261, de 14 de novembro de 1975; e dá outras providências. Presidência da República. Diário Oficial da União. Brasília, 2012. Disponível em: http://www.planalto.gov.br/ccivil_03/_ato2007-2010/2010/lei/l12305.htm. Acesso em: 10 fev. 2022.

BRASIL. *Lei nº 13.005, de 25 de junho de 2014*. Aprova o Plano Nacional de Educação – PNE e dá outras providências. Presidência da República. Diário Oficial [da] República Federativa do Brasil. Brasília, DF, 26 jun. 2014. Disponível em: http://www.planalto.gov.br/ccivil_03/_Ato2011-2014/2014/Lei/L13005.htm. Acesso em: 10 fev. 2022.

BRASIL. *Lei nº 13.473, de 08 de agosto de 2017*. Dispõe sobre as diretrizes para a elaboração e execução da Lei Orçamentária de 2018 e dá outras providências. Presidência da República.

Diário Oficial da União. Brasília, 2017. Seção 1, p. 44. Disponível em: http://www.planalto.gov.br/ccivil_03/_ato2015-2018/2017/lei/L13473.htm. Acesso em: 10 fev. 2022.

BRASIL. *Lei nº 14.113, de 25 de dezembro de 2020*. Regulamenta o Fundo de Manutenção e Desenvolvimento da Educação Básica e de Valorização dos Profissionais da Educação (FUNDEB), de que trata o art. 212-A da Constituição Federal; revoga dispositivos da Lei nº 11.494, de 20 de junho de 2007; e dá outras providências. Presidência da República. Brasília, DF, 2020. Disponível em: http://www.planalto.gov.br/ccivil_03/_ato2019-2022/2020/lei/L14113.htm. Acesso em: 10 fev. 2022.

BRASIL. MEC. *Construindo políticas de valorização dos profissionais da educação básica*. Rede de Assistência. Disponível em: http://planodecarreira.mec.gov.br/rede-de-assistencia. Acesso em: 19 jul. 2022.BRASIL. Ministério da Educação. MEC. *Conferência Nacional de Educação*: documento final. Brasília: MEC, 2010. Disponível em: http://pne.mec.gov.br/images/pdf/CONAE2010_doc_final.pdf. Acesso em: 11 fev. 2022.

BRASIL. Ministério da Educação. MEC. *Plano Nacional de Alfabetização e Cidadania*: marcos de referência. Brasília, MEC, 1991. Disponível em: http://www.dominiopublico.gov.br/download/texto/me000684.pdf. Acesso em: 09 fev. 2022.

BRASIL. Ministério da Educação. MEC. *Plano decenal de educação para todos*. Brasília: MEC, 1993. Disponível em: http://www.dominiopublico.gov.br/ download/texto/me001523.pdf. Acesso em: 09 fev. 2022.

BRASIL. Ministério da Educação. MEC. *Relatório de cumprimento do Piso Salarial dos municípios e entes federativos*. Brasília, 2016. Disponível em: http://planodecarreira.mec.gov.br/images/pdf/relatorio_pspn.pdf. Acesso em: 09 fev. 2022.

BRASIL. Ministério da Educação. MEC. *O Plano de Desenvolvimento da Educação*: Razões, Princípios e Programas. Brasília, 2008. Disponível em: http://portal.mec.gov.br/arquivos/livro/livro.pdf. Acesso em: 09 fev. 2022.

BRASIL. Ministério da Educação. MEC. *SASE divulga relatório do cumprimento do Piso Salarial Profissional do magistério público*. Brasília, 17 jan. 2017. Disponível em: http://planodecarreira.mec.gov.br/destaques/66-sase-divulga-relatorio-do-cumprimento-do-piso-salarial-profissional-do-magisterio-publico. Acesso em: 09 fev. 2022.

BRASIL. Ministério da Educação. MEC. *Tabela de Evolução PSPN*. Brasília, MEC, s.d. Disponível em: http://planodecarreira.mec.gov.br/ images/pdf/tabela_evolucao_pspn.pdf. Acesso em: 09 fev. 2022.

BRASIL. Ministério da Educação e Cultura; Instituto Nacional de Estudos e Pesquisas Educacionais Anísio Teixeira – INEP. *Educação para todos*: a avaliação da década. Brasília: MEC/INEP, 2000.

BRASIL. Ministério da Educação. *Parecer CNE/CEB nº 10, de 03 de setembro de 1997*. Diretrizes para os Novos Planos de Carreira e Remuneração do Magistério dos Estados, do Distrito Federal e dos Municípios. Diário Oficial da União. Brasília, 1997. Disponível em: http://portal.mec.gov.br/cne/arquivos/pdf/1997/pceb010_97.pdf. Acesso em: 10 fev. 2022.

BRASIL. Ministério da Educação. *Plano Nacional de Alfabetização e Cidadania*: marcos de referência. Brasília, 1991. Disponível em: http://www.dominiopublico.gov.br/pesquisa/DetalheObraDownload.do?select_action=&co_obra=18145&co_midia=2. Acesso em: 10 fev. 2022.

BRASIL. Ministério da Educação. *Portaria Normativa nº 9, de 30 de junho de 2009*. Institui o Plano Nacional de Formação dos Professores da Educação Básica no âmbito do Ministério da Educação. Diário Oficial da União. Brasília, 2009. p. 9. Disponível em: http://portal.mec.gov.br/dmdocuments/port_normt_09_300609.pdf. Acesso em: 10 fev. 2022.

BRASIL. Ministério da Educação. *Resolução CNE/CEB nº 01, de 23 de janeiro de 2012*. Dispõe sobre a implementação do regime de colaboração mediante Arranjo de Desenvolvimento da Educação (ADE), como instrumento de gestão pública para a melhoria da qualidade social da educação. Brasília, 2012. Disponível em: http://portal.mec.gov.br/docman/janeiro-2012-pdf/9816-rceb001-12. Acesso em: 10 fev. 2022.

BRASIL. Ministério da Educação. *Resolução CNE/CEB nº* 3, de *08 de outubro de 1997*. Fixa Diretrizes para os Novos Planos de Carreira e de Remuneração para o Magistério dos Estados, do Distrito Federal e dos Municípios. Diário Oficial da União. Brasília, 1997. Seção 1, p. 22987. Disponível em: http://portal.mec.gov.br/cne/arquivos/pdf/CEB0397.pdf. Acesso em: 10 fev. 2022.

BRASIL. Ministério da Educação. *Resolução CNE/CEB nº 2, de 28 de maio de 2009*. Fixa as Diretrizes Nacionais para os Planos de Carreira e Remuneração dos Profissionais do Magistério da Educação Básica Pública, em conformidade com o artigo 6º da Lei nº 11.738, de 16 de julho de 2008, e com base nos artigos 206 e 211 da Constituição Federal, nos artigos 8º, §1º, e 67 da Lei nº 9.394, de 20 de dezembro de 1996, e no artigo 40 da Lei nº 11.494, de 20 de junho de 2007. Diário Oficial da União. Brasília, 2007. Seção 1, p. 41 e 42. Disponível em: http://portal.mec.gov.br/dmdocuments/resolucao_cne_ceb002_2009.pdf. Acesso em: Acesso em: 10 fev. 2022.

BRASIL. *Plano Diretor da Reforma do Aparelho do Estado*. Presidência da República. Brasília, Câmara da Reforma do Estado. 1995. Disponível em: http://www.biblioteca.presidencia.gov.br/publicacoes-oficiais/catalogo/fhc/plano-diretor-da-reforma-do-aparelho-do-estado-1995.pdf. Acesso em: 10 fev. 2022.

BRASIL. Procuradoria Geral do Estado de São Paulo. Procuradoria Administrativa. *Parecer PA nº 50/2017*. Aprovado em 20 out. 2017. Disponível em: https://www.pge.sp.gov.br/TEMP/c72c4c50-653a-45dc-9e89-da4f98709487.pdf. Acesso em: 12 fev. 2022.

BRASIL. *Programas de programa de metas do presidente Juscelino Kubitschek*. Presidência da República. Rio de Janeiro, 1958. Disponível em: https://bibliotecadigital.economia.gov.br/handle/777/33. Acesso em: 10 fev. 2022.

BRASIL. Senado Federal. *Bases da Assembleia Nacional Constituinte 1987-1988*. Disponível em: https://www2.camara.leg.br/atividade-legislativa/legislacao/Constituicoes_Brasileiras/constituicao-cidada/o-processo-constituinte/bases-historicas. Acesso em: 09 fev. 2022.

BRASIL. Senado Federal. *Diário do Congresso Nacional*. Brasília, 1994. Seção II, (Senado Federal), 06 de dezembro de 1994, p. 7906-7919. Disponível em: http://legis.senado.leg.br/diarios/PublicacoesOficiais. Acesso em: 10 fev. 2022.

BRASIL. Senado Federal. *Proposta de Emenda à Constituição nº 24, de 2017*. Acrescenta o art. 212-A à Constituição Federal, para tornar permanente o Fundo de Manutenção e Desenvolvimento da Educação Básica e de Valorização dos Profissionais da Educação – FUNDEB, e revoga o art. 60 do Ato das Disposições Constitucionais Transitórias. Brasília, 2017. Disponível em: https://www25.senado.leg.br/web/atividade/materias/-/materia/129778. Acesso em: 09 fev. 2022.

BRASIL. Senado Federal. *Projeto de Lei Complementar nº 235/2019*. Institui o Sistema Nacional de Educação, nos termos do art. 23, parágrafo único, e do art. 211 da Constituição Federal. Disponível em: https://www25.senado.leg.br/web/atividade/materias/-/materia/139285. Acesso em: 09 fev. 2022.

BRASIL. Senado Federal. *Projeto de Lei da Câmara nº 103/2012*. Aprova o Plano Nacional de Educação – PNE e dá outras providências. Brasília, 2012. Disponível em: https://www25.senado.leg.br/web/atividade/materias/-/materia/108259. Acesso em: 08 fev. 2022.

BRASIL. Senado Federal. *Projeto de Lei da Câmara nº 88/2018*. Estabelece diretrizes para a valorização dos profissionais da educação escolar básica pública. Brasília, 2018. Disponível em: https://www25.senado.leg.br/web/atividade/materias/-/materia/134084. Acesso em: 09 fev. 2022.

BRASIL. Senado Federal. *Projeto de Lei do Senado nº 59/2004*. Autoriza o Poder Executivo a instituir o Piso Salarial Profissional dos Educadores Públicos, na forma prevista no art. 206, V, e 212 da Constituição Federal e dá outras providências. Diário do Senado Federal. Brasília, 2004. p. 24. Disponível em: https://legis.senado.leg.br/diarios/ver/757?sequencia=54. Acesso em: 08 fev. 2022.

BRASIL. Senado Federal. *Projeto de Lei do Senado nº 534/2018 (complementar)*. Dispõe sobre instrumento de cooperação federativa para transferência à União de competências educacionais de Estados, Distrito Federal e Municípios. Brasília, 2016. Disponível em: https://www.congressonacional.leg.br/materias/materias-bicamerais/-/ver/pls-534-2018. Acesso em: 09 fev. 2022.

BRASIL. Supremo Tribunal Federal. *ADI nº 4167 MC*. Relator(a): Min. Joaquim Barbosa, Tribunal Pleno, julgado em 17.12.2008, (DJe-079 DIVULG 29.04.2009, PUBLIC 30.04.2009, EMENT VOL-02358-01 PP-00157 RTJ VOL-00210-02 PP-00629).

BRASIL. Supremo Tribunal Federal. *ADI nº 4167*. Relator(a): Min. Joaquim Barbosa, Tribunal Pleno, julgado em 27.04.2011 (DJe-162 DIVULG 23.08.2011 PUBLIC 24.08.2011 EMENT VOL-02572-01 PP-00035 RTJ VOL-00220-01 PP-00158 RJTJRS v. 46, n. 282, 2011, p. 29-83).

BRASIL. Supremo Tribunal Federal. *ADI nº 4848*. Relator(a):

oberto Barroso, Tribunal Pleno, julgado em 01.03.2021, PROCESSO ELETRÔNICO DJe-085 DIVULG 04.05.2021 PUBLIC 05.05.2021.

BRASIL. Supremo Tribunal Federal. *ADI nº 2.135 MC*. Pleno, Rel. p/ o acórdão Min. Ellen Gracie, j. 2.8.2007, DJE de 7.3.2008. Disponível em: http://redir.stf.jus.br/paginadorpub/paginador.jsp?docTP=AC&docID=513625. Acesso em: 14 jul. 2022.

BRASIL. Supremo Tribunal Federal. *REsp* nº 1426210/RS. Rel. Ministro Gurgel De Faria, PRIMEIRA SEÇÃO, julgado em 23.11.2016, DJe 09.12.2016.

BRASIL. Tribunal de Contas da União. *Acórdão nº 104/2020* – TC nº 022.260/2019-6 – Rel. Augusto Nardes, julg. 29.04.2020.

BRASIL. Tribunal De Contas Da União. *Relatório e parecer prévio sobre as contas do governo da república* – exercício de 2017. Brasília: TCU, 2018.

BRASIL. Tribunal De Contas Da União. *Manual básico*: aplicação no ensino e as novas regras. São Paulo: TCESP, 2012.

BRASIL. Tribunal Superior do Trabalho. *Súmula nº 390*. Estabilidade. Art. 41 da Cf/1988. Celetista. Administração Direta, Autárquica ou Fundacional. Aplicabilidade. Empregado de Empresa Pública e Sociedade de Economia Mista. Inaplicável (conversão das Orientações Jurisprudenciais nºs 229 e 265 da SBDI-1 e da Orientação Jurisprudencial nº 22 da SBDI-2) – Res. 129/2005, DJ 20, 22 e 25.04.2005. Disponível em: https://www3.tst.jus.br/jurisprudencia/Sumulas_com_indice/Sumulas_Ind_351_400.html#SUM-390. Acesso em: 14 jul. 2022.

BREMAEKER, François Eugene Jean de. A política de fundos para a educação e o impacto nas finanças dos estados e dos municípios. *In*: GOUVEIA, Andréa Barbosa; PINTO, José Marcelino Rezende; CORBUCCI, Paulo Roberto (orgs.). *Federalismo e políticas educacionais na efetivação do direito à educação no Brasil*. Brasília: IPEA, 2011. p. 52-68.

BRONZATTO, Thiago. Guedes: governo e Congresso não estão "falando a mesma língua". *Portal Veja*, 13 mar. 2020. Disponível em: https://veja.abril.com.br/economia/guedes-governo-e-congresso-nao-estao-falando-a-mesma-lingua/. Acesso em: 19 jul. 2022.

BRZEZINSKI, Iria. *LDB/1996*: uma década de perspectivas e perplexidades na formação de profissionais da educação. *In*: BRZEZINSKI, Iria (org.). *LDB dez anos depois*: reinterpretações sob diversos olhares. São Paulo: Cortez, 2008. p. 167-194.

BUARQUE, Cristovam. *A Revolução Republicana na Educação*. São Paulo: Moderna, 2011.

BUCCI, Mara Paula Dallari. Contribuição para a redução da judicialização da saúde: uma estratégia jurídico-institucional baseada na abordagem de direito e políticas públicas. *In*: BUCCI, Maria Paula Dallari; DUARTE, Clarice Seixas (coord.). *Judicialização da saúde*: a visão do Poder Executivo. São Paulo: Saraiva, 2017. p. 31-88.

BUCCI, Maria Paula Dallari. *Direito administrativo e políticas públicas*. São Paulo: Saraiva, 2002.

BUCCI, Mara Paula Dallari. *Fundamentos para uma teoria jurídica das políticas públicas*. São Paulo: Saraiva, 2013.

BUCCI, Maria Paula Dallari; VILARINO, Marisa Alves. A ordenação federativa da Educação brasileira e seu impacto sobre a formação e o controle das políticas públicas educacionais. *In*: ABMP; TODOS PELA EDUCAÇÃO. *Justiça pela qualidade na Educação*. São Paulo: Saraiva, 2013. p. 117-150.

CABRAL, Bernardo. *O poder constituinte*: fonte legítima, soberania, liberdade. Câmara dos Deputados, Coordenação de Publicações, 1988.

CAMARGO, Rubens Barbosa de; ALVES, Thiago; BOLLMANN, Maria da Graça. Dinâmica dos vencimentos e da remuneração docente nas redes estaduais no contexto do Fundeb e do PSPN. *Revista Brasileira de Política e Administração da Educação – Periódico científico editado pela ANPAE*, v. 34, n. 2, p. 413-435, 2018.

CAMINI, Lucia. A política educacional do PDE e do Plano de Metas Compromisso Todos pela Educação. *Revista Brasileira de Política e Administração da Educação – ANPAE*, v. 26, n. 3, p. 535-550, set./dez. 2010.

CANOTILHO, José Joaquim Gomes. *Direito constitucional e teoria da constituição*. 7. ed. Coimbra: Almedina, 2003.

CAPANEMA, Gustavo. *Exposição de motivos do Decreto-lei nº 4.244, de 09 de abril de 1942*. Lei orgânica do ensino secundário. Disponível em: http://www2.camara.leg.br/legin/fed/declei/1940-1949/decreto-lei-4244-9-abril-1942-414155-133712-pe.html. Acesso em: 12 fev. 2022.

CAPUZZO, Alisson Minduri; TANNO, Claudio Riyudi. MARTINS, Paulo de Sena. *Novo FUNDEB*: Efeito redistributivo, possibilidades para as novas ponderações, proposta de indicador de disponibilidade de recursos e considerações sobre o custo aluno-qualidade. [Consultoria de Orçamento e Fiscalização Financeira. Consultoria Legislativa. Estudo Conjunto]. Brasília: Câmara dos Deputados, out. 2020.

CARA, Daniel. Municípios no pacto federativo: fragilidades sobrepostas. *Retratos da Escola*, v. 6, n. 10, p. 255-273, 2012.

CARA, Daniel. O Custo Aluno-Qualidade Inicial como proposta de justiça federativa no PNE: Um primeiro passo rumo à educação pública de qualidade no Brasil. *Jornal de Políticas Educacionais*, v. 8, n. 16, 2014.

CARA, Daniel; NASCIMENTO, Iracema Santos do. A construção do primeiro Fundeb (2005-2007) e do Fundeb Permanente (2015-2020): Análise comparada sobre processos legislativos. *Education Policy Analysis Archives*, v. 29, n. 168, dez. 2021.

CARDOSO, Tereza Fachada Levy. Profissão docente: percepções no mundo luso-brasileiro (1759-1822). *Revista Educação em Questão*, Natal, v. 36, n. 22, p. 163-180, set./dez. 2009.

CARDOSO JR., José Celso (org.); SANTOS, Eugênio A. (org.). *PPA 2012-2015*: experimentalismo institucional e resistência burocrática. Brasília: IPEA, 2015. (Série: Pensamento estratégico, planejamento governamental & desenvolvimento no Brasil contemporâneo – Livro 2).

CARDOSO JR., José Celso (org.). *A reinvenção do planejamento governamental no Brasil*. Brasília: IPEA, 2011 (Série: Diálogos para o Desenvolvimento, v. 4).

CARDOSO JR., José Celso. *Estado, planejamento, gestão e desenvolvimento*. Balanço da experiência brasileira e desafios no século XXI. Santiago: CEPAL, 2014.

CARVALHO FILHO, José dos Santos. *Direito Administrativo*. 27. ed. rev. atual. e ampl. São Paulo: Atlas, 2014.

CARVALHO, Luiz Maklouf. *1988*: Segredos da Constituinte. Rio de Janeiro: Record, 2017.

CASSESE, Sabino. *A crise do Estado*. Tradução de Ilse Paschoal Moreira e Fernanda Landucci Ortale. São Paulo: Saberes Editora, 2010.

CASSINI, Simone Alves. *Associativismo territorial na educação*: novas configurações da colaboração e cooperação federativa. 2016. Tese (Doutorado em Educação) Programa de Pós-Graduação em Educação do Centro de Educação, Universidade Federal do Espírito Santo – UFES, Vitória, 2016. Disponível em: https://repositorio.ufes.br/handle/10/8558. Acesso em: 11 fev. 2022.

CASTANHA, André Paulo. O Ato Adicional de 1834 na história da educação brasileira. *Revista Brasileira de História da Educação*, v. 6, n. 1 [11], p. 169-195, 2006.

CASTOR, Belmiro Valverde Jobim. *O Brasil não* **é** *para amadores*: estado, governo e burocracia na terra do jeitinho. 2. ed. rev. e atual. Curitiba: Travessa dos Editores, 2004.

CASTRO, Conrado Pires de. Luiz Pereira e sua circunstância: entrevista com José de Souza Martins. *Tempo social*, v. 22, n. 1, p. 211-276, 2010.

CEPAL (Comissão Econômica para a América Latina). *Panorama Fiscal de América Latina y el Caribe – 2021*. Santiago, CEPAL, 2021. Disponível em: https://www.cepal.org/es/publicaciones/46808-panorama-fiscal-america-latina-caribe-2021-desafios-la-politica-fiscal-la. Acesso em: 23 fev. 2022.

CERASOLI, Christopher P.; NICKLIN, Jessica M.; FORD, Michael T. Intrinsic motivation and extrinsic incentives jointly predict performance: A 40-year meta-analysis. *Psychological bulletin*, v. 140, n. 4, p. 980, 2014.

CHANG, Ha-Joon. *23 coisas que não nos contaram sobre o capitalismo*. São Paulo: Editora Cultrix, 2013. Livro eletrônico, não paginado.

CHETTY, Raj; FRIEDMAN, John N.; ROCKOFF, Jonah E. Measuring the impacts of teachers I: Evaluating bias in teacher value-added estimates. *American Economic Review*, v. 104, n. 9, p. 2593-2632, 2014.

CHRISTENSEN, Tom; LÆGREID, Per. The whole-of-government approach to public sector reform. *Public administration review*, v. 67, n. 6, p. 1059-1066, 2007.

COELHO, João Gilberto Lucas. Processo Constituinte, Audiências Públicas e o nascimento de uma nova ordem. *In*: BACKES, Ana Luiza; AZEVEDO, Débora Bithiah; ARAÚJO, José Cordeiro de (orgs.). *Audiências Públicas na Assembléia Nacional Constituinte*: a sociedade na tribuna. Brasília: Edições Câmara, 2009.

COHEN, Michael D.; MARCH, James G.; OLSEN, Johan P. A garbage can model of organizational choice. *Administrative science quarterly*, p. 1-25, 1972.

COLISTETE. Renato P. Iniciativas Educacionais e Mobilização por Escolas Primárias em São Paulo, 1830-1889. ***Working Paper Series***, nº 4/2017. São Paulo: Faculdade de Economia e Administração da Universidade de São Paulo, 2017.

CONFERÊNCIA NACIONAL DE EDUCAÇÃO – II CONED. *Plano Nacional de Educação: a proposta da Sociedade Brasileira*. Brasília: CONED, 1997. Disponível em: https://www.adusp.org.br/files/PNE/pnebra.pdf. Acesso em: 09 fev. 2022.

CONFEDERAÇÃO NACIONAL DOS TRABALHADORES DA EDUCAÇÃO. *Piso e Carreira andam juntos*. Brasília: CNTE. 2015. Disponível em: https://www.cnte.org.br/images/stories/publicacoes/cartilha_piso_e_carreira_andam_juntos.pdf. Acesso em: 11 fev. 2022.

CONFERÊNCIA NACIONAL DE EDUCAÇÃO (CONAE), 2010, Brasília, DF. *Construindo o Sistema Nacional articulado de Educação*: o Plano Nacional de Educação, diretrizes e estratégias; Documento Final. Brasília, DF: MEC, 2010b. 164p. Disponível em: http://pne.mec.gov.br/images/pdf/CONAE2010_doc_final.pdf. Acesso em: 11 fev. 2022.

CORBUCCI, Paulo Roberto; BARRETO, Ângela; CASTRO, Jorge Abrahão de; CHAVES, José Valente; CODES, Ana Luiza Codes. Vinte anos da Constituição Federal de 1988: avanços e desafios na educação brasileira. *In*: *Políticas sociais*: acompanhamento e análise. Brasília: IPEA, v. 2, n. 17, p. 17-84, 2009.

COSTA, Frederico Lustosa da. História das reformas administrativas no Brasil: narrativas, teorizações e representações. *Revista do Serviço Público,* v. 59, n. 3, p. 271, 2008.

COUTINHO, Diogo R. O direito nas políticas públicas. *In*: MARQUES, Eduardo; FARIA, Carlos Aurélio Pimenta de (orgs.). *A política pública como campo multidisciplinar.* 2013. p. 181-200.

CRAWFORD, Sue E. S.; OSTROM, Elinor. A grammar of institutions. *American Political Science Review,* v. 89, n. 3, p. 582-600, 1995.

CUNHA, Célio da. A política de valorização do magistério na década de 1990: apontamentos incompletos. *Caminhos da profissionalização do magistério.* Campinas: Papirus Editora, 1998. p. 49-74.

CUNHA, Célio da; GADOTTI, Moacir; BORDIGNON, Genuíno; NOGUEIRA, Flávia Maria de Barros (orgs). *O Sistema Nacional de Educação*: diversos olhares 80 anos após o Manifesto. Brasília: Ministério da Educação; Secretaria de Articulação com os Sistemas de Ensino, 2014.

CURY, Carlos Roberto Jamil. A desoficialização do ensino no Brasil: a Reforma Rivadávia. *Educação e Sociedade,* Campinas, v. 30, n. 108, p. 717-738, 2009.

CURY, Carlos Roberto Jamil. Lei de responsabilidade educacional. *Direito e Sociedade,* Catanduva, v. 7, n. 1, jan./dez. 2012.

CURY, Carlos Roberto Jamil. O plano nacional de educação: duas formulações. *Cadernos de Pesquisa,* n. 104, p. 162-180, 1998.

CURY, Carlos Roberto Jamil. A educação na Revisão Constitucional de 1926. Fávero, Osvaldo (org.). *A Educação nas constituintes brasileiras.* Campinas: Autores Associados, 2014. p. 90-120.

DARCY critica magistério. *O Estado de São Paulo.* São Paulo, p. A-14, 26 jun. 1995. Disponível em: http://acervo.estadao.com.br/pagina/#!/19950626-37140-nac-0014-ger-a14-not. Acesso em: 11 fev. 2022.

DAVIES, Nicholas. A confiabilidade dos órgãos de controle das verbas da educação. *Em Aberto,* v. 28, n. 93, 2015.

DAVIES, Nicholas. O financiamento da educação estatal no Brasil: novos ou velhos desafios. *Revista Educação On-line PUC-Rio,* Rio de Janeiro, n. 10, p. 31-63, 2012.

DE BRUYCKER, Philippe. 12a-L'intercommunalité en Europe. Quelques observations à propos de la France au regard de quelques Etats Européens. *Annuaire des collectivités locales,* v. 20, n. 1, p. 159-165, 2000.

DE VRIES, Michiel S. *Understanding public administration.* London/New York Macmillan International Higher Education: Palgrave, 2016.

DECI, Edward L.; OLAFSEN, Anja H.; RYAN, Richard M. Self-determination theory in work organizations: the state of a science. *Annual Review of Organizational Psychology and Organizational Behavior,* v. 4, p. 19-43, 2017.

DEFFIGIER, Clotilde. Intercommunalité et territorialisation de l'action publique en Europe. *Revue française d'administration publique,* n. 121-122, p. 79-98, 2007.

DENHARDT, Robert B. *Teorias da Administração Pública*. Tradução de Francisco G. Heidemann. 1. ed. Brasileira (tradução da 6ª ed. norte-americana). São Paulo: Cengage Learning, 2012.

Desenvolvimento da educação. *O Estado de São Paulo*, São Paulo, p. A3, 26 abr. 2007. Disponível em: https://acervo.estadao.com. br/. Acesso em: 09 fev. 2022.

DI GIOVANNI, Geraldo; NOGUEIRA, Marco Aurélio (orgs). *Dicionário de políticas públicas*. 2. ed. São Paulo: FUNDAP; Editora UNESP, 2015.

DI PIETRO, Maria Sylvia Zanella. *Direito Administrativo*. 30. ed. rev. atual. e ampl. Rio de Janeiro: Forense, 2017.

DOLTON, Peter; MARCENARO-GUTIERREZ, Oscar; DE VRIES, Robert; SHE, Po-Wen. *Global Teacher Status Index 2018*. London: Varkey Foundation, 2018. Disponível em: https://www.varkeyfoundation.org/media/4867/gts-index-13-11-2018.pdf. Acesso em: 11 fev. 2022.

DROMI, José Roberto. *Derecho administrativo*. 12. ed. Buenos Aires/Madrid/México: Ciudad Argentina/Hispana Libros, 2009.

DROR, Yehezkel. Gobernabilidad, participación y aspectos sociales de la planificación. *Revista de la CEPAL*, 1987.

DROR, Yehezkel. Muddling Through – "Science" or Inertia? *Public administration review*, v. 24, n. 3, p. 153-157, 1964.

DUARTE, Clarice Seixas. O Sistema Nacional de Educação (SNE) e os entraves à sua institucionalização: uma análise a partir da abordagem direito e políticas públicas. *Rei – Revista Estudos Institucionais*, [S.l.], v. 5, n. 3, p. 942-976, dez. 2019. ISSN 2447-5467. Disponível em: https://estudosinstitucionais.emnuvens.com.br/REI/article/view/436/426. Acesso em: 09 fev. 2022.

ETZIONI, Amitai. Mixed-scanning: A "third" approach to decision-making. *Public administration review*, p. 385-392, 1967.

FAORO, Raymundo. *Os donos do poder*. 10. ed. São Paulo: Globo; Publifolha, 2000. 2 v.

FERNANDES, Ciro Campos Christo; PALOTTI, Pedro Lucas de Moura; CAMÕES, Marizaura Reis de Souza. *Escolas de governo*: perfis, trajetórias e perspectivas. Brasília: ENAP 2015. (Cadernos ENAP, 43, v. I).

FERNANDES, Fabiana Silva; GENTILINI, João Augusto. Planejamento, políticas públicas e educação. *Cadernos de Pesquisa*, v. 44, n. 153, p. 486-492, 2014.

FERNANDES, Florestan. Diretrizes e bases: conciliação aberta. *Universidade e sociedade*, v. 01, p. 33-36, 1991.

FERNANDES, Francisco das Chagas: entrevista. [27 set. 2010] *Educação & Sociedade*, Campinas, v. 31, n. 112, p. 1031-1058, jul.-set. 2010.

FERNANDES, Maria Dilnéia Espíndola; RODRIGUEZ, Margarita Victoria. O processo de elaboração da lei nº 11.738/2008 (lei do piso salarial profissional nacional para carreira e remuneração docente): trajetória, disputas e tensões. *Revista HISTEDBR On-Line*, v. 11, n. 41, p. 88-101, 2011.

FERNANDES, Reynaldo; GREMAUD, Amaury Patrick. Qualidade da educação: avaliação, indicadores e metas. *In*: GIAMBIAGI, Fabio; VELOSO, Fernando; HENRIQUES, Ricardo. *Educação básica no Brasil*: construindo o país do futuro. Rio de Janeiro: Elsevier v. 1, p. 213-238, 2009.

FERNÁNDEZ ENGUITA, Mariano. O magistério numa sociedade em mudança. ALENCASTRO VEIGA, Ilma Passos (org.). *Caminhos da profissionalização do magistério*. Campinas: Papirus, 1998.

FERREIRA FILHO, Manoel Gonçalves. *Curso de direito constitucional*. 40. ed. São Paulo: Saraiva, 2015.

FERREIRA JR, Amarilio; BITTAR, Marisa. A ditadura militar e a proletarização dos professores. *Educação & Sociedade*, v. 27, n. 97, 2006.

FERREIRA, Jorge. URSS: mito, utopia e história. *Tempo*, Rio de Janeiro, v. 3, n. 5, p. 75-103, 1998.

FIGUEIREDO, Argelina; LIMONGI, Fernando. Bases institucionais do presidencialismo de coalizão. *Lua Nova*, v. 44, p. 81-106, 1998.

FLEURI, Reinaldo Matias. *Perfil profissional docente no Brasil metodologias e categorias de pesquisa*. Brasília: INEP, 2015. (Série Documental: Relatos de Pesquisa 40). Disponível em: http://relatos.inep.gov.br/ojs3/index.php/relatos/article/view/4082. Acesso em: 11 fev. 2022.

FÓRUM NACIONAL EM DEFESA DA ESCOLA PÚBLICA. *Plano Nacional de Educação: proposta da sociedade brasileira*. Disponível em: https://www.adusp.org.br/index.php/defesa-do-ensino-publico/241-pne/proposta-da-sociedade-brasileira/1247-pne. Acesso em: 11 fev. 2022.

FREITAS, Marcos Cezar de; BICCAS, Maurilane de Souza. *História social da educação no Brasil (1926-1996)*. São Paulo: Cortez, 2009.

FUNDAÇÃO VICTOR CIVITA; FUNDAÇÃO CARLOS CHAGAS. *Estudos & Pesquisas Educacionais, n. 1*. São Paulo: Fundação Victor Civita, 2010. Disponível em: https://fvc.org.br/wp-content/uploads/2018/04/estudos_e_pesquisas_educacionais_vol_1.pdf. Acesso em: 11 fev. 2022.

FUVEST – Fundação Universitária para o Vestibular. *Cálculo da nota de corte*: listagem por carreira. Disponível em: https://www.fuvest.br/wp-content/uploads/fuv2018_corte.pdf. Acesso em: 24 nov. 2018.

GADOTTI, Moacir. Da palavra a ação. *INEP. Educação para todos*: a avaliação da década. Brasília: MEC/INEP, p. 27-31, 2000.

GADOTTI, Moacir. *Convocados, uma vez mais*: ruptura, continuidade e desafios do PDE. São Paulo: Instituto Paulo Freire, 2008.

GARCÍA de Enterría, Eduardo. FERNÁNDEZ, Tomás-Ramón. *Curso de direito administrativo*. Tradução de José Alberto Froes Cal. São Paulo: Revista dos Tribunais, 2015. 2 v.

GATTI, Bernadete; BARRETTO, Elba Siqueira de Sá (Orgs.). *Professores do Brasil*: impasses e desafios. Brasília: UNESCO, 2009. Disponível em: http://unesdoc.unesco.org/images/0018/001846/184682por.pdf. Acesso em: 11 fev. 2022.

GATTI, Bernadete; BARRETTO, Elba Siqueira de Sá; ANDRÉ, Marli Eliza Dalmazo de Afonso. *Políticas docentes no Brasil*: um estado da arte. Brasília: UNESCO, 2011.

GATTI, Bernardete A. Reconhecimento social e as políticas de carreira docente na educação básica. *Cadernos de pesquisa*, v. 42, n. 145, p. 88-111, 2012.

GIL, Juca. Planos Educacionais: entre a prioridade e a descrença. *In*: SOUZA, Ângelo Ricardo; GOUVEIA, Andréa Barbosa; TAVARES, Taís Moura (Orgs.). *Políticas Educacionais*: conceitos e debates. 3. ed. Curitiba: Appris, 2016. p. 121-146.

GINI index (World Bank estimate) – Country Ranking. Disponível em: https://www.indexmundi.com/facts/indicators/SI.POV.GINI/rankings. Acesso em: 31 jan. 2022.

GOIS, Antônio. Verba do PAC da Educação demora a sair. *Folha de São Paulo*, São Paulo, p. C6, 19 maio 2008. Disponível em: https://www1.folha.uol.com.br/fsp/cotidian/ff1905200817.htm. Acesso em: 09 fev. 2022.

GOLDSMITH, Stephen; EGGERS, Willian D. *Governar em rede*: o novo formato do setor público. Brasília / São Paulo: ENAP / UNESP, 2006.

GOMES, Candido Alberto *et al*. O financiamento da educação brasileira: uma revisão da literatura. *Revista Brasileira de Política e Administração da Educação – ANPAE*, v. 23, n. 1, 2007.

GOMES, Gustavo Maia; MAC DOWELL, Maria Cristina. Descentralização política, federalismo fiscal e criação de municípios: o que é mau para o econômico nem sempre é bom para o social. *Texto para discussão IPEA*, n. 706, p. 1-29, 2000.

GONZÁLEZ, Felipe. *À procura de respostas*. Tradução de João Gobern. Lisboa: Matéria Prima Edições, 2014.

GORDILLO, Augustín. *Tratado de derecho administrativo y obras selectas*: el procedimiento administrativo. 1. ed. Buenos Aires: Fundación de Derecho Administrativo, 2016. Tomo 4. Disponível em: http://www.gordillo.com/pdf_tomo4/tomo4.pdf. Acesso em: 09 fev. 2022.

GOUVEIA, Andréa Barbosa. O financiamento da educação no Brasil e o desafio da superação das desigualdades. *In*: SOUZA, Ângelo Ricardo; GOUVEIA, Andréa Barbosa; TAVARES, Taís Moura (Orgs.). *Políticas Educacionais*: conceitos e debates. 3. ed. Curitiba: Appris, 2016. p. 83-105.

GRATIOT-ALPHANDÉRY, H. Henri Wallon (1879-1962). *Perspectives: revue trimestrielle d'*éducation *comparée*, v. 24, n. 3, p. 821-835, 1994.

GRAU, Eros Roberto. *A ordem econômica na Constituição de 1988 (interpretação e crítica)*. São Paulo: Revista dos Tribunais, 1990.

GRAU, Eros Roberto. *Planejamento econômico e regra jurídica*. São Paulo: s.d.e., 1977.

GRIN, Eduardo José; ABRUCIO, Fernando Luiz. Facetas del federalismo en Brasil: descentralización, recentralización y los desafíos de la cooperación intergubernamental. *Revista Iberoamericana de Gobierno Local*, Granada, n. 11, nov. 2016. Disponível em: https://www.researchgate.net/publication/311456452. Acesso em: 09 fev. 2022.

GRIN, Eduardo José. Trajetória e avaliação dos programas federais brasileiros voltados a promover a eficiência administrativa e fiscal dos municípios. *Revista de Administração Pública-RAP*, v. 48, n. 2, p. 459-480, 2014.

GRIN, Eduardo José; ABRUCIO, Fernando Luiz. Inovação no associativismo territorial no Brasil: os Arranjos de Desenvolvimento da Educação. *REDES: Revista do Desenvolvimento Regional*, v. 22, n. 3, p. 39-64, 2017.

GUIMARÃES, Ulysses. *Discurso por ocasião da promulgação da Constituição de 1988*. Brasília, 1988. Disponível em: https://www.camara.leg.br/radio/programas/277285-integra-do-discurso-presidente-da-assembleia-nacional-constituinte-dr-ulysses-guimaraes-10-23/. Acesso em: 09 fev. 2022.

HAMILTON, Alexander; MADISON, James; JAY, John. *Selected federalist papers*. New York: Dover Publications, 2001.

HANUSHEK, Eric A.; RAYMOND, Margaret E. Does school accountability lead to improved student performance? *Journal of policy analysis and management*, v. 24, n. 2, p. 297-327, 2005.

HANUSHEK, Eric. *The Value of Teachers in Teaching*. Santa Monica: Rand Corporation, 1970. Disponível em: https://files.eric.ed.gov/fulltext/ED073089.pdf. Acesso em: 11 fev. 2022.

HEIDEMANN, Francisco G.; SALM, José Francisco (orgs.). *Políticas públicas e desenvolvimento*: bases epistemológicas e modelos de análise. 3. ed. Brasília: Editora UnB, 2014.

HELD, David. *Models of democracy*. 3. ed. Stanford: Stanford University Press, 2006.

HESSE, Konrad. *Temas fundamentais do direito constitucional*. Tradução de Gilmar Mendes Ferreira; Inocência Mártires Coelho; Carlos dos Santos Almeida. São Paulo: Saraiva, 2009.

HORTA, José Silvério Baía. A Educação no Congresso Constituinte de 1966-67. Fávero, Osvaldo (org.). *A Educação nas constituintes brasileiras*. Campinas: Autores Associados, 2014. p. 169-210.

HOWLETT, Michael; RAMESH, Mishra; PERL, Anthony. *Política pública*: seus ciclos e subsistemas – uma abordagem integral. Tradução de Francisco G. Heidemann. Rio de Janeiro: Elsevier, 2013.

IBGE. Instituto Brasileiro de Geografia e Estatística. *Estatísticas de finanças públicas e conta intermediária de governo*: Brasil: 2016. Rio de Janeiro: IBGE, 2021. Disponível em: https://www.ibge.gov.br/estatisticas/economicas/financas-publicas/19883-financas-publicas-estatisticasdefinancaspublicas2-2.html?=&t=downloads. Acesso em: 09 fev. 2022.

IBGE. Instituto Brasileiro de Geografia e Estatística. *Perfil dos Municípios Brasileiros*: 2006. Brasília, IBGE, 2006. Disponível em: https://biblioteca.ibge.gov.br/visualizacao/livros/liv41211.pdf. Acesso em: 11 fev. 2022.

IBGE. Instituto Brasileiro de Geografia e Estatística. *Perfil dos Municípios Brasileiros*: 2008. Rio de Janeiro, 2008. Disponível em: https://biblioteca.ibge.gov.br/visualizacao/livros/liv41211.pdf. Acesso em: 23 jul. 2018.

IBGE. Instituto Brasileiro de Geografia e Estatística. *Perfil dos municípios brasileiros*: 2011.

Rio de Janeiro: IBGE, 2012. Disponível em: https://ww2.ibge.gov.br/home/estatistica/economia/perfilmunic/2011/. Acesso em: 11 fev. 2022.

IBGE. Instituto Brasileiro de Geografia e Estatística. *Perfil dos municípios brasileiros*: 2015. Rio de Janeiro: IBGE, 2016. Disponível em: https://ww2.ibge.gov.br/home/estatistica/pesquisas/pesquisa_resultados.php?id_pesquisa=89. Acesso em: 11 fev. 2022.

IBGE. Instituto Brasileiro de Geografia e Estatística. *Séries Históricas e Estatísticas*. Rendimento médio mensal das pessoas de 10 anos ou mais de idade (R$). Disponível em: https://seriesestatisticas.ibge.gov.br/series.aspx?no=7&op=0&vcodigo=PD345&t=rendimento-medio-mensal-pessoas-10-anos. Acesso em: 11 fev. 2022.

IBGE. Instituto Brasileiro de Geografia e Estatística. *Sistema Nacional de* Índices *de Preços ao Consumidor*. Séries Históricas. Disponível em: https://seriesestatisticas.ibge.gov.br/lista_tema.aspx?op=0&de=53&no=11. Acesso em: 11 fev. 2022.

IMMERGUT, Ellen M. As regras do jogo: a lógica da política de saúde na França, na Suíça e na Suécia. *Revista Brasileira de Ciências Sociais*, v. 30, n. 11, p. 139-163, 1996.

IMMERGUT, Ellen M. O núcleo teórico do novo institucionalismo. *In*: SARAVIA, Enrique; FERRAREZI, Elisabete (orgs.). *Políticas públicas*. Coletânea – Volume 1. Brasília: ENAP, 2007.

INEP. Instituto Nacional de Estudos e Pesquisas Educacionais Anísio Teixeira. *Brasil no PISA 2015*: análises e reflexões sobre o desempenho dos estudantes brasileiros / OCDE-Organização para a Cooperação e Desenvolvimento Econômico. São Paulo: Fundação Santillana, 2016a. Disponível em: https://download.inep.gov.br/acoes_internacionais/pisa/resultados/2015/pisa2015_completo_final_baixa.pdf . Acesso em: 23 nov. 2018.

INEP. Instituto Nacional de Estudos e Pesquisas Educacionais Anísio Teixeira. *Educação para todos*: a avaliação da década. Brasília: MEC/INEP, 2000. p. 39-52.

INEP. Instituto Nacional de Estudos e Pesquisas Educacionais Anísio Teixeira. Indicadores Financeiros Educacionais. Publicado em 26 nov. 2020. Disponível em: https://www.gov.br/inep/pt-br/acesso-a-informacao/dados-abertos/indicadores-educacionais/indicadores-financeiros-educacionais. Acesso em: 31 jan. 2022.

INEP. Instituto Nacional de Estudos e Pesquisas Educacionais Anísio Teixeira. *Plano Nacional de Educação*. Brasília: INEP, 1998.

INEP. Instituto Nacional de Estudos e Pesquisas Educacionais Anísio Teixeira. *Plano Nacional de Educação PNE 2014-2024*: Linha de Base. Brasília: INEP, 2015a.

INEP. Instituto Nacional de Estudos e Pesquisas Educacionais Anísio Teixeira. *Prova Docente*. Disponível em: https://web.archive.org/web/20210516020501/http://portal.inep.gov.br/prova-docente. Acesso em: 09 fev. 2022.

INEP. Instituto Nacional de Estudos e Pesquisas Educacionais Anísio Teixeira. *Relatório do 1º ciclo de monitoramento das metas do PNE*: biênio 2014-2016. Brasília: INEP, 2016b.

INEP. Instituto Nacional de Estudos e Pesquisas Educacionais Anísio Teixeira. *Relatório do 2º ciclo de monitoramento das metas do PNE*: biênio 2014-2016. Brasília: INEP, 2018b.

INEP. Instituto Nacional de Estudos e Pesquisas Educacionais Anísio Teixeira. *Relatório do 3º ciclo de monitoramento das metas do PNE*. Brasília: INEP, 2020.

INEP. Instituto Nacional de Estudos e Pesquisas Educacionais Anísio Teixeira. *Sinopses estatísticas da Educação Básica* – 1995. Brasília: INEP, 1995. Disponível em: https://www.gov.br/inep/pt-br/acesso-a-informacao/dados-abertos/sinopses-estatisticas. Acesso em: 11 fev. 2022.

INEP. Instituto Nacional de Estudos e Pesquisas Educacionais Anísio Teixeira. *Sinopses estatísticas da Educação Básica* – 2002. Brasília: INEP, 2002. Disponível em: https://www.gov.br/inep/pt-br/acesso-a-informacao/dados-abertos/sinopses-estatisticas. Acesso em: 11 fev. 2022.

INEP. Instituto Nacional de Estudos e Pesquisas Educacionais Anísio Teixeira. *Sinopses estatísticas da Educação Básica* – 2014. Brasília: INEP, 2014. Disponível em: https://www.gov.br/inep/pt-br/acesso-a-informacao/dados-abertos/sinopses-estatisticas. Acesso em: 11 fev. 2022.

INEP. Instituto Nacional de Estudos e Pesquisas Educacionais Anísio Teixeira. *Sinopses Estatísticas da Educação Básica*. 2015b. Disponível em: https://www.gov.br/inep/pt-br/acesso-a-informacao/dados-abertos/sinopses-estatisticas. Acesso em: 11 fev. 2022.

INEP. Instituto Nacional de Estudos e Pesquisas Educacionais Anísio Teixeira. *Sinopses estatísticas da Educação Básica* – 2016. Brasília: INEP, 2016c. Disponível em: https://www.gov.br/inep/pt-br/acesso-a-informacao/dados-abertos/sinopses-estatisticas. Acesso em: 11 fev. 2022.

INEP. Instituto Nacional de Estudos e Pesquisas Educacionais Anísio Teixeira. *Sinopses estatísticas da Educação Básica* – 2017. Brasília: INEP, 2017. Disponível em: https://www.gov.br/inep/pt-br/acesso-a-informacao/dados-abertos/sinopses-estatisticas. Acesso em: 11 fev. 2022.

INEP. Instituto Nacional de Estudos e Pesquisas Educacionais Anísio Teixeira. *Sinopses estatísticas da Educação Básica* – 2021. Brasília: INEP, 2021. Disponível em: https://www.gov.br/inep/pt-br/acesso-a-informacao/dados-abertos/sinopses-estatisticas. Acesso em: 11 fev. 2022.

JACOMINI, Márcia; ALVES, Thiago; CAMARGO, Rubens Barbosa de. Remuneração docente: desafios para o monitoramento da valorização dos professores brasileiros no contexto da meta 17 do Plano Nacional de Educação. *Education Policy Analysis Archives/ Archivos Analíticos de Políticas Educativas*, v. 24, 2016.

JORGE, Ighor Rafael. *A dimensão normativa das políticas públicas*: a política de formação de professores no Brasil. 78 f. Dissertação (Mestrado em Direito) – Pós-Graduação da Faculdade de Direito da Universidade de São Paulo, 2018.

JUSTEN FILHO, Marçal. *Curso de direito administrativo*. 12. ed. rev. atual. ampl. São Paulo: RT, 2016. [4. ed. em e-book, 13, 2 Mb, PDF].

KINGDON, John W. *Agendas, Alternatives, and Public Policies*. Boston: Little, Brown, 1984.

LACZYNSKI, Patrícia; ABRUCIO, Fernando. L. Desigualdade e cooperação federativa: um novo olhar para a discussão dos consórcios. *In*: CHERUBINE, Marcela; TREVAS, Vicente. *Consórcios públicos e as agendas do Estado brasileiro*. São Paulo: Fundação Perseu Abramo, 2013. p. 71-80.

LEITE, Guilherme. AMM aciona governo federal na Justiça por mais verba do Fundeb para educação. *Portal RD News*, 14 nov. 2017. Disponível em: https://www.rdnews.com.br/judiciario/amm-aciona-governo-federal-na-justica-por-mais-verba-do-fundeb-para-educacao/92437. Acesso em: 14 jul. 2022.

LEIVA LAVALLE, Jorge. Instituciones e instrumentos para el planeamiento gubernamental en América Latina. *In*: CARDOSO JR., José Celso (org). *A reinvenção do planejamento governamental no Brasil*. Brasília: IPEA, 2011 (Série: Diálogos para o Desenvolvimento, v. 4).

LEMME, Paschoal. *Memórias de um educador*. 2. ed. Brasília: Instituto Nacional de Estudos e Pesquisas Educacionais, 2004. 4 v.

LESSARD, Claude; CARPENTIER, Anylène. *Políticas educativas*: a aplicação na prática. Tradução de Stephania Matousek. Petrópolis: Vozes, 2016.

LIBÂNEO, José Carlos. *Adeus professor, adeus professora?* Cortez Editora, 1998.

LIMA, Ubirajara Couto; NEVES, Tiago Guedes Barbosa do Nascimento. Regime de colaboração: duas experiências de organização cooperativa na área de educação. *Educação (UFSM)*, v. 43, n. 3, p. 553-564, 2018.

LINDBLOM, Charles E. Still Muddling, Not Yet Through. *Public Administration Review*, v. 39, n. 6, p. 517-526, nov./dez. 1979.

LINDBLOM, Charles E. The science of "Muddling Through". *Public Administration Review*, v. 19, n. 2, p. 79-88, 1959.

LINDBLOM, Charles E. The intelligence of democracy: Decision making through mutual adjustment. New York: Free Press, 1965.

LIPSKY, Michael. *Toward a theory of street-level bureaucracy*. Institute for Research on Poverty, University of Wisconsin, 1969.

LOMBARDINI, Siro. Política econômica. *In*: BOBBIO, Norberto; MATTEUCCI, Nicola; PASQUINO, Gianfranco. *Dicionário de política*. 11. ed. Tradução de João Ferreira *et al*. Brasília: UNB, 1998.

LOURENÇO FILHO, Manoel Bergström. *A formação de professores*: da Escola Normal à Escola de Educação. 2. ed. Brasília: Instituto Nacional de Estudos e Pesquisas Educacionais Anísio Teixeira, 2001.

LOURENÇO FILHO, Manoel Bergström. *A pedagogia de Rui Barbosa*. Brasília: Instituto Nacional de Estudos e Pesquisas Educacionais Anísio Teixeira, 2001b.

LOURENÇO FILHO, Manoel Bergström. *Tendências da educação brasileira*. 2. ed. Brasília: Instituto Nacional de Estudos e Pesquisas Educacionais Anísio Teixeira, 2002.

LOUZANO, Paula; ROCHA, Valéria; MORICONI, Gabriela Miranda; OLIVEIRA, Romualdo Portela de. Quem quer ser professor? Atratividade, seleção e formação do docente no Brasil. *Estudos em avaliação educacional*, v. 21, n. 47, p. 543-568, 2010.

MACHADO, Maria Aglaê de Medeiros. O Plano Decenal e os Compromissos de Jomtien: da palavra a ação. *In*: Ministério da Educação e Cultura; Instituto Nacional de Estudos e Pesquisas Educacionais Anísio Teixeira – INEP. *Educação para todos*: a avaliação da década. Brasília: MEC/INEP p. 39-52, 2000.

MACHADO, Maria Aglaê de Medeiros. Rui Barbosa. Recife: Fundação Joaquim Nabuco, Editora Massangana, 2010. (Coleção Educadores – MEC).

MADEIRA, Ricardo. INSTITUTO UNIBANCO (org.) *Caminhos para a qualidade da educação públic*: impactos e evidências. São Paulo: Fundação Santillana, 2017.

MAGALHÃES, João Carlos. *Emancipação político-administrativa de municípios no Brasil*. Dinâmica dos municípios. Brasília: IPEA, p. 13-21, 2007.

MAIA, Maurício Holanda. Regime de colaboração no PNE: antecedentes, propostas, perspectivas e desafios. *In*: GOMES, Ana Valeska Amaral *et al*. *Plano Nacional de Educação*: olhares sobre o andamento das metas. Brasília: Câmara dos Deputados, 2017. p. 305-332.

MARQUES-NETO, Floriano de Azevedo. Parecer PL nº 11107 08/03/2005. *Revista Jurídica da Presidência*, v. 7, n. 72, 2005. Disponível em: https://revistajuridica.presidencia.gov.br/index.php/saj/article/view/526/519. Acesso em: 11 fev. 2022.

MARQUES, Eduardo. Path dependence. *In*: DI GIOVANNI, Geraldo; NOGUEIRA, Marco Aurélio (orgs.). *Dicionário de políticas públicas*. 2. ed. São Paulo: FUNDAP; Editora UNESP, 2015.

MARRAFON, Marco Aurélio. Federalismo brasileiro: reflexões em torno da dinâmica entre autonomia e centralização. *In*: CLÉVE, Clemerson Merlin. *Direito Constitucional Brasileiro*. São Paulo: Revista dos Tribunais, 2014. p. 95-121, v. II.

MARRARA, Thiago. A atividade de planejamento na Administração Pública: o papel e o conteúdo das normas previstas no anteprojeto da Nova Lei de Organização Administrativa. *Revista Brasileira de Direito Público – RBDP*, Belo Horizonte, ano 9, n. 34, jul./set. 2011.

MARTINELLI, Nereide Lúcia; VIANA, Ana Luiza d'Ávila; SCATENA, João Henrique Gurtler. O Pacto pela Saúde e o processo de regionalização no estado de Mato Grosso. *Saúde em Debate*, v. 39, n. spe, p. 76-90, 2015.

MARTINS, Angela Maria. Uma análise da municipalização do ensino no Estado de São Paulo. *Cadernos de Pesquisa*, n. 120, p. 221-238, 2003.

MARTINS, Paulo de Sena. Carta de Goiânia. *Cadernos Aslegis*, n. 54, p. 141-8, 2018.

MARTINS, Paulo de Sena. *FUNDEB, federalismo e regime de colaboração*. Campinas: Autores Associados, 2011.

MARTINS, Paulo de Sena. Planejamento e plano nacional de educação. *Cadernos Aslegis*, n. 39, p. 91-118, 2010.

MARTINS, Paulo de Sena. *A EC 108/2020*: FUNDEB permanente. [Consultoria Legislativa: Nota Técnica]. Brasília: Câmara dos Deputados, fev. 2021.

MARTINS, Wilson. *História da inteligência brasileira*. São Paulo: Cultrix, EDUSP, 1977. v. II.

MARTINS, Wilson. *História da inteligência brasileira*. São Paulo: Cultrix, EDUSP, 1979. v. III.

MASCARENHAS, Caio Gama; RIBAS, Lídia Maria. Financiamento de políticas públicas educacionais e fundos orientados por desempenho: eficiência e equidade na gestão da educação pública. *Revista de Direito Brasileira*, v. 24, n. 9, p. 17-49, 2019.

MATUS, Carlos. *Teoria do jogo social*. Tradução de Luis Felipe Rodriguez Del Riego; revisão técnica Vanya Mundim Sant'Anna. São Paulo: FUNDAP, 2005.

MAURER, Hartmut. *Direito administrativo geral*. Tradução de Luis Afonso Heck. Barueri: Manole, 2006.

MCGUIRE, Michael. Collaborative public management: Assessing what we know and how we know it. *Public administration review*, v. 66, p. 33-43, 2006.

MEDAUAR, Odete. *A processualidade no direito administrativo*. São Paulo: Revista dos Tribunais, 1993.

MELCHIOR, José Carlos de Araújo. Financiamento da educação no Brasil numa perspectiva democrática. *Cadernos de Pesquisa*, n. 34, p. 39-83, 1980.

MELLO, Celso Antonio Bandeira. *Curso de Direito Administrativo*. 27. ed. rev. atual. São Paulo: Malheiros, 2010.

MELLO, Evaldo Cabral. *O nome e o sangue*: uma fraude genealógica no Pernambuco Colonial. São Paulo, Companhia das Letras, 1989.

MENDES, Gilmar Ferreira; BRANCO, Paulo Gustavo Gonet. *Curso de direito constitucional*. 8. ed. rev. atual. São Paulo: Saraiva, 2013.

MENDES, Marcos. Descentralização do ensino fundamental: avaliação de resultados do FUNDEF. *Planejamento e Políticas Públicas*, Brasília, n. 24, p. 27-51, dez. 2001.

MENDLOVITZ, Marcos. *Análise dos efeitos da PEC nº 241 sobre a Manutenção e Desenvolvimento do Ensino*. Câmara dos Deputados; Consultoria de Orçamento e Fiscalização Financeira. Estudo Técnico nº 11, 2016 (revisado). Disponível em: http://www2.camara.leg.br/atividade-legislativa/orcamentobrasil/estudos/2016/et11-2016-analise-dos-efeitos-da-pec-no-241-sobre-a-manutencao-e-desenvolvimento-do-ensino. Acesso em: 11 fev. 2022.

MINHOTO, Maria Angélica Pedra. Política de avaliação da educação brasileira: limites e perspectivas. *In*: SOUZA, Ângelo Ricardo; GOUVEIA, Andréa Barbosa; TAVARES, Taís Moura (orgs.). *Políticas Educacionais*: conceitos e debates. 3. ed. Curitiba: Appris, 2016.

MINTO, Lalo Watanabe. Capital Humano. *In*: Grupo de Estudos e Pesquisas "História, Sociedade e Educação no Brasil". *Navegando na História da Educação Brasileira*. Faculdade de Educação da Unicamp, Campinas, 2006. Disponível em: https://www.histedbr.fe.unicamp.br/navegando/glossario/verb_c_teoria_%20do_capital_humano.htm. Acesso em: 11 fev. 2022.

Mobilizadores do "FUNDEB pra Valer" são recebidos em Brasília. *Folha de São Paulo*, 1º set. 1995. Disponível em: https://www1.folha.uol.com.br/folha/dimenstein/ noticias/gd010905.htm. Acesso em: 11 fev. 2022.

MONLEVADE, João Antonio Cabral de. Meta 18 do PNE: para entendê-la e colocá-la em prática. *In*: GOMES, Ana Valeska Amaral *et al*. *Plano Nacional de Educação*: olhares sobre o andamento das metas. Brasília: Câmara dos Deputados, p. 249-273, 2017.

MONLEVADE, João Antonio Cabral de. *Valorização salarial dos professores*: o papel do piso salarial profissional nacional como instrumento de valorização dos professores da educação básica pública. 317 f. Tese (Doutorado) – Universidade Estadual de Campinas – UNICAMP, Campinas, 2000.

MORAIS, Christianni Cardoso; OLIVEIRA, Cleide Cristina. Aulas régias, cobrança do subsídio literário e pagamento dos ordenados dos professores em Minas Gerais no período colonial. *Revista Educação em Perspectiva*, v. 3, n. 1, 2012.

MORAND, Charles-Albert. *Le droit neo moderne des politiques publiques*. Paris: LGDJ, 1999.

MORENO, Ana Carolina. Justiça derruba decisão que obrigava MEC a implementar valor de gasto por aluno. *Portal G1* Educação, 12 out. 2017. Disponível em: https://g1.globo.com/educacao/noticia/justica-derruba-decisao-que-obrigava-mec-a-implementar-valor-de-gasto-por-aluno.ghtml. Acesso em: 24 jul. 2018.

NAGLE, Jorge. *Educação e sociedade na Primeira República*. 3. ed. São Paulo: EDUSP, 2009.

NEGRI, Barjas. O Financiamento Público da Educação Básica no Brasil: 1988-2012. *In*: NEGRI, Barjas; TORRES, Haroldo da Gama; CASTRO, Maria Helena Guimarães (orgs.); GOUVEA, Gilda Figueiredo Portugal (coord. técnica do projeto). *Educação básica no Estado de São Paulo*: avanços e desafios. São Paulo: Fundação SEADE/FDE, 2014. p. 37-82.

NEUBAUER, Rose. Reorganização das escolas estaduais paulistas: um novo modelo pedagógico e a municipalização. *In*: NEGRI, Barjas; TORRES, Haroldo da Gama; CASTRO, Maria Helena Guimarães (orgs.); GOUVEA, Gilda Figueiredo Portugal (coord. técnica do projeto). *Educação básica no Estado de São Paulo*: avanços e desafios. São Paulo: Fundação SEADE/FDE, 2014. p. 243-271.

NEVES, Marcelo. Constitucionalização simbólica e desconstitucionalização fática: mudança simbólica da constituição e permanência das estruturas reais de poder. *Revista de Informação Legislativa*, Brasília, a. 33, n. 132, p. 321-330, out./dez. 1996.

NICOLETI, João Ernesto. *Arranjos de desenvolvimento da educação*: uma alternativa partilhada de gestão municipal da educação. 133 f. Tese (Doutorado em Educação) – Pós-Graduação em Educação Escolar da Faculdade de Ciências e Letras da Universidade Estadual Paulista "Júlio de Mesquita Filho"– Unesp, Araraquara, Vitória, 2014. Disponível em: https://repositorio.unesp.br/handle/11449/122046. Acesso em: 11 fev. 2022.

NOHARA, Irene Patrícia. *Direito administrativo*. 10. ed. São Paulo: Atlas, 2020.

"Nova Lei de Diretrizes e Bases é criticada pelo seu corporativismo". *Folha de São Paulo*, Caderno Cotidiano, p. 4-2, 22 jul. 1991. Disponível em: https://acervo.folha.com.br/. Acesso em: 07 fev. 2022.OBSERVATÓRIO do Plano Nacional da Educação. *Todos pela Educação*. Disponível em: http://www.observatoriodopne.org.br/. Acesso em: 11 fev. 2020.

O piso salarial dos professores. *O Estado de São Paulo*, São Paulo, 03 ago. 2008. Editorial, p. A3, 08 ago. 2008. Disponível em: https://acervo.estadao.com.br/pagina/#!/20080808-41933-nac-3-edi-a3-not. Acesso em: 08 fev. 2022.

O plano e os mestres. *Folha de São Paulo*, São Paulo, p. A2, 26 abr. 2007. Disponível em: https://acervo.folha.com.br/. Acesso em: 09 fev. 2022.

O'LEARY, Rosemary; VIJ, Nidhi. Collaborative public management: Where have we been and where are we going?. *The American Review of Public Administration*, v. 42, n. 5, p. 507-522, 2012.

OECD. Organization for Economic Co-operation and Development.

OECD. Organization for Economic Co-operation and Development. *Education at a Glance 2017*. Country Note: Brazil. Paris: OECD Publishing, 2017. Disponível em: http://download.inep.gov.br/acoes_internacionais/estatisticas_educacionais/ocde/education_at_a_glance/CN_Brazil_OECD_2017.pdf. Acesso em: 31 jan. 2022.

OECD. Organization for Economic Co-operation and Development. *Education at a glance 2018*. Country Note: Brazil. Paris: OECD Publishing, 2018a. Disponível em: https://download.inep.gov.br/acoes_internacionais/estatisticas_educacionais/ocde/education_at_a_glance/Country_Note_Nota_sobre_o_Brasil.pdf . Acesso em: 31 jan. 2022.

OECD. Organization for Economic Co-operation and Development. *Education at a glance 2021*. Paris: OECD Publishing, 2021a. Disponível em: https://www.oecd.org/education/education-at-a-glance. Acesso em: 31 jan. 2022.

OECD. Organization for Economic Co-operation and Development. *Education at a glance 2021*. Country Note: Brazil. Paris: OECD Publishing, 2021b. Disponível em: https://www.oecd.org/education/education-at-a-glance. Acesso em: 31 jan. 2022.

OECD. Organization for Economic Co-operation and Development. *Effective teacher policies*: insights from PISA. Paris: OECD Publishing, 2018b. Disponível em: http://www.oecd.org/education/effective-teacher-policies-9789264301603-en.htm. Acesso em: 24 nov. 2018b.

OECD. Organization for Economic Co-operation and Development. Que fatores determinam os gastos com o corpo docente? *Indicadores Educacionais em Foco*, n. 12, mar. 2013. Disponível em: http://download.inep.gov.br/acoes_internacionais/estatisticas_educacionais/indicadores_educacionais_foco/indicadores_educacionais_foco_n_12.pdf. Acesso em: 12 fev. 2022.

OECD. Organization for Economic Co-operation and Development. *PISA 2015*. Country Note: Brazil. Paris: OECD Publishing, 2015. Disponível em: http://www.oecd.org/pisa/pisa-2015-Brazil.pdf. Acesso em: 31 jan. 2022.

OECD. Organization for Economic Co-operation and Development. *PISA 2018*. Country Note: Brazil. Paris: OECD Publishing, 2018c. Disponível em: https://www.oecd.org/pisa/publications/PISA2018_CN_BRA.pdf. Acesso em: 31 jan. 2022.

OECD. Organization for Economic Co-operation and Development. *Política de educación y formación:* Los docentes son importantes: Atraer, formar y conservar a los docentes eficientes. Paris: OECD Publishing, 2009.

OECD. Organization for Economic Co-operation and Development. *The state of Global Education*: 18 months into the Pandemic. Paris: OECD Publishing, 2021c. Disponível em: https://www.oecd-ilibrary.org/education/the-state-of-global-education_1a23bb23-en. Acesso em: 24 fev. 2022.

OLIVEIRA, Alison Pablo; FRANCO, Ana Maria de Paiva; MENEZES FILHO, Naercio. Impactos do FUNDEF sobre matrículas, docentes e escolas em São Paulo. *In*: NEGRI, Barjas; TORRES, Haroldo da Gama; CASTRO, Maria Helena Guimarães (orgs.); GOUVEA, Gilda Figueiredo Portugal (coord. técnica do projeto). *Educação básica no Estado de São Paulo*: avanços e desafios. São Paulo: Fundação SEADE/FDE, 2014. p. 37-82.

OLIVEIRA, José Antônio Puppim de. Desafios do planejamento em políticas públicas: diferentes visões e práticas. *Revista de Administração Pública-RAP*, Rio de Janeiro, v. 40, n. 2, p. 273-88, 2006.

OLIVEIRA, Romualdo Portela De. Educação na Assembleia Constituinte de 1946. *In*: FÁVERO, Osvaldo (org.). *A Educação nas constituintes brasileiras*. Campinas: Autores Associados, 2014. p. 169-210.

OLIVEIRA, Vitor; MENEZES FILHO, Naercio; KOMATSU, Bruno. A relação entre a qualidade da gestão municipal e o desempenho educacional no Brasil. *Insper – Centro de Políticas Públicas*, Policy paper n. 34, ago. 2018.

PALHARES, Isabela. "Brasil é dos poucos países que não aumentaram recursos para educação na pandemia". *Folha de São Paulo*, 16 set. 2021. Disponível em: https://www1.folha.uol.com.br/educacao/2021/09/brasil-e-dos-poucos-paises-que-nao-aumentaram-recursos-para-educacao-na-pandemia.shtml. Acesso em: 24 fev. 2022.

PALMA FILHO, João Cardoso. A República e a Educação no Brasil: Primeira República (1889-1930). *Acervo Digital Univesp*, p. 1-14, 2005.

PARO, Vitor Henrique. Eleição de diretores de escolas públicas: avanços e limites da prática. *Revista Brasileira de Estudos Pedagógicos*, Brasília, v. 77, n. 186, p. 376-395, maio/ago. 1996. Disponível em: http://rbep.inep.gov.br/ojs3/index.php/rbep/article/view/1205. Acesso em: 12 fev. 2022.

PEREIRA, Luiz. *O professor primário metropolitano*. Rio de Janeiro: Centro Brasileiro de Pesquisas Educacionais, Instituto Nacional de Estudos Pedagógicos, Ministério da Educação e Cultura, 1963. 3 v. (Coleção O Brasil Urbano).

PEREIRA, Luiz Carlos Bresser. Da administração pública burocrática à gerencial. *Revista do Serviço público*, v. 47, n. 1, p. 7-40, 1996.

PÉREZ GÓMEZ, A. I. *A cultura escolar na sociedade neoliberal*. Tradução de Ernani Rosa. Porto Alegre: Artmed, 2001.

PEREZ, Marcos Augusto. *A administração pública democrática*. 1. ed. 1. reimpr. Belo Horizonte: Fórum, 2009.

PETERS, B. Guy. *La política de la burocracia*. Tradução de Eduardo L. Suárez Galindo. México: Fondo de Cultura Económica, 1999.

PIERSON, Paul; SKOCPOL, Theda. Why history matters. *APSA-CP Newsletter*, v. 10, p. 29-31, 1999.

PILETTI, Claudino; PILETTI, Nelson. *História da educação*: de Confúcio a Paulo Freire. São Paulo: Editora Contexto, 2012.

PINHEIRO, Maria Francisca. O público e o privado na educação: um conflito fora de moda? *In*: FÁVERO, Osmar (org.). *A educação nas constituintes brasileiras*. Campinas: Atores Associados, 2014.

PINO, Ivany. A Lei de Diretrizes e Bases da Educação: a ruptura do espaço social e a organização da educação nacional. *In*: BRZEZINSKI, Iria (org.). *LDB dez anos depois*: reinterpretações sob diversos olhares. São Paulo: Cortez, p. 17-41, 2008.

PINHO, Angela. AGU analisará mudanças na lei do piso do professor. *Folha de São Paulo*, São Paulo, p. C7, 15 ago. de 2008. Disponível em: https://acervo.folha.com.br/leitor.do?numero=17630&keyword=professor%2Cpiso%2Clei&anchor=5318184&origem=busca&pd=bbb21df9a538fd09948db12d77be20b3. Acesso em: 08 fev. 2022.

PINTO, Élida Graziane. PECs 13 e 23/2021 negam prioridade ao futuro com calotes educacionais. *Conjur*, 24 ago. 2021. Disponível em: https://www.conjur.com.br/2021-ago-24/contas-vista-pecs-13-232021-negam-prioridade-futuro-calotes-educacionais. Acesso em: 07 fev. 2022.

PINTO, José Marcelino de Rezende. Federalismo, descentralização e planejamento da educação: desafios aos municípios. *Cadernos de Pesquisa*, São Paulo, v. 44, n. 153, p. 624-644, 2014.

PINTO, José Marcelino de Rezende. Uma proposta de custo-aluno-qualidade na educação básica. *Revista Brasileira de Política e Administração da Educação*, Goiânia, v. 22, n. 02, 2006.

PINTO, José Marcelino de Rezende. Financiamento da Educação no Brasil: um balanço do governo FHC. *Educação e Sociedade*, Campinas, v. 23, n. 80, p. 108-135, 2002.

Piso pedagógico. *Folha de São Paulo*, 05 ago. 2008. Disponível em: https://acervo.folha.com.br/leitor.do?numero=17620&keyword=piso%2CLEI%2Cprofessor%2Clei&anchor=5316931&origem=busca&pd=6fc59a05268fbb904143109bf4e2b854. Acesso em: 08 fev. 2022.

PRADO, Mariana Mota. Institutional Bypass: An Alternative for Development Reform. *SSRN*, abr. 2011. Disponível em: https://ssrn.com/abstract=1815442. Acesso em: 22 fev. 2022.

PRADO, Mariana Mota; CHASIN, Ana Carolina Da Matta. How innovative was the Poupatempo experience in Brazil? Institutional bypass as a new form of institutional change. *Brazilian political Science review*, v. 5, n. 1, p. 11-34, 2011.

PRADO, Mariana Mota; TREBILCOCK, Michael. Path Dependence, Development, and the Dynamics of Institutional Reform. *University of Toronto Law Journal*, Toronto, v. 59, n. 3, p. 341-379, 2009.

PRESSMAN, Jeffrey L.; WILDAVISKY, Aaron. *Implementation*: How Great Expectations in Washington Are Dashed in Oakland; Or, Why It's Amazing that Federal Programs Work at All, This Being a Saga... Morals on a Foundation (Oakland Project). University of California Press, 1973.

PRITCHETT, Lant. Where has all the education gone? *The world bank economic review*, v. 15, n. 3, p. 367-391, 2001.

PROCOPIUCK, Mario. *Políticas públicas e fundamentos da administração pública*: análise e avaliação, governança e redes de políticas, administração judiciária. São Paulo: Atlas, 2013.

"Projeto nasceu 'Frankenstein' e virou 'Hércules'". *Folha de São Paulo*, p. A-514, ago. 1987. Disponível em: http://acervo.folha.uol.com.br. Acesso em: 14 jul. 2022.

PROJETO tem mais de mil emendas e enfrenta "percurso" antes da votação. *Folha de São Paulo*, São Paulo, Caderno Cotidiano, p. 4-2, 22 jul. 1991. Disponível em: https://acervo.folha.com.br/. Acesso em: 22 fev. 2022.

RAMINELLI, Ronald. Justificando nobrezas: velhas e novas elites coloniais – 1750-1807. *História (São Paulo)*, v. 35, n. 97, p. 1-26, 2016.

RANIERI, Nina. *Educação superior, direito e estado*: na Lei de diretrizes e bases, Lei. São Paulo: EDUSP/FAPESP, 2000.

REALE JR., Miguel. O papel da sociedade civil da ditadura ao neopopulismo. *In*: MOTA, Carlos Guilherme; SALINAS, Natasha S. C. (orgs.). *Os juristas na formação do Estado Nação brasileiro*: 1930-dias atuais. São Paulo: Saraiva, 2010. p. 535-552.

RECEITA FEDERAL. *Carga Tributária no Brasil – 2020*. Brasília: Ministério da Fazenda, Receita Federal, 2021. Disponível em: https://www.gov.br/receitafederal/pt-br/acesso-a-informacao/dados-abertos/receitadata/estudos-e-tributarios-e-aduaneiros/estudos-e-estatisticas/carga-tributaria-no-brasil/ctb-2020-v1-publicacao.pdf. Acesso em: 09 fev. 2022.

RIBEIRO, Renato Janine. *A Pátria Educadora em colapso*: reflexões de um ex-ministro sobre a derrocada de Dilma Rousseff e o futuro da educação no Brasil. São Paulo: Três Estrelas, 2018.

RIBEIRO, Renato Jorge Brown; BLIACHERIENE, Ana Carla. *Construindo o planejamento público*: buscando a integração entre política, gestão e participação popular. São Paulo: Atlas, 2013.

RIO, João do (Paulo Barreto). *O momento literário*. Rio de Janeiro: H. Garnier,1908. Transcrição digital disponível em: https://digital.bbm.usp.br/handle/bbm/1977. Acesso em: 12 fev. 2022.

ROCHA, Gessyca. Plano Nacional de Educação tem uma meta alcançada em 20 e risco de estagnação e descumprimento, diz relatório. *Portal G1*, 07 jun. 2018. Disponível em: https://g1.globo.com/educacao/noticia/plano-nacional-de-educacao-tem-uma-meta-alcancada-em-20-e-risco-de-estagnacao-e-descumprimento-diz-relatorio.ghtml. Acesso em: 12 fev. 2022.

ROCHA, Maria da Consolação. *Políticas de valorização do magistério*: remuneração, plano de carreira, condições de trabalho: uma análise da experiência de Belo Horizonte. 2009. 341 f. Tese (Doutorado em Educação) – Faculdade de Educação da Universidade de São Paulo, São Paulo, 2009.

ROCHA, Marlos Bessa Mendes da. Tradição e modernidade na educação: o processo constituinte de 1933-34. *In*: FÁVERO, Osmar (org.). *A Educação nas constituintes brasileiras, 1823-1988*. Campinas: Autores Associados, 2014.

RODRIGUEZ, Vicente *et al*. Financiamento da educação e políticas públicas: o FUNDEF e a política de descentralização. *Cadernos Cedes*, Campinas, ano XXI, n. 55, p. 42-57, nov. 2001.

RODRIK, Dani. Goodbye Washington consensus, hello Washington confusion? A review of the World Bank's economic growth in the 1990s: learning from a decade of reform. *Journal of Economic literature*, v. 44, n. 4, p. 973-987, 2006. Disponível em: https://aae.wisc.edu/coxhead/courses/731/pdf/rodrik%20goodbye%20washington%20consensus%20jel%202006.pdf. Acesso em: 04 fev. 2022.

ROMANO, Santi. *O Ordenamento Jurídico*. Tradução de Arno Dal Ri Jr. Florianópolis: Fundação Boiteux, 2008.

ROTHSTEIN, Bo. *The quality of government*: Corruption, social trust, and inequality in international perspective. Chigago/London: University of Chicago Press, 2011.

SABATIER, Paul A. Top-down and bottom-up approaches to implementation research: a critical analysis and suggested synthesis. *Journal of public policy*, v. 6, n. 1, p. 21-48, 1986.

SALDAÑA, Paulo. "Vélez indica para secretarias do MEC ex-alunos de filosofia sem experiência de gestão". *Folha de São Paulo*, São Paulo, 04 jan. 2019. Disponível em: https://www1.folha.uol.com.br/educacao/2019/01/velez-indica-para-secretarias-do-mec-ex-alunos-de-filosofia-sem-experiencia-de-gestao.shtml. Acesso em: 12 fev. 2022.

SALDAÑA, Paulo. Prevista para este ano, decisão sobre Fundeb atrasa e agrada governo federal. *Folha de São Paulo*, São Paulo, 17 dez. 2019. Disponível em: https://www1.folha.uol.com.br/educacao/2019/12/prevista-para-este-ano-decisao-sobre-fundeb-atrasa-e-agrada-governo-federal.shtml. Acesso em: 24 fev. 2022.

SALDAÑA, Paulo. "Governo Bolsonaro quer barrar reajuste de 33% no piso de professores". *Folha de São Paulo*, São Paulo, 24 jan. 2022. Disponível em: https://www1.folha.uol.com.br/educacao/2022/01/governo-bolsonaro-quer-barrar-reajuste-de-33-no-piso-de-professores.shtml. Acesso em: 24 fev. 2022.

SALDAÑA, Paulo; BRANT, Danielle; CARAM, Bernardo. Governo tenta adiar Fundeb para 2022 e quer dividir recurso com Renda Brasil. *Folha de São Paulo*, São Paulo, 18 jul. 2020. Disponível em: https://www1.folha.uol.com.br/educacao/2020/07/governo-tenta-adiar-fundeb-para-2022-e-quer-dividir-recurso-com-renda-brasil.shtml. Acesso em: 24 fev. 2022.

SANDEL, Michael J. *O que o dinheiro não compra*. Rio de Janeiro: Editora José Olympio, 2012.

SALVIA, Filippo; TERESI Francesco. *Diritto Urbanistico*. 5. ed. Pádua: CEDAM, 1992.

SANT'ANNA, Vanya. Planejamento. *In*: DI GIOVANNI, Geraldo; NOGUEIRA, Marco Aurélio (orgs.). *Dicionário de políticas públicas*. 2. ed. São Paulo: FUNDAP; Editora UNESP, 2015. p. 671-6.

SANTOS FERREIRA, Márcia. Os Centros de Pesquisas Educacionais do INEP e os estudos em ciências sociais sobre a educação no Brasil. *Revista Brasileira de Educação*, v. 13, n. 38, 2008.

SANTOS, Fernanda Julyanna Silva dos; SAMPAIO, Raquel Menezes Bezerra; SAMPAIO, Luciano Menezes Bezerra. Eleição nas escolas: uma análise do impacto do diretor eleito sobre o desempenho educacional no Estado da Bahia. *Pesquisa e planejamento econômico*. Brasília, IPEA, v. 46, n. 1, abr. 2016. Disponível em: http://repositorio.ipea.gov.br/handle/11058/6652. Acesso em: 12 fev. 2022.

SANTOS, Flávio Rosendo dos; OLIVEIRA, Antônio Gonçalves de; VICENTIN, Ivan Carlos. O planejamento na Administração Pública como decorrência do direito fundamental à boa administração. *Fórum Administrativo – FA*, Belo Horizonte, ano 16, n. 181, p. 26-35, mar. 2016.

SANTOS, Manoel Leonardo; MANCUSO, Wagner Pralon; BAIRD, Marcello Fragano; RESENDE, Ciro Antônio da Silva. *Lobbying no Brasil*: profissionalização, estratégias e influência. Brasília: IPEA, 2017. (Série: Texto para discussão IPEA, n. 2334).

SÃO PAULO (Estado). *Decreto nº 5.884, de 21 de abril de 1933*. Institue o Codigo de Educação do Estado de São Paulo. Diário do Executivo. São Paulo, 1933. p. 19. Disponível em: http://www.al.sp.gov.br/repositorio/legislacao/decreto/1933/decreto-5884-21.04.1933.html. Acesso em: 12 fev. 2022.

SÃO PAULO (Estado). *Decreto-Lei nº 12.427, de 23 de dezembro de 1941*. Consubstancia novas disposições relativas à carreira do magistério público primário, e dá outras providências. Diário Oficial do Estado de São Paulo. São Paulo, 1941, p. 1. Disponível em: http://dobuscadireta.imprensaoficial.com.br/default.aspx?DataPublicacao=19411224&Caderno=Diario%20Oficial&NumeroPagina=1. Acesso em: 12 fev. 2022.

SÃO PAULO (Estado). *Decreto-Lei nº 13.440, de 30 de junho de 1943*. Ratifica o Convênio Nacional de Ensino Primário. Diário Oficial do Estado de São Paulo. São Paulo, 1943. Disponível em: http://www.al.sp.gov.br/repositorio/legislacao/decreto.lei/1943/decreto.lei-13440-30.06.1943.html. Acesso em: 22 fev. 2022.

SÃO PAULO (Estado). *Lei nº 82, de 01 de abril de 1889*. Orça a receita e fixa a despesa das Câmaras Municipais. Secretaria do Governo da Provincia de São Paulo. 01 abr. 1889. Disponível em: http://www.al.sp.gov.br/repositorio/legislacao/lei/1889/lei-82-01.04.1889.html. Acesso em: 12 fev. 2022.

SÃO PAULO (Estado). *Lei nº 10.261, de 28 de outubro de 1968*. Dispõe sobre o Estatuto dos Funcionários Públicos Civis do Estado. Diário Oficial do Estado de São Paulo. São Paulo, 1968. p. 2. Disponível em: http://dobuscadireta.imprensaoficial.com.br/default.aspx?DataPublicacao=19681029&Caderno=Poder%20Executivo&NumeroPagina=2. Acesso em: 12 fev. 2022.

SÃO PAULO (Estado). *Lei nº 435, de 24 de setembro de 1974*. Autoriza o Poder Executivo a instituir Fundação, que se denominará "Fundação do Desenvolvimento Administrativo". Diário Oficial do Estado de São Paulo. São Paulo, 1974. p. 3. Disponível em: https://www.al.sp.gov.br/norma/?id=38739. Acesso em: 12 fev. 2022.

SÃO PAULO (Estado). *Lei Complementar nº 1.044, de 13 de maio de 2008*. Institui o Plano de Carreiras, de Empregos Públicos e Sistema Retribuitório dos servidores do Centro Estadual de Educação Tecnológica "Paula Souza" – CEETEPS. Diário Oficial do Estado de São Paulo. São Paulo, 2008. p. 1. Disponível em: https://www.al.sp.gov.br/repositorio/legislacao/lei.complementar/2008/compilacao-lei.complementar-1044-13.05.2008.html. Acesso em: Acesso em: 12 fev. 2022.

SÃO PAULO (Estado). *Lei nº 16.019, de 27 de novembro de 2015*. Dispõe sobre a extinção da Fundação do Desenvolvimento Administrativo – FUNDAP e dá providências correlatas. Diário Oficial do Estado de São Paulo. São Paulo, 2015. p. 1. Disponível em: https://www.al.sp.gov.br/norma/176560. Acesso em: Acesso em: 12 fev. 2022.

SÃO PAULO (Estado). Secretaria da Educação. *Resolução SE nº 72, de 22 de dezembro de 2016*. Dispõe sobre o processo anual de atribuição de classes e aulas ao pessoal docente do Quadro do Magistério, referente à atribuição de aulas para o ano de 2017. Disponível em: http://siau.edunet.sp.gov.br/ItemLise/arquivos/RESOLU%C3%87%C3%83O%20SE%2072.HTM. Acesso em: 12 fev. 2022.

SÃO PAULO (Estado). Tribunal de Justiça de São Paulo. *Apelação nº 1012025-73.2017.8.26.0053*. Relatora: Luciana Bresciani. Órgão Julgador: 2ª Câmara de Direito Público; Foro Central – Fazenda Pública/Acidentes – 7ª Vara de Fazenda Pública; Data do Julgamento: 05.12.2017; Data de Registro: 06.12.2017. Disponível em: https://esaj.tjsp.jus.br/cjsg/getArquivo.do?cdAcordao =11047032&cdForo=0. Acesso em: 12 fev. 2022.

SARMENTO, Daniel. 21 Anos da Constituição de 1988: a Assembleia Constituinte de 1987/1988 e a Experiência Constitucional Brasileira sob a Carta de 1988. *Direito Público*, v. 6, n. 30, p. 7-41, nov./dez. 2009.

SAVIANI, Dermeval. A nova LDB. *Pro-Posições*, v. 1, n. 1, p. 7-13, 1997.

SAVIANI, Dermeval. *Educação*: do senso comum à consciência filosófica. 11. ed. Campinas: Autores associados, 1996.

SAVIANI, Dermeval. O manifesto dos pioneiros da educação nova de 1932 e a questão do sistema nacional de educação. *In*: CUNHA, Célio da; GADOTTI, Moacir; BORDIGNON, Genuíno; NOGUEIRA, Flávia Maria de Barros (orgs.). *O Sistema Nacional de Educação*: diversos olhares 80 anos após o Manifesto. Brasília: Ministério da Educação; Secretaria de Articulação com os Sistemas de Ensino, 2014.

SAVIANI, Dermeval. O Plano de Desenvolvimento da Educação: análise do projeto do MEC. *Educação & Sociedade*, Campinas, v. 28, n. 100 – Especial, p. 1231-1255, out. 2007.

SAVIANI, Dermeval. Sistema Nacional de Educação articulado ao Plano Nacional de Educação. *Revista Brasileira de Educação*, v. 15, n. 44, p. 380-412, maio/ago. 2010.

SCHUELER, Alessandra Frota Martinez de; MAGALDI, Ana Maria Bandeira de Mello. Educação escolar na Primeira República: memória, história e perspectivas de pesquisa. *Tempo – Revista do Departamento de História da Universidade Federal Fluminense*, v. 13, n. 26, p. 43-66, 2009.

SEARLE, John R. *et al. The construction of social reality*. London: Penguim, 1996.

SEARLE, John R. What is an institution? *Journal of institutional economics*, v. 1, n. 1, p. 1-22, 2005.

SECRETARIA DO TESOURO NACIONAL. STN. *Aspectos fiscais da educação no Brasil*. Brasília: STN, 2018. Disponível em: https://www.tesourotransparente.gov.br/publicacoes/aspectos-fiscais-da-educacao-no-brasil/2018/30. Acesso em: 12 fev. 2022.

SECRETARIA DO TESOURO NACIONAL. STN. *Balanço do Setor Público Nacional 2021* – Ano base 2020. Brasil. Brasília: STN, 2021. Disponível em: https://www.tesourotransparente.gov.br/publicacoes/balanco-do-setor-publico-nacional-bspn/2020/114. Acesso em: 12 fev. 2022.

SEGATTO, Catarina; ABRUCIO, Fernando. A gestão por resultados na educação em quatro estados brasileiros. *Revista do Serviço Público*, v. 68, n. 1, p. 85, 2017.

SENA, Paulo. A história do PNE e os desafios da nova lei. *In*: SENA, Paulo. *Plano Nacional de Educação 2014-2024*. 2. ed. Brasília: Câmara dos Deputados, Edições Câmara, 2015. Disponível em: https://bd.camara.leg.br/bd/bitstream/handle/bdcamara/20204/plano_nacional_educacao_2014-2024_2ed.pdf . Acesso em: 09 fev. 2022.

SENA, Paulo. O Plano Nacional de Educação na Câmara dos Deputados: por um PNE já. *Cadernos Aslegis. Brasília*, n. 10, p. 64-72, 2000.

SENA, Paulo. O Sistema Nacional de Educação (SNE) e o Custo Aluno-Qualidade (CAQ): as metas estruturantes para o cumprimento do PNE subiram no telhado? *In*: GOMES, Ana Valeska Amaral *et al*. *Plano Nacional de Educação*: olhares sobre o andamento das metas. Brasília: Câmara dos Deputados, p. 275-304, 2017.

SILVA, Almiro do Couto e. Problemas jurídicos do planejamento. *Revista de Direito Administrativo*, v. 170, p. 1-17, 1987.

SILVA, Diana de Cássia. Subsídio literário: um imposto para educar no "período das luzes". *In*: XXIII SIMPÓSIO NACIONAL DE HISTÓRIA, 2005, Londrina. *Anais*. Londrina: ANPUH – Associação Nacional de História, 2005.

SILVA, José Afonso da. *Direito urbanístico brasileiro*. 2. ed. rev. atual. São Paulo: Revista dos Tribunais, 1995.

SILVA, José Afonso da. *Curso de Direito Constitucional Positivo*. 36. ed. São Paulo: Malheiros, 2013.

SILVA, José Afonso da. *Comentário Contextual à Constituição*. 9. ed. Atualizada até a Emenda Constitucional n. 83, de 5.8.2014. São Paulo: Malheiros, 2014.

SILVA, Virgílio Afonso. *Direitos fundamentais*: conteúdo essencial, restrições e eficácia. 2. ed. São Paulo: Malheiros, 2011.

SILVA. Vandré Gomes. *Uso da avaliação externa por equipes gestoras e profissionais docentes*: um estudo em quatro redes de ensino público. Textos FCC, n. 38. São Paulo: Fundação Carlos Chagas / Superintendência de Educação e Pesquisa, out. 2013b.

SIMON, Herbert A. Theories of bounded rationality. *Decision and organization*, v. 1, n. 1, p. 161-176, 1972.

SIMON, Herbert A. *Reason in human affairs*. Stanford: Stanford University Press, 1983.

SOCHACZEWSKI, Antonio Claudio. Finanças públicas brasileiras no século XX. *In*: Instituto Brasileiro de Geografia e Estatística – IBGE. *Estatísticas do Século XX*. Rio de Janeiro: IBGE, 2006. p. 357-380. Disponível em: https://biblioteca.ibge.gov.br/visualizacao/livros/liv37312.pdf. Acesso em: 12 fev. 2022.

SOUSA, Antonio Francisco de. *"Conceito indeterminados" no Direito Administrativo*. Coimbra: Almedina, 1994.

SOUZA, Celina. Estado da arte da pesquisa em políticas públicas. *In*: HOCHMAN, Gilberto; ARRETCHE, Marta; MARQUES, Eduardo. *Políticas públicas no Brasil*. Rio de Janeiro: Fiocruz, 2007. p. 65-86.

SOUZA, Donado Bello de. Avaliações finais sobre o PNE 2001-2010 e preliminares do PNE 2014-2024. *Estudos em Avaliação Educacional*, São Paulo, v. 25, n. 59, p. 140-170, set./dez. 2014.

SOUZA, Paulo Renato. Melhoria da educação: um esforço de todos. In: MINISTÉRIO DA EDUCAÇÃO; INEP. *Educação para todos*: a avaliação da década. Brasília: MEC/INEP, 2000. p. 39-52.

DENTE, Bruno; SUBIRATS, Joan. *Decisiones públicas*: Análisis y estúdio de los processos de decisión em políticas públicas. Barcelona: Ariel, 2014.

SUCUPIRA, Newton. O ato adicional de 1834 e a descentralização da educação. *In*: FÁVERO, Osvaldo (org.). *A Educação nas constituintes brasileiras*. Campinas: Autores Associados, 2014. p. 61-73.

SUNDFELD, Carlos Ari. *Direito Administrativo para céticos*. 2. ed. rev. ampl. São Paulo: Malheiros; Sociedade Brasileira de Direito Público, 2014.

SUNDFELD, Carlos Ari. *Fundamentos de direito público*. 5. ed. São Paulo: Malheiros, 2010.

TANNO, Claudio Riyudi. *EC Nº 95/2016 – Teto de gastos públicos*: questões essenciais para o desenvolvimento da educação. Brasília: Câmara dos Deputados; Consultoria de Orçamento e Fiscalização Financeira. Estudo técnico nº 1, 2017. Disponível em: http://www2.camara.leg.br/orcamento-da-uniao/estudos/2017/et01-2017-teto-de-gastos-publicos-questoes-essenciais-para-o-desenvolvimento-da-educacao. Acesso em: 12 fev. 2022.

TANNO, Claudio Riyudi. *Efeitos da medida cautelar na ADI nº 4917/DF e a frustração de receitas decorrentes da exploração de petróleo destinadas à educação*. Brasília: Câmara dos Deputados; Consultoria de Orçamento e Fiscalização Financeira. Nota técnica nº 7, 2015. Disponível em: http://www2.camara.leg.br/orcamento-da-uniao/estudos/2015/NT07_2015.pdf. Acesso em: 12 fev. 2022.

TANURI, Leonor Maria. História da formação de professores. *Revista Brasileira de Educação*, v. 14, p. 61-88, maio/ago. 2000.

TAPOROSKY, Barbara Cristina Hanauer. O valor anual mínimo por aluno do FUNDEB, o CAQi e a reserva do possível. *FINEDUCA – Revista de Financiamento da Educação*, v. 6, n. 6, p. 1-16, 2016. Disponível em: https://seer.ufrgs.br/fineduca/article/view/62847. Acesso em: 12 fev. 2022.

TEIXEIRA, Anísio. Plano nacional de educação. Referente aos fundos nacionais de ensino primário, médio e superior. *Documenta*, Rio de Janeiro, n. 8, p. 24-31, out. 1962. Disponível em: http://www.bvanisioteixeira.ufba.br/artigos/plano1.html. Acesso em: 07 fev. 2022.

TEIXEIRA, Anísio. Sobre o problema de como financiar a educação do povo brasileiro: bases para a discussão do financiamento dos sistemas públicos de educação. *Revista Brasileira de Estudos Pedagógicos*, Rio de Janeiro, v. 20, n. 52, p. 27-42, 1953. Disponível em: http://www.bvanisioteixeira.ufba.br/. Acesso em: 07 fev. 2022.

TILLY, Charles. Why and how history matters. *The Oxford handbook of contextual political analysis*, p. 417-437, 2006.

TODOS PELA EDUCAÇÃO. *Profissão professor*. São Paulo: TPE, Itaú Social, Ibope Inteligência, 2018. Disponível em: https://www.todospelaeducacao.org.br/_uploads/_posts/23.pdf?750034822. Acesso em: 12 fev. 2022.

TODOS PELA EDUCAÇÃO. *2º Relatório Anual de Acompanhamento do Educação Já*. São Paulo: TPE, 2021. Disponível em: https://todospelaeducacao.org.br/wordpress/wp-content/uploads/2021/02/2o-Relatorio-Anual-de-Acompanhamento-do-Educacao-Ja_final.pdf. Acesso em: 23 fev. 2022.

TOLEDO, Carlos José Teixeira de Toledo. Os pactos de alfabetização: uma análise jurídica de políticas públicas visando à efetivação do direito à educação. *Revista da Faculdade de Direito da Universidade São Judas Tadeu*, n. 3, p. 174-199, 2015. Disponível em: http://www.usjt.br/revistadireito/numero-3/11-carlos-jose-teixeira-toledo.pdf. Acesso em: 14 out. 2018.

TOMAZELLI, Idiana; FERNANDES, Adriana. AGU alertou Economia sobre gastos com precatórios, mostram documentos". *O Estado de São Paulo*, 07 ago. 2021. Disponível em: https://economia.estadao.com.br/noticias/geral,agu-alertou-economia-sobre-gastos-com-precatorios-mostram-documentos,70003803052. Acesso em: 07 fev. 2022.

TOMIO, Fabricio Ricardo de Limas. A criação de municípios após a Constituição de 1988. *Revista Brasileira de Ciências Sociais*, v. 17, p. 61-89, 2002.

TORRES, Marcelo Douglas de Figueiredo. *Fundamentos de administração pública brasileira*. Rio de Janeiro: FGV Editora, 2012.

TRIPODI, Zara Figueiredo; SOUSA, Sandra Zákia Lian. A governança em rede na regulação da educação básica mineira: quem governa o quê? *Educação em Revista*, v. 32, n. 4, 2016.

UNESCO. *Accountability in education*: meeting our commitments. Paris, UNESCO, 2017. Disponível em: https://unesdoc.unesco.org/ark:/48223/pf0000259338. Acesso em: 04 fev. 2022.

UNESCO. *Declaração Mundial sobre Educação para Todos*: satisfação das necessidades básicas de aprendizagem. Jomtien, 1990. Disponível em: https://unesdoc.unesco.org/ark:/48223/pf0000086291_por. Acesso em: 08 fev. 2022.

UNESCO. *Documentos del Congreso Internacional "Planeamiento y gestión del desarrollo de la educación"*. México: UNESCO, 1990b. Disponível em: http://unesdoc.unesco.org/images/0016/001604/160495por.pdf. Acesso em: 08 fev. 2022.

UNESCO. *Las carreras docentes en América Latina*: la acción meritocrática para el desarrollo profesional. Santiago: UNESCO, 2015. 53 p. Disponível em: http://unesdoc.unesco.org/images/0024/002440/244074s.pdf. Acesso em: 08 fev. 2022.

UNESCO. OIT. *A Recomendação da OIT/UNESCO de 1966 relativa ao Estatuto dos Professores e a Recomendação de 1997 da UNESCO relativa ao Estatuto do Pessoal do Ensino Superior, com um guia de utilização*. Unesco/OIT. Viana do Castelo, 2008. Disponível em: http://unesdoc.unesco.org/images/0016/001604/160495por.pdf. Acesso em: 08 fev. 2022.

UNIÃO NACIONAL DOS DIRIGENTES MUNICIPAIS DE EDUCAÇÃO. UNDIME. *Undime debate atualização do Piso Salarial do Magistério em grupo de trabalho temporário instituído pelo MEC*. 19 abr. 2018. Disponível em: https://undime.org.br/noticia/19-04-2018-09-47-undime-debate-atualizacao-do-piso-salarial-do-magisterio-em-grupo-de-trabalho-temporario-instituido-pelo-mec. Acesso em: 12 fev. 2022.

URUGUAI, Visconde do; CARVALHO, José Murilo de (org.). *Paulino José Soares de Sousa, Visconde do Uruguai*. São Paulo: Editora 34, 2002.

VALLE, Vanice Regina Lírio do. *Direito fundamental à boa administração e governança*. Belo Horizonte: Editora Fórum, 2011.

VAN CREVELD, Martin L. *Ascensão e declínio do Estado*. São Paulo: Martins Fontes, 2004.

VAZQUEZ, Daniel Arias. Desequilíbrios regionais no financiamento da educação: a política nacional de equidade do FUNDEF. *Revista de Sociologia e Política*, Curitiba, n. 24, p. 149-164, jun. 2005.

VEIGA, Cynthia Greive. *História da educação*. São Paulo: Ática, 2007.

VELOSO, Juliano Ribeiro Santos. *Direito ao planejamento*. Belo Horizonte: Editora D'Plácido, 2014.

VERHINE, Roberto E.; ROSA, Dara Leal. FUNDEF no Estado da Bahia. *Gestão em Ação*, p. 107-117, 2003.

VIEIRA, Juçara Dutra. Valorização dos profissionais: Carreira e salários. *Retratos da Escola*, v. 8, n. 15, p. 409-426, 2014.

VIEIRA, Oscar Vilhena *et al*. *Resiliência constitucional*: compromisso maximizador, consensualismo político e desenvolvimento gradual. São Paulo: Direito GV, 2013.

VIEIRA, Sofia Lerche. *Frota Pessoa*. Recife: Fundação Joaquim Nabuco, Editora Massangana, 2010.

VIEIRA, Sofia Lerche; VIDAL, Eloisa. Política de financiamento da educação no Brasil: uma (re) construção histórica. *Em Aberto*, v. 28, n. 93, 2015.

XIMENES, Salomão Barros. Responsabilidade educacional: concepções diferentes e riscos iminentes ao direito à educação. *Educação & Sociedade*, v. 33, n. 119, p. 353-377, abr./jun. 2012.

XIMENES, Salomão Barros. *Direito* **à** *qualidade na educação básica*: teoria e crítica. Editora Quartier Latin do Brasil, 2014.

XIMENES, Salomão Barros. O CAQ na meta 20 do Plano Nacional de Educação: um novo regime jurídico para a realização do padrão de qualidade do ensino. *Jornal de Políticas Educacionais*, [S.l.], v. 9, n. 17/18, maio 2016. ISSN 1981-1969. Disponível em: https://revistas.ufpr.br/jpe/article/view/37861/28126. Acesso em: 02 ago. 2022.

WEBER, Max. *Economia e sociedade*: fundamentos da sociologia compreensiva. Tradução de Regis Barbosa e Karen Elsabe Barbosa; Revisão técnica de Gabriel Cohn. Brasília: Editora Universidade de Brasília: São Paulo: Imprensa Oficial do Estado de São Paulo, 1999. v. 2.

WILLIAMSON, John. What Washington means by policy reform. *Latin American adjustment: How much has happened*, v. 1, p. 90-120, 1990.

Esta obra foi composta em fonte Palatino Linotype, corpo 10
e impressa em papel Offset 75g (miolo) e Supremo 250g (capa)
pela Gráfica Formato, em Belo Horizonte/MG.